STM32

Ralf Jesse

STM32

ARM-Mikrocontroller programmieren für Embedded Systems

Das umfassende Praxisbuch

mitp

Bibliografische Information der Deutschen Nationalbibliothek
Die Deutsche Nationalbibliothek verzeichnet diese Publikation in der Deutschen Nationalbibliografie; detaillierte bibliografische Daten sind im Internet über http://dnb.d-nb.de abrufbar.

Bei der Herstellung des Werkes haben wir uns zukunftsbewusst für umweltverträgliche und wiederverwertbare Materialien entschieden.
Der Inhalt ist auf elementar chlorfreiem Papier gedruckt.

ISBN 978-3-7475-0452-9
2. Auflage 2022

www.mitp.de
E-Mail: mitp-verlag@sigloch.de
Telefon: +49 7953 / 7189 - 079
Telefax: +49 7953 / 7189 - 082

Lektorat: Sabine Schulz
Sprachkorrektorat: Petra Heubach-Erdmann
Coverbild: © Edelweiss / stock.adobe.com
Satz: III-satz, www.drei-satz.de
Druck: Mazowieckie Centrum Poligrafii, Polen

Inhaltsverzeichnis

Anhang

Einleitung

Viel früher als erwartet war die erste Auflage dieses erst Ende Februar 2021 erschienenen Buches ausverkauft. Die normale Vorgehensweise wäre nun, das Buch einfach nachzudrucken und in unveränderter Form fortzuführen, da sich in derart kurzer Zeit nicht viel geändert hat/geändert haben kann. Ein vorrangiges Ziel beim Schreiben dieses Buches war aber – neben der Vermittlung der Kenntnisse zur Programmierung der STM32F4-Mikrocontroller – die Entwicklung einer Funktionssammlung in Form einer Bibliothek, die einerseits unabhängig von einem bestimmten Hersteller ist und die Sie andererseits in die Lage versetzen soll, die »Bare Metal«-Programmierung der STM32F4-Mikrocontrollerfamilie – also die Programmierung auf Registerebene – zu verstehen, sie in eigenen Projekten einzusetzen und, falls erforderlich, auf Mikrocontroller anderer Hersteller portieren zu können.

In den letzten Monaten ist diese Funktionssammlung – ursprünglich hatte ich sie einfach nur MCAL genannt, inzwischen nenne ich sie alternativ auch MCAL-STM – erheblich umfangreicher geworden. Umfasste sie in ihrer ursprünglichen Version nur 82 Funktionen, so stehen Ihnen inzwischen mehr als 240 Funktionen zur Verfügung, und ein Ende der Weiterentwicklung ist nicht absehbar! Die durchgeführten Erweiterungen führten dazu, dass viele Funktionen geändert, harmonisiert und optimiert wurden, damit sie leichter und intuitiver anwendbar sind. Dies hat dann naturgemäß zur Folge, dass ich die ursprünglichen MCAL-STM-Beispiele an die neuen Gegebenheiten anpassen musste: Mit der aktuellen Version der MCAL-STM werden die für die erste Auflage entwickelten Beispiel-Projekte überwiegend nicht mehr funktionieren.

Hierzu möchte ich Ihnen ein paar Beispiele nennen:

- Um den Bustakt von Peripheriekomponenten zu aktivieren, habe ich in der ursprünglichen Version der MCAL die entsprechenden Funktionen in den meisten Fällen mit `xxxInitXxx(...)` bezeichnet, wobei »xxx« für eine beliebige Peripheriekomponente steht (also z.B. `gpioInitGPIO(...)`). Allerdings dienen diese Funktionen nur zur Aktivierung des Bustakts der jeweiligen Komponente: Für die Initialisierung – hierunter verstehe ich die Konfiguration für den gewünschten Einsatz – werden andere Funktionen verwendet. Als Folge der Optimierung wird der Bustakt der Komponenten nun in der Form `xxxSelectXxx()`, also z.B. mit `gpioSelectGPIO()`, aktiviert. Die Timer-Funktion zum Aktivieren des Bustakts heißt nun entsprechend `timerSelectTimer()`, die von UARTs/USARTs somit `usartSelectUsart()`.

- Bei den Timern wurden Input-Capture-/Output-Compare-Funktionen ursprünglich in einer gemeinsamen Funktion behandelt. Da sich die Anzahl der verfügbaren Input-Capture-/Output-Compare-Kanäle der einzelnen Timer unterscheidet (sie liegt zwischen null und vier), hätte alleine die Behandlung der möglichen Kanal-Kombinationen acht Fallunterscheidungen erfordert. Zusätzlich müsste die Funktion aber auch prüfen, ob der ausgewählte Timer überhaupt geeignet ist, was weitere Fallunterscheidungen erfordert hätte. Ich habe mich daher letztendlich dazu entschlossen, die Input-Capture-Funktionen völlig von den Output-Compare-Funktionen zu trennen. So entstanden aus ursprünglich einer `timerSetCapCompMode()`-Funktion im Verlauf beispielsweise die Funktionen `timerSetInputCaptureMode()` bzw. `timerSetOutputCompareMode()`.
- Die GPIO-Funktionen `gpioGetPinState()` und `gpioGetPortVal()` habe ich inzwischen stark überarbeitet. Haben sie ursprünglich die gewünschten Ergebnisse in einer Variablen gespeichert, auf die über einen Pointer zugegriffen werden musste, habe ich sie nun so geändert, dass sie die Ergebnisse unmittelbar zurückliefern.

Vergleichbare Anpassungen für die anderen Peripheriekomponenten führten zu der Entscheidung, dass das Buch vollständig überarbeitet werden musste. Es gibt aber auch weitere Änderungen im Vergleich zur ersten Auflage: Eine betrifft z.B. die Einstellung der Taktfrequenzen, für die ich mit Kapitel 5 ein neues Kapitel geschrieben habe. Dies hat zur Folge, dass alle folgenden Kapitel eine neue Kapitelnummer erhalten und zudem Anhang B in seiner ursprünglichen Form entfällt.

Hinweis

Auf meiner Webseite `https://www.ralf-jesse.de` werde ich Sie natürlich auch zukünftig an den neuesten Entwicklungen teilhaben lassen. Da es sich dann aber um neue und bisher nicht beschriebene »Features« handelt, wird dieser zweiten Auflage mit großer Wahrscheinlichkeit eine längere »Lebensdauer« beschert sein.

Worum es geht

In diesem Buch wird die Programmierung von Mikrocontrollern der STM32F4xx-Familie von STMicroelectronics behandelt. Sie gehören zur Gruppe der *Cortex-M4-Controller*, die von Arm Limited entwickelt wurden. Die Namen der beiden genannten Unternehmen werden im weiteren Verlauf verkürzt als *STM* bzw. als *Arm* bezeichnet.

Arm ist demnach der **Entwickler** des Mikrocontrollerkerns, der **Hersteller** des käuflich zu erwerbenden Mikrocontrollers aber ist die Firma STM. STM lizenziert die Entwicklungsarbeit von Arm und nutzt somit deren sogenannte *Intellectual Property* (geistiges Eigentum). Und hierin liegt auch der wesentliche Geschäftsbereich von Arm: Gegen die Zahlung von Lizenzgebühren überlässt Arm den Herstellern der Mikrocontroller das Recht an der Nutzung seines geistigen Eigentums, die den Prozessorkern dann um eigene Komponenten erweitern. Dass ich an dieser Stelle nur ganz allgemein von Cortex-Mikrocontrollern spreche, geschieht ganz bewusst: Denn Arm hat nicht nur Cortex-M-, sondern auch Cortex-A- und Cortex-R-Mikrocontroller und weitere entwickelt. Alle genannten Typen sind wiederum in Gruppen unterschiedlicher Leistungsfähigkeit unterteilt, sodass STM insgesamt mehr als 600 verschiedene Cortex-Mikrocontroller anbietet.

Hinweis

Dieses Buch befasst sich – wie bereits oben erwähnt – ausschließlich mit den Cortex-M4-Mikrocontrollern von STM. Aufgrund der sehr guten Skalierbarkeit der Cortex-M-Mikrocontroller von STM lassen sich die in diesem Buch beschriebenen Techniken aber auch mit den neuen STM32F7xx-Mikrocontrollern einsetzen! Auch Nutzer der Cortex-M0-, Cortex-M3- oder von Cortex-M23-Mikrocontrollern können von diesem Buch profitieren.

STM ist nicht der einzige Hersteller von Cortex-Mikrocontrollern: Basierend auf dem Arm-Kern sind auch NXP, Microchip, Texas Instruments, Toshiba, Infineon und viele weitere Unternehmen Hersteller von Cortex-Mikrocontrollern und somit Kunden von Arm.

Warum STM32F4?

Es gibt verschiedene Gründe, die mich zu dem Einsatz von STM32F4-Mikrocontrollern bewogen haben:

- In den meisten Unternehmen, in denen ich seit mehr als 30 Jahren als Softwareentwickler im Mikrocontrollerbereich arbeite oder gearbeitet habe, werden seit vielen Jahren Mikrocontroller von STM eingesetzt.
- In den einschlägigen Internetforen sind sehr viele Informationen und Hilfestellungen in Form von Tutorials zu finden. Im Anhang werde ich Ihnen einige Internetadressen nennen, die ich persönlich als besonders hilfreich empfinde.
- Die (englischsprachige) Dokumentation von STM empfinde ich als vorbildlich und klar strukturiert.
- Einer der wichtigsten Gründe besteht darin, dass STM sehr preisgünstige Evaluierungsboards vertreibt. Das in diesem Buch eingesetzte Evaluierungsboard

NUCLEO-F446RE ist bei einem weltbekannten Onlinehändler bereits zu einem Preis von weniger als 30 Euro erhältlich. Ein Debugger mit Vorrichtung zum Flashen der Software ist hier bereits enthalten!

Hinweis

Der STM32F446RE zählt zu den leistungsstärksten Cortex-M4-Controllern von STM. Dabei hat es STM geschafft, die verschiedenen Mitglieder dieser Familie weitestgehend kompatibel zueinander zu halten. Dies bedeutet, dass die meisten Beispiele, die Sie in diesem Buch sowie auf meiner Webseite `https://www.ralf-jesse.de` finden, nur geringfügige Anpassungen benötigen und leicht auf den anderen Mikrocontrollern der STM32F4-Familie eingesetzt werden können. Unterschiede zwischen den verschiedenen Familienmitgliedern beschränken sich darauf, dass nicht immer alle Peripheriekomponenten integriert sind. Auch ihre Anzahl kann sich unterscheiden. Wichtig ist aber: Die Programmierung dieser Komponenten ist immer identisch.

Zielgruppe dieses Buches

Ich gehe davon aus, dass jeder Leser dieses Buches der englischen Sprache so weit mächtig ist, dass er die Originaldokumentation der Hersteller nachvollziehen kann. Dennoch erleichtert es die Entwicklungsarbeit häufig, wenn weitere Dokumentation oder Literatur auch in der eigenen Muttersprache verfügbar ist. Meines Wissens existiert derzeit nur noch ein weiteres deutschsprachiges Buch zu STMs Cortex-M-Mikrocontrollern, das sich hauptsächlich an Anwender richtet, die erste Erfahrungen in der Arduino-Welt gesammelt haben.

Tipp

Um Ihnen die Suche nach Informationen im Internet zu erleichtern, habe ich in Anhang A eine nach Themen sortierte Sammlung von derzeit gültigen Internetadressen (Stand: März 2022) zusammengestellt. Ich habe mich dabei – mit einer Ausnahme – auf sichere Webseiten (https://...) beschränkt.

Dieses Buch wendet sich genauso an erfahrene Softwareentwickler wie auch an Studierende technischer Fachrichtungen. Aber auch Einsteiger in die Programmierung von Mikrocontrollern sowie Umsteiger von anderen Plattformen werden hier nicht alleine gelassen. Der folgende Hinweis gilt vor allem für Einsteiger in die Programmierung von Mikrocontrollern:

Hinweis

Cortex-M-Mikrocontroller gehören, unabhängig vom jeweiligen Hersteller, derzeit zu den High-End-Mikrocontrollern! Dies bedeutet nicht, dass ihre Programmierung etwa schwieriger wäre als beispielsweise bei den sehr beliebten ATmega-, PIC- oder ATtiny-Prozessoren von Microchip – sie bieten allerdings häufig erheblich mehr Peripheriekomponenten mit mehr Einsatzmöglichkeiten und sind daher komplexer.

Voraussetzungen

Sämtliche Beispiele wurden in der Programmiersprache C entwickelt. Da es sich bei diesem Buch aber nicht um ein Lehrbuch zu dieser Sprache handelt, werden mindestens mittlere Kenntnisse von C vorausgesetzt. Darüber hinaus lässt es sich in einem Buch mit limitierter Seitenzahl niemals vermeiden, auf die Originaldokumentation des Herstellers zurückzugreifen. Grundkenntnisse des technischen Englischs werden somit vorausgesetzt.

Hinweis

Obwohl dieses Buch Kenntnisse in der Programmiersprache C voraussetzt, werden im Embedded-Umfeld teilweise Techniken eingesetzt, die nur zögerlich in die C-Programmierung von PCs einfließen und daher nicht jedem C-Programmierer geläufig sind. In Kapitel 3 werde ich diese Techniken daher zusammenfassen.

Der Einsatz eines Buches zum Erlernen der Programmierung eines Mikrocontrollers – dies gilt aber gleichermaßen für die Erlernung einer beliebigen Programmiersprache – kann nur dann erfolgreich sein, wenn die Beispiele ausprobiert und von Ihnen auch an eigene Anforderungen angepasst werden können. Sie benötigen daher neben einem Entwicklungs-PC auf jeden Fall eines der preisgünstigen Evaluierungsboards von STM und zusätzlich ein zum jeweiligen Evaluierungsboard passendes USB-Kabel, das für den Upload (Flashen) eines Softwareprojekts und zum Debuggen bei der Fehlersuche benötigt wird. Im Verlauf des Buches werden zunehmend auch elektronische Bauelemente verwendet, die Sie bei Bedarf zusätzlich beschaffen müssen.

Hinweis

Die Beispiele in diesem Buch wurden alle mit dem STM32 NUCLEO-64 STM32F446RE getestet. Dies bedeutet auch, dass Peripheriekomponenten, die auf diesem Evaluierungsboard nicht vorhanden sind – hierzu zählen beispielsweise die Ethernet-Schnittstelle oder Komponenten zur Steuerung von Grafikdisplays –, in diesem Buch nicht behandelt werden: Entsprechende Beispiele will ich aber nach und nach auf meiner oben genannten Webseite nachreichen.

Aufbau des Buches

Dieses Buch ist in mehrere Teile gegliedert. Zur besseren Orientierung folgt hier ein Überblick über den Aufbau des Buches.

Teil I

Der erste Teil umfasst wichtige Grundlageninformationen, die für alle Nutzer der STM32F4xx-Mikrocontroller nützlich sind.

Kapitel 1 bietet zunächst einen einführenden Überblick über die Mitglieder der Cortex-M4-Mikrocontroller der Firma STM. Am Beispiel des STM32F446RE werden die Features dieser Mikrocontrollerfamilie beschrieben.

Hinweis

Wenn Sie einen anderen Mikrocontroller dieser Familie verwenden, finden Sie die entsprechenden Informationen im jeweiligen Datenblatt (Datasheet). Besonders wichtig ist, dass Sie hier zusätzlich die entsprechenden Referenzhandbücher von `https://st.com` herunterladen!

Im weiteren Verlauf des Kapitels wird die Aufteilung des Adressbereichs, das sogenannte *Memory Mapping*, beschrieben. Anschließend folgt eine Beschreibung der Funktionseinheiten des Cortex-M4-Kerns, der unabhängig vom Hersteller eines Mikrocontrollers immer gleich ist. Hier werden vor allem die Bussysteme, die zum Austausch von Daten zwischen den integrierten Funktionseinheiten verwendet werden, beschrieben.

In diesem Buch werden keine herstellerspezifischen Bibliotheken, wie z.B. HAL von STM oder LPCopen von NXP, beschrieben: Ihre Verwendung würde die Portierbarkeit von Software auf Mikrocontroller anderer Hersteller erheblich schwieriger gestalten.

Kapitel 2 befasst sich mit der Erstellung der *CMSIS*-Bibliothek (CMSIS = *Cortex Microcontroller Software Interface Standard*). Hierbei handelt es sich um eine Sammlung von Funktionen und Konstanten, die in diesem Buch verwendet wird und die die Basis für die im Buch gemeinsam entwickelte MCAL-Bibliothek darstellt. CMSIS ist dabei die einzige Fremdbibliothek, die hier verwendet wird. Darüber hinaus beschreibt Kapitel 2 den Bootvorgang sowie die Grundinitialisierung des

Mikrocontrollers und gibt einführende Hinweise zur Einstellung des Taktsignals. Auch eine Beschreibung, die das Verständnis von Linkerscripts erleichtern soll, finden Sie in Kapitel 2.

Kapitel 3 ist ein sehr kurz gehaltenes Kapitel. Es beschreibt Vorschriften zur Programmierung, die in sicherheitsrelevanten Branchen wie z.B. der Automobilindustrie, der Luft- und Raumfahrt sowie der Kraftwerktechnologie zwingend eingehalten werden müssen.

In **Kapitel 4** werden die Register vorgestellt, die für das Reset-Verhalten und die Steuerung von Taktsignalen (*Reset and Clock Control, RCC*) zuständig sind. Das hier Beschriebene ist in allen Projekten zu beachten, die Sie entwickeln! Besonders die Abschnitte zum RCC sind nur als Einstieg zu verstehen, da diese Komponente auch für die Einstellung der Systemtaktfrequenzen verwendet wird (siehe Kapitel 5).

Kapitel 5 wurde vollständig neu erstellt, was zur Folge hat, dass sich – im Vergleich zur ersten Auflage – alle Folgekapitel entsprechend verschieben. Hier wird die Einstellung der Taktfrequenzen des Prozessorkerns, der verschiedenen Busse sowie der Peripheriekomponenten beschrieben. In der ersten Auflage hatte ich zu diesem Thema noch auf ein besonderes Feature der STM32CubeIDE-Entwicklungsumgebung verwiesen: Die dort beschriebene Vorgehensweise verwende ich inzwischen selbst nicht mehr. Werksseitig sind die NUCLEO-Boards so konfiguriert, dass das System mit einer Frequenz in Höhe von 16 MHz getaktet wird. In diesem neuen Kapitel lernen Sie nun, wie Sie vorgehen müssen, um die Mikrocontroller mit ihrer maximalen Frequenz betreiben zu können. Dieses Kapitel ersetzt den alten Anhang B.

Wichtig

Die meisten Beispiele in diesem Buch habe ich sehr schlicht gehalten, damit Sie sich auf das Wesentliche konzentrieren können. Während der Entstehungsphase dieses Buches habe ich viele Hilfsfunktionen und Bezeichner entwickelt, die ich später immer wieder verwendet habe und die schließlich in die selbst erstellte Bibliothek MCAL-STM aufgenommen wurden. Beispiele für MCAL-STM-Funktionen sind `gpioTogglePin(GPIO_TypeDef *port, PIN_NUM pin)`, `setSystickTicktime(uint32_t *timer, uint32_t delay)` oder `bool isTimerExpired(uint32_t timer)`. Durch die Anwendung dieser Funktionen und Bezeichner werden die Beispiele übersichtlicher und erleichtern die Konzentration auf die neuen Themen. Sie können die MCAL-STM jederzeit von der Webseite `https://gitlab.com/rjesse/mcal-stm.git` kostenlos herunterladen und erforschen, wie die enthaltenen Funktionen intern auf Bare-Metal-Basis realisiert wurden. Der Download enthält neben dem vollständigen Sourcecode der MCAL-STM zusätzlich das Verzeichnis »doc«, in dem Sie die Dokumentation der MCAL-STM im HTML-Format finden.

Hinweis

Da die MCAL (bzw. MCAL-STM) gegenüber der ersten Auflage erheblich umfangreicher geworden ist, wurde es erforderlich, die Beispielprojekte komplett zu überarbeiten. Die weitaus meisten Beispiele bieten nun die Möglichkeit, durch Aktivieren bzw. Deaktivieren des »Softwareschalters« `#define MCAL` zwischen der Bare-Metal-Version auf der einen und der MCAL-Version auf der anderen Seite umzuschalten. Bei den einführenden sehr einfachen Beispielen der Kapitel 3 und 4 habe ich auf diese Möglichkeit noch verzichtet: Sie sind ausschließlich als Bare-Metal-Version vorhanden. Das Beispiel zur Konfiguration der Taktfrequenzen in Kapitel 5 ist hingegen in der Bare-Metal-Variante erheblich komplexer, sodass hier nur die MCAL-Version gezeigt wird.

Teil II

In Teil II wird die Programmierung der Kernkomponenten von Mikrocontrollern behandelt. Mit Ausnahme der seriellen Schnittstellen, die in Teil III behandelt werden, lernen Sie hier unter anderem GPIOs, Timer sowie A/D- und D/A-Wandler kennen. Teil II ist der umfangreichste Teil dieses Buches.

Kapitel 6 befasst sich mit der Nutzung der *General Purpose Inputs/Outputs* (*GPIO*). Der Fokus liegt hier zunächst auf ihrer Nutzung als digitale Ausgänge zur Ansteuerung externer Komponenten. Sie bieten sehr vielfältige Konfigurationsmöglichkeiten, sodass ein großer Teil den Registern der GPIOs gewidmet ist. In zwei praktischen Beispielen werden wir die in Kapitel 2 erstellte CMSIS-Bibliothek einsetzen.

In **Kapitel 7** stelle ich Ihnen verschiedene Techniken zur Abfrage externer Komponenten vor. Hierbei handelt es sich um die Techniken *Polling, Interrupts* und *Exceptions.* Sie lernen Gründe dafür kennen, warum Polling keine gute Lösung darstellt und weshalb Interrupts zu bevorzugen sind. In diesem Kapitel werden Sie darüber hinaus lernen, wie Sie die GPIOs durch den Einsatz sogenannter externer Interrupts als Inputs für digitale Signale nutzen können.

In **Kapitel 8** lernen Sie abschließend die sogenannten alternativen Funktionen der GPIO-Pins kennen. Standardmäßig werden die GPIOs für die Ein- bzw. Ausgabe digitaler Größen verwendet. Es gibt aber auch Komponenten, die zur Verarbeitung analoger Größen dienen oder mittels serieller Schnittstellen für den Datenaustausch zwischen verschiedenen Geräten genutzt werden. Um die Anzahl der Anschlüsse des Mikrocontrollers – und damit die Produktionskosten – so gering wie möglich zu halten, können die GPIOs so konfiguriert werden, dass auch die Verarbeitung anderer digitaler und nichtdigitaler Signale möglich ist: Zu diesem Zweck verwenden alle Cortex-M-Hersteller die *alternativen Funktionen* (die ich im Verlauf des Buches auch als *AF* bezeichne).

Beginnend mit **Kapitel 9** werden Sie nach und nach die verschiedenen *Timer* und ihre Einsatzmöglichkeiten kennenlernen. Mit Timern sind besonders die STM-Mikrocontroller reichhaltig ausgestattet. Kapitel 9 befasst sich in verschiedenen Beispielen mit dem SysTick-Timer. Ich beginne hier ganz bewusst mit schlechten Beispielen, da Sie diese in vielen Onlinetutorials ebenfalls finden. In mehreren Schritten werden die schlechten Beispiele stetig verbessert, wobei ich Sie immer auf die besonderen Vorteile der neuen Techniken hinweise.

Neben dem SysTick- und verschiedenen Watchdog-Timern bieten die STM32F4xx-Mikrocontroller drei Klassen von Timern: Basic Timer, General-Purpose Timer und Advanced-Control Timer, die sich zwar in ihrer Mächtigkeit, aber nicht im Prinzip ihrer Programmierung unterscheiden.

Kapitel 10 befasst sich im Anschluss mit den Funktionen und der Programmierung der *Basic Timer*. Neben dem SysTick-Timer sind sie die einfachsten Varianten der verfügbaren Timer.

In **Kapitel 11** werden Sie dann an die *General-Purpose Timer* (GP-Timer) herangeführt. Sie werden bereits hier feststellen, dass Sie Konzepte, die Sie in Kapitel 10 kennengelernt haben, sehr einfach wiederverwenden können. Kapitel 11 bietet zudem eine Einführung in die sogenannte *Pulsweitenmodulation* (*PWM*), da sie eine der wesentlichen Erweiterungen der GP-Timer im Vergleich zu den Basic Timern darstellt. Hier lernen Sie dann auch die sehr mächtigen und hilfreichen Input-Capture- bzw. Output-Compare-Funktionen kennen.

Kapitel 12 schließt mit der Vorstellung der *Advanced-Control-Timer* den Überblick über Timer ab. Alles, was Sie in den bisherigen Kapiteln über Timer gelernt haben, können Sie hier auf die gleiche Weise nutzen. Zusätzlich lernen Sie aber auch neue Dinge kennen, die besonders bei der Ansteuerung von elektrischen Antrieben unter Einsatz der sogenannten H-Brücken von elementarer Bedeutung sind.

Kapitel 13 und **14** befassen sich zum Abschluss von Teil II mit Komponenten, die es uns ermöglichen, die reale analoge Welt mit digitalen Geräten zu erfassen bzw. zu beeinflussen. Die Themen dieser beiden Kapitel sind daher *Digital-Analog-Wandler* (Kapitel 13) und *Analog-Digital-Wandler* (Kapitel 14).

Teil III

Ein wesentlicher Bestandteil des Einsatzes technischer Geräte besteht in der Übermittlung von Daten zwischen verschiedenen Geräten und/oder Komponenten. Während beispielsweise Drucker (und teilweise auch Scanner) früher oftmals mit parallelen Schnittstellen ausgestattet wurden, haben diese heutzutage praktisch keine Relevanz mehr: Sie wurden nahezu vollständig durch serielle Schnittstellen ersetzt. Sie glauben mir nicht? Dann möchte ich Sie auf zwei der wichtigsten seriellen Schnittstellen aufmerksam machen: USB und Ethernet! Waren serielle Schnittstellen früher relativ langsam – Übertragungsraten von wenig mehr als 115 kBit waren eher die Ausnahme als die Regel –, so übertragen moderne serielle Schnittstellen Daten mit einer Übertragungsrate von mehreren Hundert MBit (USB) bis hin zu GBit in den neuesten Ethernet-Entwicklungen.

Die Anwendung der beiden zuletzt genannten Schnittstellen ist nicht trivial. Auf ihre Beschreibung wird in diesem Buch daher verzichtet. Es existieren aber noch weitere serielle Schnittstellen, die, abhängig von ihrem Einsatz, immer noch genügend schnell und vor allem zuverlässig arbeiten.

Kapitel 15 bietet zunächst eine grundlegende Einführung in das Thema *serielle Kommunikation*. Hier werden einige Grundlagen vermittelt, die zum Verständnis der technischen Umsetzung elementar sind. Der große Vorteil serieller Schnittstellen besteht darin, dass der Datenaustausch häufig über nur eine oder maximal zwei Datenleitungen erfolgt.

Mit der Besprechung und der Anwendung von *UARTs/USARTs* in **Kapitel 16** werden Schnittstellen behandelt, die überwiegend für die Kommunikation zwischen verschiedenen Geräten eingesetzt werden. Mit ihnen können Daten auch über größere Entfernungen, z.B. mehrere Hundert Meter, übertragen werden.

Über derart große Distanzen müssen aber längst nicht alle Daten transportiert werden: Sehr häufig ist es völlig ausreichend, wenn Komponenten Daten nur über Distanzen von wenigen Zentimetern austauschen. Auch zu diesem Zweck wurden serielle Schnittstellen entwickelt, von denen in **Kapitel 17** die Schnittstelle *Inter-Integrated Circuit* (*I^2C*) vorgestellt wird.

Eine weitere serielle Schnittstelle mit vergleichbaren Anwendungsgebieten ist das sogenannte *Serial Peripheral Interface* (*SPI*). Es wird in **Kapitel 18** behandelt.

Obwohl es noch viel mehr serielle Schnittstellen gibt – allein die STM32F4-Familie unterstützt beispielsweise den CAN-Bus, I^2S, SAI, SDIO usw. –, werden sie in diesem Buch nicht beschrieben. Dies liegt unter anderem daran, dass zusätzlich benötigte Hardware teilweise derart speziell ist, dass sie im heimischen Labor üblicherweise aufgrund hoher Beschaffungskosten nicht verfügbar ist.

Teil IV

Im abschließenden Teil IV dieses Buches werden noch einige wenige weitere Komponenten vorgestellt, die nicht in den anderen Teilen untergebracht werden konnten, weil sie

- teilweise übergreifend in mehreren Bereichen eingesetzt werden bzw.
- derart wichtige Aufgaben haben, dass sie durch die Auslagerung in einen separaten Buchteil besonders hervorgehoben werden können.

In **Kapitel 19** werde ich Sie daher mit dem sogenannten *Direct Memory Access* (*DMA*) vertraut machen. Diese Technik wird besonders häufig beim Austausch größerer Datenmengen verwendet (z.B. beim Abspielen von Musikdateien), weil sie den Mikrocontrollerkern vom Laden, Bearbeiten und Transferieren der Daten entlastet: Der Mikrocontroller kann in der gleichen Zeit für andere wichtige Aufnahmen parallel weiter genutzt werden.

Im letzten Kapitel (**Kapitel 20**) gehe ich mit den sogenannten *Watchdog-Timern* (*WD*) noch auf eine besondere Timer-Klasse ein, die für spezielle Aufgaben beim sicheren Betrieb von Anwendungen verwendet werden. Sie werden dann eingesetzt, wenn ein Gerät – dies kann auch eine interne Komponente des Mikrocontrollers sein – nicht ausreichend schnell arbeitet (z.B. weil Daten nicht rechtzeitig zur Verfügung stehen oder weil ein solches Gerät defekt ist). Im ordnungsgemäßen Betrieb werden WDs ständig neu geladen und dürfen niemals ablaufen. Läuft ein WD dennoch ab, weil eine Komponente »den Betrieb aufhält«, kann sein Auslösen dazu genutzt werden, die Maschine in einen sicheren Zustand zu überführen.

Anhänge

Ich habe mehrere Anhänge vorbereitet, die Sie bei der Entwicklung von Mikrocontrollersoftware unterstützen.

Da ich selbst weiterführende Literatur (auch online) genutzt habe, werde ich Ihnen in **Anhang A** eine umfassende Liste mit Internetadressen bzw. der verwendeten Literatur liefern.

Anhang B ist vor allem für diejenigen Leser wichtig, die sich noch am »Anfang der Lernkurve« befinden. Sie finden hier einfache Tipps zur Nutzung eines Debuggers, der Ihnen bei der Fehlersuche sehr gute Hilfe leistet.

Anhang C ersetzt die ursprüngliche durch Anhang D verfügbare Auflistung der MCAL-Funktionen. Hatte ich in der ersten Auflage noch sämtliche MCAL-Funktionen nach Anwendungsgebieten sortiert aufgelistet, so zeige ich Ihnen an dieser Stelle anhand ausgesuchter Beispiele nur noch, wie Sie sich in der neu erstellten HTML-Dokumentation zurechtfinden. Sie sollte bei eigenen Projekten die erste Anlaufstelle sein, wenn Sie MCAL-Funktionen verwenden wollen. Der ursprüngliche Anhang D entfällt somit vollständig!

Einsatz von Bibliotheken?

Bereits seit 2012 empfiehlt STM den Einsatz der hauseigenen *HAL-Bibliothek*, die die bei vielen Softwareentwicklern beliebte *SPL* (*Standard Peripheral Library*) ersetzen sollte. HAL hat bisher allerdings nicht nur Freunde gefunden. Ich habe den Einstieg in HAL selbst ausprobiert und bin nicht überzeugt! Meine Eindrücke sind:

- HAL ist nicht vollständig. Ich habe dies exemplarisch beim Einsatz des USART erfahren, bei dem nicht alle Daten übertragen wurden (ich habe hierfür aber eine andere funktionierende Lösung entwickelt).
- Die Dokumentation ist noch nicht ganz ausgereift.
- Wenn ein Hersteller (dies gilt nicht nur für STM) entscheidet, eine neue Bibliothek zu entwickeln und die »alte« Bibliothek nicht weiterzupflegen, entsteht bei den Anwendern irgendwann der Druck, ihre Software entweder auf die neue Bibliothek zu portieren oder sogar vollständig neu zu entwickeln. Dass dies mit erheblichen Kosten verbunden ist, liegt auf der Hand!
- Die Entwicklung einer herstellerspezifischen Bibliothek halte ich grundsätzlich für legitim: Schließlich wollen die Hersteller Kunden an ihre Produkte binden! Es ist aber auch vorstellbar, dass aus bestimmten Gründen der Umstieg auf Mikrocontroller anderer Hersteller erforderlich wird. Einer der Gründe, die mir in meiner langjährigen Berufspraxis immer wieder genannt wurden, waren hohe Beschaffungspreise der Mikrocontroller, wenn große Stückzahlen bestimmter Produkte produziert werden sollten. Ein weiterer Grund war oft, dass Kunden bereits Erfahrungen mit den Mikrocontrollern anderer Hersteller hatten und die Kosten und die Zeit für die Einarbeitung in die erforderlichen neuen Techniken scheuten. Unabhängig vom Grund gilt: Die Portierung bereits vorhandener Software würde durch den Einsatz herstellerspezifischer Bibliotheken erheblich erschwert.
- Korrekterweise darf man HAL auch nicht als Bibliothek bezeichnen: Vielmehr handelt es sich hierbei nur um eine weitere Abstrahierung, denn sie verwendet lediglich weitere noch tiefer liegende Funktionen: HAL »umhüllt« sozusagen die Low-Level-Funktionen, weshalb viele Programmierer sie nur als »Wrapper« (»Umhüller«) bezeichnen.

Ich habe mich daher für den »althergebrachten« Weg der Programmierung über die Register entschieden. Diese Vorgehensweise bringt – ganz nebenbei und unter Vermeidung der bereits erwähnten Nachteile – viele Vorteile für Sie mit sich:

- Sie lernen die Programmierung eines Mikrocontrollers »von der Pike auf« und können die erworbenen Kenntnisse später auf andere Mikrocontroller übertragen.
- Sie werden quasi gezwungen, sich intensiver mit dem *Reference Manual* von STM zu befassen, da in einem Buch von knapp 400 Seiten nicht der Inhalt von mehr als 1.300 Seiten der offiziellen Dokumentation zusammengefasst werden kann.

Hinweis

Der Einsatz von *CMSIS* (*Cortex Microcontroller Software Interface Standard*) stellt die Ausnahme von dieser selbst auferlegten Regel dar. Hierbei handelt es sich um eine Sammlung von Funktionen, Makros und Definitionen, die den von Arm entwickelten Prozessorkern betreffen, da dieser von allen Herstellern gleichermaßen genutzt wird (eventuell mit Ausnahme der optional ebenfalls verfügbaren Fließpunkteinheit FPU). Ein weiterer Grund für den Einsatz von CMSIS besteht darin, dass hier der jeweils verwendete Mikrocontroller vollständig von seinem Hersteller beschrieben wurde, das heißt, sämtliche Registernamen aller Komponenten sind mitsamt ihren Adressen im verfügbaren Speicherbereich bereits definiert. Allein die Beschreibung des STM32F446xx umfasst ca. 16.000 Zeilen!

Hinweis

Neben der CMSIS wird im weiteren Verlauf natürlich auch die selbst entwickelte MCAL-STM-Bibliothek verwendet. Die MCAL-Bibliothek ist zwar immer noch nicht fertig, sie ist aber – besonders im Vergleich zur ersten Auflage dieses Buches – so umfangreich geworden, dass ich (weiter oben habe ich es bereits erwähnt) die Beispielprojekte vollständig überarbeitet habe. Fast alle Beispiele zeigen nun die Bare-Metal-Version (als Standard), die durch einfaches Entfernen der Kommentarzeichen vor dem Eintrag `#define MCAL` in die MCAL-Version umgesetzt werden können. Im Gegensatz zur Bare-Metal-Version, die sich immer auf eine bestimmte Komponente bezieht (z.B. `GPIOA` oder Timer `TIM9`), ist die MCAL universell für sämtliche Komponenten einsetzbar.

Den Quelltext der Bibliothek stelle ich Ihnen unter `https://gitlab.com/rjesse/mcal-stm.git` kostenlos in Form freier Software zur Verfügung. Die Namen der entsprechenden Dateien beginnen immer mit `mcal`. Die GPIO- oder Timer-Funktionen finden Sie entsprechend in den Dateien `mcalGPIO.h`/`mcalGPIO.c` oder `mcalTimer.h`/`mcalTimer.c`. Die Einführung neuer MCAL-Funktionen wird im Anschluss an jedes Beispiel besonders erwähnt. Die Funktionen selbst beginnen stets mit dem Komponentennamen, also z.B. `gpioSetPin()` oder `gpioSelectMode()`.

Hinweis

Sehr viele Softwareentwickler entwickeln mit zunehmender Erfahrung ihre eigenen Bibliotheken, damit sie »das Rad nicht immer aufs Neue erfinden müssen«. Die Entwicklung der MCAL erfolgt hier auch mit dem Wunsch, dass sie von den meisten Lesern dieses Buches genutzt und weiterentwickelt wird. Lassen Sie mich bitte an Ihren Erkenntnissen teilhaben unter `embedded@ralf-jesse.de`. Anders als in den gedruckten Listings erfolgt die Kommentierung der MCAL in englischer Sprache: Vielleicht wird die MCAL genau aus diesem Grund auch von internationalen Programmierern eingesetzt, die der deutschen Sprache nicht mächtig sind. Die Dokumentation wird unter Einsatz des Open-Source-Tools Doxygen generiert.

Entwicklungsumgebungen

Für die Entwicklung der Beispielprojekte habe ich die kostenlose und auf Eclipse basierende *STM32CubeIDE* verwendet, die nach einer Registrierung von der Webseite `https://st.com` heruntergeladen werden kann. Auf eine Bedienungsanleitung zu dieser *Entwicklungsumgebung* (*IDE, Integrated Development Environment*) habe ich aber verzichtet, da Tutorials zu Eclipse bzw. auf Eclipse basierenden Entwicklungsumgebungen in großer Zahl im Internet zu finden sind (teilweise auch in deutscher Sprache). Vielleicht bevorzugen Sie aber auch eine andere Entwicklungsumgebung, wie z.B. *IAR Workbench*, *Keil µVision* oder *Embedded Studio* von der deutschen Firma Segger, bei denen es sich aber um sehr teure (je nach Ausstattung kosten sie mehrere Tausend Euro) kommerzielle Entwicklungsumgebungen handelt.

Hinweis

Damit die verschiedenen Beispiele in diesem Buch auf einer gemeinsamen Basis aufsetzen können, habe ich in Kapitel 2 eine ausführliche Anleitung erstellt, die zeigt, wie Sie die CMSIS-Bibliothek für den STM32F446xx selbst erstellen können. Diese Arbeit ist nur für Nutzer einer Eclipse-basierten Entwicklungsumgebung (IDE) geeignet: Anwender einer der genannten kommerziellen IDEs benötigen sie nicht (sie können aber sicherlich auch etwas daraus lernen).

Tipp

Keil µVision, die IAR Workbench oder auch die Entwicklungsumgebung von Segger werden als Evaluierungsversionen kostenlos angeboten: Dann müssen Sie allerdings üblicherweise Einschränkungen akzeptieren, etwa dass die entwickelte Software nicht kommerziell genutzt werden darf. Auch die Größe der Softwareprojekte ist möglicherweise beschränkt.

Hinweis zu den Prozessorregistern

Ich habe lange überlegt, ob ich die Register in den Beispielprogrammen in diesem Buch vollständig beschreiben soll. Dieser Ansatz wäre sehr »seitenfüllend« geworden. Ich habe mich schließlich dazu entschlossen, nur die Bits der Register zu beschreiben, die zum Verständnis des jeweiligen Beispiels notwendig sind. Für diese Entscheidung habe ich mehrere Gründe:

- Der Umfang des Buches fällt durch diesen Ansatz geringer aus, was sich schließlich auch im Kaufpreis widerspiegelt.

- Beim Abschreiben des Referenzhandbuchs hätten sich womöglich Fehler eingeschlichen.
- Ein Aspekt beim Schreiben dieses Buches war, dass ich Sie zum Umgang mit der Originaldokumentation von STM motivieren möchte.
- Sie können sich leichter auf die wesentlichen Dinge in den einzelnen Beispielen konzentrieren. Mit ein wenig Übung können Sie sich bei eigenen Projekten die entsprechenden Funktionen selbst herleiten.

Support

Dies ist nicht das erste Buch, das ich geschrieben habe. Bereits für andere Bücher habe ich unter `https://www.ralf-jesse.de` eine Webseite angelegt, von der Sie die Beispielprogramme herunterladen können. Darüber hinaus bin ich für meine Leser unter der E-Mail-Adresse `embedded@ralf-jesse.de` für einen allgemeinen Austausch sowie für Fragen, Hilfestellungen und Anregungen erreichbar. Über die Jahre hat sich hier bereits eine stattliche Anzahl von Kontakten ergeben. Mein Versprechen an Sie: Jede E-Mail wird von mir zeitnah und persönlich beantwortet!

Anmerkungen des Autors

Seit der Veröffentlichung der ersten Auflage dieses Buches habe ich die MCAL-Bibliothek erheblich erweitert. Dies wirkt sich unmittelbar auf die enthaltenen Beispielprojekte aus: So habe ich seinerzeit für die meisten Beispiele noch Hilfsfunktionen entwickelt, die erst in einem weiteren Schritt in die MCAL-Bibliothek aufgenommen wurden. Außer zur Erläuterung von Konzepten werden viele dieser Hilfsfunktionen gar nicht mehr benötigt! Stattdessen habe ich die meisten Beispiele so umgestaltet, dass Sie beide Versionen, also die MCAL- **und** die »reine« Bare-Metal-Version enthalten. Durch das Hinzufügen bzw. Löschen der Kommentarzeichen `//` vor `#define MCAL` können Sie nun zwischen beiden Versionen hin- und herschalten.

Hinweis

Diese Vorgehensweise ließ sich leider nicht in allen Beispielen konsequent umsetzen! Immer dann, wenn es um die Einführung neuer Konzepte geht – dies werden Sie besonders deutlich z.B. in Kapitel 9 erfahren (hier wird der SysTick-Timer beschrieben) –, ist die Verwendung von Funktionen der MCAL-Bibliothek nicht sinnvoll, da sie den letzten von teilweise mehreren Entwicklungsschritten darstellen. Die Hilfsfunktionen dienen der Erläuterung der Konzepte, und die Verwendung der endgültigen Version einer MCAL-Funktion würde das Verständnis der Verbesserungen bzw. Zwischenschritte erschweren.

An dieser Stelle bleibt mir nur noch, Ihnen viel Spaß und Erfolg beim Durcharbeiten dieses Buches zu wünschen.

Zum Zeitpunkt der Veröffentlichung dieses Buches werden Sie auf meiner Webseite `https://www.ralf-jesse.de` auch die Beispielprojekte zu diesem Buch herunterladen können. Hier werde ich aber nach und nach auch weitere Projekte veröffentlichen. Geplant sind z.B. die Ansteuerung von Grafikdisplays und später auch die Implementierung einer Ethernet-Anbindung (dann allerdings mit einem anderen STM32F4- bzw. STM32F7-Controller, da der STM32F446 eine solche Schnittstelle nicht enthält). Auch die MCAL-Bibliothek wird weitergepflegt und immer wieder erweitert. Ich weise aber ausdrücklich darauf hin, dass die aktuelle Version der MCAL-STM **nicht mehr** auf meiner Webseite zu finden ist: Alternativ habe ich unter `https://gitlab.com/rjesse/mcal-stm.git` ein Gitlab-Repository angelegt. Nutzen Sie dieses Repository, wenn Sie die jeweils neueste Version der MCAL-STM benötigen. Es lässt sich nicht immer vermeiden, dass ich durch neue Erkenntnisse Namen von Funktionen ändern werde. Dann entfallen die veralteten Funktionen aber nicht: Vielmehr werden sie in der HTML-Dokumentation dann als »deprecated« (veraltet) bezeichnet. Sie finden dann immer einen Hinweis auf die Funktion, die Sie anstelle der alten Version nutzen sollten.

Teil I

Grundlagen

In diesem Teil:

Kapitel 1

STM32F4xx-Mikrocontroller

Will man Software für einen Mikrocontroller entwickeln, ist es hilfreich, wenn grundlegende Kenntnisse zur Hardware vorhanden sind. Die erforderlichen Kenntnisse müssen nicht so tief gehend sein, wie dies für Hardwareentwickler erforderlich ist, man sollte aber in der Lage sein, sich mit ihnen auf einer gemeinsamen Basis verständigen zu können.

Daher beginne ich dieses Buch mit einem kurzen Überblick über die Mitglieder der STM32F4xx-Familie.

1.1 Überblick über die STM32F4xx-Familie

Wie bereits in der Einleitung erwähnt, besteht die STM32F4xx-Familie aus einer Vielzahl von Mikrocontrollern, die, abhängig von ihrer Ausstattung und ihrer Leistungsfähigkeit, in verschiedene *Produktlinien* eingeordnet sind:

- Die *Advanced Line* umfasst die Ausführungen STM32F469, STM32F429 und STM32F427. Diese bieten die größte Funktionsvielfalt und enthalten unter anderem Ethernet-Interfaces. Bis auf den STM32F427 enthalten die Mitglieder der Advanced Line auch einen TFT-/LCD-Controller. Die genannten Mikrocontroller können mit einer Taktfrequenz von bis zu 180 MHz eingesetzt werden. Je nach Modell verfügen sie über einen Flashspeicher von bis zu 2 MByte und bis zu 384 KByte SRAM.
- Die sogenannte *Foundation Line* umfasst die Typen STM32F446, STM32F407 und STM32F405. Die maximale Taktfrequenz des STM32F405 beträgt 168 MHz, die beiden anderen können – wie die Mitglieder der Advanced Line – mit einer Frequenz von bis zu 180 MHz getaktet werden.
- Die *Access Line* umfasst mit den Mikrocontrollern STM32F401, STM32F410, STM32F411, STM32F412 und STM32F413 die Familienmitglieder, die am wenigsten leistungsstark sind. Dies betrifft weniger die Größe von Flashspeicher (maximal 1.536 KByte) und SRAM (bis zu 320 KByte), sondern vielmehr die Zahl serieller Schnittstellen und anderer Peripheriekomponenten. Die Taktfrequenz ist mit maximal 100 MHz aber immer niedriger verglichen mit den Mitgliedern der Advanced Line bzw. der Foundation Line.

Abbildung 1.1 zeigt die derzeit verfügbaren Mikrocontroller dieser Familie (Stand: März 2022). Der in diesem Kapitel exemplarisch beschriebene Mikrocontroller STM32F446 ist durch einen Rahmen hervorgehoben.

- ART Accelerator TM
- SDIO
- USART, SPI, I²C
- I²S + Audio-PLL
- 16- und 32-Bit Timer
- 12-Bit ADC (0,41 µs)
- True Number Random Generator
- Batch Acquisition Mode
- Low Voltage (1,7 - 3,6V)
- Temperature: -40°C - 125°C

Produktlinie	FCPU (MHz)	Flash (kBytes)	RAM (KB)	Ethernet-I/F* IEEE 1588	2x CAN-I/F*	Kamera-I/F*	SDRAM-I/F*	Dual-QUAD SPI	SAI	SPDIF Rx	CHROM-ART Graphic Acc. ™	TFT-/LCD-Controller	MIPI DSI
Advanced Lines													
STM32F469	180	512k bis 2056k	384	✓	✓	✓	✓	✓	✓		✓	✓	✓
STM32F429	180	512k bis 2056k	256	✓	✓	✓	✓		✓		✓	✓	
STM32F427	180	1024k bis 1024k	256	✓	✓	✓	✓		✓		✓		
Foundation Lines													
STM32F446	180	256k bis 512k	128		✓	✓	✓	✓	✓	✓			
STM32F407	168	512k bis 1024k	192	✓	✓	✓							
STM32F405	168	512k bis 1024k	192		✓								

Produktlinie	FCPU (MHz)	Flash (kBytes)	RAM (KB)	Stromaufn. µA/MHz (Min.)	Stromaufn. (Stopp) (Min.)	Abm. (min.) in mm	FSMC (NOR/PSRAM /	QSPI	DFSDM	DAC	TRNG	DMA Stapel-verarbeitung	USB 2.0 OTG FS
Access Lines													
STM32F401	84	128k bis 512k	bis zu 96	128µA	10µA	3x3							✓
STM32F410	100	64k bis 128k	32	89µA	6µA	2,553 x 2,579				✓	✓	BAM	-
STM32F411	100	256k bis 512k	128	100µA	12µA	3,034 x 3,22						BAM	✓
STM32F412	100	512k bis 1024k	256	112µA	18µA	3,653 x 3,651	✓	✓	✓		✓	BAM	✓
STM32F413	100	1024k bis 1536k	320	115µA	18µA	3,951 x 4,039	✓	✓	✓	✓	✓	BAM	✓

*I/F = Interface (Schnittstelle)

Abb. 1.1: Überblick über die STM32F4-Familie

Hinweis

Obwohl ich mich nachfolgend auf den STM32F446 konzentriere, lässt sich seine Beschreibung nicht nur auf die anderen Mitglieder der STM32F4-Familie übertragen, sondern auch – mit Ausnahme der Arm-spezifischen Bestandteile sowie der herstellerspezifischen Peripheriekomponenten – auf beliebige andere Mikrocontroller. Natürlich gibt es Unterschiede bei der Programmierung der integrierten Peripheriekomponenten, was sich nicht zuletzt in unterschiedlichen Benennungen und Adressen der Register wie auch in der Anschlussbelegung zeigt, das Funktionsprinzip ist aber überall sehr ähnlich. Die Portierung der Kenntnisse auf Mikrocontroller anderer Hersteller sollte recht einfach sein, da Sie hier ja die Programmierung von der Pike auf lernen.

1.2 Der STM32F446

Der STM32F446 ist in verschiedenen Ausführungsvarianten erhältlich. Im folgenden Abschnitt werden diese näher beschrieben.

1.2.1 Varianten des STM32F446

Tabelle 1.1 zeigt die Ausführungen und ihre Unterschiede:

<table>
<tr><th colspan="2" rowspan="2">Peripheriekomponenten</th><th colspan="8">STM32F446</th></tr>
<tr><th>MC</th><th>ME</th><th>RC</th><th>RE</th><th>VC</th><th>VE</th><th>ZC</th><th>ZE</th></tr>
<tr><td colspan="2">Flash in KByte</td><td>256</td><td>512</td><td>256</td><td>512</td><td>256</td><td>512</td><td>256</td><td>512</td></tr>
<tr><td rowspan="2">SRAM in KByte</td><td>System</td><td colspan="8">128 (112 + 16)</td></tr>
<tr><td>Backup</td><td colspan="8">4</td></tr>
<tr><td colspan="2">Controller für flexiblen Speicher (FMC)</td><td colspan="4">Nein</td><td colspan="4">Ja</td></tr>
<tr><td rowspan="3">Timer</td><td>GP</td><td colspan="8">10</td></tr>
<tr><td>Advanced</td><td colspan="8">2</td></tr>
<tr><td>Basic</td><td colspan="8">2</td></tr>
<tr><td rowspan="11">Kommunikations-Interfaces</td><td>SPI/I²S</td><td colspan="8">4/3 (simplex)</td></tr>
<tr><td>I²C</td><td colspan="8">4/1 davon als FMP+ (Fast mode Plus)</td></tr>
<tr><td>UART/USART</td><td colspan="8">2/4</td></tr>
<tr><td>USB OTG FS</td><td colspan="8">Ja, 6 Endpunkte</td></tr>
<tr><td>USB OTG HS</td><td colspan="8">Ja, 8 Endpunkte</td></tr>
<tr><td>CAN</td><td colspan="8">2</td></tr>
<tr><td>SAI</td><td colspan="8">2</td></tr>
<tr><td>SDIO</td><td colspan="8">Ja</td></tr>
<tr><td>SPDIF-Rx</td><td colspan="8">1</td></tr>
<tr><td>HDMI-CEC</td><td colspan="8">1</td></tr>
<tr><td>Quad SPI</td><td colspan="8">1</td></tr>
</table>

Tabelle 1.1: Ausstattung des STM32F446

Peripheriekomponenten	STM32F446							
	MC	ME	RC	RE	VC	VE	ZC	ZE
Kamera-Interface	Ja							
GPIOs	63		50		81		114	
12-Bit-ADC (Anzahl/Kanäle)	3/14		3/16		3/16		3/24	
12-Bit-DAC	Ja, 2 Kanäle							
Maximale Taktfrequenz	180 MHz							
Betriebsspannung	1,8 bis 3,6 V							
Gehäuse und Pins	WLCSP81		LQFP64		LQFP100		LQFP144U FBGA144	

Tabelle 1.1: Ausstattung des STM32F446 (Forts.)

Wie Sie Tabelle 1.1 entnehmen können, sind allein vom STM32F446 acht Ausführungen erhältlich, die durch nachgestellte Buchstaben und Ziffern unterschieden werden. Abbildung 1.2 zeigt, wie die Bezeichnungen bei STM interpretiert werden.

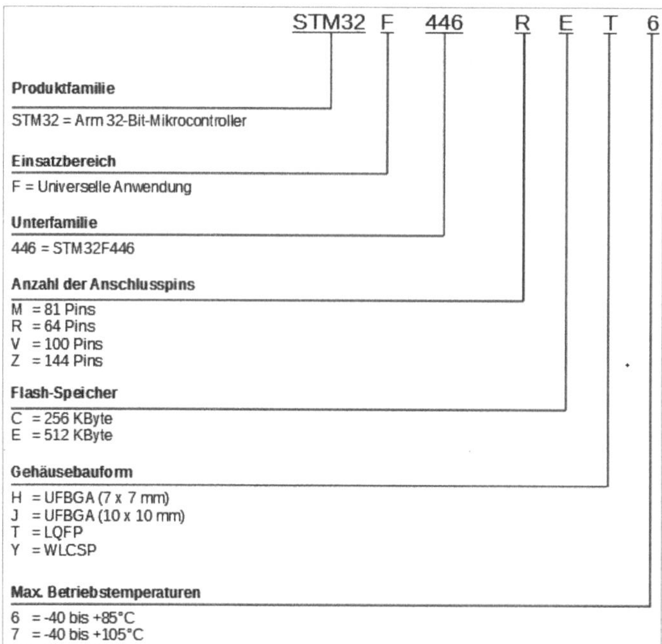

Abb. 1.2: Produktbezeichnungen der STM32F4xx-Mikrocontroller

Hinweis

Möchten Sie einen anderen Mikrocontroller aus der STM32F4xx-Familie verwenden, finden Sie die entsprechenden Tabellen auf der Webseite `https://www.st.com/en/microcontrollers-microprocessors/stm32f4-series.html` im Menü RESOURCES.

1.2.2 Speicherbelegung/Memory-Mapping

Der adressierbare Speicher ist in acht Blöcke mit einer Größe von jeweils 512 MByte unterteilt, es können somit maximal $2^{32} - 1$ Byte = 4.294.967.296 Byte adressiert werden. Dieser Wert stellt aber nur das theoretische Maximum dar, tatsächlich verfügt keiner der genannten Mikrocontroller über derart viel Speicher, sodass die höchste adressierbare Speicherstelle deutlich kleiner ist.

Abbildung 1.3 zeigt eine grobe Unterteilung dieser Blöcke und der hier verfügbaren Funktionen. Im rechten Teil von Abbildung 1.3 sehen Sie einige Abkürzungen, wie z.B. AHB1/2/3 und APB1/2: Was es damit auf sich hat, wird weiter unten in Abschnitt 1.2.4 erläutert.

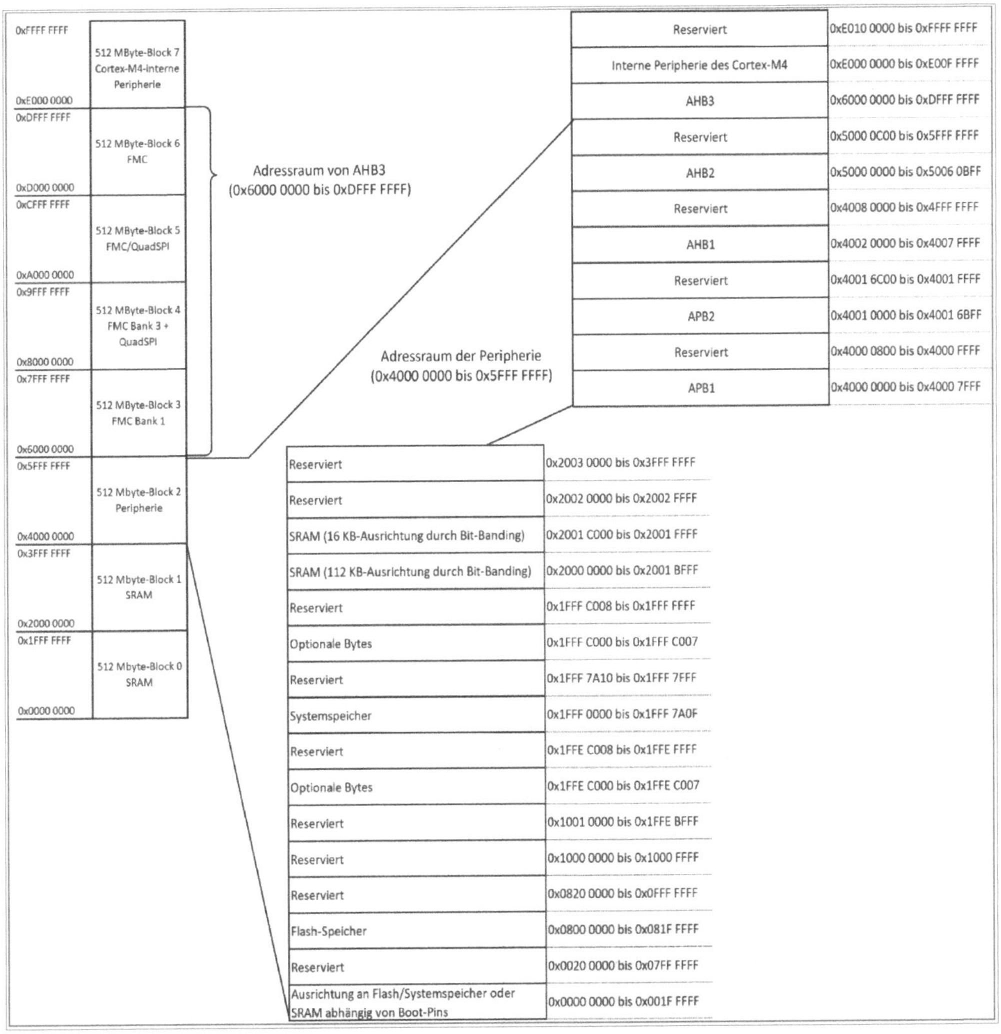

Abb. 1.3: Speicherbereiche (Memory-Mapping), aus dem Datenblatt entnommen

Die folgenden Tabellen zeigen die verfügbaren Peripheriekomponenten, den jeweils genutzten Bus, über den sie angesprochen werden, sowie die Adressen, die den Speicherbereichen und Registern zugeordnet sind.

Wichtig

Zwei Adressbereiche möchte ich vorab besonders hervorheben: Sie sind zwar in Abbildung 1.3 angegeben, fallen dort aber nicht besonders deutlich auf: Es handelt sich um den Flashspeicher (ab Adresse 0x0800 0000) und das SRAM (ab Adresse 0x2000 0000). Die Größe des Speichers variiert bei den verschiedenen Mikrocontrollern.

Hinweis

Die Adressbereiche in den folgenden Tabellen sind nach den jeweiligen Bussen (Cortex-M4, AHB und APB) sortiert. Dies führt dazu, dass die Blockgrenzen in Abbildung 1.2 quasi »ungültig« werden. Darüber hinaus sind große Adressbereiche im Speicherraum reserviert, sodass sie nicht genutzt werden können. Reservierte Speicherbereiche wurden in den folgenden Tabellen nicht aufgeführt.

Bus	Adressgrenzbereiche	Komponente(n)
Cortex-M4-interner Bus	0xE000 0000–0xE00F FFFF	Cortex-M4-interne Komponenten (z.B. CPU-Kern, NVIC, Floating-Point-Unit (FPU) usw.)

Tabelle 1.2: Adressbereich von Cortex-M4-internen Komponenten

Bus	Adressbereiche	Komponente(n)
AHB3	0xD000 0000–0xDFFF FFFF	FMC Bank 6
	0xC000 0000–0xCFFF FFFF	FMC Bank 5
	0xA000 1000–0xA000 1FFF	QuadSPI Control Register
	0xA000 0000–0xA000 0FFF	FMC Control Register
	0x9000 0000–0x9FFF FFFF	QuadSPI
	0x8000 0000–0x8FFF FFFF	FMC Bank 3
	0x6000 0000–0x6FFF FFFF	FMC Bank 1

Tabelle 1.3: Komponentenadressen, die über den AHB3-Bus angesprochen werden

Bus	Adressbereiche	Komponente(n)
AHB2	0x5005 0000–0x5005 03FF	DCMI (Digital Camera Interface)
	0x5000 0000–0x5003 FFFF	USB OTG FS (USB on-the-go, Full Speed)

Tabelle 1.4: Komponentenadressen, die über den AHB2-Bus angesprochen werden

Bus	Adressbereiche	Komponente(n)
AHB1	0x4004 0000–0x4007 FFFF	USB OTG HS (USB on-the-go, High Speed)
	0x4002 6400–0x4002 67FF	DMA2 (Direct Memory Access)
	0x4002 6000–0x4002 63FF	DMA1
	0x4002 4000–0x4002 4FFF	Backup-SRAM
	0x4002 3C00–0x4002 3FFF	Flashspeicher-Schnittstelle
	0x4002 3800–0x4002 3BFF	RCC (Reset and Clock Control)
	0x4002 3000–0x4002 33FF	CRC (Cyclic Redundancy Check)
	0x4002 1C00–0x4002 1FFF	GPIOH
	0x4002 1800–0x4002 1BFF	GPIOG
	0x4002 1400–0x4002 17FF	GPIOF
	0x4002 1000–0x4002 13FF	GPIOE
	0X4002 0C00–0x4002 0FFF	GPIOD
	0x4002 0800–0x4002 0BFF	GPIOC
	0x4002 0400–0x4002 07FF	GPIOB
	0x4002 0000–0x4002 03FF	GPIOA

Tabelle 1.5: Komponentenadressen, die über den AHB1-Bus angesprochen werden

Bus	Adressbereiche	Komponente(n)
APB2	0x4001 5C00–0x4001 5FFF	SAI1 (Serial Audio Interface)
	0x4001 5800–0x4001 5BFF	SAI2
	0x4001 4800–0x4001 4BFF	Timer TIM11
	0x4001 4400–0x4001 47FF	Timer TIM10
	0x4001 4000–0x4001 43FF	Timer TIM9
	0x4001 3C00–0x4001 3FFF	EXTI (External Interrupt Controller)
	0x4001 3800–0x4001 3BFF	SYSCFG (System Configuration)
	0x4001 3400–0x4001 37FF	SPI4 (Serial Peripheral Interface)
	0x4001 3000–0x4001 33FF	SPI1
	0x4001 2C00–0x4001 2FFF	SDIO (Secure Digital Input/Output Interface)
	0x4001 2000–0x4001 23FF	ADC1/2/3 (Analog-to-Digital Converter)
	0x4001 1400–0x4001 17FF	USART6 (Universal Synchronous/ Asynchronous Receiver/Transmitter)
	0x4001 1000–0x4001 13FF	USART1
	0x4001 0400–0x4001 07FF	Timer TIM8
	0x4001 0000–0x4001 03FF	Timer TIM1

Tabelle 1.6: Komponentenadressen, die über den APB2-Bus angesprochen werden

Bus	Adressbereiche	Komponente(n)
	0x4001 5C00–0x4001 5FFF	SAI1 (Serial Audio Interface)
	0x4001 5800–0x4001 5BFF	SAI2
	0x4001 4800–0x4001 4BFF	Timer TIM11
	0x4000 7400–0x4000 77FF	DAC (Digital-to-Analog Converter)
	0x4001 4400–0x4001 47FF	Timer TIM10
	0x4001 4000–0x4001 43FF	Timer TIM9
	0x4001 3C00–0x4001 3FFF	EXTI (External Interrupt Controller)
	0x4001 3800–0x4001 3BFF	SYSCFG (System Configuration)
	0x4001 3400–0x4001 37FF	SPI4 (Serial Peripheral Interface)
	0x4001 3000–0x4001 33FF	SPI1
	0x4001 2C00–0x4001 2FFF	SDIO (Secure Digital Input/Output Interface)
	0x4001 2000–0x4001 23FF	ADC1/2/3 (Analog-to-Digital Converter)
	0x4001 1400–0x4001 17FF	USART6 (Universal Synchronous/ Asynchronous Receiver/Transmitter)
	0x4001 1000–0x4001 13FF	USART1
	0x4001 0400–0x4001 07FF	Timer TIM8
	0x4001 0000–0x4001 03FF	Timer TIM1
APB1		
	0x4000 7000–0x4000 73FF	PWR (Power Control)
	0x4000 6C00–0x4000 6FFF	HDMI-CEC (High Definition Multimedia Interface, Consumer Electronics Control)
	0x4000 6800–0x4000 6BFF	CAN2 (Controller Area Network)
	0x4000 6400–0x4000 67FF	CAN1
	0x4000 6000–0x4000 63FF	FMPI2C1 (Fast Mode Plus Inter-integrated Circuit)
	0x4000 5C00–0x4000 5FFF	I2C3 (Inter-integrated Circuit)
	0x4000 5800–0x4000 5BFF	I2C2
	0x4000 5400–0x4000 57FF	I2C1
	0x4000 5000–0x4000 53FF	UART5 (Universal Asynchronous Receiver/Transmitter)
	0x4000 4C00–0x4000 4FFF	UART4
	0x4000 4800–0x4000 4BFF	USART3
	0x4000 4400–0x4000 47FF	USART2
	0x4000 4000–0x4000 43FF	SPDIFRX (Sony-Philips Digital Interface Receiver/Transmitter)

Tabelle 1.7: Komponentenadressen, die über den APB1-Bus angesprochen werden

Bus	Adressbereiche	Komponente(n)
	0x4000 3C00–0x4000 3FFF	SPI3/I2S3 (Serial Peripheral Interface/Inter-integrated Sound Interface)
	0x4000 3800–0x4000 3BFF	SPI2/I2S2
	0x4000 3000–0x4000 33FF	IWDG (Independent Watchdog)
	0x4000 2C00–0x4000 2FFF	WWDG (Window Watchdog)
	0x4000 2800–0x4000 2BFF	RTC- & BKP-Register (Real Time Clock, Backup-Register)
	0x4000 2000–0x4000 23FF	Timer TIM14
	0x4000 1C00–0x4000 1FFF	Timer TIM13
	0x4000 1800–0x4000 1BFF	Timer TIM12
	0x4000 1400–0x4000 17FF	Timer TIM7
	0x4000 1000–0x4000 13FF	Timer TIM6
	0x4000 0C00–0x4000 0FFF	Timer TIM5
	0x4000 0800–0x4000 0BFF	Timer TIM4
	0x4000 0400–0x4000 07FF	Timer TIM3
	0x4000 0000–0x4000 03FF	Timer TIM2

Tabelle 1.7: Komponentenadressen, die über den APB1-Bus angesprochen werden (Forts.)

1.2.3 Interner Aufbau des STM32F446

An dieser Stelle würde ich Ihnen gern das Blockschaltbild des STM32F446 zeigen. Damit es auf eine Buchseite passt, müsste ich es jedoch dermaßen verkleinern, dass Sie die Details nicht mehr erkennen könnten. Unter dem Link `https://www.st.com/resource/en/datasheet/stm32f446mc.pdf` finden Sie auf Seite 16 das vollständige Blockschaltbild dieses Mikrocontrollers.

Hinweis

Die anderen Mitglieder der STM32F4xx-Familie haben einen ähnlichen Aufbau: Die wesentlichen Unterschiede bestehen in der Anzahl der integrierten Peripheriekomponenten, der Taktfrequenz sowie der Ausstattung mit Flashspeicher und SRAM. Wichtig ist hier, dass die Komponenten, die in allen bzw. in mehreren Mikrocontrollern enthalten sind, überall gleich benannt sind und ihre Programmierung im Wesentlichen identisch ist. Es kann vereinzelt sein, dass bestimmte Komponenten etwas leistungsstärker sind als in den einfacheren Varianten. Dies äußert sich darin, dass manchmal Bits, die in Registern als reserviert markiert sind, in den besseren Varianten zusätzlich verwendet werden.

Der Cortex-M4-Kern

Das »Herz« der Prozessoren der STM32F4xx-Familie ist in der linken oberen Ecke des Blockschaltbilds zu sehen. Abbildung 1.4 zeigt es als Auszug aus dem oben erwähnten Blockschaltbild.

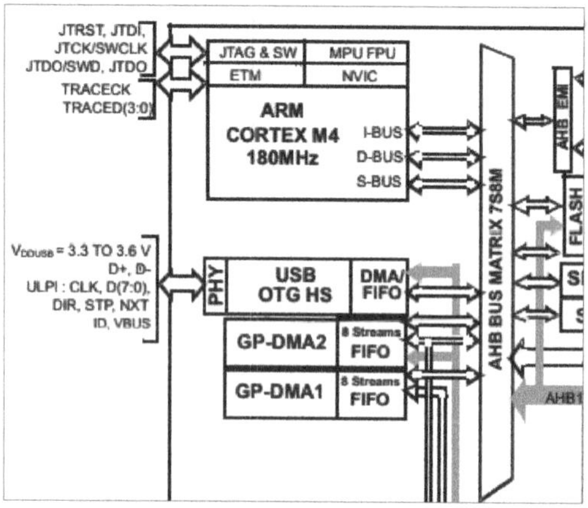

Abb. 1.4: Das »Herz« der STM32F4xx-Familie

Neben der *Central Processing Unit* (*CPU*) – hier als ARM CORTEX M4 180 MHz bezeichnet – verfügen alle Cortex-M-Mikrocontroller bereits über eine Vorrichtung zur Fehlersuche, die als *Embedded Trace Macrocell* (*ETM*) bezeichnet ist. Die ETM kommuniziert mit der Außenwelt über einen traditionellen *JTAG*-Port (*Joint Test Action Group*) sowie über eine einfache 2-Draht-Debug-Schnittstelle (*SWD, Serial Wire Debug*), die besonders platzsparend ist.

Ihre besondere Leistungsfähigkeit erreichen die Cortex-M-Mikrocontroller aller Hersteller durch den sogenannten *NVIC* (*Nested Vector Interrupt Controller*).

Hinweis

Auf die Bedeutung und die Aufgaben des NVIC gehe ich in Kapitel 7 »Interrupts« näher ein.

Optional können die Cortex-M-Mikrocontroller eine *Fließpunkteinheit* (*FPU, Floating Point Unit*) enthalten

Hinweis

Sämtliche Mikrocontroller der STM32F4xx-Familie sind mit einer FPU ausgestattet. Dies gilt nicht zwangsläufig für Cortex-M4-Controller anderer Hersteller!

Obwohl in Abbildung 1.4 nicht eingezeichnet, enthält der Cortex-M4-Kern noch weitere Komponenten. Hierbei handelt es sich um:

- *SCB (System Control Block)* – Dieser stellt die Schnittstelle des Programmierers zum Prozessor dar. Wie der Name bereits andeutet, dient er der Steuerung des Systems inklusive seiner Konfiguration. Darüber werden hier die sogenannten System-Exceptions verwaltet: Dies sind besondere Situationen, die üblicherweise nicht abgefangen werden können, wie beispielsweise eine Division durch null.
- *System Timer* – Jeder Cortex-M-Kern von Arm enthält einen solchen Timer, der allgemein als *SysTick-Timer* bezeichnet wird. Beim Einsatz von Betriebssystemen wie z.B. RTOS wird er zur Steuerung des Scheduler verwendet, der den Wechsel von einem Task zu einem anderen steuert. Wird, wie bei der sogenannten Bare-Metal-Programmierung, kein Betriebssystem eingesetzt, kann dieser Timer auch anders genutzt werden. Üblicherweise wird er so konfiguriert, dass er in einem 10-Millisekunden-Takt »tickt«. Andere Taktzeiten (auch kürzere) sind aber ebenfalls möglich: In den SysTick-Beispielen tickt der Timer im 1-ms-Takt.
- *MPU (Memory Protection Unit)* – Bestimmte Speicherregionen sollen vor einem Zugriff (Änderung) von außen – auch vor Programmierern – geschützt sein. Ein typisches Beispiel hierfür ist ein vom Hersteller implementierter Bootloader, der den Mikrocontroller auch dann noch »wiederbeleben« soll, wenn der Softwareentwickler durch grobe Fehler keinen Zugriff mehr auf ihn hat. Die MPU sorgt somit für eine höhere Gesamtsicherheit und Zuverlässigkeit des Systems.

Weitere Komponenten der STM32F4xx-Familie

Hier beginnen die Unterschiede zu anderen Mitgliedern dieser Familie und besonders zu Cortex-M4-Mikrocontrollern anderer Hersteller. Innerhalb der STM32F4xx-Familie bedeutet »Unterschiede« aber nicht, dass ihre Mitglieder zueinander inkompatibel sind, es soll vielmehr ausgedrückt werden, dass je nach Ausstattung nicht alle Peripheriekomponenten gleichermaßen verfügbar sind.

- Für die Steuerung bzw. das Abfragen externer Geräte (Motoren, Sensoren, Ventile, Relais, LEDs, Displays usw.) werden die sogenannten *GPIOs* (*General Purpose Inputs/Outputs*) verwendet. Je nach Anzahl der Anschlusspins der Variante (siehe hierzu auch den Buchstaben-Ziffern-Code weiter oben in Abbildung 1.2) stehen beim STM32F446 mit den Ports GPIOA bis GPIOH maximal acht dieser Ports zur Verfügung. Von GPIOH sind zwei Anschlüsse herausgeführt, alle anderen GPIO-Ports verfügen über bis zu 16 digitale Ein- bzw. Ausgänge.

Hinweis

Es gibt auch Varianten, die mit Port I einen weiteren Port enthalten! Beim STM32F76x existieren darüber hinaus noch die GPIO-Ports J und K!

- Der STM32F446 enthält insgesamt 14 *Timer*, die unabhängig voneinander für verschiedene Aufgaben genutzt werden können. Mögliche Anwendungen sind einfache Zeitschaltungen, die Erzeugung von PWM-Signalen (Betriebsart: Output Compare) oder das Messen (Zählen) von Impulsen, die von außen zugeführt werden (Betriebsart: Input Capture). Neben den »normalen« Timern gibt es mit der *RTC* (*Real Time Clock*) zusätzlich noch zwei *Watchdog-Timer*.

Hinweis

Auf die Details der Timer-Programmierung wird in den Kapiteln 9 bis 12 eingegangen.

- Besonders reichhaltig sind die STM32F4xx-Controller mit seriellen Schnittstellen für die Kommunikation mit der Außenwelt ausgestattet. Je nach Modell enthalten sie bis zu 20 serielle Schnittstellen (UART, USART, SPI, CAN, I^2C, I^2S usw.).
- Die Natur ist nicht digital, sondern analog. Dies bedeutet, dass sich physikalische Größen nicht sprunghaft, sondern stetig ändern. Mikrocontroller arbeiten intern aber rein digital. Mit den integrierten *DAC* (*Digital-to-Analog Converter*) und *ADC* (*Analog-to-Digital Converter*) ist es möglich, analoge Größen in Form einer elektrischen Spannung zu erzeugen (DAC) oder zu erfassen (ADC) und durch die digitale Software zu verarbeiten.
- Sollen große Datenmengen zwischen Speicher und Peripherie ausgetauscht werden (denken Sie hier beispielsweise an die Übertragung von Daten zwischen Speicher und einer SD-Karte), ist es ungünstig, dies über den CPU-Kern auszuführen: Er müsste die Daten zunächst lesen, anschließend verarbeiten und schließlich zum Zielgerät transportieren. Dieser Vorgang, den man allgemein als *Read-Modify-Write* bezeichnet, ist aus Sicht des Prozessorkerns sehr zeitaufwendig. Darüber hinaus kann es passieren, dass Interrupts während des Read-Modify-Write Daten verändern. Die Zeit, in der der Kern die Daten »hin und her schubst«, kann von der CPU besser genutzt werden, wenn es denn eine andere Lösung für diese Aufgabe gibt. Tatsächlich existiert eine solche Lösung, indem man *DMA-Controller* (*Direct Memory Access*) einsetzt, die diese Aufgabe übernehmen.

Hinweis

Der STM32F446 enthält sogar zwei DMA-Controller!

- Die Mitglieder der Advanced Line der STM32F4xx-Familie verfügen zudem noch über *Ethernet*-Schnittstellen sowie *TFT-/LCD-Interfaces* zum direkten Anschluss von Displays.

Kommandos und Daten werden zwischen dem CPU-Kern und der Peripherie über spezielle Leitungssysteme, die als Bus bezeichnet werden, transportiert. Die verschiedenen Bussysteme werden im nächsten Abschnitt vorgestellt.

1.2.4 Bussysteme des STM32F446

In diesem Abschnitt werden die verschiedenen Busse vorgestellt, die bereits in den Tabellen 1.2 bis 1.7 erwähnt wurden. Busse sind interne Verbindungen, über die der Prozessorkern mit dem Flashspeicher, dem SRAM sowie mit den Peripheriekomponenten Kommandos und Daten austauscht. Damit der Datenaustausch kollisionsfrei erfolgt, sind sämtliche Busse in einer Matrix miteinander verbunden.

Cortex-M4-interne Busse

Zunächst einmal soll gesagt werden, dass es **den** Cortex-M4-Bus in dieser Form gar nicht gibt! Stattdessen verbergen sich hinter dieser Bezeichnung mehrere Busse, die in ihrer Gesamtheit den Cortex-M4-Bus darstellen. Die hier genannten Busse sind unmittelbar an den Prozessorkern »angebunden«.

Hinweis

Werden in den folgenden Beschreibungen konkrete Geschwindigkeiten in Form von Taktfrequenzen genannt, so beziehen sie sich auf den STM32F446. Bei anderen Mikrocontrollern der Familie können die Werte abweichen.

- Der *I-Bus* (*Instruction Bus*) ist dafür zuständig, Instruktionen, die der Prozessorkern bearbeiten soll, aus dem Flashspeicher bzw. aus dem SRAM zu laden.
- Der *D-Bus* (*Data Bus*) ist für den Austausch von Nutzdaten zuständig. Darüber hinaus ermöglicht der D-Bus über einen Debugger für Diagnosezwecke auch den Zugriff auf Daten.
- Der *S-Bus* (*System Bus*) ermöglicht den Zugriff auf Daten, die entweder in den Peripheriekomponenten oder im SRAM gespeichert sind. Er kann auch dazu verwendet werden, Instruktionen zu transportieren, ist aber weniger effizient als der I-Bus.
- Ebenfalls an den CPU-Kern direkt angeschlossen sind spezielle Anschlüsse der *DMA*-Controller. Über diese Leitungen zeigen sie dem Prozessorkern an, dass sie die Datenleitungen zwischen Speicher↔Speicher- bzw. Speicher↔Peripherie exklusiv nutzen wollen.
- Das letzte Bussystem, das unmittelbar an der CPU-Seite der Matrix angeschlossen ist, wird für *USB OTG HS* (USB On-the-go, High Speed) genutzt.

D-, I- und S-Bus verbinden den CPU-Kern unmittelbar mit einer Seite der erwähnten Matrix. Hier sind ebenfalls die DMA-Controller und USB OTG HS angeschlossen.

Auf der anderen Seite der Matrix sind AHB1, AHB2 sowie Verbindungen zu Flashspeicher, SRAM und FMC bzw. QuadSPI angeschlossen.

- Für einen besonders schnellen Datenaustausch werden die beiden AHB-Busse *AHB1* und *AHB2* verwendet. AHB ist die Abkürzung von *Advanced High-Performance Bus*. AHB1 und AHB2 können Daten mit dem maximalen Systemtakt (also bis zu 180 MHz beim STM32F446) übertragen, sie werden daher für besonders schnelle Peripheriekomponenten (wie z.B. GPIOs, Cyclic Redundancy Check [CRC] oder Reset and Clock Control [RCC]), Flashspeicher und SRAM verwendet.
- Peripheriekomponenten, die nicht so schnell sind, sind hingegen mit *APB1* (*Advanced Peripheral Bus*) und *APB2* verbunden.

Um die AHB-Busse von der Datenflut zu entlasten, werden Daten über sogenannte *AHB-/APB-Brücken* (AHP/APB Bridges) übertragen. APB2 ist mit einer maximalen Taktrate von 90 MHz der schnellere Bus, APB1 wird mit maximal 45 MHz getaktet.

Hinweis

Auch die APB-Übertragungsraten in Höhe von 90 bzw. 45 MHz sind für die meisten Peripheriekomponenten noch viel zu schnell. Daher sind fast alle Peripheriekomponenten mit *Vorteilern* (*Prescaler*) ausgestattet, die den Peripherietakt weiter verringern. An welchen Bus die Peripheriekomponenten angeschlossen sind, können Sie dem Blockschaltbild (siehe den Link am Ende von Abschnitt 1.2.1) sehr einfach entnehmen.

Die Beschreibung des internen Aufbaus der STM32F4xx-Mikrocontroller soll hiermit abgeschlossen werden.

Kapitel 2

CMSIS und MCAL erstellen, der Bootprozess, Anwendung der CMSIS

Dieses Kapitel ist in fünf Abschnitte gegliedert:

- Bevor wir uns an die Arbeit begeben und die CMSIS als Bibliothek für die folgenden Projekte erstellen, will ich in Abschnitt 2.1 erläutern, weshalb ich den hier beschriebenen Weg der Bibliothekserstellung bevorzuge: Denn zwingend erforderlich ist er nicht!
- Abschnitt 2.2 befasst sich mit der Beschaffung und Erstellung einer CMSIS-Bibliothek aus dem von Arm und STM bereitgestellten Sourcecode. Er wendet sich an Nutzer einer Eclipse-basierten Entwicklungsumgebung, also auch an solche der STM32CubeIDE. Nutzer einer kommerziellen IDE, wie z.B. Keil µVision, IAR Workbench oder Segger Embedded Studio, müssen ihn nicht durcharbeiten, da hier die Softwareentwicklung besonders komfortabel gestaltet und CMSIS bereits vollständig integriert ist. Dennoch empfehle ich auch diesen Nutzern das Lesen dieses Abschnitts, da die Firmen Keil, IAR und Segger eigene Funktionsbibliotheken verwenden und somit die Bare-Metal-Programmierung vor Ihnen »verstecken«.
- Der dritte Abschnitt kümmert sich dann um den grundsätzlichen Aufbau von CMSIS und beschreibt den Bootprozess eines Mikrocontrollers anhand der im CMSIS-Lieferumfang enthaltenen Startup-Dateien. Von diesen Informationen können sicherlich alle Softwareentwickler profitieren.
- Im vierten Abschnitt liefere ich Ihnen eine Anleitung, mit deren Hilfe Sie sich in den in CMSIS enthaltenen Headerdateien orientieren können.
- Im fünften und letzten Abschnitt wird ein Ausblick auf eine Bibliothek gegeben, die im weiteren Verlauf dieses Buches schrittweise entwickelt wird: Hierbei handelt es sich um die Bibliothek MCAL, wobei MCAL die Abkürzung von *Microcontroller Abstraction Layer* ist.

2.1 Warum sollte eine CMSIS-Bibliothek erstellt werden?

Tatsache ist, dass Sie nicht zwingend eine CMSIS-Bibliothek erstellen müssen, da die hierfür erforderlichen Dateien bereits in den Firmware-Packages (STM bezeichnet sie auch als MCU Packages) enthalten sind: Grundsätzlich wäre es völlig ausreichend, in Ihren eigenen Projekten die Pfade auf die Headerdateien einzustellen, und dann könnte es bereits »losgehen«.

Diese Vorgehensweise ist absolut in Ordnung, wenn – ja, wenn – Sie als Einzelkämpfer in Ihrer »Frickelstube« sitzen und die Software für eigene Projekte entwickeln. Wenn Sie aber in einem Team mit mehreren oder sogar vielen Entwicklern arbeiten, dann kann diese Vorgehensweise schnell problematisch werden: Ein Entwickler reicht dann bereits aus, den Projekterfolg zu verzögern oder sogar zu verhindern: Ich habe dies selbst bereits erlebt!

Ein Kollege hatte Schwierigkeiten, eine bestimmte Funktion »ans Laufen« zu bekommen und wusste sich nicht anders zu helfen, als seine lokale Kopie der verwendeten Bibliothek so zu modifizieren, dass sein individuelles Problem gelöst war. Er spielte seine Entwicklungsarbeit mitsamt der geänderten Bibliothek in das gemeinsam genutzte SVN-Repository ein. Am nächsten Tag versuchten andere Kollegen – mindestens ein Update der eigenen Arbeit aus dem Repository pro Tag war Pflicht –, ihre bis dahin gut funktionierenden Teilprojekte zu kompilieren, und nichts ging mehr! Viele Kompiliervorgänge, die zuvor noch fehlerfrei liefen, erzeugten nun Fehlermeldungen, die sich die Kollegen nicht erklären konnten. Es stellte sich heraus, dass sämtliche Fehler auf der nicht dokumentierten Änderung dieses einen Kollegen basierten: Bis das Problem gelöst war, erzielten 20 andere Entwickler keinen Fortschritt in ihrer Arbeit.

Um derartige Fehler für die Zukunft auszuschließen, wurde die von allen verwendete Bibliothek **einem** erfahrenen Teamleiter als **sein** Projekt zugewiesen: Alle anderen Entwickler konnten die Bibliothek nur noch nutzen, sie aber nicht mehr selbst modifizieren.

Genau diesen Ansatz habe ich für meine Arbeit übernommen und wende ihn daher auch in diesem Buch an: Bibliotheken, die von mehreren Entwicklern gemeinsam als Basis genutzt werden, werden in einem vom aktuellen Projekt unabhängigen Workspace gehalten. Alle anderen Entwickler sehen im Anschluss nur noch die Bibliothek(en) sowie die hierzu gehörenden Headerdateien.

Hinweis

Natürlich bedeutet diese Vorgehensweise einen gewissen Mehraufwand gegenüber der herkömmlichen Vorgehensweise. Bewährte Bibliotheken werden aber auch nicht derart häufig geändert, dass sich dies gravierend auf die tägliche Arbeit auswirkt. In anderen Unternehmen habe ich gesehen, dass dort ebenfalls die mir vertraute Vorgehensweise mit getrennten Bibliotheken eingesetzt wird: Dort gibt es sogar konkrete Vorschriften, dass bestimmte Bereiche der Software **nicht angefasst werden dürfen**. Die Missachtung dieser Anweisungen zieht im Regelfall disziplinarische Folgen nach sich!

Hinweis

Persönlich gehe ich sogar noch einen Schritt weiter, indem ich Projekte und Bibliotheken in getrennten Arbeitsbereichen, sogenannten Workspaces, vorhalte: Dann vermeide ich auch zusätzlich versehentliches Ändern der Bibliothek! Diese Vorgehensweise kann aber auch von Nachteil sein: Da sich der Sourcecode der Bibliothek in einem anderen Workspace befindet, kann STM32CubeIDE den Sourcecode der Bibliothek nicht durch Betätigen der Taste [F3] anzeigen: Eine Instanz der Entwicklungsumgebung »kennt« nur den aktivierten Workspace. Nur durch die Eclipse-Funktion SWITCH WORKSPACE, die sich im FILE-Menü befindet, lässt sich der Workspace umschalten, was aber immer einen Neustart der IDE zur Folge hat: Dann »sehen« Sie aber Ihr Projekt nicht mehr!

2.2 Die CMSIS-Bibliothek

Ziel dieses Abschnitts ist die Erstellung einer CMSIS-Bibliothek. *CMSIS* ist die Abkürzung von *Cortex Microcontroller Software Interface Standard* und wurde von Arm initiiert, damit die Chip-Hersteller eine Grundlage für die Beschreibung ihrer Mikrocontroller-Produkte in Form von Software haben, die dann wieder von den Softwareentwicklern für ihre Arbeit genutzt werden kann.

Sie bildet eine gemeinsame Basis für alle folgenden Projekte. Diese Vorgehensweise ist z.B. dann hilfreich, wenn Sie mit mehreren Kollegen im Team an einem großen Projekt arbeiten. Der Einsatz separater Bibliotheken ist aber auch dann sinnvoll, wenn Sie viele kleinere Projekte entwickeln möchten.

Der Einsatz einer separaten CMSIS-Bibliothek (und später auch MCAL-STM) ist – wie bereits erwähnt – nicht zwingend erforderlich, da die benötigten Dateien auch immer unmittelbar in das jeweilige Projekt importiert werden können! Die Verfügbarkeit einer zentralen Funktionssammlung bietet den großen Vorteil, dass sämtliche Entwickler auf eine gemeinsame Codebasis zurückgreifen. Ein weiterer Vorteil besteht darin, dass zukünftige Änderungen an der Bibliothek, z.B. durch Erweiterungen oder Fehlerkorrekturen, nur an einer Stelle durchgeführt werden müssen.

2.2.1 Beschaffung der CMSIS-Dateien

Von der Webseite

`https://www.st.com/en/embedded-software/stm32cube-mcu-mpu-packages.html?s_searchtype=reco&querycriteria=productId=LN1897`

können Sie nach erfolgter kostenloser Registrierung bei STM die Firmware zu dem von Ihnen genutzten Cortex-M-Mikrocontroller herunterladen. Für die Cortex-M4-Familie hat die Archivdatei mit weit mehr als 600 MByte eine beachtliche Größe. Das Archiv umfasst aber viel mehr, als für dieses Buch erforderlich ist:

Nach dem Entpacken der Zip-Datei – z.B. in ein Verzeichnis mit dem Namen `CMSIS` – befinden sich dort mehr als 1,7 GByte Daten!

Tipp

Falls STM zukünftig die Struktur der Webseite ändert und der genannte Link nicht mehr funktioniert, können Sie die Firmware auf `https://www.st.com` unter dem Suchbegriff »mcu packages« ebenfalls finden.

Hinweis

Auf der genannten Webseite finden Sie möglicherweise mehrere verschiedene Versionen der Firmware. Wenn eine oder mehrere Versionen als Patch bezeichnet sind, lassen sich diese nicht allein installieren – Sie müssen immer zuerst die Basis-Version und anschließend die Patches installieren! In der Spalte PREVIOUS VERSIONS finden Sie nur die Vorgänger der aktuellen Firmware.

Hinweis

Die Archivdatei hat zu dem Zeitpunkt, an dem dieses Kapitel geschrieben bzw. aktualisiert wurde (Januar 2022), den Namen `en.stm32cubef4_v1-26-2.zip`.

2.2.2 Aufräumarbeiten

Da wir uns in diesem Buch ausschließlich mit der sogenannten *Bare-Metal-Programmierung* befassen (das heißt, wir verwenden kein Betriebssystem), werden Sie viele der in der Archivdatei enthaltenen Dateien nicht benötigen.

Da nicht jeder Anwender über eine schnelle Verbindung ins Internet verfügt, empfehle ich folgende Vorgehensweise:

- Download der Archivdatei in ein temporäres Verzeichnis
- Kopieren der Archivdatei in ein weiteres Verzeichnis. Dieses Verzeichnis dient dann als Workspace für die zu verwendende CMSIS-Bibliothek.
- In der Kopie löschen Sie dann alle Dateien mit Ausnahme des Verzeichnisses `CMSIS`.
- Wechseln Sie in dieses Verzeichnis und löschen Sie alle Verzeichnisse mit Ausnahme der Verzeichnisse `Include` und `Device`.

Wichtig

Löschen Sie aber bitte nicht die Dateien `License.md`, `package.xml`, `README.md` und `Release_Notes.html`. Sie werden zwar im weiteren Verlauf nicht benötigt, gehören aber zu den Lizenzvereinbarungen, deren Einhaltung Sie vor dem Download bestätigt haben.

- Der Bibliotheks-Workspace enthält jetzt nur noch die für dieses Buch benötigten Dateien. In Include befinden sich Headerdateien, die von Arm zur Verfügung gestellt werden. Welche der Headerdateien von Bedeutung sind, hängt letztlich vom verwendeten Mikrocontroller ab.
- In Device finden Sie Headerdateien, die von STM entwickelt wurden: Hier finden Sie für jeden Mikrocontroller eine separate Headerdatei, die einen bestimmten Mikrocontroller umfassend beschreibt.

Wechseln Sie nun in das Verzeichnis Device\ST\STM32F4xx\Source\Templates. Wenn Sie, wie ich selbst, als Entwicklungsumgebung STM32CubeIDE verwenden, benötigen Sie aus diesem Verzeichnis nur den Ordner gcc und seinen Inhalt: Er enthält den Startup-Code für jeden unterstützten Mikrocontroller.

Vorsicht

Sie können zwei der insgesamt drei Verzeichnisse arm, gcc und iar löschen. Welche dies sind, hängt vom verwendeten Compiler ab. Die STM32CubeIDE verwendet die GNU Compiler Toolchain, in diesem Fall löschen Sie also die Verzeichnisse arm und iar. Die Datei system_stm32f4xx.c darf aber *nicht* gelöscht werden! Sie ist sehr wichtig, wenn Sie ab Kapitel 9 den SysTick-Timer einsetzen werden! Beachten Sie auch unbedingt den Hinweis in Abschnitt 2.2.7!

Entfernen Sie nun den Schreibschutz der Datei stm32f4xx.h, die Sie im Verzeichnis CMSIS\Device\STM32F4xx\Include finden. Der Inhalt dieser Datei »verknüpft« die Definitionsdateien des von Ihnen in der Praxis eingesetzten Mikrocontrollers mit Ihren Projekten. Da weder STM noch mir bekannt ist, welchen STM-Mikrocontroller Sie tatsächlich einsetzen, empfiehlt es sich aus Gründen der einfacheren Portierbarkeit, in eigenen Projekten stm32f4xx.h mittels #include einzubinden: In diesem Fall brauchen Sie nämlich nur die Kommentarzeichen um #define <Ihr Mikrocontroller> zu entfernen. Wenn Sie beispielsweise – genau wie ich – das Evaluierungsboard STM32-Nucleo-64 mit dem STM32F446RE nutzen, entfernen Sie einfach die Kommentarzeichen um #define STM32F446. Der folgende Auszug aus der stm32f4xx.h zeigt, was hier gemeint ist:

```
/* #define STM32F439xx */   /*!< STM32F439VG, STM32F439VI, STM32F439ZG,
                                 STM32F439ZI, STM32F439BG, STM32F439BI,
                                 STM32F439NG,
                                 STM32F439NI, STM32F439IG and STM32F439II
                                 Devices */
```

```
/* #define STM32F401xC */   /*!< STM32F401CB, STM32F401CC,... */
/* #define STM32F401xE */   /*!< STM32F401CD, STM32F401RD, STM32F401VD,
                                 STM32F401CE, STM32F401RE and STM32F401VE
                                 Devices */
/* #define STM32F410Tx */   /*!< STM32F410T8 and STM32F410TB Devices */
/* #define STM32F410Cx */   /*!< STM32F410C8 and STM32F410CB Devices */
/* #define STM32F410Rx */   /*!< STM32F410R8 and STM32F410RB Devices */
/* #define STM32F411xE */   /*!< STM32F411CC, STM32F411RC, STM32F411VC,
                                 STM32F411CE, STM32F411RE and STM32F411VE
                                 Devices */
#define STM32F446xx         /*!< STM32F446MC, STM32F446ME, STM32F446RC,
                                 STM32F446RE, STM32F446VC, STM32F446VE,
                                 STM32F446ZC, and STM32F446ZE Devices */
/* #define STM32F469xx */   /*!< STM32F469AI, STM32F469II, STM32F469BI,
                                 STM32F469NI, STM32F469AG, STM32F469IG,
                                 STM32F469BG, STM32F469NG, STM32F469AE,
                                 STM32F469IE, STM32F469BE and STM32F469NE
                                 Devices */
/* #define STM32F479xx */   /*!< STM32F479AI, STM32F479II, STM32F479BI,
                                 STM32F479NI, STM32F479AG, STM32F479IG,
                                 STM32F479BG and STM32F479NG Devices */
```

Listing 2.1: Auszug aus der Datei stm32f4xx.h

Hinweis

Der tatsächlich verwendete Mikrocontroller (hier der STM32F446xx) wurde in dem Listing-Auszug in Fettschrift gedruckt.

Wenn Sie in eigenen Projekten `#include <stm32f4xx.h>` einbinden, sorgt diese Modifikation dafür, dass Sie immer die Definitionsdatei für Ihren Mikrocontroller verwenden. Beim Wechsel auf einen anderen Mikrocontroller müssen Sie später nur die `stm32f4xx.h` entsprechend anpassen (und das Projekt natürlich neu kompilieren). Der Sourcecode innerhalb Ihrer Projekte braucht aufgrund der Kompatibilität der STM-Mikrocontroller nicht mehr »angefasst« zu werden.

2.2.3 Erstellen der Bibliothek

Starten Sie nun die STM32CubeIDE bzw. die von Ihnen verwendete Eclipse-basierte Entwicklungsumgebung und erstellen Sie mit FILE | NEW | STM32 PROJECT ein neues C-Projekt (siehe Abbildung 2.1 und Abbildung 2.2). Aufgrund der neuen Erfahrungen, die ich beim Erstellen der Beispielprojekte gesammelt habe, konnte ich die Vorgehensweise bei der Erstellung neuer Projekte im Vergleich zur ersten Buchauflage vereinfachen:

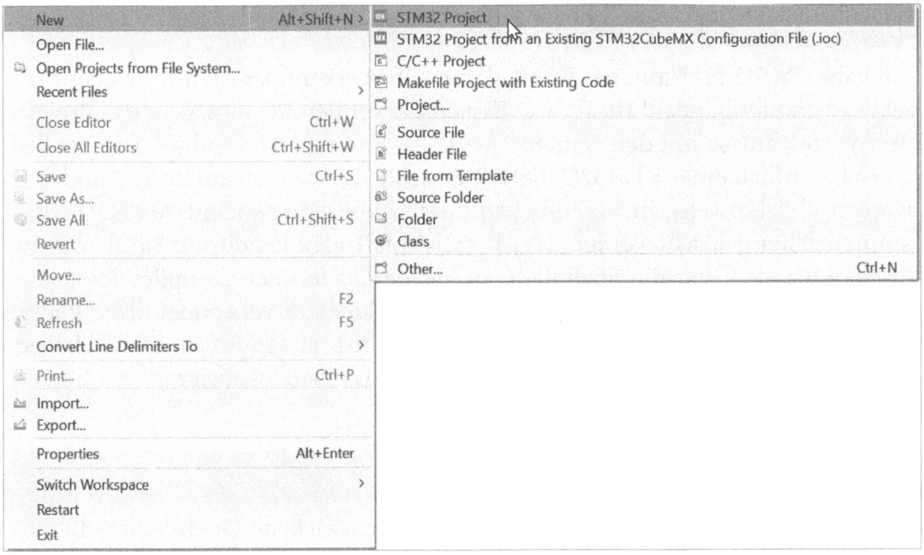

Abb. 2.1: Neues STM32-Projekt erstellen (1)

Wenn Sie direkt ein STM32-Projekt erstellen, so müssen Sie nicht den Umweg über FILE | NEW | OTHER... gehen: Erstellen Sie direkt ein STM32-Projekt.

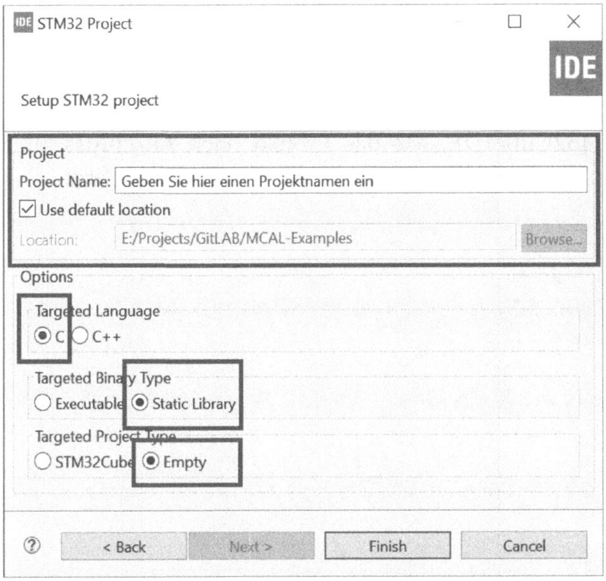

Abb. 2.2: Neues STM32-Projekt erstellen (2)

Da hier im ersten Schritt die CMSIS-Bibliothek erstellt werden soll, tragen Sie im Feld PROJECT NAME: (hier von mir vorbesetzt mit »Geben Sie hier einen Projektnamen ein«) den Namen `CMSIS` ein.

> **Hinweis**
>
> Ich habe CMSIS als Namen gewählt, damit sofort erkennbar ist, um welches Projekt es sich hier handelt! Im Project Explorer erkennen Sie nun, dass das Projekt drei Verzeichnisse mit den Namen `Includes`, `Inc` und `Src` enthält. Dies ist der typische Aufbau eines STM32CubeIDE-Projekts. Die Verzeichnisse `Inc` und `Src` werden üblicherweise in Bibliotheken durch andere Verzeichnisse ersetzt und können daher gelöscht werden. Das Verzeichnis `Includes` dürfen Sie aber **nicht** löschen, da sich hier die Suchpfade zu Headerdateien der Compiler-Toolchain sowie der `newlib-nano` befinden: Die STM32CubeIDE verwendet diese Pfade, um beispielsweise die Dateien `stdint.h`, `stdbool.h`, `stddef.h`, `stdio.h` und weitere von der Compiler-Toolchain verwendete Dateien lokalisieren zu können.

> **Hinweis**
>
> `newlib-nano` ist eine von der Firma Red Hat entwickelte Open-Source-Bibliothek, die eine Vielzahl von C-Standardfunktionen, wie z.B. `printf`, `scanf` oder `memcpy`, mit einem für Mikrocontroller optimierten verringerten Funktionsumfang bereitstellt.

Kopieren Sie nun mit einem beliebigen Tool (z.B. in der Windows-Welt der Windows-Explorer oder Total Commander bzw. unter Linux mit dem Dateiexplorer Ihrer Wahl) den Inhalt der Verzeichnisse `Include` und `Device` aus der bearbeiteten Kopie des MCU-Firmwarepakets in das CMSIS-Projekt und aktualisieren Sie das Projekt in STM32CubeIDE durch das Drücken der Taste [F5]. Abbildung 2.3 zeigt im Project Explorer von STM32CubeIDE, wie das Projekt nach Abschluss aller Arbeiten – so weit sind Sie an dieser Stelle aber noch nicht – angezeigt wird:

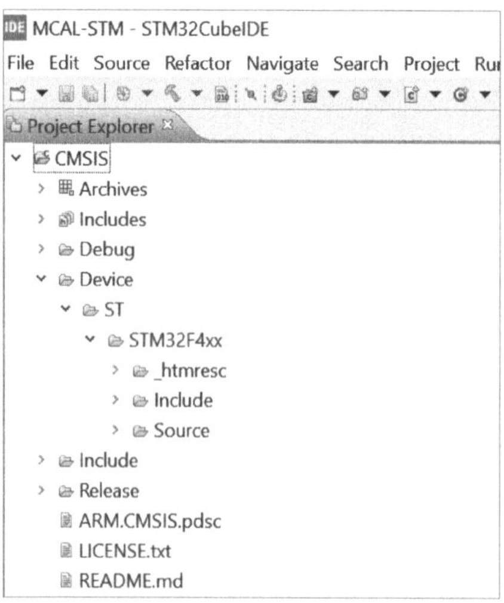

Abb. 2.3: Anzeige des CMSIS-Projekts nach Abschluss aller Arbeiten

Hinweis

Die Unterschrift unter Abbildung 2.3 soll darauf hinweisen, dass einige der Verzeichnisse, hier Archives, Debug und Release, erst nach dem erfolgreichen Kompilieren des Projekts angezeigt werden.

2.2.4 Fertigstellen der CMSIS-Bibliothek

Derzeit lässt sich das Projekt aber noch nicht fehlerfrei kompilieren, hierfür ist noch etwas »Feintuning« erforderlich! Klicken Sie mit der rechten Maustaste auf den Projektnamen und anschließend auf den Eintrag PROPERTIES.

Hinweis

Die folgenden Schritte weichen von der Vorgehensweise, die ich in der ersten Auflage beschrieben habe, ab. Ich denke, dass die neue Vorgehensweise etwas einfacher umsetzbar ist. Vor allem wird die Build-Variable `CMSIS_LOC` nicht mehr benötigt.

2.2.5 Einstellen von Suchpfaden

Damit das Projekt fehlerfrei kompiliert werden kann, muss dem Compiler noch mitgeteilt werden, wo er bestimmte Dateien (z.B. Headerdateien) findet. Erweitern Sie hier den Eintrag C/C++ BUILD und klicken Sie dort auf SETTINGS und anschließend im mittleren Teil des sich öffnenden Dialogs unter MCU GCC COMPILER auf den Eintrag INCLUDE PATHS.

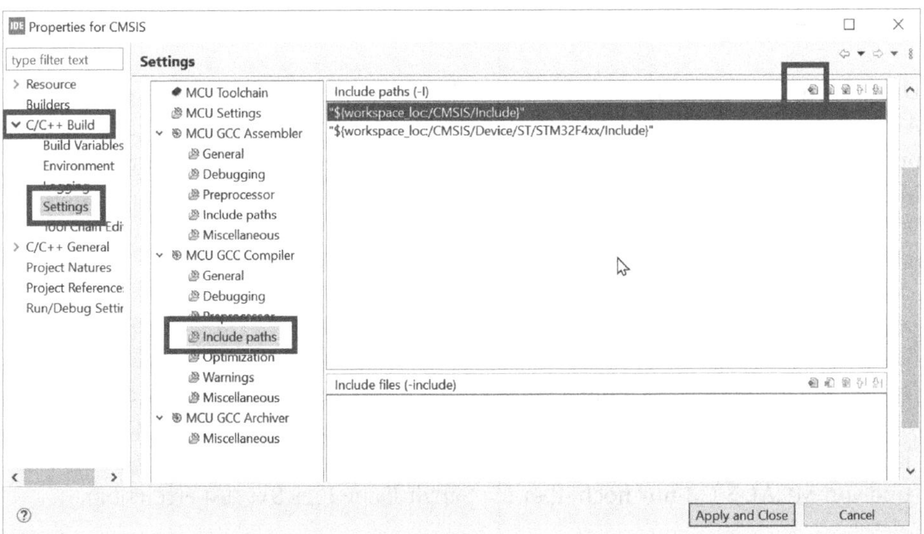

Abb. 2.4: Einstellen der Pfade zu den Headerdateien

Klicken Sie nun das grüne Pluszeichen an, das Sie rechts oben in Abbildung 2.4 sehen können. Es öffnet sich ein Dialog, in dem Sie nun durch Anklicken der Schaltflächen WORKSPACE bzw. FILE SYSTEM die Pfade eintragen können:

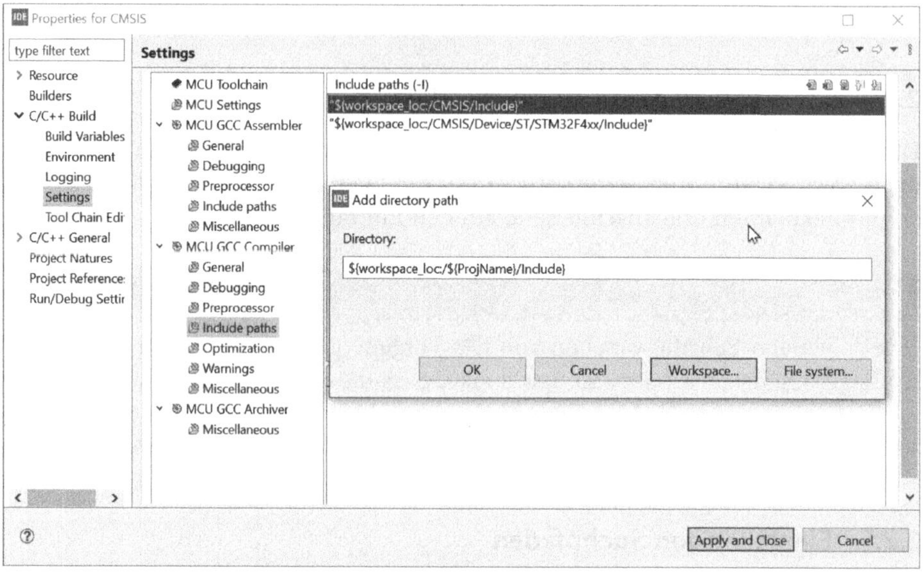

Abb. 2.5: Eintragen der Pfade zu den Headerdateien

Hinweis

Abbildung 2.5 zeigt die Einstellung des `Include`-Pfades für die von Arm bereitgestellten Headerdateien. Sie müssen den Vorgang für die von STM zur Verfügung gestellten Headerdateien wiederholen.

Die Schaltfläche WORKSPACE verwenden Sie, wenn sich die Bibliothek im gleichen Arbeitsbereich der STM32CubeIDE befindet wie das Projekt (was zu diesem Zeitpunkt der Normalfall ist). Wenn Sie später – nachdem die CMSIS- und auch die MCAL-STM-Bibliothek einsatzbereit sind – eigene Projekte entwickeln, hängt die Wahl der Schaltfläche davon ab, ob sich die Bibliotheken im gleichen Workspace oder in einem separaten »Projekt«-Workspace befinden.

Hinweis

In meiner persönlichen Entwicklungsumgebung verwende ich aus den in Abschnitt 2.1 erwähnten Gründen getrennte Workspaces, damit ich nicht versehentlich Bibliotheken modifiziere. In diesem Fall sind die Headerdateien von CMSIS und von MCAL-STM nur noch über die Schaltfläche FILE SYSTEM erreichbar.

Haben Sie die Pfade zu allen benötigten Headerdateien eingetragen – später kommen hier auch noch die Pfade zu den Headerdateien der MCAL-STM hinzu –, können Sie nun die Schaltfläche APPLY AND CLOSE anklicken und diesen Schritt abschließen.

2.2.6 Abschlussarbeiten an der CMSIS-Bibliothek

In Ihren eigenen Projekten müssen Sie sich für einen bestimmten Mikrocontroller entscheiden. Hierfür gibt es zwei Möglichkeiten:

- Sie verwenden immer die Headerdatei des speziellen Mikrocontrollers, binden also beispielsweise mit `#include <stm32f446.h>` die spezielle Headerdatei Ihres Mikrocontrollers ein.
- Alternativ können Sie mit `#include <stm32f4xx.h>` aber auch die allgemeingültige Headerdatei verwenden, was die spätere Portierung der Software auf einen anderen Mikrocontroller der STM32F4xx-Familie erleichtert.

Tipp

Ich empfehle Ihnen die Einbindung der Datei `stm32f4xx.h` in Ihre Projekte. Wenn Sie nämlich ein komplexes Projekt mit vielen Modulen entwickeln, so wird normalerweise jedes dieser Module die Headerdatei mit `#include` einbinden. Würden Sie hier beispielsweise `stm32f446.h` einbinden, so müssten Sie beim Wechsel auf einen anderen Mikrocontroller dieser Familie jedes Modul entsprechend anpassen. Durch die empfohlene Vorgehensweise ersparen Sie sich dies und umgehen auch mögliche Fehlerquellen.

Die Vorbereitungen, die für den Einsatz der leichter portierbaren Variante mit `#include <stm32f4xx.h>` erforderlich sind, wurden weiter oben in Listing 2.1 am Ende von Abschnitt 2.2.1 beschrieben.

Durch Anklicken der Menüeinträge PROJECT und anschließend BUILD ALL bzw. alternativ durch Betätigung der Tastenkombination [Strg]+[B] erzeugen Sie die Bibliothek. Abhängig davon, ob Sie die Debug- oder die Release-Version der Bibliothek erzeugen, finden Sie das Resultat, nämlich die Datei `libCMSIS.a`, in den neu erzeugten Verzeichnissen `Debug` bzw. `Release`.

Hinweis

Die Debug-Version der CMSIS-Bibliothek ist mit ca. 1 MByte wesentlich größer als die Release-Version mit ca. 185 KByte. Da der Linker beim Zusammenstellen des möglicherweise aus vielen Dateien bestehenden Projekts nur die Funktionen aus der Bibliothek »zieht«, die auch tatsächlich benötigt werden, spielt die Größe der Gesamtbibliothek keine große Rolle!

Tipp

Ich empfehle, sowohl die Debug- wie auch die Release-Version der Bibliothek zu erzeugen, da mangelnder Speicherplatz auf modernen Festplatten kein Ausschlusskriterium mehr darstellt. Da sich Projekte üblicherweise nicht auf Anhieb wie geplant verhalten, verwenden Sie während der Entwicklungsphase sowieso die Debug-Version der Bibliothek(en), da nur sie die für den Debugger `gdb` notwendigen Debug-Informationen enthalten. Spaßeshalber habe ich einmal versucht, eine Release-Version zu debuggen: Das Ergebnis war fürchterlich, da die einzelnen Funktionen scheinbar überhaupt keinen Zusammenhang zum gesuchten Fehler hatten.

2.2.7 Verwenden von CMSIS in eigenen Projekten

Bevor Sie damit beginnen, eigene Projekte zu entwickeln, muss ich Sie über eine wichtige Änderung bei der Entwicklungsumgebung STM32CubeIDE hinweisen!

Wichtig

Die Beispiele der ersten Auflage dieses Buches hatte ich noch mit der Version 1.6 der Entwicklungsumgebung STM32CubeIDE entwickelt: Die aktuelle Versionsnummer der Entwicklungsumgebung lautet inzwischen 1.9. In Abschnitt 2.2.2 hatte ich bereits angedeutet, dass die Datei `system_stm32f4xx.c` sehr wichtig im Zusammenhang mit dem SysTick-Timer ist: Sie enthält unter anderem die Funktion `SystemCoreClockUpdate()`, die bei der Änderung der System-Taktfrequenz angewendet werden muss. In den Versionen 1.7, 1.8 (und neuer) der Entwicklungsumgebung findet der Linker trotz korrekter Einstellung aller Pfade diese Datei nicht mehr. Die Folge hiervon ist: Es wird keine ausführbare Binärdatei erzeugt. Sie können das Problem lösen, indem Sie diese Datei manuell in das `Src`-Verzeichnis Ihrer Projekte kopieren. Auf meiner Webseite habe ich sämtliche Beispiele entsprechend korrigiert. Sie finden sie im Downloadbereich unter der Bezeichnung `https://ralf-jesse.de/index.php/stm_projects.html?file=files/content/downloads/STM32F446/MCAL-Beispiele/Buchbeispiele-f%C3%BCr-STM32CubeIDE-V1-8.zip`.

Vielleicht stellen Sie sich jetzt die Frage, warum wir diesen ganzen Aufwand betrieben haben. Der Grund hierfür ist einfach, dass die Bibliothek auf diese Weise als eigenständiges Projekt verwendet wird und in weiteren Projekten referenziert werden kann. Anderenfalls müssten Sie die oben beschriebene Prozedur in jedem Ihrer Projekte wiederholen.

Die Anwendung der CMSIS-Bibliothek (und später auch der MCAL-Bibliothek) in eigenen Projekten stellt sich fast genauso dar, wie Sie es bei der Erstellung der Bibliothek bereits selbst durchgeführt haben. Schauen Sie sich hierzu bitte noch einmal Abbildung 2.2 an:

- Der erste Unterschied besteht darin, dass Sie bei den Optionen unter TARGETED BINARY TYPE anstatt des hervorgehobenen Radiobuttons STATIC LIBRARY nun EXECUTABLE anklicken.
- Der zweite Unterschied besteht darin, dass Sie die Bibliothek(en) dem Projekt hinzufügen müssen.

Um die erforderlichen Konfigurationen für ausführbare Projekte (sogenannte Executables) zu verdeutlichen, zeige ich Ihnen in den folgenden Abbildungen jeden einzelnen Schritt.

Anlegen eines ausführbaren Projekts

Wie bereits beim Erstellen der CMSIS-Bibliothek beschrieben, beginnen Sie zunächst mit FILE | NEW | STM32 PROJECT ein neues Projekt.

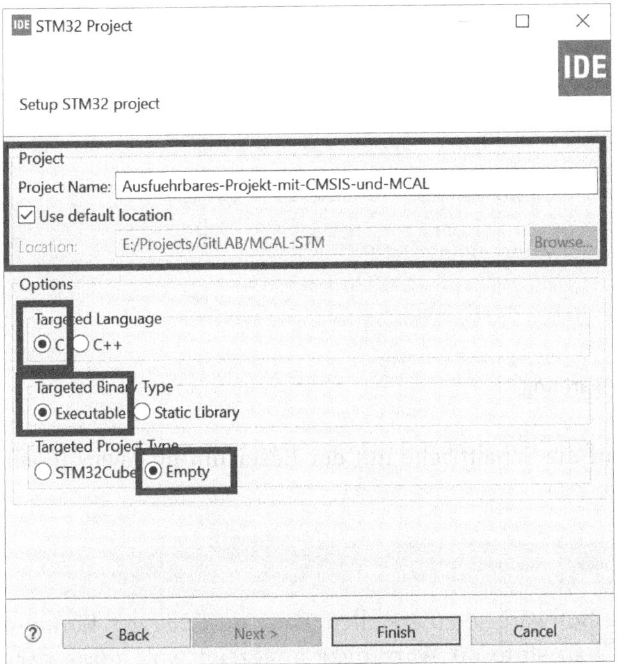

Abb. 2.6: Starteinstellungen für ein ausführbares Projekt

Hinweis

Die Auswahl des Workspaces unter USE DEFAULT LOCATION wirkt sich später nur dahin gehend aus, ob die Bibliotheken über den Eintrag WORKSPACE oder den Eintrag FILE SYSTEM erfolgt.

Deaktivieren der FPU-Warnung

Würden Sie ausschließlich die Standardeinstellungen der Projekterzeugung verwenden, dann würde beim Kompilieren eine Warnung angezeigt, die besagt, dass das Projekt die *Floating Point Unit* (*FPU*) verwendet, sie aber nicht initialisiert ist. Da die FPU in diesem Buch nicht behandelt wird, stört mich diese Warnung. Um sie zu deaktivieren, nehmen Sie in den Projekteigenschaften (Properties, sie ist zu erreichen über einen Klick mit der rechten Maustaste auf den Projektnamen) folgende Einstellungen vor:

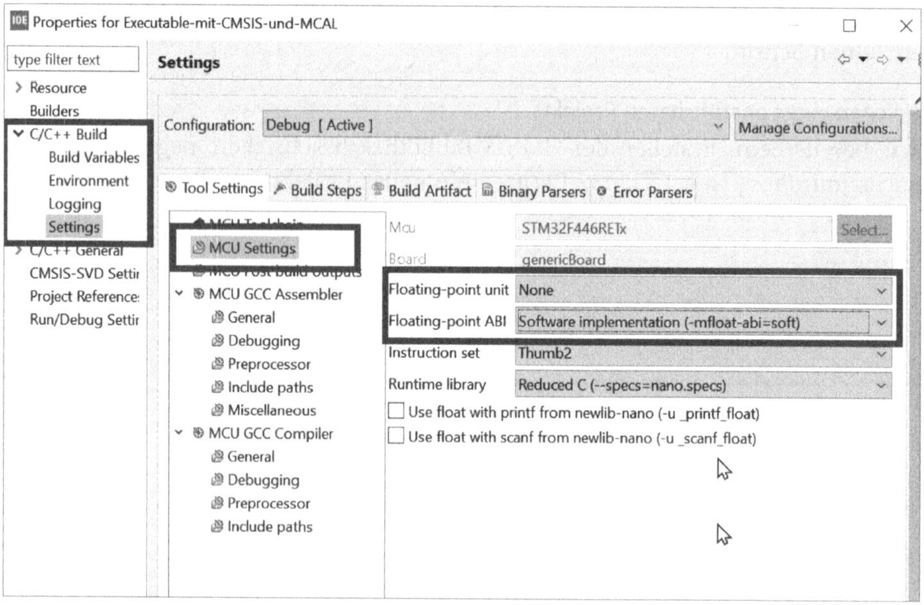

Abb. 2.7: Deaktivierung der FPU-Warnung

Klicken Sie nun zunächst auf die Schaltfläche mit der Bezeichnung APPLY (noch nicht auf APPLY AND CLOSE).

> **Hinweis**
>
> Ich versuche immer, meine Software so zu erstellen, dass am Ende des Kompiliervorgangs bei höchster Warnstufe »0 Warnings« angezeigt wird (dass der Kompiliervorgang zudem »0 Errors« ergeben sollte, versteht sich von selbst). Dieses Ziel lässt sich aber nicht immer erreichen: Da es vorkommen kann, dass Sie in der täglichen Praxis Fremdbibliotheken verwenden müssen, von denen der Quellcode nicht vorliegt, müssen Sie hier also »in den sauren Apfel beißen« und auch Warnungen hinnehmen.

Pfade zu den Headerdateien einstellen

Der nächste Schritt besteht in der Einstellung der Pfade zu den Headerdateien. Dies erfolgt auf die gleiche Weise, wie Sie es bereits bei der Erstellung der CMSIS-Bibliothek getan haben. Abbildung 2.8 zeigt, welche Einträge Sie hier vorzunehmen haben.

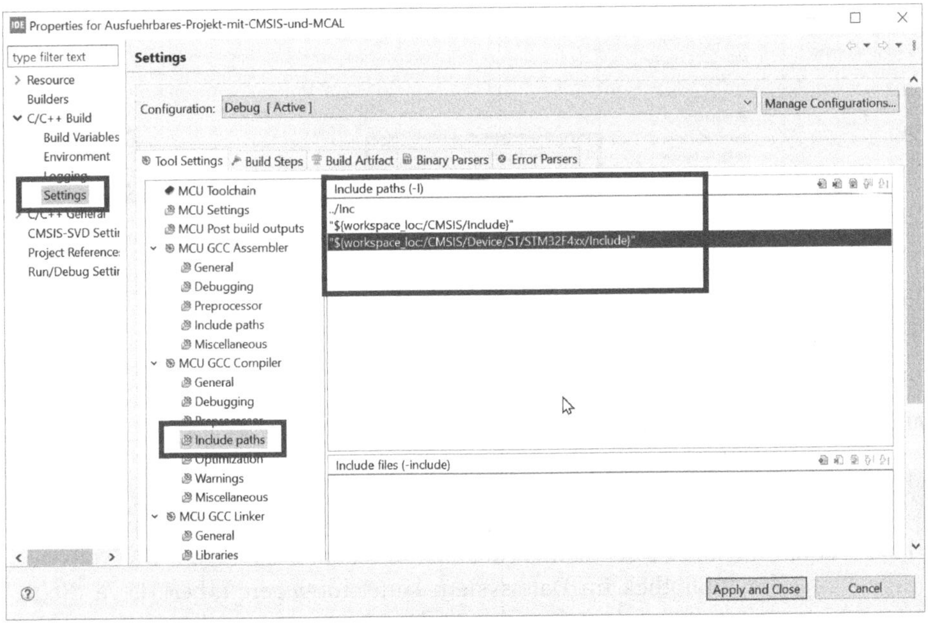

Abb. 2.8: Einstellung der Pfade zu den Headerdateien

Beachten Sie hier, dass in professionellen Anwendungen Sourcecode und Headerdateien üblicherweise in getrennten Verzeichnissen gespeichert werden. Das Verzeichnis `../Inc` in Abbildung 2.8 dient somit der Aufnahme projektspezifischer Headerdateien und darf – entgegen der Vorgehensweise bei der Erzeugung von Bibliotheken – daher nicht gelöscht werden.

Bibliotheken in das Projekt einbinden

Natürlich wollen Sie die vorab erstellten bzw. von Teams gemeinsam genutzten Bibliotheken in eigenen Projekten nutzen, denn sonst wäre die gesamte bisherige Arbeit nicht sinnvoll. Erweitern Sie nun den Eintrag MCU GCC LINKER und klicken dort auf den Eintrag LIBRARIES:

Im oberen Teil von Abbildung 2.9 sehen Sie den Eintrag LIBRARIES. Durch Anklicken des hervorgehobenen Pluszeichens wird ein Textfeld angezeigt, in das Sie den Begriff `CMSIS` eintragen. In fortgeschrittenen Projekten wiederholen Sie diesen Vorgang später auch für die MCAL-Bibliothek.

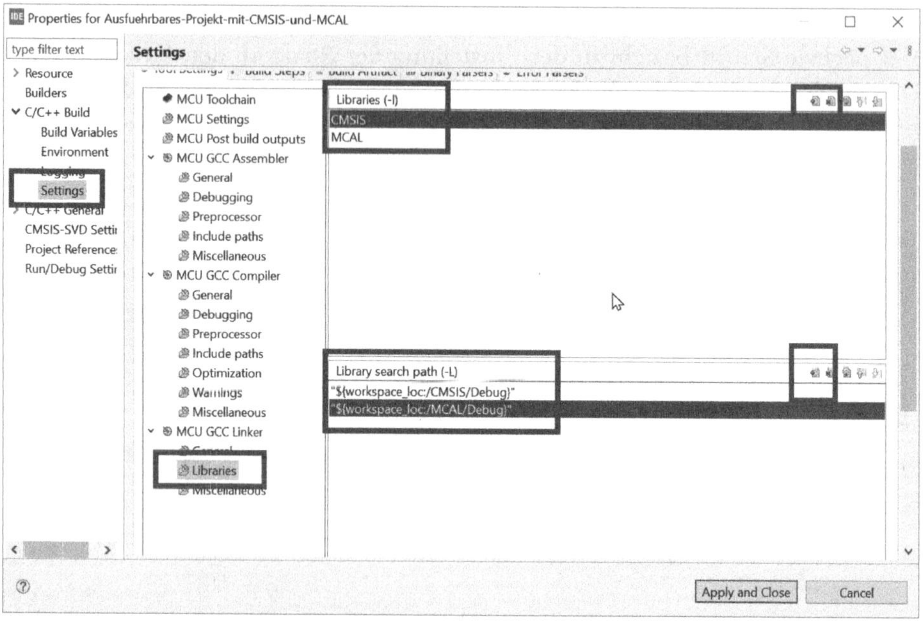

Abb. 2.9: Einbinden von Bibliothek(en) in ein ausführbares Projekt

Hinweis

Hier werden nur die Projektnamen der Bibliotheken eingetragen. Der vollständige Name der Bibliothek im Dateisystem lautet hingegen `libCMSIS.a`. Beim Generieren von Bibliotheken fügt der Linker das vorangestellte `lib` und die Erweiterung `.a` automatisch hinzu. Geben Sie deshalb hier niemals den echten Namen der Bibliothek, `libCMSIS.a`, an, da der Linker dann nach einer Datei mit dem Namen `liblibCMSIS.a.a` suchen würde, die es natürlich nicht gibt!

Mit diesem Schritt sind die Vorbereitungen abgeschlossen, und Sie können nun die Schaltfläche APPLY AND CLOSE anklicken.

Tipp

Diese Einstellungen bei jedem neuen Projekt vollständig einzugeben, kann auf Dauer betrachtet etwas ermüdend sein. Sie können sich dies – leider nur teilweise – etwas vereinfachen, indem Sie die Einstellungen zu den Suchpfaden über das Menü FILE | EXPORT | C | C++ | C | C++ PROJECT SETTINGS in eine XML-Datei exportieren und diese XML-Datei in andere Projekte importieren. Um die exportierten Einstellungen später zu nutzen, müssen Sie sie dort importieren. Leider funktioniert das nur für die Pfade zu den Headerdateien. Einstellungen zur CMSIS-Bibliothek werden leider nicht exportiert und auch nicht die Einstellungen zur Verwendung der FPU.

Bezeichnungstechniken in CMSIS von STM

Wie Sie erkennen konnten, ist CMSIS in zwei Teile unterteilt:

- Der erste Teil beschreibt die Funktionen und Register, die für die Programmierung des Prozessorkerns verwendet werden. Dieser Teil ist immer unabhängig vom Hersteller und im `Includes`-Verzeichnis zu finden.
- Der zweite Teil wird dagegen stets vom Hersteller der Mikrocontroller geschrieben: Hier werden die Register der vom Hersteller integrierten Peripheriekomponenten und ihre Belegung beschrieben. Sie finden ihn im Verzeichnis `Device`.

Hinweis

Da jeder Hersteller eigene Registernamen und -belegungen verwendet, ist der zweite Teil auch nicht eins zu eins von einem Hersteller zu einem anderen übertragbar. Sein Aufbau weist aber Ähnlichkeiten auf, sodass Sie sich relativ schnell umorientieren können. So bezeichnet STM die Register zur Einstellung der GPIO-Pin-Funktionen (Input/Output/Alternative Funktion/Analog) als `MODER` als Abkürzung für *Mode Register*. Beim Hersteller NXP hat das entsprechende Register die Bezeichnung `PINSEL`, was als Abkürzung für *Pin Function Select Register* dient.

Tipp

Wenn Sie sich angewöhnen, die Registerbezeichnungen in ihrer Langform zu benennen – im Sourcecode müssen Sie natürlich (!) die Kurzform verwenden –, prägen sich die Abkürzungen meiner Meinung nach schneller und leichter ein. Mich selbst frustriert es immer wieder, wenn in Teamgesprächen einzelne Teilnehmer versuchen, die anderen durch die Verwendung von Abkürzungen zu beeindrucken (Stichwort: »Bullshit-Bingo«), deren Bedeutung sie häufig nicht einmal ansatzweise verstanden haben. Im von STM bereitgestellten CMSIS-Teil hat jedes Register einen eindeutigen Namen. Um beispielsweise die Betriebsart eines Pins von GPIOA einzustellen, verwenden Sie in der Form

```
GPIOA->MODER |= <wert>;
```

immer dieses Kommando. Wollen Sie das für `GPIOB` erreichen, lautet das Kommando entsprechend

```
GPIOB->MODER |= <wert>;.
```

Möchten Sie beispielsweise nun Pin 5 von `GPIOA` als Ausgang verwenden, können Sie hierfür die Schreibweise

```
GPIOA->MODER |= GPIO_MODER_MODER5_0;
```

nutzen. Hier können Sie bereits erkennen, dass den Bits einzelner Register entsprechende Bezeichnungen zugeordnet sind. Wollen Sie diesen Pin jetzt auf »1« setzen, können Sie das mit

```
GPIOA->ODR |= GPIO_ODR_OD5;
```

erreichen, wobei ODR im STM-Jargon die Abkürzung von *Output Data Register* ist. Nebenbei bemerkt: Der Wert von GPIO_ODR_OD5 ist in der Datei `stm32f446xx.h` als `(0x1UL << 5U)` definiert. Dies bedeutet, dass der Wert von Bit 0 dieses Registers auf »1« gesetzt wird und anschließend um fünf Positionen nach links geschoben wird.

Tipp

Alle verfügbaren Bezeichnungen finden Sie in der Headerdatei zum jeweils verwendeten Mikrocontroller. Weitere einfache Beispiele zur Bezeichnung von Registern und Bits finden Sie im Abschnitt »Orientierung in stm32f446xx.h«. Wenn Sie mit der Maus einen solchen Wert einfach anklicken und anschließend die Taste F3 drücken, wird die entsprechende Stelle in einem neuen Fenster im Texteditor angezeigt: Dies kann das Verständnis dessen, was hier passiert, erheblich erleichtern.

2.3 Der Bootvorgang

Programmierer von in C (aber auch in anderen Programmiersprachen, wie z.B. C++ oder Java) geschriebenen PC-Programmen wissen, dass sie mit dem Aufruf der Funktion `main()` beginnen. Dies gilt natürlich auch für die Programmierung von Embedded-C-Programmen. Dabei wird aber häufig übersehen, dass der PC, bevor ein Programm gestartet werden kann, zunächst einmal eingeschaltet werden muss: Der sogenannte *Bootvorgang* wird gestartet!

Bei einem »normalen« PC besteht der erste Schritt darin, die Hardware mittels *BIOS* (*Basic Input/Output System*) oder der moderneren Variante *UEFI* (*Unified Extended Firmware Interface*) zu erkennen und zu initialisieren. Im zweiten Schritt wird dann das Betriebssystem gestartet. Erst wenn dieser Vorgang und die anschließende Anmeldung des Benutzers am System vollständig abgeschlossen sind, kann das gewünschte Programm geladen und ausgeführt werden.

Bei einem Mikrocontroller verhält sich das ähnlich: Hier beschränkt sich die Initialisierung üblicherweise ausschließlich auf den Mikrocontroller sowie interne und externe Peripherie, da Tastaturen selten und Computermäuse nahezu niemals eingesetzt werden. Der zweite oben genannte Schritt, das Starten des Betriebssystems, entfällt in vielen Fällen sogar vollständig: Wenn ein Betriebssystem als *Metal* bezeichnet wird, werden viele Mikrocontrolleranwendungen als *Bare-Metal-Systeme*, also als Systeme ohne Betriebssystem, bezeichnet.

Hinweis

In diesem Buch werden die eingesetzten Mikrocontroller ausschließlich als Bare-Metal-Systeme eingesetzt. Themen wie z.B. RTOS, Embedded Linux oder andere vollwertige Betriebssysteme für Mikrocontroller werden hier nicht behandelt!

Dieses Kapitel zeigt exemplarisch die Konfiguration und den Startvorgang eines Bare-Metal-Systems.

Wichtig

Arbeiten Sie dieses Kapitel unabhängig von bereits vorhandenen Erfahrungen mit anderen Mikrocontrollern unbedingt durch! Hier werden alle erforderlichen Informationen zum Starten eines STM32F4xx-Mikrocontrollers behandelt. Da dieser Vorgang in allen folgenden Kapiteln ebenfalls benötigt und entsprechend wiederholt wird, ist es zwingend erforderlich, ihn vollständig zu verstehen!

2.3.1 Der Reset-Handler

Nach dem Einschalten der Versorgungsspannung, dem Drücken des Reset-Tasters oder dem Ansprechen eines Watchdog-Timers muss der Mikrocontroller initialisiert werden. Die Initialisierung wird mithilfe der Funktion `Reset_Handler` durchgeführt.

Hinweis

Es gibt unterschiedliche Verfahren, einen Reset-Handler zu implementieren. Es kann sein, dass er in den Arbeitsspeicher (SRAM) kopiert und dann gestartet wird, alternativ kann er aber auch unmittelbar aus dem Flashspeicher ausgeführt werden. Wird er aus dem SRAM gestartet, wird der Bootvorgang häufig in verschiedene Stufen, sogenannte *Stages*, unterteilt, die nacheinander ausgeführt werden. Dies ist immer dann erforderlich, wenn die Kapazität des SRAM-Speichers nicht ausreicht, den Bootcode vollständig aufzunehmen. In solchen Fällen wird in einem vorbereitenden Schritt häufig externer Arbeitsspeicher initialisiert, damit dieser dann den Rest des Reset-Handlers aufnimmt.

Bei STM32F4xx-Mikrocontrollern liegt der Startup-Code typischerweise als Assembler-Code vor: Dies gilt zumindest, wenn für die Übersetzung des Programms die *GNU Compiler Collection* (*GCC*) verwendet wird.

Hinweis

Es gibt keine Vorschrift, die besagt, dass der Startup-Code eines Mikrocontrollers in Assembler oder C geschrieben werden **muss**! STM verwendet Assembler, NXP in seiner LPCopen-Bibliothek hingegen C-Code.

Der Reset-Handler des STM32F446xx-Mikrocontrollers wird durch die Datei `startup_stm32f446xx.s` bereitgestellt. Auf den Abdruck dieser Datei wird hier verzichtet: Sie können den Quelltext schließlich in den Editor Ihrer Entwicklungsumgebung laden. Allerdings soll seine Funktionsweise beschrieben werden.

In der Beschreibung des Reset-Handlers werden einige Begriffe verwendet, mit denen Sie zum jetzigen Zeitpunkt möglicherweise noch nicht vertraut sind, daher werden diese im Anschluss an die Beschreibung erklärt. Abbildung 2.10 zeigt zunächst den typischen Aufbau eines Reset-Handlers in Form eines Ablaufplans.

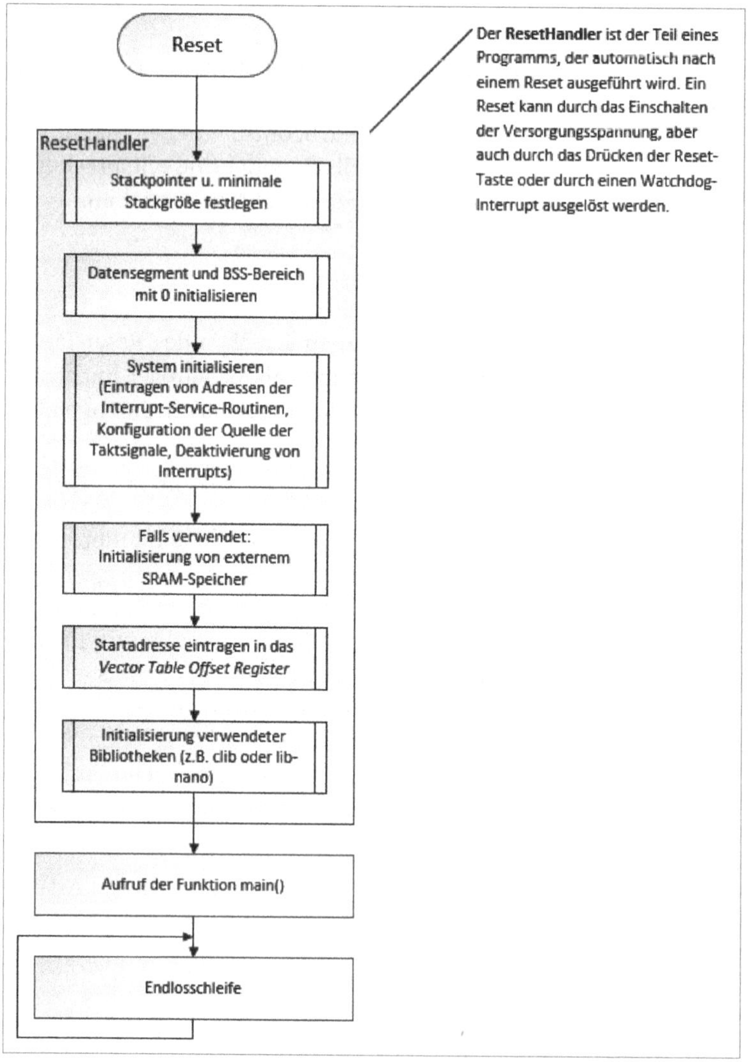

Abb. 2.10: Typischer Aufbau eines einfachen Reset-Handlers

Der gesamte verfügbare Speicher eines Mikrocontrollers wird in mehrere Segmente unterteilt. Hierbei handelt es sich (grob gefasst) um ein oder mehrere *Textsegmente* sowie ein oder mehrere *Datensegmente*. Die Textsegmente enthalten das Programm in der Form, wie es der Mikrocontroller »versteht«, also in der sogenannten Maschinensprache. Die Textsegmente werden üblicherweise im Flashspeicher abgelegt, ihr Inhalt bleibt deshalb auch nach dem Ausschalten des Geräts erhalten. Datensegmente hingegen »vergessen« ihren Inhalt nach dem Abschalten der Versorgungsspannung. Sie werden im SRAM gespeichert und müssen bei jedem Einschalten neu initialisiert werden. Die Aufteilung des gesamten Speichers, also des Flash- und SRAM-Speichers, wird durch das sogenannte *Linkerscript* definiert (siehe Abschnitt 2.3.4).

Hinweis

Der Inhalt der Textsegmente kann auch aus dem SRAM gestartet werden. Da das SRAM aber seinen Inhalt nach Ausschalten der Betriebsspannung »vergisst«, muss dafür gesorgt werden, dass die Textsegmente bei einem Neustart in das SRAM kopiert werden! Alternativ kann man aber auch die Nutzung einer Batterie vorsehen, die die Hardware nach dem Ausschalten der Netzversorgung weiter mit elektrischer Energie versorgt.

Der Reset-Handler lädt zunächst den *Stackpointer*, der im Linkerscript festgelegt ist. Er befindet sich am Ende des Datenspeichers, dem SRAM. Im Anschluss wird der Rest des Datensegments gelöscht, d.h. mit dem Wert 0 initialisiert. Auf diese Weise wird sichergestellt, dass der Speicher genau definierte Werte enthält.

Nun wird das System initialisiert. Dies beginnt damit, dass die Adressen der Interrupt-Service-Routinen, der Inhalt der sogenannten *Vector Table*, an den Beginn des Textsegments kopiert und dort gespeichert werden. Der erste Eintrag ist hier die Adresse des Reset-Handlers. Weiter geht es mit der Initialisierung der Takterzeugung. Der letzte Schritt der Systeminitialisierung besteht darin, sämtliche Interrupt-Quellen zu deaktivieren und schließlich den Inhalt des sogenannten *Vector Table Offset Register* auf die Startadresse der Vector-Tabelle zu setzen: Dies ist erforderlich, damit der Mikrocontroller nach jeder Form eines Resets, also Einschalten der Versorgungsspannung, Drücken des Reset-Tasters oder Auslösen des Watchdogs, seine Arbeit an einem genau definierten Punkt, der Adresse des Reset-Handlers, wieder aufnehmen kann.

Hinweis

Die Dateien, die für die Initialisierung eines Mikrocontrollers verwendet werden, müssen Sie nicht selbst programmieren! Sie gehören zum Lieferumfang von CMSIS.

2.3.2 SystemInit

Die Funktion `SystemInit()` wird ebenfalls aus `startup_stm32f446retx.s` (bzw. aus den Start-up-Dateien Ihres Mikrocontrollers) aufgerufen. Hier werden grundlegende Einstellungen zum Betrieb des Mikrocontrollers und zum Systemtakt durchgeführt. Hierzu werden zwei Komponenten benötigt:

- der *System Control Block* (*SCB*)
- das *Reset and Control Register* (*RCC*)

Der *SCB* ist in der CMSIS-Datei `core_cm4.h` definiert und enthält verschiedene Register. Unter anderem sind hier die vom Hersteller vorgesehene CPU-ID und das bereits erwähnte *Vector Table Offset Register* (VTOR) hinterlegt. Hier befinden sich aber auch Register, mit deren Hilfe der Status des Systems ermittelt werden kann (Hardwarefehler, Speicherzugriffsfehler usw.). Es lässt sich auch einstellen, ob eine Fließpunkteinheit (FPU) vorhanden ist und wie er eingesetzt werden soll: Hierzu dient das Register *CPACR* (*Co-Processor Access Register*). Eine Einführung in die Themen »SCB« und »SYSCFG« finden Sie in Kapitel 4.

Das *Reset and Control Register* (*RCC*) wird in Kapitel 4 zunächst einführend beschrieben. Die Schritte, die zur Einstellung der Systemtaktfrequenzen erforderlich sind – auch hierfür ist das RCC-Register zuständig –, werden separat in Kapitel 5 beschrieben.

Hinweis

Die Funktion `SystemInit()` ist in der Datei `system_stm32f4xx.c` definiert, die ein Teil von CMSIS für STM32F4xx-Mikrocontroller ist.

2.3.3 Grundlagen der Takterzeugung

Ich möchte an dieser Stelle noch nicht vertiefend auf die Erzeugung der Taktsignale eingehen: Dies ist dem neuen Kapitel 5 vorbehalten. Sie werden hier aber bereits einige Begriffe lernen, die für die Takterzeugung von besonderer Bedeutung sind. Für die Takterzeugung können Sie unter verschiedenen Taktquellen auswählen:

1. *LSE* ist ein externer Oszillator, der auf den Nucleo-Boards vorhanden ist. *LSE* steht für *Low Speed External* und schwingt mit einer Grundfrequenz von 32.768 Hz. Dieses Taktsignal wird für die integrierte *Echtzeituhr* (*RTC* = *Real Time Clock*) verwendet.
2. *HSI RC* ist ein ebenfalls interner Taktgenerator, der mithilfe von RC-Gliedern eine Grundfrequenz von 16 MHz erzeugt. Dieses Taktsignal ist standardmäßig nach einem Reset aktiv. *HSI* ist die Abkürzung von *High Speed Internal*. Externe Bauelemente werden nicht benötigt! Der HSI läuft immer und lässt sich auch nicht abschalten: Er dient sozusagen als *Fallback-Lösung*, wenn ein externer

Quarz aufgrund eines Defekts nicht mehr ordnungsgemäß funktioniert. Durch geeignete Konfiguration der integrierten *PLL-Schaltung* (*PLL = Phase Locked Loop*) kann der maximal zulässige Systemtakt (180 MHz beim STM32F446) problemlos erreicht werden.

3. *HSE* ist die Bezeichnung eines externen Taktoszillator (Quarz), der mit einer Frequenz im Bereich zwischen 4 und 25 MHz schwingen darf. HSE ist die Abkürzung von *High Speed External* und benötigt immer eine externe Beschaltung. Der maximale Systemtakt lässt sich auch durch den Einsatz von HSE erreichen.
4. Weitere Taktsignale für die verschiedenen Peripheriekomponenten werden aus einem der beiden Taktsignale HSI oder HSE durch sogenannte PLL-Schaltungen abgeleitet. Zur Auswahl der gewünschten Taktquelle für den Systemtakt (`SystemCoreClock`) wird ein sogenannter Multiplexer verwendet.

Hinweis

Wie bereits erwähnt, ist HSI (*High Speed Internal*) nach einem Reset aktiv, die Taktfrequenz des Prozessors beträgt dann 16 MHz. Diese Taktquelle hat den Vorteil, dass sie ohne zusätzliche Beschaltung des Mikrocontrollers immer verfügbar ist. Darüber hinaus ist sie sehr schnell stabil. Ihr Nachteil besteht darin, dass sie nicht sehr genau ist. HSE ist hingegen sehr genau. Die Nachteile von HSE liegen darin, dass hier immer ein externer Oszillator benötigt wird. Außerdem benötigt HSE etwas mehr Zeit (im Mikrosekundenbereich), bis das Taktsignal stabil ist.

Tipp

Wenn Sie eines der Nucleo-Entwicklungsboards verwenden, steht Ihnen »automatisch« auch ein externer 8-MHz-Oszillator zur Verfügung. Dieser befindet sich auf dem »Anhängsel« des Kernboards, das für das Flashen der Software bzw. zum Debuggen (Fehlersuche) genutzt wird.

2.3.4 Linkerscripts

Ein Softwareprojekt besteht üblicherweise aus einer Vielzahl von Dateien: Aus Gründen der Wiederverwendbarkeit einmal entwickelter und getesteter Software unterteilt man sie in verschiedene Module (`*.c`-Datei). Zu jedem Modul gehört dann noch eine gleichnamige Include-Datei (`*.h`-Datei).

Dabei ist es der Regelfall, dass an vielen Stellen Funktionen, Konstanten und Variablen verwendet werden, die in anderen Modulen definiert sind. Da eine Compiler-Instanz (dies gilt entsprechend für mehrere Compiler-Instanzen beim Einsatz von Mehrkernprozessoren auf dem Entwicklungs-PC) zu einem Zeitpunkt immer nur ein Modul übersetzt, »weiß« sie gar nicht, dass diese externen Funktionen, Konstanten und Variablen überhaupt existieren. Dies würde beim Übersetzen (Kompilieren) einer Datei unweigerlich zu Fehlermeldungen führen, weil der Compiler versucht, diese Referenzen aufzulösen, und hieran scheitert. Die Verwendung des C-Schlüsselwortes `extern` verhindert derartige Fehlermeldungen: Der Compiler »weiß« dann, dass sie in einem anderen Modul definiert sind, und vermeidet entsprechende Fehlermeldungen.

Hinweis

Das »Schöne« am Schlüsselwort `extern` ist, dass es ignoriert wird, wenn Deklaration und Definition in der gleichen Datei vorhanden sind. Denn es verhält sich ja so, dass eine Headerdatei durch das Einbinden mit `#include` wie vollwertiger Sourcecode behandelt wird. Es schadet also überhaupt nicht, wenn eine Funktion in der Datei `xxx.h` als extern deklariert wird und sie dann in der Datei `xxx.c`, die dann `xxx.h` einbindet, definiert wird. Der Compiler »weiß« aber definitiv nicht, an welcher Adresse im Speicherraum das gerade kompilierte Modul später gespeichert werden soll: Er beginnt immer bei Adresse 0. Würde man sämtliche Module später im Projekt »einfach so« zusammenführen, würde dies dazu führen, dass sie sich gegenseitig überschreiben. An dieser Stelle kommt der sogenannte *Linker* ins Spiel: Seine Aufgabe ist es, die Module so im Adressraum anzuordnen, dass sie sich nicht gegenseitig überschreiben. Der Linker ist auch die Instanz, die abschließend prüft, ob wirklich alle in den Modulen als `extern` bezeichneten Referenzen in genau einer Datei definiert sind! Für diese Aufgabe nutzt der Linker sogenannte *Linkerscripts*.

Hinweis

Die STM32CubeIDE generiert diese Linkerscripts automatisch. Abhängig davon, ob die finale Binärdatei im Flash- oder im SRAM-Speicher ausgeführt werden soll, generiert die IDE (für das Nucleo-F446-Board) die beiden Linkerscripts `STM32F446RETX_FLASH.ld` und `STM32F446RETX_RAM.ld`.

Auf den ersten Blick wirken Linkerscripts gelinde ausgedrückt »abschreckend«. Wenn man sich mit ihnen aber etwas näher befasst, merkt man schnell, dass sie recht einfach zu verstehen sind!

Hinweis

Auf einen Abdruck der Linkerscripts habe ich verzichtet. Wenn Sie die folgenden Abschnitte genauer nachvollziehen möchten, können Sie die Scripts – es handelt sich hierbei um einfache Textdateien – in den Editor Ihrer Entwicklungsumgebung laden.

Speicherorganisation

Als Erstes enthält das Linkerscript einige Angaben zur Speicherorganisation. Zunächst wird der `Reset_Handler` als Startpunkt des Programms festgelegt (`ENTRY(Reset_Handler)`). Im nächsten Schritt werden die Startadresse und die Größe des Stacks festgelegt. Die Speicherorganisation wird mit Angaben zur Startadresse und zur Größe des Flashspeichers und des SRAM abgeschlossen.

Sektionen

Der größte Teil eines Linkerscripts beginnt mit dem Eintrag `SECTIONS`. Hiermit werden Speicherbereiche benannt, die den Programmtext und die Daten aufnehmen. Entsprechend gibt es mindestens zwei Sektionen: `.text` und `.data`. Abhängig vom verwendeten Linkerscript werden die Adressen der finalen Binärdatei mit > `ROM` bzw. mit > `RAM` dem Flashspeicher oder dem SRAM zugeordnet.

Hinweis

Jeder einzelne Block beginnt mit dem Linker-Kommando `. = ALIGN(4);`. Da es sich bei den Cortex-M4-Mikrocontrollern um 32-Bit-MCUs handelt, haben die einzelnen Adressen eine Breite von vier Byte. Das gezeigte Linker-Kommando sorgt dafür, dass die Startadresse des folgenden Blocks auf einer restlos durch 4 teilbaren Adresse beginnt. Grundsätzlich gilt, dass der angegebene Wert ein ganzzahliges Vielfaches von 2 sein muss. Theoretisch wäre es möglich, hier auch den Wert 2 einzutragen. Dann benötigt der Mikrocontroller aber zwei Schritte, um die gewünschte Adresse zu ermitteln: Im ersten Schritt werden zwei Byte der Adresse bestimmt, im zweiten Schritt werden die beiden anderen Bytes der Adresse bestimmt. Darüber hinaus muss der Mikrocontroller diese dann zweimal zwei Byte in der korrekten Reihenfolge anordnen. Das alles dauert – aus der Sicht des Controllers – Ewigkeiten. Damit diese Zeit eingespart werden kann, sorgt das gezeigte Kommando dafür, dass die gewünschte Adresse »in einem Rutsch« ermittelt werden kann.

Weitere Sektionen

Weitere Sektionen sind prinzipiell nicht zwingend erforderlich, werden aber häufig zum besseren Verständnis verwendet. Wenn Sie sich einmal die Linkerscripts genauer anschauen, werden Sie die folgenden Sektionen erkennen: `.isr_vector`, `.rodata`, `.ARM.extab`, `.ARM`, `.preinit_array`, `.init_array`, `.fini_array`, `.bss` und `.user_heap_stack`.

Ich werde nachfolgend aber nur die drei wichtigsten der weiteren Sektionen erläutern.

> **Hinweis**
>
> Sie werden auch immer wieder Ausdrücke der Form `PROVIDE ( end = . );` finden. Der Punkt in diesem Kommando ist ein Platzhalter für die aktuelle Adresse im Speicher.

Stack

Der *Stack* ist, wie bereits erwähnt, »ganz hinten« im SRAM angesiedelt. Der SRAM-Speicher beginnt bei Adresse 0x20000000 und endet aufgrund seiner Größe (128 kB) bei Adresse 0x20020000. Da der Stack am entgegengesetzten Ende des SRAM-Speichers liegt und in Richtung kleinerer Adressen wächst, beginnt der Stack entsprechend bei Adresse 0x20020000.

Der Aufruf von Funktionen bzw. Interrupt-Service-Routinen bewirkt immer eine Unterbrechung der derzeit ausgeführten Funktion. Innerhalb der aufgerufenen Funktionen werden Inhalte von CPU-Registern verändert. Daher müssen die ursprünglichen Inhalte dieser Register, also die Werte, die sie vor dem Sprung in die Funktion hatten, gespeichert werden, damit sie nach Beendigung der Unterbrechung wieder restauriert werden können. Sie werden auf dem Stack gespeichert. Außerdem wird hier die Adresse gespeichert, zu der das Programm erneut verzweigen soll, wenn die Bearbeitung der Funktion beendet ist.

> **Hinweis**
>
> Die Größe des Stacks verändert sich also dynamisch. Im Linkerscript ist erkennbar, dass der Stack mindestens 0x400 Byte (also 1.024 Byte) groß sein muss.

Die BSS-Sektion

BSS ist die Abkürzung von *Block Started by Symbol*. Dieser Speicherbereich ist für statische Daten reserviert, die normalerweise nicht initialisiert sind. Dies können beispielsweise Arrays sein, die in der Form `uint8_t myArray[100];` verwendet werden.

> **Hinweis**
>
> Der C-Standard schreibt vor, dass diesem Speicherbereich vom Compiler während der Initialisierungsphase der Wert 0 zugewiesen wird. Normalerweise wird aber nicht der gesamte `.bss`-Speicherbereich mit 0 gefüllt; vielmehr steht am Anfang ein Zahlenwert, der angibt, wie viele Nullen hier benötigt werden.

Dass der BSS-Bereich mit 0 initialisiert wird, ist in der Datei `startup_stm32f446retx.s` ab dem Label `FillZerobss` zu erkennen.

Heap

Der *Heap* ist ein dynamischer Speicherbereich, der dann genutzt wird, wenn während der Ausführung des Programms Speicher benötigt wird, dessen Größe zum Zeitpunkt des Kompilierens noch nicht bekannt war. Speicher aus diesem Segment wird beispielsweise durch Funktionen wie `malloc()` dynamisch angefordert. Es ist die Aufgabe des Programmierers, den auf diese oder ähnliche Weise reservierten Speicher mit `free()` wieder freizugeben, sobald er nicht mehr benötigt wird.

Hinweis

Funktionen, wie z.B. `malloc()`, sind bei der Programmierung in Embedded Systemen verpönt. Dies bedeutet nicht, dass sie nicht genutzt werden können, sie erfordern aber besondere Aufmerksamkeit der Entwickler. Mit `malloc()` »geliehener« Speicher muss, wenn er nicht mehr genutzt wird, durch `free()` wieder freigegeben werden. Passiert dies nicht, so fragmentiert der Speicher, was aufgrund der meist geringen Verfügbarkeit von SRAM relativ schnell kritisch werden kann. Darüber hinaus ist darauf zu achten, dass der Pointer auf den »geliehenen« Speicher nach einem `free()` nicht mehr genutzt werden kann, weil er dann undefiniert ist.

Aufbau der CMSIS-Headerdatei(en)

Leser, die bereits selbst Kernels unter Linux erzeugt haben, wissen, dass hier nur die verwendeten Bibliotheken sowie deren Headerdateien vorhanden sein müssen. Es ist nicht erforderlich, dass der Sourcecode der Quelltexte bekannt ist.

Um die Beispiele in diesem Buch und eigene Projekte programmieren zu können, werden auch nur die Bibliothek `libCMSIS.a` (und später natürlich auch `libMCAL.a`) sowie die Headerdatei zum jeweils verwendeten Mikrocontroller benötigt. Auch hier gilt: Der Quelltext der Bibliothek wird nicht benötigt! Die detaillierte Beschreibung dazu, wie die Bibliothek anzuwenden ist, wurde bereits in Abschnitt 2.2.7 gezeigt.

Tipp

Die Headerdateien zu den verschiedenen Mitgliedern der STM32F4xx-Mikrocontrollerfamilie sind sehr umfangreich und umfassen beispielsweise bei der Datei `stm32f446xx.h` nahezu 16.000 Zeilen! Selbst auf meinem privaten PC, der mit einem 8-/16-Kern-Prozessor und 32 GByte RAM nicht gerade spartanisch ausgestattet ist, erweckt das Laden der Datei den Eindruck, als sei die IDE mit der Meldung »Keine Rückmeldung« »abgestürzt«. Dies ist aber nicht der Fall: Das Laden dauert nur sehr lange! Aktivieren Sie bei derart großen Dateien daher die Funktion *Code Folding*. Wenn Sie die STM32CubeIDE verwenden (bzw. andere

Eclipse-basierte IDEs), können Sie diese durch Drücken der Tastenkombination Strg+/ ein- und auch wieder ausschalten. Achtung: Für die Taste / muss das Divisionszeichen des Nummernblocks der Tastatur verwendet werden!

Diese und alle weiteren Headerdateien finden Sie im Verzeichnis `<CMSIS-Installationsverzeichnis>\CMSIS\Device\ST\STM32F4xx\Include\`. Sämtliche hier aufgeführten Headerdateien wurden von STM beigetragen.

Um auf die von Arm entwickelten Funktionen zugreifen zu können, wird zunächst mit `#include <core_cm4.h>` der Zugriff auf die Kernkomponenten des Cortex-M4-Mikrocontrollers ermöglicht. Hier sind nicht nur die Register des Mikrocontrollers, sondern auch die dort enthaltenen Bits definiert. Diese Headerdatei ist mit mehr als 2.100 Zeilen ebenfalls so lang, dass man sie lieber nicht selbst erstellt ☺.

Im Anschluss folgen in Form klassischer C-Strukturen exakte Beschreibungen der enthaltenen Peripheriekomponenten mitsamt ihren Registern. Exemplarisch soll dies anhand der Komponente *Reset and Clock Control* (*RCC*) auszugsweise gezeigt werden:

```
typedef struct
{
  __IO uint32_t CR;
  __IO uint32_t PLLCFGR;
  __IO uint32_t CFGR;
  __IO uint32_t CIR;
  __IO uint32_t AHB1RSTR;
  __IO uint32_t AHB2RSTR;
...
} RCC_TypeDef;
```

Listing 2.2: Auszug aus der Beschreibung der Komponente RCC (Reset and Clock Control)

Hinweis

Die Einträge `__I`, `__O` und `__IO` sind in `core_cm4.h` definiert und beschreiben die Art des Zugriffs: `__I` zeigt an, dass der Inhalt nur lesbar ist. `__O` zeigt somit an, dass das entsprechende Register nur beschreibbar ist, aber nicht ausgelesen werden kann. Entsprechend zeigt `__IO` an, dass hier Schreib- und Leserechte verfügbar sind. Genutzt werden diese Einträge als Platzhalter für das C-Schlüsselwort `volatile`.

Standardmäßig versuchen Compiler, Daten in den CPU-internen Registern zu speichern, weil dies schneller ist als das Speichern im SRAM. Durch nachfolgende Operationen wird es aber passieren, dass die Registerinhalte überschrieben werden und dann nicht mehr nutzbar sind. Dies geschieht sehr häufig in Variablen, die in den Interrupt-Service-Routinen verwendet werden. Durch Verwendung von `volatile` zeigt man dem Compiler an, dass der Inhalt dieser Variablen nicht in Registern, sondern direkt im SRAM gespeichert werden soll: Auf diese Weise erreicht man, dass der Wert nicht verloren geht.

Nun sind zwar die Peripheriekomponenten beschrieben, aber wie werden sie genutzt?

Die Antwort: Unmittelbar im Anschluss an die C-Strukturen werden Adressen definiert, die die Lage der Komponenten im adressierbaren Speicherraum festlegen. Jeder Komponente wird mit `#define` eine Basisadresse zugewiesen. Dieser Block beginnt mit der Definition der Basisadressen des Flashspeichers und der SRAM-Adressen. Richtig interessant wird es bei der Definition der Adressen der AHB- und APB-Busse, die in Kapitel 1 beschrieben wurden. Auf Basis dieser Adressen werden im Anschluss die konkreten Basisadressen der Peripheriekomponenten definiert.

```
/*!< Peripheral memory map */
#define APB1PERIPH_BASE   PERIPH_BASE
#define APB2PERIPH_BASE   (PERIPH_BASE + 0x00010000UL)
#define AHB1PERIPH_BASE   (PERIPH_BASE + 0x00020000UL)
#define AHB2PERIPH_BASE   (PERIPH_BASE + 0x10000000UL)

/*!< APB1 peripherals */
#define TIM2_BASE         (APB1PERIPH_BASE + 0x0000UL)
#define TIM3_BASE         (APB1PERIPH_BASE + 0x0400UL)
#define TIM4_BASE         (APB1PERIPH_BASE + 0x0800UL)
#define TIM5_BASE         (APB1PERIPH_BASE + 0x0C00UL)
#define TIM6_BASE         (APB1PERIPH_BASE + 0x1000UL)
#define TIM7_BASE         (APB1PERIPH_BASE + 0x1400UL)
#define TIM12_BASE        (APB1PERIPH_BASE + 0x1800UL)
#define TIM13_BASE        (APB1PERIPH_BASE + 0x1C00UL)
#define TIM14_BASE        (APB1PERIPH_BASE + 0x2000UL)
#define RTC_BASE          (APB1PERIPH_BASE + 0x2800UL)
```

Listing 2.3: Auszug aus der Zuweisung der Basisadressen

Damit sind bisher aber nur die Peripheriekomponenten und ihre Lage im Speicherraum festgelegt. Damit Sie sie komfortabel nutzen können, werden im weiteren Verlauf Pointer auf die Strukturen definiert. Dies sieht beispielsweise folgendermaßen aus:

```
#define TIM2         ((TIM_TypeDef *) TIM2_BASE).
```

Hiermit wird erreicht, dass Sie auf die Register von Timer `TIM2` in der Form `TIM2->CR1 |= 1;` zugreifen können. Damit setzen Sie beispielsweise das Bit CEN (*Counter Enable*) von Timer 2 auf 1 und aktivieren ihn damit als Zähler.

Die Zuweisung eines Zahlenwerts an ein beliebiges Register mit `|= wert;` (entsprechend gilt dies für das Zurücksetzen eines Werts mit &= `~wert`) mag ich persönlich überhaupt nicht: Jeder, der das Programm schreibt oder pflegt, muss in diesem Fall im Referenzhandbuch nachschlagen, welche Bedeutung ein bestimmtes Bit hat! Ich bevorzuge hingegen eine Schreibweise, die die Funktion eines Werts unmittelbar beschreibt. Sie könnten, um beim oben gezeigten Beispiel zu bleiben, auch Folgendes schreiben:

```
TIM2->CR1 |= TIM_CR1_CEN;
```

Aus diesem Wert geht unmittelbar hervor, dass das CEN-Bit des Registers `CR1` von Timer `TIM2` auf 1 gesetzt wird.

Hinweis

Theoretisch könnten Sie statt `TIM_CR1_CEN` auch den `TIM_CR1_CEN_Pos` verwenden: Dies empfehle ich aber ausdrücklich nicht! Werte mit der Endung `_Pos` dienen dazu, Bits an die korrekte Stelle innerhalb eines Registers zu verschieben. In einigen Fällen – dies ist aber nicht immer der Fall – könnten Sie auch die Variante `TIM_CR1_CEN_Msk` verwenden, weil ihr Wert in diesem Fall identisch mit `TIM_CR1_CEN` ist. Sehr oft beschreiben Ausdrücke, die auf `_Msk` enden, aber mehrere Bits: Ausdrücke, die auf `_Msk` enden, werden daher üblicherweise zum Rücksetzen mehrerer zusammengehörender Bits verwendet.

Um einzelne oder mehrere Bits auf »1« zu setzen, verwenden Sie also bitte immer die Definition **ohne** `_Pos` oder `_Msk` am Ende. Um eins oder mehrere Bits auf »0« zurückzusetzen, verwenden Sie bitte immer die auf `_Msk` endende Variante. Die Variante mit der Endung `_Pos` sollte ausschließlich CMSIS-intern genutzt werden. Wenn Sie sich an diese Vorgaben halten, bleibt Ihr Code sauber und gut les- und vor allem wartbar.

Warum gehe ich an dieser Stelle so ausführlich auf die Schreibweise von Werten ein? Nun, diese Werte sind für alle Peripheriekomponenten ebenfalls bereits in `stm32f446xx.h` (bzw. den entsprechenden Headerdateien anderer Mikrocontroller) definiert! Da sie den Code lesbarer macht und er damit leichter zu pflegen ist, ziehe ich diese Schreibweise vor.

Hinweis

Die Definitionen der einzelnen Bits belegen mit knapp 15.000 Zeilen den weitaus größten Teil der jeweils verwendeten Headerdatei.

2.4 MCAL / MCAL-STM

Die Programmierung der Register ist leicht – wenn man immer und in jeder Situation das Referenzhandbuch zur Hand hat. Zur Lösung einer Aufgabe müssen aber in vielen Fällen mehrere Register programmiert werden. Dies ist zwar nicht sonderlich schwierig, aber auf jeden Fall unbequem.

Dies ist einer der Gründe dafür, dass alle mir bekannten Mikrocontrollerhersteller Funktionssammlungen in Form proprietärer Bibliotheken zur Verfügung stellen. Nicht immer, aber häufig, folgt die Dokumentation der Herstellerbibliotheken jedoch nicht dem Standard, der durch die teilweise sehr gut geschriebenen Funktionen vorgegeben wird.

Daher habe ich mich dazu entschlossen, gemeinsam mit Ihnen im Verlauf dieses Buches die Bibliothek MCAL zu entwickeln! Die Vorgehensweise ist dabei immer gleich:

- In einem einführenden Beispiel wird – teilweise in mehreren Schritten – die Kernfunktion einer MCAL-Funktion entwickelt. Die Kernfunktion ist hierbei Bestandteil des Projekts und zu diesem Zeitpunkt noch nicht Teil der MCAL-Bibliothek.
- Die Kernfunktion beschränkt sich typischerweise auf genau eine Peripheriekomponente, wie z.B. `GPIOA` oder Timer `TIM2`. Sie konzentriert sich hierbei auf die gewünschte Aufgabe, wobei sie ausschließlich mit dieser Komponente funktioniert.
- Von diesen Komponenten existieren nahezu immer aber verschiedene Ausführungen. Funktionen, die mit `GPIOA` oder `TIM2` funktionieren, können auf die gleiche Weise mit entsprechenden anderen Komponenten, wie `GPIOB`, `GPIOC` usw. oder `TIM3`, `TIM4`, `TIM5` usw., genutzt werden. Im nächsten Schritt wird die Kernfunktionalität so erweitert, dass die Funktionen universell eingesetzt werden können. Sobald dies abgeschlossen ist, ist die Funktion bereit zur Aufnahme in die MCAL (bzw. MCAL-STM).

C kann im Vergleich zu objektorientierten Programmiersprachen Funktionen nicht überladen. Die Bezeichnung von Funktionen, Variablen und Konstanten ist aber von der Schreibweise abhängig. Daher wissen Sie auch, dass beispielsweise die Bezeichnungen **`gpio`**`ReadPin()` und **`Gpio`**`ReadPin()` nur aufgrund der unterschiedlichen Schreibweise des ersten Buchstabens zwei völlig verschiedene Funktionen darstellen. Diese »Allergie« von C in Bezug auf die Schreibweise habe ich – zumindest in den ersten Kapiteln – dazu genutzt, die Funktionen zunächst schrittweise zu entwickeln und erst im letzten Schritt in die MCAL aufzunehmen.

Wichtig

Ich hatte bereits in der Einleitung darauf hingewiesen, dass die meisten Listings in diesem Buch sowohl die Bare-Metal- wie auch die MCAL-Version unterstützen. Dies konnte ich so realisieren, weil die MCAL im Vergleich zum Erscheinungsdatum der ersten Auflage inzwischen sehr weit fortgeschritten ist. Dennoch ist die Bare-Metal-Codierung im Regelfall auf eine ganz bestimmte Komponente beschränkt, während die MCAL alle Komponenten des gleichen Typs unterstützt. Verwendet die Bare-Metal-Version beispielsweise `GPIOA` als Port, so ist dies für die entsprechende MCAL-Version ohne Bedeutung, da sie auch die anderen GPIO-Ports unterstützt.

Hinweis

Viele Routineaufgaben, wie z.B. das Aktivieren des Bustakts *einer* Peripheriekomponente, lassen sich mit einem Einzeiler lösen. In den gedruckten Listings der einführenden Beispiele habe ich für derartige Aufgaben praktisch nie eine eigene Funktion geschrieben: Sie sind direkt innerhalb der `main()`-Funktion codiert. Erst im weiteren Verlauf habe ich dann eine MCAL-Funktion vorgesehen, die z.B. `timerSelectTimer(...)` heißt und dann auch den Bustakt für die genannte Komponente aktiviert. In vielen Fällen, wie z.B. bei den GPIOs oder den Timern, existieren aber viele ähnliche Komponenten. Ich habe dann – ohne besonderen Hinweis – entsprechende Funktionen zusammengefasst und dann unmittelbar nach MCAL ausgelagert.

Beispiel

Die Aktivierung des Bustakts von `GPIOA` erfolgt mit:

```
RCC->AHB1ENR |= RCC_AHB1ENR_GPIOAEN;
```

Der Bustakt für andere GPIO-Ports wird entsprechend aktiviert. Der Unterschied besteht darin, dass die Oder-Verknüpfung mit einer anderen Konstanten durchgeführt wird. Daher gibt es in MCAL dann eine Funktion mit dem Namen `void gpioSelectPort(GPIO_TypeDef *port) {}`, die den zu aktivierenden GPIO-Port als Parameter erhält. In den gedruckten Listings werden Sie eine solche Funktion daher nicht finden!

Wo immer es möglich ist – es gibt einige wenige Ausnahmen –, beginnen neue Funktionsnamen in den einführenden Beispielen mit Großbuchstaben. So werde ich zunächst innerhalb eines Projekts eine Funktion zum Lesen des Zustands eines GPIO-Pins immer **`GPIO`**`ReadPin()` nennen. Wird die Funktion dann in MCAL aufgenommen, werde ich dort den Namen in **`gpio`**`ReadPin()` ändern. Entsprechend gilt für Timer-Funktionen in den einführenden Beispielen, dass die Funktion als **TIMER**Xxx() benannt ist. In der MCAL wird die »fertige« Funktion dann **timer**Xxx() heißen.

Dieser Aufwand ist erforderlich, weil MCAL in fortgeschrittenen Kapiteln bereits eingesetzt wird, obwohl sie nur teilweise fertig ist. Auf diese Weise vermeide ich Konflikte zwischen der Buchversion der MCAL und der Version, wie sie bereits in der Praxis genutzt werden kann.

Der Aufbau der Bibliothek erfolgt auf die gleiche Weise, die Sie bereits bei der Erzeugung der CMSIS-Bibliothek kennengelernt haben.

Wichtig

Von einer Änderung der CMSIS rate ich Ihnen dringend ab! Diese Bibliothek wird von Arm und dem Hersteller des Mikrocontrollers gepflegt. Bei jedem Update der CMSIS sind Ihre Änderungen dann nämlich hinfällig!

Hinweis

Die MCAL-Bibliothek wird auch nach Erscheinen des Buches weitergepflegt. Peripheriekomponenten, die zunächst nicht unterstützt werden, werden zu späteren Zeitpunkten nachgereicht. Besuchen Sie daher bitte immer wieder einmal meine Webseite, hier werden aktualisierte Versionen der MCAL als Erstes erscheinen!

Kapitel 3

Embedded C vs. Standard C

In der Einleitung habe ich erwähnt, dass in diesem Buch Kenntnisse der Programmiersprache C vorausgesetzt werden. Im selben Zusammenhang habe ich aber auch erwähnt, dass einige Techniken, die bei der Entwicklung von Embedded-C-Projekten eingesetzt werden, nicht in allen Bereichen der C-Programmierung gleichermaßen üblich sind. Dies beruht meiner Meinung nach vor allen Dingen darauf, dass in Embedded-C-Projekten sehr viel auf Bit-Ebene programmiert wird, was in PC-Software nicht zwingend erforderlich ist.

C ist eine Programmiersprache, die Softwareentwicklern und den Herstellern von Compilern sehr große Freiheiten gestattet. Da die ursprüngliche Definition von C in vielen Belangen unklar formuliert war, haben Programmierer im Laufe vieler Jahrzehnte Programmierstile entwickelt, die für andere Programmierer nur sehr schwer zu lesen und schlecht nachvollziehbar sind.

In vielen Kernindustrien, z.B. im Automotive-Umfeld oder bei der Softwareentwicklung für die Luft- und Raumfahrt bzw. im Kraftwerksbau, wurden daher Regeln und Techniken für den Einsatz der Programmiersprache C vereinbart, die verpflichtend eingesetzt werden müssen. Der Programmierstandard im Automotive-Umfeld ist durch den *MISRA-C-Standard* (*MISRA = Motor Industry Software Reliability Association*) vorgegeben. Die hier beschriebenen Regeln und Vorschriften sind derart einfach, klar und einleuchtend, dass ich sie in diesem Kapitel in kurzer Form zusammenfassen werde. Die Befolgung dieser Vorschriften dient dazu ...

- dass Software eine sehr hohe Qualität und Zuverlässigkeit aufweist.
- dass Software leichter gewartet werden kann.
- dass Unklarheiten im Quelltext vermieden werden.
- dass die Durchführung automatisierter Tests, die die Einhaltung der Vorschriften überprüfen, möglich wird.
- dass erstellter Quelltext unabhängig von einem bestimmten Compiler ist. Dies gilt vor allem auch mit Rücksicht auf die verwendeten Datentypen!

Selbstverständlich sind alle Beispielprojekte, die in diesem Buch gezeigt werden, MISRA-C-konform.

Insgesamt beschreibt MISRA-C ca. 200 Regeln, wie in C programmiert werden soll. Die Angabe »200 Regeln« hört sich zunächst abschreckend an: Tatsächlich gelten viele Regeln aber gleichermaßen für verschiedene C-Konstrukte: So wird z.B. die Regel, dass öffnende geschweifte Klammern in eine neue Zeile gehören, sowohl für neue Funktionen als auch für `if`-, `switch-case`-, `while-do`-, `do-while` und `for`-Schleifen als separate Regel gezählt: Dann kann man verstehen, dass die Zahl »200« sehr schnell erreicht wird. In den folgenden Abschnitten werden die wichtigsten Regeln vorgestellt.

3.1 Kommentare

Kommentare erleichtern das Verständnis Ihrer Programme: Ich kenne Programmierer, die ihre eigenen Programme nicht mehr pflegen konnten, weil sie versäumten, ihre Ideen zu dokumentieren, oder diese Arbeit »auf einen späteren Zeitpunkt« verschoben haben, für den dann die verfügbare Zeit nicht mehr reichte. Darüber hinaus ist es einfach nur guter Stil, Kommentare zu verwenden. Wenn Sie einfache Vorgaben einhalten, können Sie unter Einsatz von Tools, wie z.B. Doxygen, eine sehr ansprechende Dokumentation für Ihre Kunden hieraus generieren.

- MISRA-C schreibt ausdrücklich den Einsatz von Kommentaren vor.
- Kommentare dürfen nicht ineinander verschachtelt sein. Das ist aber bereits im »Uralt«-Standard so vorgeschrieben.
- Seit MISRA-C 2012 ist es erlaubt, einzeilige Kommentare mit der aus C++ bekannten Zeichenfolge // zu beginnen.

Hinweis

Triviale Dinge müssen nicht kommentiert werden! Wichtig ist, dass die Ideen, die zu einer Lösung geführt haben, kommentiert werden. Ich habe mir angewöhnt, alles von Beginn an zu dokumentieren. Schlechte Kommentare kann man später immer noch optimieren. Die Hauptsache ist, dass überhaupt kommentiert wird!

3.2 Benennung von Funktionen, Variablen und Konstanten

Eine weitere Vorschrift von MISRA-C betrifft die Schreibweise von Konstanten, Variablen, Funktionen usw. Mit Ausnahme von Konstanten ist die Verwendung der sogenannten Camel-Case-Schreibweise in der Form `camelCaseSchreibweise` vorgeschrieben:

- Funktionsnamen beginnen immer mit einem Kleinbuchstaben.
- Variablennamen beginnen immer mit einem Kleinbuchstaben.
- Konstanten werden ausschließlich in GROSSBUCHSTABEN geschrieben. Hier trenne ich zusammengesetzte Begriffe – falls erforderlich – mit einem Unterstrich, z.B. `EIN_BEISPIEL`.

- Die Benennung von Konstanten, Variablen und Funktionen soll eindeutig auf ihre Anwendung hinweisen, d.h. die Bezeichner sollen aussagekräftig sein. Diese Vorschrift führt dazu, dass Software häufig nahezu selbsterklärend wird. Ausnahmen betreffen einfache Zählvariablen, die aber ausschließlich lokal verwendet werden; hier können Variablen auch schon mal die Bezeichner `i`, `j`, `k` usw. haben.

Hinweis

Alternativ zur CamelCase-Schreibweise dürfen auch die Namen von Funktionen und Variablen Unterstriche enthalten (wie z.B. in `dies_ist_eine_funktion()`). Diese Schreibweise findet man häufig in Linux-Quellcodes.

3.3 Verwendung geschweifter Klammern

In vielen Programmen wird die öffnende geschweifte Klammer zur Einleitung einer Funktion in die Zeile geschrieben, die auch den Funktionsnamen enthält. Dies sieht dann häufig folgendermaßen aus:

```
<Datentyp> funktionsName (<Parameter>) {
    Kommandos;
}
```

Diese Schreibweise ist in MISRA-C verboten! Der Grund hierfür ist, dass die paarweise auftretenden Klammern häufig gar nicht auf den ersten Blick erkennbar sind. Stattdessen ist die folgende Schreibweise vorgeschrieben:

```
<Datentyp> funktionsName (<Parameter>)
{
    Kommandos;
}
```

Ebenso häufig sieht man diese Schreibweise bei `if()`-Abfragen, `do-while`-, `while-do`-, `for`-Schleifen oder bei `switch-case`-Anweisungen: Auch hier gilt die Vorschrift, dass öffnende geschweifte Klammern in die nächste Zeile zu schreiben sind.

Bei `if()`-Abfragen oder `for()`-Schleifen, denen nur eine Programmzeile folgt, verzichten viele Programmierer auf die geschweiften Klammern völlig. Dies sieht dann beispielsweise folgendermaßen aus:

```
if (bedingung == true)
   tueIrgendEtwas();
```

Obwohl diese Schreibweise in C zulässig ist, verstößt sie gegen den MISRA-C-Standard. Die nachfolgend gezeigte Schreibweise erfüllt die Anforderungen:

```
if (bedingung == true)
{
    tueIrgendEtwas();
}
```

Die Gründe für diese Vorschrift sind somit:

- Man kann sofort nachvollziehen, dass die Aktion hier aus einem Einzeiler besteht und dass dies mit Absicht geschieht. Bei der ersten Schreibweise könnten die geschweiften Klammern ja aufgrund eines Fehlers des Entwicklers fehlen.
- MISRA-C schreibt vor, dass geschweifte Klammern in eigenständigen Zeilen stehen müssen!

3.4 if()-Vergleiche mit Konstanten

In der Standardkonfiguration würde ein Compiler bei einem Konstrukt wie z.B. `if (bedingung = true)` (**Achtung: absichtlicher Fehler!**) nur eine Warnung ausgeben, die besagt, dass hier möglicherweise aufgrund eines Programmierfehlers eine Zuweisung erfolgt. Korrekt wäre hier `if (bedingung == true)`. Dreht man die Operanden aber um, wie bei `if (true = bedingung)` (**Achtung: Wiederholung des absichtlichen Fehlers!**), würde der Compiler auf jeden Fall eine »echte« Fehlermeldung ausgeben, denn dass einer Konstanten (hier: `true`) kein neuer Wert zugewiesen darf, besagt ja bereits die Aussage, dass dieser Wert konstant, also unveränderlich ist.

Damit sind die wichtigsten Bedingungen, die in der professionellen Softwareentwicklung zwingend eingehalten werden müssen, bereits beschrieben. Die Einhaltung der Vorschriften wird im Rahmen der sogenannten *statischen Codeanalyse* geprüft. In den genannten Industrien werden hier weit überwiegend kommerzielle Tools wie z.B. *Polyspace Bugfinder* oder *Tessy* von der Firma *Razorcat* eingesetzt. Auch *HiTEX Klocwork* zählt zu den häufig verwendeten kommerziellen Codeanalyse-Programmen. Derartige Tools sind teuer: Die Preisspanne liegt hier zwischen 20.000,- und 100.000,- €! Es gibt aber auch kostenlose Tools, wie z.B. das Programm *Cppcheck*.

Während die bisher genannten Punkte zu den Vorschriften zählen, die zwingend eingehalten werden müssen, existiert noch eine Reihe weiterer Techniken, die den Quelltext von Programmen verständlicher machen und daher auch die Fehlersuche und spätere Erweiterung vereinfachen. Zum Teil fließen hier auch persönliche

Erfahrungen und Vorlieben ein. Einige dieser Techniken beschreibe ich in den folgenden Abschnitten.

3.5 Verwendung von Konstanten

Immer wieder fallen mir in Online-Tutorials und auch in Fachbüchern Konstrukte wie z.B. `wert` |= 0x20000 auf. Damit wird Bit 17 der Variablen `wert` auf 1 gesetzt. Ganz toll! Da darf man dann nämlich erst einmal den Wert 0x20000 in seine Binärdarstellung umwandeln und anschließend die Position, an der die 1 steht, mühselig und fehleranfällig abzählen. Verwendet man hingegen die folgende Schreibweise, wird das Verstehen dessen, was hier gemacht wird, erheblich vereinfacht:

```
wert |= (0x1UL << 17U);              // Setze Bit 17 von wert auf 1
```

Hier wird sofort klar, dass Bit 0 zunächst auf den Wert »1« gesetzt wird und dieser dann um 17 Positionen nach links geschoben wird.

Tipp

In eigenen Projekten kommt es immer wieder vor, dass man sich die Option auf zukünftige Änderungen oder Erweiterungen erhalten möchte. Dies könnten bei einem einfachen Textdisplay beispielsweise Konstanten sein, die die Anzahl der Zeilen mittels `#define NUMLINES` und die Anzahl der Zeichen pro Zeile mit `#define NUM_CHARS_PER_LINE` festlegen. Der Wechsel auf ein anderes Display erfordert dann die Änderung dieser Angaben **an nur einer** einzigen Stelle, nämlich typischerweise der Headerdatei, die zum entsprechenden Sourcecode, der das Display ansteuert, gehört. Sehr fehleranfällig ist die Vorgehensweise, an jeder Stelle, an der die entsprechenden Angaben benötigt werden, die Werte unmittelbar einzutragen: Verwenden Sie Konstanten, wann immer es möglich ist!

3.6 Verwendung globaler Variablen

Ich bin kein Freund globaler Variablen und vermeide ihren Einsatz möglichst. Der wichtigste Grund hierfür ist, dass ich einerseits möglichst aussagekräftige und andererseits möglichst einfache Bezeichnungen für Variablen verwende. Diese Vorgehensweise kennen aber auch andere Softwareentwickler, sodass es hier schnell zu Verwechslungen kommen kann. Ihre Anwendung ist zwar in den meisten Fällen leichter als die von mir bevorzugte Variante, aber mit ein wenig Übung ist die Variablenübergabe beim Aufruf von Funktionen per »call by reference«, also mit Pointern, auch nicht wirklich schwierig. Wer seine Kenntnisse über Pointer in C »auffrischen« möchte, findet unter `https://de.wikibooks.org/wiki/C%2B%2B-Programmierung/_Weitere_Grundelemente/_Zeiger` eine gute und ausführliche Beschreibung zum Thema.

Hinweis

Adressen weiterer interessanter Tutorials und weiterführender Artikel habe ich in Anhang A für Sie zusammengefasst.

3.7 Datentypen

Der Speicherbedarf von Ganzzahlvariablen (Integer) ist im C-Standard nicht definiert: Jeder Compiler-Hersteller hat hier völlig freie Hand, ob ein Integer (unabhängig davon, ob vorzeichenbehaftet oder nicht) zwei oder vier oder manchmal auch acht Byte an Speicher im SRAM belegt. Dies kann beim Wechsel von einem Compiler zu einem anderen – selbst im selben Projekt – zu Fehlern führen, die nur sehr schwer zu finden sind!

Dieses Problem wurde schon sehr früh erkannt, die Freiheit der Compiler-Hersteller wurde aber dennoch nicht eingeschränkt. Mit dem C99-Standard wurden aber für Integer-Werte per `typedef` weitere Bezeichnungen für Datentypen eingeführt, die jetzt eindeutig ihren Speicherbedarf beschreiben. Hierbei handelt es sich um die Datentypen `int8_t`, `uint8_t`, `int16_t`, `uint16_t`, `int32_t`, `uint32_t` usw. Die Verwendung der »normalen« Datentypen ist aber weiterhin zulässig! Der Zahlenwert gibt bei diesen Typen die Anzahl der Bits an, die er im Speicher belegt.

Ein vergleichbares Problem trat bei der Verwendung von Zeichenvariablen (`char`) auf. Früher reichte ein einzelnes Byte, weil nur der sogenannte ASCII-Standard zur Verfügung stand: *ASCII* (*American Standard Code for Information Interchange*) unterstützte nur 256 Zeichen (inklusive der Steuerzeichen), sodass ein einziges Byte völlig ausreichte. Dies sollte sich mit der Einführung des Unicode-Standards aber nachhaltig ändern: Um alle Zeichen, die weltweit verwendet werden – also auch japanische oder chinesische Zeichen –, darstellen zu können, reichten nicht einmal mehr zwei Byte aus. Mir sind Zeichensätze bekannt, die vier Byte pro Zeichen belegen! Ein `char` war somit nicht mehr eindeutig. Abhilfe für dieses Problem brachte die Einführung des Datentyps `wchar_t`. Bei der `gcc` belegt dieser Datentyp vier Byte.

Häufig muss man in Programmen auch den Speicherbedarf von Variablen und Arrays ermitteln. Für die Ermittlung des Speicherbedarfs von Variablen und Arrays ist nun die Verwendung des Datentyps `size_t` eine sehr gute – und vor allem portierbare – Wahl. Listing 3.1 zeigt Ihnen, wie Sie den Speicherbedarf von Variablen ermitteln können.

Wichtig

Verwenden Sie in Ihren Programmen unbedingt diese »neuen« Datentypen. Die `int`- und `uint`-Typen sind in der Datei `stdint.h` definiert, `size_t` und `wchar_t` in `stddef.h`.

```
/**
 * @file  : main.c
 * @author: Ralf Jesse
 * @brief: Ermitteln des Speicherbedarfs von Variablen
*/

#include <stdint.h>
#include <stddef.h>
#include <stdlib.h>

int main(void)
{
                                                        // Speicherbedarf
                                                        // ==============
    size_t size = sizeof(size_t);                           // 4 Byte

    wchar_t  zeichen = 'A';
    size_t wcharSize = sizeof(zeichen);                     // 4 Byte

    uint32_t array1[] = { 0x00, 0x01, 0x02, 0x03 };
    size_t   arr1Size =
             sizeof(array1) / sizeof(array1[0]);            // 16 Byte

    uint16_t array2[] = { 0x00, 0x01, 0x02, 0x03 };
    size_t   arr2Size =
             sizeof(array2) / sizeof(array2[0]);            // 8 Byte

    uint8_t  array3[] = { 0x00, 0x01, 0x02, 0x03 };
    size_t   arr3Size = sizeof(array3) / sizeof(array3[0]); // 4 Byte

    double   doubleVar = 3.1415;
    size_t   doubleVarSize = sizeof(doubleVar);             // 8 Byte

    double   doubleArr[] = { 2.718281, 3.1415 };
    size_t   doubleArrSize =
```

```
                 sizeof(doubleArr) / sizeof(doubleArr[0]);        // 16 Byte

    float    floatVar = 3.1415;
    size_t   floatVarSize = sizeof(floatVar);                      // 4 Byte

    float    floatArr[] = { 2.718281, 3.1415 };
    size_t   floatArrSize =
             sizeof(floatArr) / sizeof(floatArr[0]);               // 16 Byte

    /* Loop forever */
    for(;;);
}
```

Listing 3.1: Beispiel zur Bestimmung des Speicherbedarfs von Variablen

3.8 Datentypen in der STM-Dokumentation

Wie in Abschnitt 3.7 bereits empfohlen: Verwenden Sie unbedingt die in `stdint.h` definierten Datentypen für Integer- und Zeichenvariablen sowie `stddef.h` für `wchar_t` bzw. `size_t`: Ihre Verwendung kann Ihnen viele Probleme ersparen! Allerdings lässt sich diese Empfehlung in der Realität nur bei neu entwickelten Softwareprojekten umsetzen. Eine oft auftretende Anforderung besteht darin, Fehler in alten Projekten zu beheben oder sie um neue Funktionen zu erweitern. Die Chance, hier die Standard-C-Datentypen anzutreffen, ist sehr groß.

Daher möchte ich Ihnen zumindest den Speicherbedarf der in der STM-Dokumentation verwendeten Datentypen *Word*, *Half-Word*, *Byte* und *Double-Word* nennen.

Datentypbezeichnung	Speicherbedarf in Bit
Double Word	64
Word	32
Half Word	16
Byte	8

Tabelle 3.1: Speicherbedarf in Bit

Mit einem Debugger können Sie diese Variablen dann untersuchen und ihren Speicherbedarf ermitteln.

Kapitel 4

RCC, SYSCFG und SCB

In diesem Kapitel werden Sie drei Systemkomponenten kennenlernen: *Reset and Clock Control* (*RCC*), *System Configuration Controller* (*SYSCFG*) und *System Control Block* (*SCB*). Der SCB wird hier aber nur am Rande erwähnt, da seine Anwendung über den Anspruch dieses Buches hinausgeht: Auf meiner Webseite werde ich ihn aber zu einem späteren Zeitpunkt noch in einer typischen Anwendung zeigen: Das Stichwort lautet hier: Bootloader!

Anders verhält es sich mit den Komponenten RCC und SYSCFG. In diesem Kapitel werde ich diese beiden Komponenten zunächst nur einführend behandeln.

Hinweis

RCC wird noch einmal zu einem wichtigen Thema in Kapitel 5, wo die Konfiguration der Systemtaktfrequenzen behandelt wird. SYSCFG wird in Kapitel 7 konkreter behandelt, wenn es um externe Interrupts und damit den External Interrupt Controller geht.

4.1 Reset and Clock Control (RCC)

Eine der Aufgaben des RCC besteht darin, den Systemtakt der verschiedenen integrierten Peripheriekomponenten (GPIO, Timer, ADC, DAC usw.) zu aktivieren. STM hat bei der Einführung der STM32F4xx-Mikrocontroller (und auch anderer Mikrocontroller) besonderen Wert auf Energieeffizienz gelegt: Komponenten, die für ein Projekt nicht benötigt werden, sind daher standardmäßig nach einem Reset inaktiv und nehmen daher auch keine elektrische Leistung auf. Erst das Aufschalten eines Taktsignals aktiviert sie. Intern ist der RCC auch für die Konfiguration der Taktfrequenzen, also ihre Höhe, zuständig: Dieses Thema werden Sie in Kapitel 5 kennenlernen. Hier sollen zunächst die drei verschiedenen Reset-Arten vorgestellt werden, die vom RCC gesteuert werden.

Dass ein Mikrocontrollerprojekt ohne Reset und ohne Taktsignal nicht gestartet und ausgeführt werden kann, war Ihnen sicherlich bereits vor dem Kauf dieses Buches klar und stellt somit eine Binsenweisheit dar. Eigentlich müsste ich an dieser Stelle auch nicht weiter darauf eingehen, da CMSIS und die mitgelieferten

Dateien die erforderlichen Einstellungen vornehmen und sinnvolle Standardwerte konfigurieren.

Dies stellt aber nur die halbe Wahrheit dar! Das *Reset-and-Clock-Control*-Register (*RCC*) übernimmt weitere vielfältige Aufgaben, die in diesem Kapitel näher beschrieben werden. Da die später folgenden Beispiele die genannten Standardeinstellungen verwenden, werde ich mich bei der Beschreibung des RCC allerdings zunächst auf die grundlegenden Dinge konzentrieren.

4.1.1 Reset: Verschiedene Reset-Arten

Mit *System Reset, Power Reset* und *Backup Domain Reset* gibt es drei verschiedene Arten von Reset. Sie unterscheiden sich vor allem darin, wie sie sich auf die verschiedenen Bestandteile eines Mikrocontrollers auswirken.

System Reset

Ein System Reset kann durch verschiedene Ereignisse ausgelöst werden. Hierzu zählen:

- ein Low-Signal am NRST-Pin des Mikrocontrollers (das »N« in »NRST« steht üblicherweise für den englischen Begriff »Not« und weist darauf hin, dass das Signal kurzzeitig auf Low-Level, also auf 0 V, »heruntergezogen« werden muss, um den Reset einzuleiten. Man nennt dies dann in der Literatur »Active Low«),
- das Ablaufen eines der verschiedenen Watchdog-Timer,
- ein durch die Software ausgelöster Reset,
- ein sogenannter *Low-Power Management Reset,* der ausgelöst wird, wenn der Mikrocontroller in den Standby- oder den Stoppmodus versetzt wird.

Power Reset

Ein Power Reset kann durch zwei Ereignisse ausgelöst werden:

- Er kann beim Erkennen einer zu niedrigen Versorgungsspannung im laufenden Betrieb im Rahmen der *Brown Out Detection* (*BOD* bzw. *BOR*) bzw. beim Einschalten (*Power On Reset, POR*) oder beim Ausschalten der Versorgungsspannung (*Power Down Reset, PDR*) ausgelöst werden.
- Das zweite Ereignis wird durch den Wechsel vom Standby-Betrieb in den Normalbetrieb ausgelöst. Hier liegt es in der Verantwortung des Programmierers, dass Daten im *Backup Space* nicht überschrieben und dem Programm zur Verfügung gestellt werden.

Bei einem System Reset werden normalerweise sämtliche Registerinhalte auf ihre Standardwerte zurückgesetzt. Die Einschränkung »normalerweise« bezieht sich darauf, dass der Backup Space durch eine angeschlossene Batterie »gepuffert« wird: Hier sind Sie als Softwareentwickler dafür zuständig, Daten aus dem Backup-Medium in die entsprechenden Variablen zu laden.

Wodurch ein Reset letztendlich ausgelöst wurde, lässt sich durch Auslesen des Registers RCC_CSR (*RCC Clock Control & Status Register*) ermitteln.

Backup Domain Reset

Dieser Reset setzt alle Register der Echtzeituhr (*RTC*) auf ihre Standardwerte zurück. Der bereits erwähnte Backup Space wird aber nicht gelöscht. Daher ist es wichtig, die Registerinhalte der RTC regelmäßig im Backup Space zu speichern, damit sie nach einem Backup Domain Reset von dort wieder restauriert werden können.

Andere wichtige Aufgaben des RCC

Wie eingangs bereits erwähnt, hat die Firma STM bei der Entwicklung ihrer Cortex-M-Mikrocontroller besonderen Wert auf Energieeffizienz gelegt. Aus diesem Grund sind – bis auf wenige Ausnahmen wie z.B. die Echtzeituhr RTC – die meisten Peripheriekomponenten nach einem Reset stromlos. Bevor sie genutzt werden können, müssen sie aktiviert werden. Ihre Aktivierung erfolgt durch die Versorgung mit einem Taktsignal.

Wichtig

Die Versorgung einer Peripheriekomponente mit einem Taktsignal *muss* immer der erste Schritt sein! Der Zugriff auf die Register einer Komponente ist vorher gar nicht möglich!

Aktivieren einer Komponente

Da die Komponenten an die verschiedenen Busse angeschlossen sind (AHB, APB), verfügt das RCC über entsprechende *Enable*-Register. Hierbei handelt es sich um folgende:

- *RCC AHB1 Peripheral Clock Enable Register* (RCC_AHB1ENR)
- *RCC_AHB2 Peripheral Clock Enable Register* (RCC_AHB2ENR)
- *RCC_AHB3 Peripheral Clock Enable Register* (RCC_AHB3ENR)
- *RCC_APB1 Peripheral Clock Enable Register* (RCC_APB1ENR)
- *RCC_APB2 Peripheral Clock Enable Register* (RCC_APB2ENR)

Am Beispiel des RCC_AHB1ENR – die anderen Register haben einen ähnlichen Aufbau – zeige ich Ihnen den Aufbau und seine Funktion:

31	30	29	28	27	26	25	24	23	22	21	20	19	18	17	16
	OTGHS ULPIEN	OTGHS EN							DMA2 EN	DMA1 EN			BKP SRAMEN		
	rw	rw							rw	rw			rw		

15	14	13	12	11	10	9	8	7	6	5	4	3	2	1	0
			CRC EN					GPIOH EN	GPIOG EN	GPIOF EN	GPIOE EN	GPIOD EN	GPIOC EN	GPIOB EN	GPIOA EN
			rw					rw	rw	rw	rw	rw	rw	rw	rw

Abb. 4.1: Aufbau des RCC_AHB1ENR

Hinweis

Zunächst können Sie erkennen, dass nicht alle Bits dieses Registers genutzt werden. Die nicht genutzten Bits sind im Referenzhandbuch als reserviert markiert (im Buch wurde das schlecht lesbare »Res.« durch einen grauen Hintergrund ersetzt), ihr Zustand darf nach einem Reset nicht geändert werden, da sie möglicherweise durch leistungsfähigere Mikrocontroller genutzt werden. Würden Sie diese Bits dennoch nutzen, wäre die Software nicht mehr portabel.

Um nun beispielsweise GPIOA (*GPIO = General Purpose Input/Output*) überhaupt konfigurieren zu können, muss vor dem ersten Zugriff auf eines der GPIOA-Register das folgende Kommando stehen:

```
RCC->AHB1ENR |= RCC_AHB1ENR_GPIOAEN;.
```

Hinweis

RCC_AHB1ENR_GPIOAEN ist in `stm32f446xx.h` als `(0x1UL << (0U))` definiert. Hier wird also Bit »0« in Abbildung 4.1 auf den Wert »1« gesetzt, was den Bustakt von GPIO-Port A aktiviert und ihn somit erst nutzbar macht.

Diese Vorgehensweise ist bei den anderen Peripheriekomponenten identisch, Sie müssen nur herausfinden, welches der oben genannten Register Sie verwenden müssen.

Hinweis

In den Beispielen, die in diesem Buch enthalten sind, finden Sie bei den Einstellungen entsprechende Kommentare.

Tipp

Die Bezeichnung der Bits jeder Komponente folgt einem bestimmten, leicht zu merkenden Schema. Die Bezeichnung RCC_AHB1ENR_GPIOAEN besteht aus drei

Bestandteilen: Zunächst wird die Komponente (hier also RCC) aufgeführt, der hinter einem Unterstrich der Name des Registers der Komponente folgt. Nach einem weiteren Unterstrich folgt dann die Nummer des Bits, dessen Wert modifiziert werden soll. Wollen Sie Bit 5 von GPIO B auf den Wert »1« setzen, bieten sich entsprechend die Kommandos `GPIOB->ODR |= GPIO_ODR_OD5` oder alternativ `GPIOB->BSRR = GPIO_BSRR_BS5` an. Die GPIOs werden ab Kapitel 6 beschrieben.

Deaktivieren einer Komponente

Wird eine Peripheriekomponente nur zeitweise benötigt, könnte der Wunsch entstehen, sie wieder zu deaktivieren, sobald sie nicht mehr genutzt wird. Auch diese Möglichkeit hat STM berücksichtigt und entsprechende Gegenstücke zu den Clock-Enable-Registern implementiert. Hierbei handelt es sich um folgende Register:

- *RCC AHB1 Peripheral Reset Register* (RCC_AHB1RSTR)
- *RCC AHB2 Peripheral Reset Register* (RCC_AHB2RSTR)
- *RCC AHB3 Peripheral Reset Register* (RCC_AHB3RSTR)
- *RCC APB1 Peripheral Reset Register* (RCC_APB1RSTR)
- *RCC APB2 Peripheral Reset Register* (RCC_APB2RSTR)

Die Anordnung der Bits ist identisch mit den Bits in den jeweiligen Clock-Enable-Registern.

Low Power Mode

Nicht immer sollen Komponenten mit voller Geschwindigkeit eingesetzt werden. Dies gilt beispielsweise, wenn es sich um batterie- oder akkubetriebene Geräte handelt. STM hat hierfür die Betriebsart »Energie sparen« implementiert. Der Takt von Komponenten, die im Low Power Mode betrieben werden sollen, lässt sich dann über die folgenden Register aktivieren:

- *RCC AHB1 Peripheral Clock Enable in Low Power Mode* (RCC_AHB1LPENR)
- *RCC AHB2 Peripheral Clock Enable in Low Power Mode* (RCC_AHB2LPENR)
- *RCC AHB3 Peripheral Clock Enable in Low Power Mode* (RCC_AHB3LPENR)
- *RCC APB1 Peripheral Clock Enable in Low Power Mode* (RCC_APB1LPENR)
- *RCC APB1 Peripheral Clock Enable in Low Power Mode* (RCC_APB1LPENR)

Hier sind keine entsprechenden Register zum Deaktivieren der jeweiligen Komponente erforderlich, da hierfür die »normalen« Peripherie-Reset-Register verwendet werden können.

Statusregister

Interessant ist abschließend noch das *RCC Clock Control & Status Register* (*RCC_CSR*).

31	30	29	28	27	26	25	24	23	22	21	20	19	18	17	16
LPWR RSTF	WWDG RSTF	IWDG RSTF	SFT RSTF	POR RSTF	PIN RSTF	BOR RSTF	RMVF								
rw	rw	rw	rw	rw	rw	rw	rw								

15	14	13	12	11	10	9	8	7	6	5	4	3	2	1	0
														LSIRDY	LSION
														r	rw

Abb. 4.2: Das RCC Clock Control & Status Register RCC_CSR

Dieses Register informiert über Ereignisse, die im laufenden Betrieb aufgetreten sind. Hier kann man beispielsweise ermitteln, ob ein Window Watchdog (eine Überwachung, ob eine Software noch ausgeführt wird oder blockiert) aufgetreten ist und hierdurch ein Reset ausgelöst wurde. Für diese Abfrage wird Bit 30 (`WWDGRSTF` bzw. genauer: `RCC_CSR_WWDGRSTF`) ausgewertet. Hat dieses Bit den Wert 1, hat der Window Watchdog »angeschlagen«.

Hiermit sind die zunächst wichtigsten Anwendungen des RCC bekannt. Da die Anwendung der Register bei allen Peripheriekomponenten durchgehend identisch ist, kann dieses Thema hier abgeschlossen werden.

Das RCC Configuration Register (RCC_CFGR)

Auf das *RCC Configuration Register* (*RCC_CFGR*) werde ich an dieser Stelle nicht im Detail eingehen: Seine Beschreibung wird in Kapitel 5 nachgeholt.

31	30	29	28	27	26	25	24	23	22	21	20	19	18	17	16
MCO2[1:0]		MCO2 PRE[2:0]			MCO1 PRE[2:0]				MCO1		RTCPRE[4:0]				
rw		rw	rw	rw	rw	rw	rw		rw		rw	rw	rw	rw	rw

15	14	13	12	11	10	9	8	7	6	5	4	3	2	1	0
PPRE2[2:0]			PPRE1[2:0]					HPRE[3:0]				SWS[1:0]		SW[1:0}	
rw	rw	rw	rw	rw	rw			rw	rw	rw	rw	r	r	rw	rw

Abb. 4.3: Das RCC Configuration Register (RCC_CFGR)

4.2 System Configuration Controller (SYSCFG)

Der *System Configuration Controller* (*SYSCFG*) hat mehrere sehr wichtige Aufgaben, auf die ich später in Kapitel 7, wenn es um die Behandlung von Interrupts geht, vertiefend eingehe. Hier reicht es zunächst, wenn Sie sich merken, dass er auch für die Festlegung von Speicheradressen zuständig ist.

Die meiner Ansicht nach häufigsten Anwendungen von STM32F4xx-Mikrocontrollern werden aus dem Flashspeicher ausgeführt. Dies muss aber nicht immer so sein: Wenn Sie externe Speichermodule verwenden (etwa, weil der interne Flashspeicher nicht genügend Kapazität besitzt), können diese über den in Abschnitt 1.2.2 bereits (sehr) kurz angeschnittenen *Flexible Memory Controller* (*FMC*) verwaltet werden. Hierfür sind zwei sogenannte *Speicherbänke* im Memory-Mapping vorgesehen. Als externer Speicher können wahlweise NOR-Flashmodule, PSRAM oder SDRAM verwendet werden. Programme werden aber dennoch immer ab Adresse 0x0000 0000 ausgeführt. Dies bedeutet, dass Sie den externen Speicher »sichtbar« machen müssen, was durch das sogenannte *Memory Bank Switching* erfolgt. Mit dem SYSCFG können Sie die Adressbereiche in den »sichtbaren« Bereich verschieben.

Hinweis

Das Memory Bank Switching kann erst nach der Grundinitialisierung des Mikrocontrollers durchgeführt werden. Das bedeutet, dass das Booten aus dem NOR-Flash oder aus SDRAM nicht möglich ist!

Hinweis

Der SYSCFG hat noch eine weitere wichtige Funktion, die mit der Nutzung externer Interrupts in Verbindung steht. Informationen hierzu finden Sie in Kapitel 7.

4.3 System Control Block (SCB)

Auch auf den SCB will ich an dieser Stelle nicht vertiefend eingehen, denn auch er ist gut vorkonfiguriert. Auf ein paar interessante Aspekte möchte ich Sie aber dennoch hinweisen.

Ohne besondere Maßnahmen ist die Aktualisierung einer Software nur möglich, wenn Servicepersonal vor Ort erscheint und dort das Update durchführt. Dies ist im Regelfall mit hohen Kosten verbunden. Ideal wäre hingegen die Möglichkeit, ein Update aus der Ferne (Remote-Update) durchführen zu können. Hierzu ist ein Mechanismus erforderlich, der aus der Ferne einen sogenannten Bootloader aktiviert. Dabei handelt es sich um ein zweites und von der Hauptsoftware völlig unabhängiges Programm, das ebenfalls im Flashspeicher gespeichert ist. Die Frage ist nur: Wie wird dieses Programm gestartet?

Wie Sie bereits wissen, startet eine Software nach einem Reset an einer bestimmten Adresse, die durch den Reset Vector vorgegeben ist. Mit dem sogenannten *Vector Table Offset Register* (*VTOR*), das im SCB untergebracht ist, lässt sich die Startadresse der Vektortabelle auf die Adresse »umbiegen«, an der der Bootloader gespeichert ist. Die Hauptsoftware empfängt ein bestimmtes Kommando (z.B. über einen Kommandointerpreter), der den Mikrocontroller dazu veranlasst, VTOR neu zu konfigurieren. Wenn anschließend das Kommando `NVIC_SystemReset` im laufenden Programm einen Software-Reset auslöst, startet das Gerät nun den

Bootloader. Nun kann die neue Firmware beispielsweise von einem externen Server geladen und per SPI in einem SPI-EPROM gespeichert werden.

Hinweis

Es ist natürlich wichtig, die neue Software durch geeignete Maßnahmen, z.B. durch Verwendung von Prüfsummen, zu verifizieren.

Wurde die Verifikation erfolgreich abgeschlossen, kann das Update aus dem SPI-EPROM in den Flashspeicher des Mikrocontrollers umgeladen werden.

Wichtig

Sobald das Umladen abgeschlossen ist, muss `VTOR` natürlich wieder auf den ursprünglichen Wert zurückgesetzt werden.

Die erneute Ausführung des Kommandos `NVIC_SystemReset` – diesmal aus dem Bootloader – sorgt dann dafür, dass die aktualisierte Software gestartet wird.

Hinweis

Ich habe dies – seinerzeit allerdings mit einem Cortex-M3 von NXP – selbst bereits in der Praxis umgesetzt: Es funktionierte einwandfrei!

Abbildung 4.4 und Abbildung 4.5 zeigen weitere interessante Register des SCB: Dem *System Handler Control and State Register SHCSR* können Sie beispielsweise entnehmen, ob ein Systemfehler aufgetreten ist (z.B. ein Bus- oder ein Speicherzugriffsfehler). Dies setzt natürlich voraus, dass das entsprechende Bit **nicht** gesetzt ist: Würde in diesem Fall ein entsprechender Fehler auftreten, dann würde der Mikrocontroller ihn als sogenannten »harten« Fehler betrachten.

Hinweis

Nähere Informationen zu diesem Register finden Sie im Dokument PM0214 von STM, dem sogenannten Programming Manual.

	Basisadresse	Wert
SHCSR	0xe000ed24	
USGFAULTENA	[18:1]	0x0
BUSFAULTENA	[17:1]	0x0
MEMFAULTENA	[16:1]	0x0
SVSALLPENDED	[15:1]	0x0
BUSFAULTPENDED	[14:1]	0x0
MEMFAULTPENDED	[13:1]	0x0
USGFAULTPENDED	[12:1]	0x0
SYSTICKACT	[11:1]	0x0
PENDSVACT	[10:1]	0x0
MONITORACT	[8:1]	0x0
SVCALLACT	[7:1]	0x0
USGFAULTACT	[3:1]	0x0
BUSFAULTACT	[1:1]	0x0
MEMFAULTACT	[0:1]	0x0

Abb. 4.4: Auszug aus dem SCB (1)

Ebenfalls im SCB, nun im Teil ID unter *CPUID*-Register, finden Sie Informationen zu Mikrocontrollertyp, zum Hersteller usw.

	Basisadresse	Wert
	0xe000ed00	
ID		
CPUID		
Implementer	[24:8]	0x41
Variant	[20:4]	0x0
Constant	[16:8]	0xf
Partno	[4:12]	0xc24
Revision	[0:4]	0x1

Abb. 4.5: Auszug aus dem SCB (2)

Wie bereits weiter oben erwähnt: Tiefer möchte ich in diesem Buch gar nicht in das Thema SCB einsteigen, da es zwar schöne Features bietet, diese aber für dieses Buch nicht von Bedeutung sind.

Kapitel 5

Einstellung von Taktfrequenzen

Werksseitig werden die NUCLEO-Evaluierungsboards mit einer Frequenz von 16 MHz getaktet: Sie wird aus einer integrierten RC-Einheit (Kombination aus Widerstand und Kondensator) gewonnen und als HSI (High Speed Internal) bezeichnet. Sie reicht für viele Anwendungen und zur Durchführung der Beispielprojekte in diesem Buch völlig aus. Dann stellt sich aber die Frage, warum man denn überhaupt einen 180-MHz-»Boliden« gekauft hat, wenn man ihn nur mit einem Bruchteil der möglichen Taktfrequenz betreibt. In diesem Kapitel, das völlig neu geschrieben wurde und Anhang B aus der ersten Auflage ersetzt, werden Sie nun lernen, wie der Systemtakt und die hiermit verbundenen Bustakte konfiguriert werden.

Hinweis

Ich weise ausdrücklich darauf hin, dass Sie dieses Kapitel – dies gilt besonders für Einsteiger in die Programmierung von Mikrocontrollern – zunächst **nicht** durcharbeiten müssen: Es ist völlig ausreichend, wenn Sie es erst zu einem späteren Zeitpunkt lesen und umsetzen, da hier Dinge erläutert werden, die etwas komplexer sind.

5.1 Einflüsse der Taktfrequenz

Der erste Gedanke, mit dem die *Taktfrequenz* eines Mikroprozessors oder eines Mikrocontrollers in Verbindung gebracht wird, betrifft die Ausführungsgeschwindigkeit der Software, weil dies ja auch »fühlbar« ist. Die Wahl der Taktfrequenz betrifft aber noch weitere Aspekte, die man zunächst »nicht auf dem Schirm« hat. Der Systemtakt hat u.a. Einfluss auf

- die Zugriffszeiten von Arbeits- (SRAM) und Flashspeicher und hiermit die Zuverlässigkeit von Daten im SRAM und im Flashspeicher,
- die Geschwindigkeit von Peripheriekomponenten,
- die Lebensdauer von CPU/MCU (besonders wichtig beim Thema »Übertakten«) und anderen Komponenten,
- Leistungsaufnahme (elektrische Energie),
- Effizienz der elektrischen Energie (Wirkungsgrad) usw.

Waitstates für SRAM und Flash-Speicher

Wir werden uns hier nur mit dem ersten Punkt aus der gezeigten Liste »Zugriffszeiten auf Arbeits- und Flashspeicher und damit direkt zusammenhängend mit der Zuverlässigkeit von Daten« befassen: Auf alle anderen Punkte haben wir keinen Einfluss! In diesem Zusammenhang ist der Begriff »Waitstates« von besonderer Bedeutung. Dazu muss man aber erst einmal wissen, was *Waitstates* überhaupt sind, wozu sie dienen und wie man sie konfiguriert.

DRAM vs. SRAM

RAM ist die Abkürzung von *Random Access Memory*, der einen wahlfreien Zugriff auf die Speicherzellen ermöglicht. Der Begriff »wahlfrei« bedeutet in diesem Zusammenhang, dass Speicherzellen unmittelbar angesprochen werden können, ohne zunächst die vorhergehenden Speicherzellen adressieren zu müssen: Mit »Zufall« – der wörtlichen Übersetzung des englischen Begriffs »Random« – hat das also nichts zu tun! RAM-Speichermodule werden grob in die Gruppen *DRAM* und *SRAM* unterteilt, wobei das »D« in DRAM für *Dynamic* steht, während das »S« in »SRAM« für *Static* steht.

Der Unterschied besteht in der technischen Umsetzung der Datenspeicherung:

- DRAM speichert die Daten in Kondensatoren, deren Inhalt regelmäßig aufgefrischt werden muss.
- SRAM verwendet zur Datenspeicherung aus Transistoren bestehende sogenannte Flip-Flops, die ihren Inhalt dauerhaft speichern.

Hinweis

»Dauerhaft« bedeutet in diesem Zusammenhang, dass die Daten nur so lange verfügbar sind, wie die Versorgungsspannung anliegt.

Das regelmäßige Auffrischen der Daten in DRAM kostet natürlich Zeit, was in dieser Form bei SRAM nicht erforderlich ist: SRAM ist also im Regelfall erheblich schneller als DRAM! Dafür lassen sich DRAMs kostengünstiger herstellen, sodass DRAMs im Vergleich zu SRAMs mit gleicher Speicherkapazität in der Beschaffung deutlich günstiger sind.

Moderne PC-Mikroprozessoren erreichen (im sogenannten Boost- oder Turbomodus) Taktfrequenzen von bis zu 4,8 GHz. Daten werden hingegen in »normalen« PCs aufgrund von Kosten-Nutzen-Rechnungen im DRAM gespeichert, die bei modernen DDR4-Modulen immerhin auch schon mit 3200 MHz entsprechend 3,2 GHz getaktet werden können. Dennoch besteht hier eine Differenz zwischen MCU-/CPU-Takt auf der einen und Speichertakt auf der anderen Seite, der zu berücksichtigen ist. Man löst diese Herausforderung, indem die MCU/CPU regelmäßig »Verschnaufpausen« in Form der sogenannten *Waitstates* einlegt, damit die Daten auch zuverlässig gespeichert oder gelesen werden können.

Bei Mikrocontrollern betragen die Taktfrequenzen im Regelfall wenige Hundert MHz, bei den STM32F4xx-Mikrocontrollern sind dies maximal 180 MHz. Da der in Mikrocontrollern integrierte Arbeitsspeicher verglichen mit »normalen« PCs erheblich kleiner ist – der PC, auf dem dieses Buch geschrieben wurde, ist mit 32 GByte bereits ziemlich üppig ausgestattet –, verwenden die Hersteller von Mikrocontrollern häufig SRAM als Arbeitsspeicher: Der STM32F446 verfügt beispielsweise »nur« über 128 kByte Arbeitsspeicher und zusätzlich weitere 4 kByte als *Battery Backup Domain* bezeichneten Speicher.

Im Vergleich zu modernen PCs reden wir hier also von »sehr überschaubaren« Taktfrequenzen. Für uns als Softwareentwickler auf der Basis von STM32F4xx-Mikrocontrollern hat dies zur Folge, dass wir uns mit Waitstates für den SRAM-Zugriff nicht befassen müssen. Mit anderen Worten: Für den SRAM-Zugriff sind bei diesen relativ niedrigen Taktfrequenzen genau 0 Waitstates erforderlich!

Flashspeicher

Flashspeicher ist ein dauerhafter Speicher, das heißt, dass er seinen Inhalt auch nach dem Ausschalten der Versorgungsspannung beibehält. Dies ist auch der Grund, weshalb Embedded Softwareprojekte üblicherweise dort gespeichert werden. Er ist – im Vergleich zum SRAM – aber deutlich langsamer, das heißt, die Zeitspanne, bis Daten verlässlich sind, ist viel länger. Flashspeicher gibt es in den Ausführungen NAND-Flash (NAND = Not And) und NOR-Flash (NOR = Not Or): NOR-Flash ermöglicht einen schnelleren Datenzugriff im Vergleich zu NAND-Flash, ist aber auch deutlich teurer. Eine genaue Beschreibung der verwendeten Technik würde in diesem Buch zu weit führen: Da verweise ich Sie auf die deutsche Wikipedia `https://de.wikipedia.org/wiki/Flash-Speicher`.

Der Flashspeicher des STM32F446 hat eine Größe von 512 kBytes, was für einen im Bare-Metal-Betrieb eingesetzten Mikrocontroller schon sehr beachtlich ist (für Mikrocontroller, die mit Betriebssystemen, wie z.B. RTOS oder Embedded Linux, betrieben werden), ist seine Größe aber zu klein, weshalb das Betriebssystem sowie der sogenannte User Space hier häufig (z.B. beim Raspberry Pi) auf SD-Karten gespeichert wird.

Der im STM32F446 verwendete Flashspeicher verfügt über einen 128 Bit breiten Datenbus, der wahlweise Byte- (8 Bit), Halbwort- (16 Bit) oder Wort-Zugriff (32 Bit) ermöglicht. Der gesamte zur Verfügung stehende Flashspeicher (beim STM32F446) ist folgendermaßen angeordnet:

Block	Name	Block base addresses	Size
Main memory	Sector 0	0x0800 0000 - 0x0800 3FFF	16 Kbytes
	Sector 1	0x0800 4000 - 0x0800 7FFF	16 Kbytes
	Sector 2	0x0800 8000 - 0x0800 BFFF	16 Kbytes
	Sector 3	0x0800 C000 - 0x0800 FFFF	16 Kbytes
	Sector 4	0x0801 0000 - 0x0801 FFFF	64 Kbytes
	Sector 5	0x0802 0000 - 0x0803 FFFF	128 Kbytes
	Sector 6	0x0804 0000 - 0x0805 FFFF	128 Kbytes
	Sector 7	0x0806 0000 - 0x0807 FFFF	128 Kbytes
System memory		0x1FFF 0000 0x1FFF 77FF	30 Kbytes
OTP area		0x1FFF 7800 - 0x1FFF 7A0F	528 bytes
Option bytes		0x1FFF C000 - 0x1FFF C00F	16 bytes

Abb. 5.1: Organisation des Flashspeichers beim STM32F446 (Quelle: Tabelle 4 des STM-Referenzhandbuchs RM0390 in Abschnitt 3.3)

In Abbildung 5.1 erkennen Sie, dass der Speicher in mehrere Sektionen (auch als Speicherblöcke oder Speicherbänke bezeichnet) unterteilt ist. Weiter oben hatte ich bereits erwähnt, dass Flashspeicher deutlich langsamer ist als SRAM. Wenn Sie nun berücksichtigen, dass die STM32F4xx-Mikrocontroller mit verschiedenen Taktraten von bis zu 180 MHz betrieben werden können, können Sie sich leicht vorstellen, dass hier auf jeden Fall Maßnahmen erforderlich sind, da sich die Zugriffsgeschwindigkeit des Flashspeichers schließlich nicht ändert. Hier müssen also auf jeden Fall Waitstates berücksichtigt werden.

Hinweis

Darüber hinaus ist auch die Versorgungsspannung von Bedeutung! Je niedriger die Versorgungsspannung ist – die zulässige Versorgungsspannung darf zwischen minimal 1,8 V und maximal 3,6 V betragen –, desto niedriger ist auch die Frequenz – bei konstanter Zahl der Waitstates –, mit der der Mikrocontroller getaktet werden darf. Ist die Versorgungsspannung geringer als 1,8 V, dann bleibt der Mikrocontroller (laut Referenzhandbuch) im Reset-Zustand.

Die folgende Tabelle (Quelle: STM-Referenzhandbuch RM0390, Abschnitt 3.4, Tabelle 5) zeigt die Zusammenhänge:

Wait states (WS) (LATENCY)	HCLK (MHz)			
	Voltage range 2.7 V - 3.6 V	Voltage range 2.4 V - 2.7 V	Voltage range 2.1 V - 2.4 V	Voltage range 1.8 V - 2.1 V Prefetch OFF
0 WS (1 CPU cycle)	0 < HCLK ≤ 30	0 <HCLK ≤ 24	0 <HCLK ≤ 22	0 < HCLK ≤ 20
1 WS (2 CPU cycles)	30 < HCLK ≤ 60	24 < HCLK ≤ 48	22 < HCLK ≤ 44	20 < HCLK ≤ 40
2 WS (3 CPU cycles)	60 < HCLK ≤ 90	48 < HCLK ≤ 72	44 < HCLK ≤ 66	40 < HCLK ≤ 60
3 WS (4 CPU cycles)	90 < HCLK ≤ 120	72 < HCLK ≤ 96	66 < HCLK ≤ 88	60 < HCLK ≤ 80
4 WS (5 CPU cycles)	120 < HCLK ≤ 150	96 < HCLK ≤ 120	88 < HCLK ≤ 110	80 < HCLK ≤ 100
5 WS (6 CPU cycles)	150 < HCLK ≤ 180	120 < HCLK ≤ 144	110 < HCLK ≤ 132	100 < HCLK ≤ 120
6 WS (7 CPU cycles)		144 < HCLK ≤ 168	132 < HCLK ≤ 154	120 < HCLK ≤ 140
7 WS (8 CPU cycles)		168 <HCLK ≤ 180	154 <HCLK ≤ 176	140 < HCLK ≤ 160
8 WS (9 CPU cycles)			176 <HCLK ≤ 180	160 < HCLK ≤ 168

Abb. 5.2: Zusammenhang von Waitstates, Taktfrequenz und Betriebsspannung

Einstellung der Waitstates für den Flashspeicher

Für die Einstellung der Waitstates muss es also eine Möglichkeit geben, ihre Zahl an die gewünschte Taktfrequenz anzupassen. Bei den STM32F4xx-Mikrocontrollern wird hierzu die Systemkomponente *Embedded Flash Memory Interface* eingesetzt.

Das Referenzhandbuch RM0390 schreibt in Abschnitt 3.4.1 vor, was bei der Einstellung der Systemtaktfrequenz in welcher Form und Reihenfolge zu erfolgen hat. Dabei stellt die Einstellung der Waitstates den ersten Schritt dieser Sequenz dar.

> **Hinweis**
>
> Für die Konfiguration der Taktfrequenzen werden zwei verschiedene Komponenten genutzt: der *Embedded Flash Controller* und *Reset and Clock Control* (*RCC*). Die in diesem Buch entwickelte Bibliothek MCAL-STM ist so geplant, dass jeder Komponente ein eigenständiges Modul gewidmet ist. Entsprechend habe ich sie um die Module `mcalRCC.c/.h` und `mcalFlashCtrl.c/.h` erweitert. In einer inzwischen veralteten Version der MCAL-STM hatte ich dies noch nicht so konsequent umgesetzt, sodass beide Komponenten noch in einem anderen Modul zusammengefasst wurden, nämlich in `mcalSystem.c/.h`. Es ist inzwischen veraltet und wird nicht mehr gepflegt. Einzig aus Gründen der Abwärtskompatibilität bleibt dieses Modul noch erhalten.

Zur Konfiguration der Waitstates habe ich die Funktion `flashConfigWaitStates (uint16_t sysclk)` vorgesehen. Ihre Anwendung ist denkbar einfach, da das einzige Argument der gewünschte Systemtakt ist, dessen Wert in MHz angegeben werden muss: Wollen Sie also den Mikrocontroller mit 180 MHz betreiben, so übergeben Sie einfach den Wert 180 an diese Funktion.

```
void flashConfigWaitStates(uint16_t sysclk)
{
    // Zuruecksetzen der Einstellungen auf Standardwerte
    FLASH->ACR &= ~(FLASH_ACR_LATENCY_Msk || FLASH_ACR_DCRST_Msk ||
                    FLASH_ACR_DCEN_Msk || FLASH_ACR_ICRST_Msk ||
                    FLASH_ACR_ICEN_Msk);
    // Caches aktivieren
    FLASH->ACR |= (FLASH_ACR_DCEN | FLASH_ACR_ICEN | FLASH_ACR_PRFTEN);

    // Anzahl der Waitstates in Abhaengigkeit von der Taktfrequenz
    if (sysclk <= 30)
    {
        FLASH->ACR &= ~FLASH_ACR_LATENCY_0WS;
    }
    else if ((sysclk > 30) && (sysclk <= 60))
    {
        FLASH->ACR |= FLASH_ACR_LATENCY_1WS;
    }
    else if ((sysclk > 60) && (sysclk <= 90))
    {
        FLASH->ACR |= FLASH_ACR_LATENCY_2WS;
    }
    else if ((sysclk > 90) && (sysclk <= 120))
    {
        FLASH->ACR |= FLASH_ACR_LATENCY_3WS;
    }
    else if ((sysclk > 120) && (sysclk <= 150))
    {
        FLASH->ACR |= FLASH_ACR_LATENCY_4WS;
    }
    else if ((sysclk > 150) && (sysclk <= 180))
    {
        FLASH->ACR |= FLASH_ACR_LATENCY_5WS;
    }
}
```

Listing 5.1: Funktion zum Einstellen der Waitstates

Hinweis

Diese Funktion berücksichtigt **nicht** die zusätzliche Abhängigkeit von der Versorgungsspannung!

Was passiert hier?

Um diese Frage zu beantworten, betrachten wir nun das *Flash Access Control Register* (*FLASH_ACR*).

31	30	29	28	27	26	25	24	23	22	21	20	19	18	17	16
15	**14**	**13**	**12**	**11**	**10**	**9**	**8**	**7**	**6**	**5**	**4**	**3**	**2**	**1**	**0**
			DCRST	ICRST	DCEN	ICEN	PRFTEN					LATENCY			
			rw	w	rw	rw	rw					rw	rw	rw	rw

Abb. 5.3: Das FLASH Access Control Register (FLASH_ACR)

Die Anzahl der Waitstates wird in dem hervorgehobenen Bereich mit der Bezeichnung »Latency« eingestellt.

Hinweis

Die gezeigte Funktion konfiguriert die Waitstates für den STM32F446 und setzt voraus, dass die Versorgungsspannung zwischen 2,7 und 3,6 V liegt. Daher werden hier auch nur fünf der maximal 15 möglichen Waitstates genutzt. Bei anderen Versorgungsspannungen müssen für den STM32F446 bis zu acht Waitstates vorgesehen werden. Abhängig von dem von Ihnen verwendeten Mikrocontroller kann es sein, dass Sie die Werte für Ihren Mikrocontroller entsprechend anpassen müssen!

Die weiteren Bits dieses Registers beziehen sich auf die Aktivierung bzw. Deaktivierung der Daten- bzw. Befehls-Cachespeicher und deren Reset. Das Bit PRFTEN wird darüber hinaus für die Aktivierung/Deaktivierung des sogenannten Prefetch (»vorausschauender Datenzugriff«) benötigt.

Der Embedded Flash Controller verfügt zudem über fünf weitere Register, auf die ich nachfolgend aber nur verkürzt eingehe, weil sie nicht direkt mit der Konfiguration der Systemtaktfrequenzen genutzt werden:

- Das *Flash Key Register* (*FLASH_KEYR*) wird für den Schutz vor unberechtigten Schreibzugriffen auf den Flashspeicher genutzt.
- Das *Flash Option Key Register* (*FLASH_OPTKEYR*) dient einem vergleichbaren Zweck, ist aber auf den Bereich beschränkt, der von den Benutzern konfiguriert wird.

- Das *Flash Status Register* (*FLASH_SR*) informiert über den Erfolg bzw. Misserfolg von Schreibzugriffen.
- Das *Flash Control Register* (*FLASH_CR*) dient zur Konfiguration von Flash-Schreiboperationen. Hier können Sie nicht nur den Flashvorgang aktivieren, sondern auch Interrupts aktivieren, die über fehlerhafte Schreibversuche informieren. Da das Schreiben und Lesen von Daten bei Flashspeichern block- oder sektororientiert ist, können Sie hier auch Sektornummern oder die Größe von Blöcken einstellen. Schließlich wird der Flashvorgang mit diesem Register auch gestartet.
- Das letzte Register des Embedded Flash Controller heißt *Flash Option Control Register* (*FLASH_OPTCR*). Hier können Sie u.a. Schreib- und/oder Lesezugriffe zulassen oder verbieten.

Hinweis

Die Erweiterung von `mcalFlashCtrl.c/.h` zur Unterstützung der anderen genannten Register habe ich zunächst zurückgestellt.

5.2 Taktsystem

In Abschnitt 6.2 des Referenzhandbuchs RM0390 von STM finden Sie eine Abbildung, die von STM als »Clock tree« bezeichnet wird und die nachfolgend in Abbildung 5.4 gezeigt wird.

Sie können leicht erkennen, dass die Konfiguration der System-Taktfrequenzen vermutlich nicht ganz trivial ist: Doch sie ist nicht so kompliziert, wie es auf den ersten Eindruck erscheint.

5.2.1 Orientierung im »Clock tree«

Damit Sie sich leichter im »Clock tree« zurechtfinden können, habe ich in Abbildung 5.4 einige Komponenten mit nummerierten Markierungen versehen, die nachfolgend vorgestellt werden. Beginnen werden wir mit den Markierungen »1« und »2«.

Markierungen 1 und 2: HSE und HSI

Hier sehen Sie die beiden Taktquellen *High Speed External* (*HSE*) und *High Speed Internal* (*HSI*), die Sie bereits in Abschnitt 2.3.3 kennengelernt haben. Daher reicht an dieser Stelle nur eine kurze Auffrischung dessen, was dort bereits in ausführlicher Form beschrieben wurde.

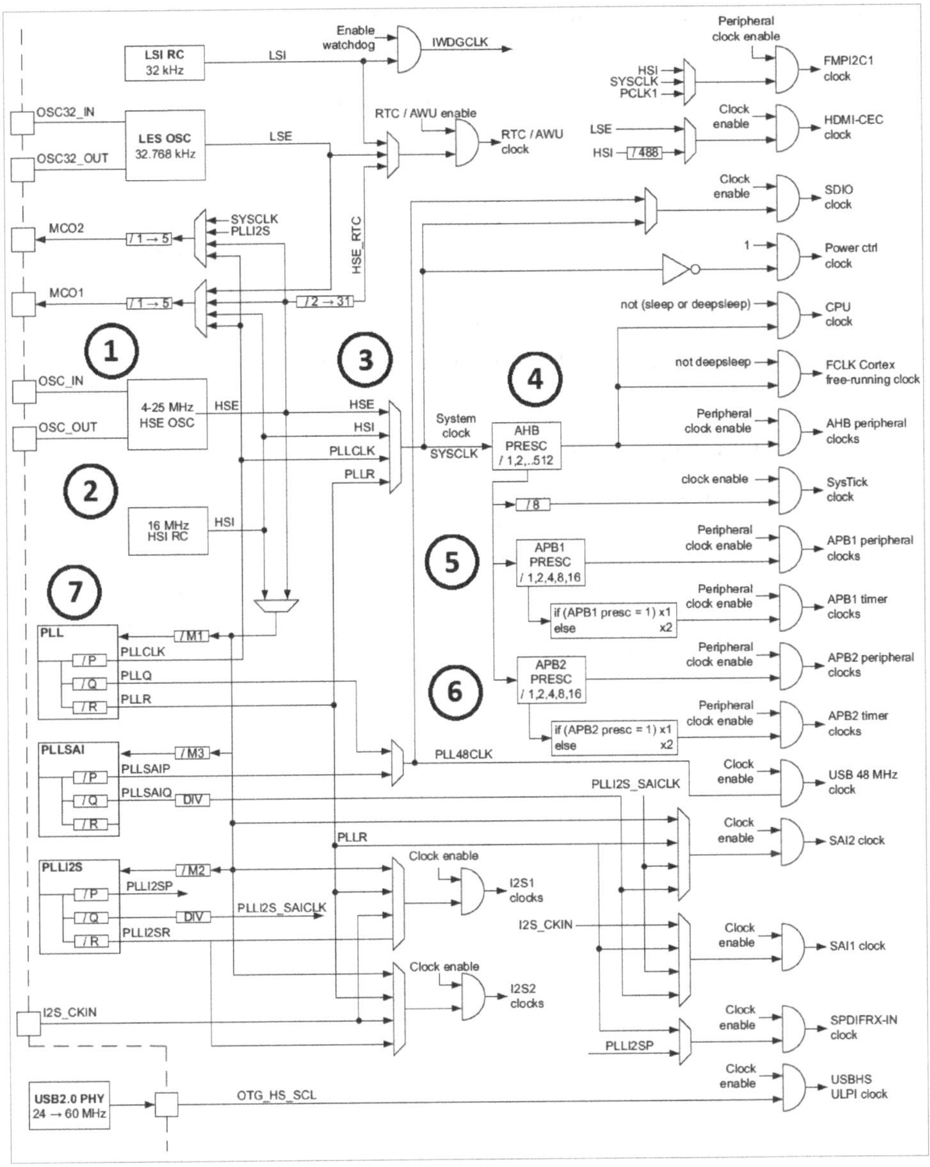

Abb. 5.4: Der vollständige »Clock tree« des STM32F446

Prinzipiell können Sie unter zwei Taktquellen wählen:

- Der immer aktive HSI, der zuständig ist für die 16-MHz-Taktfrequenz, den die NUCLEO-Boards werksseitig standardmäßig verwenden.
- Der externe Systemtakt, dessen Basis ein externer Oszillator (Quarz) ist und dessen Frequenz minimal 4 und maximal 25 MHz betragen darf.

Die Vor- und Nachteile von HSI und HSE wurden bereits in Abschnitt 2.3.3 aufgezeigt, sodass sie hier nicht mehr wiederholt werden sollen.

Wenn Sie sich Abbildung 5.4 genau anschauen, stellen Sie fest, dass sowohl HSI wie auch HSE zwei Wege einschlagen können:

- Sie werden direkt an den mit »3« markierten Multiplexer weitergeleitet und können über ihn als SYSCLK (Systemtakt, System clock) verwendet werden: Dann ist SYSCLK entweder auf 16 MHz (HSI) oder die Frequenz des externen Oszillators beschränkt.
- Zudem sind HSI und HSE auch an die mit »7« markierte Komponente mit der Bezeichnung »PLL« angeschlossen: Sie wird weiter unten in diesem Abschnitt beschrieben.

Der Takt-Multiplexer (Markierung 3)

Die Konfiguration des Takt-Multiplexers bestimmt letztendlich die Taktfrequenz des Systems, die als SYSCLK bezeichnet wird. Die Funktion dieses Multiplexers entspricht prinzipiell einem Drehschalter mit vier Eingängen. Abhängig von seiner Konfiguration wird als SYSCLK entweder HSI oder HSE oder PLLCLK oder PLLR verwendet. Welcher der vier Takteingänge verwendet wird, wird mit den SW-Bits »0« und »1« des *RCC Clock Configuration Register* (*RCC_CFGR*) eingestellt.

31	30	29	28	27	26	25	24	23	22	21	20	19	18	17	16
MCO2[1:0]		MCO2 PRE[2:0]			MCO1 PRE[2:0]				MCO1		RTCPRE[4:0]				
rw		rw	rw	rw	rw	rw	rw		rw		rw	rw	rw	rw	rw
15	**14**	**13**	**12**	**11**	**10**	**9**	**8**	**7**	**6**	**5**	**4**	**3**	**2**	**1**	**0**
PPRE2[2:0]			PPRE1[2:0]					HPRE[3:0]				SWS[1:0]		SW[1:0]	
rw	rw	rw	rw	rw	rw			rw	rw	rw	rw	r	r	rw	rw

Abb. 5.5: Das RCC Clock Configuration Register RCC_CFGR

Die Bezeichnung »SW« dieses Registers ist die Abkürzung von »Switch« (exakter: System clock switch) und stellt den »Drehschalter« dar.

- »00«: SYSCLK ist HSI,
- »01«: SYSCLK ist HSE,
- »10«: SYSCLK ist PLLP (in Abbildung 5.4 als PLLCLK bezeichnet), und
- »11«: SYSCLK ist PLLR.

Hinweis

PLLP und PLLR sind Ausgänge der mit »7« markierten PLL-Schaltung.

Die beiden nächsten Bits, die als »SWS« bezeichnet sind, zeigen an, welche der Konfigurationen mit »SW« ausgewählt wurde: Sie stellen somit den Switch-Status dar und können nur gelesen werden.

Der AHB-Prescaler (Markierung 4)

Der Advanced High Performance Bus AHB – korrekterweise muss man hier sagen, dass es mit AHB1, AHB2 und AHB3 sogar drei dieser Busse gibt – gibt die Frequenz vor, mit der die Peripheriekomponenten getaktet werden. Der Prescaler – in Abbildung 5.5 als »HPRE« bezeichnet – teilt den Systemtakt SYSCLK in den meisten Fällen vermutlich gar nicht, da an ihn unmittelbar die GPIOs angeschlossen sind (AHB1): Und die sollen ja im Normalfall mit maximaler Geschwindigkeit betrieben werden. Entsprechend werden die HPRE-Bits üblicherweise zu »0000« konfiguriert, was der Einstellung »Keine Division des SYSCLK-Takts« bzw. »Division durch 1« entspricht. Die in anderen Anwendungen möglichen Teiler können Sie dem Referenzhandbuch des STM entnehmen: Sie teilen SYSCLK in der Reihenfolge durch 2, 4, 8, 16, 64, 128, 256 oder 512.

Die APB-Prescaler (Markierungen 5 und 6)

Da es mit APB1 und APB2 zwei Advanced Peripheral Busses gibt, existieren mit »PPRE1« und »PPRE2« auch zwei Vorteiler für die Taktfrequenz, mit der die Peripheriekomponenten getaktet werden sollen: »PPRE1« und »PPRE2« reduzieren die Taktfrequenz des AHB-Busses und passen sie somit an die Spezifikationen der Peripheriekomponenten an.

APB2 ist der schnellere der beiden Advanced Peripheral Busses (APB) und darf laut Spezifikation die halbe Taktfrequenz des AHB-Takts nicht überschreiten. Beim STM32F446 beträgt die maximale APB2-Frequenz somit 90 MHz. APB1 ist nochmals um den Faktor 2 kleiner als APB2 und darf entsprechend nur mit 45 MHz getaktet werden.

Hinweis

Es gibt allerdings eine Ausnahme von dieser Regel, die aber nur bei der Verwendung von Timern wirksam ist: Wählen Sie als Teilungsfaktor einen von »1« verschiedenen Wert, dann werden die Timer – aber eben nur diese – dennoch mit der doppelten resultierenden Frequenz betrieben.

Beispiel

Annahme: Sie benötigen in einem Projekt einen der an APB1 angeschlossenen D/A-Konverter DAC1 oder DAC2. Da die Konverter immer Zeit für die Wandlung benötigen, müssen sie nicht mit der maximal zulässigen Frequenz in Höhe von 45 MHz getaktet werden: Deshalb konfigurieren Sie beispielsweise PPRE1 so, dass die APB1-Frequenz durch »4« dividiert wird. Nun ist der Teiler »4« verschieden von »1«. Dies hat wiederum zur Folge, dass Timer, die ebenfalls an APB1 angeschlossen sind (dies sind die Timer TIM2 bis TIM5 und TIM12 bis TIM14), mit der doppelten APB1-Frequenz getaktet werden.

Die PLL-Schaltung (Markierung 7)

Bisher haben Sie nur Möglichkeiten kennengelernt, den Mikrocontroller entweder mit der HSI-Frequenz in Höhe von 16 MHz oder mit der Frequenz eines externen Quarz-Oszillators zu takten. Mit der Phase-Locked-Loop-Schaltung (PLL) lernen Sie nun die interne Schaltung kennen, mit der der viel langsamere HSI- bzw. HSE-Takt auf die spezifizierte Maximalfrequenz (beim STM32F446 sind dies 180 MHz) beschleunigt werden kann.

Um die Funktion der PLL-Schaltung zu verdeutlichen, habe ich sie in Abbildung 5.6 als Auszug aus dem gesamten »Clock tree« abgebildet.

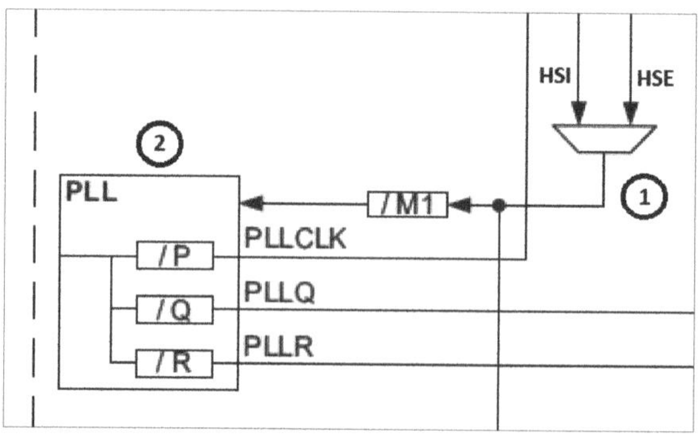

Abb. 5.6: PLL-Schaltung (Auszug aus Abbildung 5.4)

Im rechten Teil von Abbildung 5.6 (bei der Markierung »1«) erkennen Sie einen weiteren Multiplexer, mit dem eingestellt wird, ob der PLL-Schaltung (Markierung »2«) HSI oder HSE als Taktsignal zugeführt wird. Die Auswahl der Taktquelle erfolgt mit Bit 22 »PLLSRC« des *RCC PLL Configuration Register* (*RCC_PLLCFGR*). Hat dieses Bit den Wert »0«, so wird der PLL-Schaltung HSI zugeführt, anderenfalls HSE.

31	30	29	28	27	26	25	24	23	22	21	20	19	18	17	16
	PLLR[2:0]			PLLQ[3:0]					PLLSRC					PLLP[1:0]	
	rw	rw	rw	rw	rw	rw	rw		rw					rw	rw
15	**14**	**13**	**12**	**11**	**10**	**9**	**8**	**7**	**6**	**5**	**4**	**3**	**2**	**1**	**0**
	PLLN[8:0]									PLLM[5:0]					
	rw	rw	rw	rw	rw	rw	rw	rw	rw	rw	rw	rw	rw	rw	rw

Abb. 5.7: Das RCC PLL Configuration Register (RCC_PLLCFGR)

In Abbildung 5.7 erkennen Sie aber zudem noch weitere Bits, die mit PLLM, PLLN, PLLP, PLLQ und PLLR bezeichnet sind: Die Werte, die hier eingegeben werden, bestimmen Werte, mit denen die über HSI oder HSE zugeführte Taktfrequenz in mehreren Schritten multipliziert und auch dividiert wird, sodass letztendlich die gewünschten Systemfrequenzen an den Ausgängen PLLCLK, PLLQ und PLLR bereitgestellt werden. PLLCLK dient dann als SYSCLK (bei entsprechender Einstellung des Multiplexers »3« in Abbildung 5.4), PLLQ kann als Quelle für USB verwendet werden, und PLLR kann genutzt werden, um die Inter-Integrated-Sound-Komponente (I^2S) zu takten.

In der MCAL-STM lässt sich die Auswahl der Taktquelle für die PLL-Schaltung sehr einfach umsetzen: Ich habe ihr die Bezeichnung `rccSelectPLLClockSource(PLL_CLOCK_SRC_t clkSrc)` gegeben, die dort folgendermaßen umgesetzt ist:

```
void rccSelectPLLClockSource(PLL_CLOCK_SRC_t clkSrc)
{
    if (PLL_SRC_HSE == clkSrc)
    {
        RCC->PLLCFGR |= RCC_PLLCFGR_PLLSRC_HSE;
    }
    else if (PLL_SRC_HSI == clkSrc)
    {
        RCC->PLLCFGR &= ~RCC_PLLCFGR_PLLSRC_HSE_Msk;
    }
}
```

Listing 5.2: Implementierung der Auswahl der Taktquelle der PLL-Schaltung

`PLL_CLOCK_SRC_t` ist in `mcalRCC.h` mit `typedef enum` als `PLL_SRC_HSI` bzw. `PLL_SRC_HSE` definiert.

Hinweis

Die meisten MCAL-STM-Funktionen sind ähnlich einfach aufgebaut. Wichtig ist, dass es sich hier um Bare-Metal-Implementierungen handelt. Bei den meisten Funktionen verhält es sich so, dass ihre Beschreibung größer ist als ihre Implementierung. Dies liegt daran, dass die HTML-Kommentierung immer Tabellen enthält, in denen die Registerbezeichnungen sowie die betroffenen Bits innerhalb der Register besonders hervorgehoben sind.

Hinweis

Dass ich die Verwendung von PLLQ und PLLR als »Kann«- und nicht als »Muss«-Lösung formuliert habe, hat einen besonderen Grund: Aufgrund der vielen möglichen SYSCLK-Frequenzen wird es schwierig werden, die für USB geforderten möglichst exakten 48 MHz zu generieren. Daher empfiehlt STM auch die Verwendung eines USB2.0-PHY, der ebenfalls auf dem Mikrocontroller vorhanden ist. Wie ich aber bereits in der Einleitung geschrieben habe, würde die Beschreibung von USB den Rahmen dieses Buches sprengen.

Die Werte PLLM, PLLN, PLLP, PLLQ und PLLR

Auf der Basis der gewählten Eingangsfrequenz der PLL-Schaltung werden diese Werte auf der Basis einfacher Multiplikationen und Divisionen dazu genutzt, den gewünschten SYSCLK einzustellen.

Wichtigster Bestandteil von PLL-Schaltungen sind interne spannungsgesteuerte Oszillatoren, sogenannte VCOs (Voltage Controlled Oscillator). Der VCO läuft mit einer bestimmten Frequenz, dessen Phasenlage mit der Phasenlage der zugeführten Frequenz (hier also HSI oder HSE, die in der folgenden Formel als $f_{(\text{PLL clock input})}$ bezeichnet wird) verglichen und nachgeregelt wird. Die Regelung lässt sich so konfigurieren, dass die VCO-Frequenz ganzzahlige Vielfache von $2 \times \pi$ (entsprechend einem Vollkreis von 360°) beträgt. Diese Frequenz wird in der STM-Dokumentation als $f_{(\text{VCO clock})}$ bezeichnet. Sie ergibt sich aus der Eingangsfrequenz, die mit dem Quotienten aus PLLN und PLLM multipliziert wird. Die entsprechende Formel lautet

$$f_{(\text{VCO clock})} = f_{(\text{PLL clock input})} \times \text{PLLN} / \text{PLLM}.$$

Aus dieser Frequenz wird die interne Ausgangsfrequenz des PLL-Kreises gemäß der folgenden Formel berechnet:

$$f_{(\text{PLL general clock output})} = f_{(\text{VCO clock})} / \text{PLLP}.$$

$f_{(\text{PLL general clock output})}$ entspricht somit dem gewünschten SYSCLK! Die »Herausforderung« besteht also darin, geeignete Werte für PLLN, PLLM und PLLQ zu finden, damit der gewünschte SYSCLK erreicht wird.

Vorsicht

PLLP muss so gewählt werden, dass die maximal zulässige SYSCLK-Frequenz (beim STM32F446 sind dies 180 MHz) **nicht** überschritten wird! Anderenfalls besteht die Gefahr, den Mikrocontroller zu zerstören. Auch wenn der Mikrocontroller möglicherweise nicht direkt zerstört wird, so verringert sich bei Überschreiten des spezifizierten maximalen SYSCLK definitiv seine Lebensdauer.

Für die Werte von PLLM, PLLN, PLLP, PLLQ und PLLR sind bestimmte Grenzwerte einzuhalten, die in Tabelle 5.1 gezeigt werden.

Faktor bzw. Teiler	Minimum	Maximum
PLLM	2	63
PLLN*	50 (192 beim STM32F401!)	432
PLLP (in Zweierschritten)	2	8
PLLQ	2	15
PLLR	2	7

Tabelle 5.1: Minimum- und Maximumwerte für PLLM, PLLN, PLLP, PLLQ und PLLR

Hinweis

Beachten Sie bitte, dass der Wert von PLLN mit einem »*« markiert ist. Der angegebene Minimumwert für PLLN ist abhängig vom verwendeten Mikrocontroller. In den Referenzhandbüchern der Mikrocontroller STM32F405/407/413/415/417/429/439/446/469/479 ist »50« als Minimalwert für PLLN angegeben. Nur beim STM32F401 habe ich mit »192« einen anderen Minimalwert für PLLN gefunden. **Prüfen Sie daher im von Ihnen verwendeten Mikrocontroller bitte unbedingt, welcher Minimumwert für PLLN dort angegeben ist!**

Wichtig

PLLN beeinflusst maßgeblich den Wert von $f_{(VCO\ clock)}$. Beachten Sie daher unbedingt die Angaben im Referenzhandbuch, die mit »Caution« bezeichnet sind. Beim STM32F446 muss sichergestellt werden, dass $f_{(VCO\ clock)}$ zwischen 100 und maximal 432 MHz liegt! **PLLN darf nur dann Werte zwischen 50 und 99 annehmen, wenn $f_{(VCO\ clock)}$ höher als 1 MHz ist!**

Die besonderen Bedingungen, die für die korrekte Konfiguration von SYSCLK beachtet werden müssen, erscheinen auf den ersten Blick möglicherweise etwas »abschreckend«. Wenn Sie sich aber die MCAL-Implementierung der neuen Funktion `rccSetSysclkFrequ(uint8_t fOsc, uint16_t mcuFreq)` anschauen, werden Sie feststellen, dass das gar nicht »so wild« ist.

Hinweis

Die MCAL-STM-Bibliothek ist durchgängig in englischer Sprache dokumentiert.

```
void rccSetSysclkFreq(uint8_t fOsc, uint16_t mcuFreq)
{
    uint16_t plln = 0U;
    uint8_t  pllp = 0U;
    uint8_t  pllm;

    // Sets the maximum frequency if wanted Frequence exceeds the specified
    // frequency of the MCU.
#if defined(STM32F401xx) || defined(STM32F429xx) || defined(STM32F427xx)
    if (mcuFreq > 84)
    {
        mcuFreq = 84;
    }
#endif

#if defined(STM32F410xx) || defined(STM32F411xx) || defined(STM32F412xx) || \
    defined(STM32F413xx) || defined(STM32F423xx)
    if (mcuFreq > 100)
    {
        mcuFreq = 100;
    }
#endif

#if defined(STM32F405xx) || defined(STM32F415xx) || defined(STM32F407xx) || \
    defined (STM32F417xx)
    if (mcuFreq > 168)
    {
        mcuFreq = 168;
    }
#endif

#if defined(STM32F469xx) || defined(STM32F427xx) || defined(STM32F437xx) || \
    defined(STM32F429xx) || defined(STM32F439xx) || defined(STM32F446xx) || \
    defined(STM32F469xx) || defined(STM32F479xx)
    if (fOsc > 180)
    {
        mcuFreq = 180;
    }
#endif

```

```
    // fOsc is used as parameter PLLM. Value must be in the range [2 .. 63].
    pllm = fOsc;

    // 432 is the maximum value of the VCO input frequency
    // Valid values for PLLP are { 2, 4, 6, 8 }
    if ((mcuFreq * 8) <= 432)
    {
        pllp = 8;
    }
    else if ((mcuFreq * 6) <= 432)
    {
        pllp = 6;
    }
    else if ((mcuFreq * 4) <= 432)
    {
        pllp = 4;
    }
    else
    {
        pllp = 2;
    }

    plln = mcuFreq * pllp;
    pllp = (pllp / 2) - 1;

    // set only highest bit of pllm and plln as reset
    RCC->PLLCFGR |= RCC_PLLCFGR_PLLM_5;
    RCC->PLLCFGR &= (~RCC_PLLCFGR_PLLM_Msk | 1 << RCC_PLLCFGR_PLLM_Pos);

    RCC->PLLCFGR |= RCC_PLLCFGR_PLLN_8;
    RCC->PLLCFGR &= (~RCC_PLLCFGR_PLLN_Msk | 1 << RCC_PLLCFGR_PLLN_Pos);

    // set plln and pllm
    RCC->PLLCFGR |= pllm << RCC_PLLCFGR_PLLM_Pos;
    RCC->PLLCFGR |= plln << RCC_PLLCFGR_PLLN_Pos;
    RCC->PLLCFGR |= pllp << RCC_PLLCFGR_PLLP_Pos;

    // if plln/pllm does not use highest bit (which was set for reset),
    // set highest bit to 0 again
    if (pllm < 0x20)
```

```
81      {
82          RCC->PLLCFGR &= ~RCC_PLLCFGR_PLLM_5;
83      }
84      if (plln < 0x100)
85      {
86          RCC->PLLCFGR &= ~RCC_PLLCFGR_PLLN_8;
87      }
88  }
```

Listing 5.3: Implementierung der Funktion rccSetSysclkFreq()

Funktionsbeschreibung von rccSetSysclkFreq()

`rccSetSysclkFreq()` benötigt zwei Parameter, die als `fOsc` und `mcuFreq` bezeichnet sind. `fOsc` ist hierbei die Frequenz, mit denen HSI oder HSE schwingen.

> **Hinweis**
>
> Verwenden Sie für `fOsc` und `mcuFrequ` unbedingt die MHz-Werte (also beispielsweise 8 oder 16) und **nicht** die Hz-Werte (entsprechend 8.000.000 oder 16.000.000), da sonst die Berechnungen nicht stimmen! Falls Sie die »echten« Werte, also 8.000.000 oder 16.000.000 verwenden, so müssen sie durch 1.000.000 dividiert werden.

Entsprechend werden Sie hier üblicherweise die Konstanten `HSI_VALUE` oder `HSE_VALUE` verwenden, die in der CMSIS-Bibliothek in der Datei `system_stm32f4xx.c` definiert sind. Der zweite Parameter `mcuFreq` bestimmt den Wert in MHz, der als SYSCLK erreicht werden soll.

> **Hinweis**
>
> Während `HSI_VALUE` in `system_stm32f4xx.c` auf die korrekte Frequenz in Höhe von 16 MHz eingestellt ist und daher nicht angepasst werden muss, hat STM für den Wert `HSE_VALUE` den maximal zulässigen Takt in Höhe von 25 MHz eingetragen. Ich verwende inzwischen den externen 8-MHz-Quarz, der auf dem als ST-LINK bezeichneten Teil des NUCLEO-Boards verwendet wird. In diesem Fall müssen Sie aber den Wert von `HSE_VALUE` auf den Wert »8.000.000« einstellen. Beachten Sie, dass Sie diesen Wert nach einem Update der Firmware (»MCU package«) erneut überprüfen müssen.

Die Zeilen 7 bis 39 sorgen dafür, dass der Systemtakt für den in `stm32f4xx.h` aktivierten Mikrocontroller – z.B. bei einem Tippfehler bei der Angabe von `mcuFreq` – auf seinen Maximalwert begrenzt wird. In Zeile 42 wird PLLM so gewählt, dass das Resultat entsprechend der Spezifikation zwischen 1 und 2 MHz liegt: Wir setzen hier den Wert auf `fOsc` (entsprechend `HSI_VALUE` bzw. `HSE_VALUE`) und erreichen hierdurch eine Frequenz von 1 MHz. Nun folgt die Einstellung von PLLP. Da der Maximalwert hier mit 432 spezifiziert ist, sorgen die Zeilen 46 bis 61 dafür, dass dieser Wert nicht überschritten wird. Der Rest besteht dann darin, die gemäß den oben beschriebenen Formeln berechneten Werte an die entsprechende Position im Register `RCC_PLLCFGR` zu schieben.

Weitere MCAL-Funktionen

Insgesamt enthält das Modul `mcalRCC.c/.h` 24 Funktionen, auf deren Beschreibung ich hier gar nicht weiter eingehen möchte, weil sie bereits vollständig in der HTML-Dokumentation beschrieben sind. In aller Kürze: Sie finden dort u.a. mit `rccSetAHBPrescaler()`, `rccSetAPB1Prescaler()` und `rccSetAPB2Prescaler()` Funktionen, mit denen Sie die AHB-, APB1- und APB2-Taktfrequenzen einstellen können.

Hinweis

Beachten Sie hierbei, dass der AHB-Takt wegen der unmittelbaren Anbindung der GPIOs sowie der Ansteuerung des SRAM- und Flashspeichers und weiterer interner Komponenten normalerweise mit SYSCLK getaktet wird. Die Taktfrequenz von APB2 beträgt üblicherweise die halbe AHB-Frequenz, und APB1 wird normalerweise mit APB2/2 betrieben. Beachten Sie, dass angeschlossene Timer mit der doppelten APB-Frequenz getaktet werden, wenn die APB-Prescaler auf einen von »1« verschiedenen Wert gesetzt sind!

Nutzung der RCC-Funktionen

Viel wichtiger ist hingegen die Anwendung der RCC-Funktionen. Im Anschluss zeige ich Ihnen ein Listing, das Sie bei Bedarf immer wieder einsetzen können: Ich lagere in meinen Projekten die entsprechende Funktion, z.B. `configClock()`, nahezu immer in ein Modul mit der Bezeichnung `peripherals.c/.h` aus: Hier erfolgt dann auch die Aktivierung (durch Einschalten des Bustakts) und die Konfiguration anderer Peripheriekomponenten, wie z.B. GPIOs, Timer, UARTs und so weiter.

Hinweis

Bitte beachten Sie, dass hier (ausnahmsweise) nur die MCAL-Version der Taktkonfiguration gezeigt wird: Die Bare-Metal-Version ist wesentlich aufwendiger und würde im Buch viel mehr Seiten benötigen. Da die MCAL intern aber vollständig »Bare Metal«-codiert ist, können Sie – bei Bedarf – den entsprechenden Quelltext innerhalb von STM32CubeIDE untersuchen.

Hinweis

Die `main()`-Funktion enthält einen Vorgriff auf Kapitel 6: Die beiden GPIO-Funktionen sind hier nur erforderlich, damit ich Ihnen in Abbildung 5.8 den Erfolg der Maßnahmen demonstrieren kann.

```
#include <stdint.h>
#include <mcalGPIO.h>                    // Nur benoetigt f. Abb. 5.8
#include <mcalFlashCtrl.h>
#include <mcalRCC.h>

void configClock(void);                  // Prototyp f. Takteinstellung

#define SYSCLOCK    (180)                // Gewuenschter Systemtakt

void main(void)
{
    // Die beiden Funktionen werden in Kapitel 6 eingefuehrt
    gpioSelectPort(GPIOA);
    gpioSelectPinMode(GPIOA, PIN8, OUTPUT);

    clockConfig();                       // Taktfrequenzen einstellen
    while(1)
    {
    }
}

void clockConfig(void)
{
    uint8_t  pllInputFreq = HSE_VALUE;  // Auswahl der Eingangsfrequenz der
                                        // PLL-Schaltung.
    uint16_t sysclk       = SYSCLOCK;   // Taktfrequenz der MCU, z.B. 180 MHz

    // Konfiguration der Waitstates
    flashConfigWaitStates(sysclk);

```

```
    // Aktivieren der Taktquelle (HSE oder HSI)
    rccEnableHSE();

    // Wir verwenden PLLP als Ausgang der PLL-Schaltung
    rccSelectSysclkSrc(SYSCLKSRC_PLLP);

#if 0
    // Alternative Funktionen zur Auswahl der SYSCLK-Quelle
    rccSelectSysclkSrc(SYSCLKSRC_HSI);
    rccSelectSysclkSrc(SYSCLKSRC_HSE);
    rccSelectSysclkSrc(SYSCLKSRC_PLLR);
#endif

    // Auswahl der Taktquelle (HSE oder HSI)
    rccSelectPLLClockSource(PLL_SRC_HSE);

    // Optional: Hier wird SYSCLK an den Ausgang MCO1 weitergeleitet.
    // Hiermit können externe Bauelemente getaktet werden.
    rccAssignClk2MCO(PLL_MAIN, MCO1);

    // Berechnung der Werte von PLLN, PLLM and PLLP
    rccSetSysclkFreq(pllInputFreq, &sysclk);

    // Auswahl der Prescaler zum Einstellen der AHB- und APB-Frequenzen
    rccSetAHBPrescaler(SYSCLK_DIV_1);
    rccSetAPB2Prescaler(AHB_DIV_1);
    rccSetAPB1Prescaler(AHB_DIV_2);

    // Nicht vergessen: PLL-Schaltkreis aktivieren
    rccEnableMainPLL();
}
```

Listing 5.4: Beispiel für die Einstellung der Taktfrequenzen

Das Modul `mcalRCC.c/.h` enthält weitere Funktionen, mit denen Sie beispielsweise die Einstellung der Taktfrequenzen oder von Peripheriekomponenten abfragen können: Sie und ihre Implementierung entnehmen Sie bitte der MCAL-STM-Bibliothek, die Sie auf `https://gitlab.com/rjesse/mcal-stm.git` kostenlos herunterladen können.

Abbildung 5.8 zeigt Ihnen das Ergebnis von Listing 5.4:

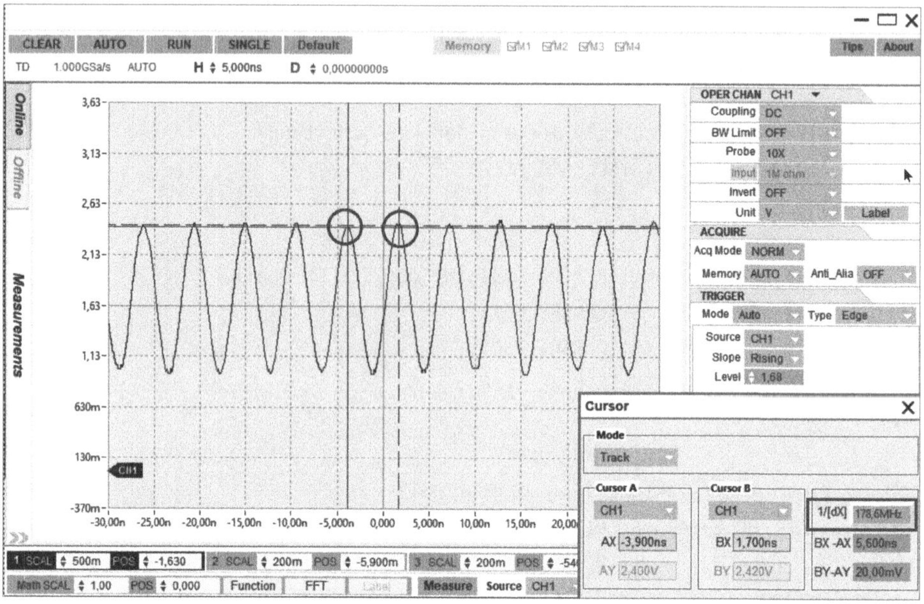

Abb. 5.8: Resultat des Beispiels aus Listing 5.4

Hinweis

Die beiden Kreise in Abbildung 5.8 habe ich eingefügt, um die beiden Messpunkte/Cursor hervorzuheben. In dem hervorgehobenen rechteckigen Kasten sehen Sie, dass SYSCLK eine Frequenz von 178,6 MHz erreicht. Die Abweichung zu den gewünschten 180 MHz lässt sich durch die Bandbreite meines Oszilloskops erklären, die laut Spezifikation auf 100 MHz begrenzt ist. Die Überschreitung dieser Spezifikation ergibt auf jeden Fall einen Messfehler! Andere (niedrigere) SYSCLK-Frequenzen, die ich getestet habe, wurden nämlich exakt erreicht!

Hinweis

Auf der Webseite `http://stm32f4-discovery.net/2014/11/overclock-stm32f4-device-up-to-250mhz/#disqus_thread` (leider keine sichere Webseite, hier aber ausnahmsweise erlaubt) finden Sie einen Beitrag von Tilen Majerle, der die Übertaktbarkeit der STM-Mikrocontroller getestet hat. Da er dies – obwohl Mitarbeiter von STM – aber privat durchgeführt hat, gehe ich davon aus, dass es sich hierbei nicht um Langzeittests handelt.

Teil II

Kernkomponenten der STM32F4xx-Mikrocontroller

In diesem Teil:

Kapitel 6

GPIO: General Purpose Input/Output

Die Ansteuerung von *Aktoren* (Motoren, Displays, LEDs, Pumpen, Ventile usw.) und die Abfrage von *Sensoren* (Temperatur- und Druckfühler, Drehzahlmesser, Schalter und Taster usw.) stellt eine der häufigsten Anwendungen beim Einsatz von Mikrocontrollern dar.

Hinweis

Die allermeisten physikalischen Größen (Temperatur, Luftdruck, Geschwindigkeit, Beschleunigung ...) sind analoge Größen. Das heißt, dass sich ihre Werte nicht sprunghaft, sondern stetig verändern. Das Ein- und Ausschalten einfacher Geräte wie z.B. Lampen, LEDs, Motoren oder Relais oder die Abfrage von Schaltern oder Infrarotsensoren erfolgen hingegen rein digital: Ihre Werte ändern sich somit sprunghaft z.B. zwischen 0 V und 24 V, Zwischenwerte gibt es dort nicht.

Hinweis

Wie der Name bereits sagt: GPIOs können wahlweise als Input oder als Output verwendet werden. In diesem Kapitel wird allerdings nur die Output-Funktionalität beschrieben. Erst im nächsten Kapitel – in praktischen Beispielen zu Interrupts – wird auch die Input-Funktionalität der GPIOs vorgestellt. Wundern Sie sich also bitte nicht!

Für die Ansteuerung und Abfrage digitaler Geräte werden die sogenannten *GPIOs* (*General Purpose Input/Output*) verwendet. Tabelle 6.1 zeigt die Verfügbarkeit von GPIO-Ports ausgewählter STM-Mikrocontroller.

	GPIO-Port										
Controller	A	B	C	D	E	F	G	H	I	J	K
STM32F413	+	+	+	+	+	-	+	+	–	–	–
STM32F429	+	+	+	+	+	+	+	+	+	+	+
STM32F446	+	+	+	+	+	+	+	+	–	–	–
STM32F767	+	+	+	+	+	+	+	+	+	+	+

Tabelle 6.1: Verfügbarkeit von GPIO-Ports bei ausgewählten STM-Mikrocontrollern

Wichtig

Theoretisch könnte jeder GPIO-Port über 16 Anschlüsse verfügen. In der Praxis hängt die Anzahl der herausgeführten Pins – also Pins, die für die genannten Zwecke genutzt werden können – von der Gehäusebauform ab. Teilweise hat STM aber auch weniger als 16 Portleitungen implementiert: Hier hilft nur ein Blick in das entsprechende Datenblatt.

Wichtig

Aus Sicherheitsgründen sind alle verfügbaren Portleitungen nach einem Reset hardwaremäßig als Input konfiguriert! Hierdurch wird verhindert, dass sich ein angeschlossenes Gerät nach einem Reset selbsttätig in Bewegung setzt!

Die NUCLEO-Evaluierungsboards von STM sind für die Verwendung von Arduino-Erweiterungsplatinen vorbereitet. Zu diesem Zweck verfügen sie neben den STM-Steckerleisten über zusätzliche Arduino-Buchsenleisten. Die Beschriftung der Arduino-Buchsenleisten ist *nicht* mit der tatsächlichen Belegung der GPIO-Ports zu verwechseln (beispielsweise ist der Anschluss Arduino-A2 tatsächlich mit Pin 4 von GPIOA verbunden). Sollte ein Beispiel nicht wie geplant funktionieren, sollten Sie unbedingt das User Manual des von Ihnen verwendeten Mikrocontrollers konsultieren: Dort finden Sie die exakte Zuordnung der Arduino-Pins zu den GPIO-Pins der STM-MCUs.

6.1 Features und Grenzdaten

Nachfolgend sind die wichtigsten Eigenschaften der verfügbaren GPIO-Pins aufgeführt.

- GPIO-Ports haben bis zu 16 Inputs/Outputs (beliebig gemischt).
- Mögliche Konfigurationen sind: Push-Pull und Open-Drain.
- Die Reaktionsgeschwindigkeit kann für jeden Pin in vier Stufen separat eingestellt werden.
- Mögliche Eingangszustände sind: Floating, Push-Pull und analog.
- Durch eine geeignete Konfiguration können Pins die Funktionen anderer Peripheriekomponenten annehmen (dann entfällt allerdings die Möglichkeit der Nutzung als digitaler Input oder Output).
- Jeder Pin kann als Ausgang einen Strom von bis zu 25 mA »treiben«. Werden mehrere Pins als Output betrieben, darf der insgesamt fließende Strom 120 mA nicht überschreiten.

- Der in einen Pin hineinfließende Strom (Input) darf 5 mA nicht überschreiten. Bei Verwendung mehrerer Pins als Input darf der maximale in den Mikrocontroller hineinfließende Strom 25 mA nicht überschreiten.
- Die Konfiguration der Pins kann im laufenden Betrieb geändert werden!

Wenn Sie diese Punkte genauer betrachten, werden Ihnen möglicherweise einige Aussagen seltsam vorkommen. Warum wird beispielsweise von analogen Eingangszuständen gesprochen? Hier ist doch die Rede von der Nutzung eines Pins als digitalem Input! Der Grund hierfür ist: Die Pins haben Mehrfachfunktionen. In Abhängigkeit von ihrer Konfiguration können sie beispielsweise auch analoge Größen (Spannung) ausgeben (beim DAC, *Digital-to-Analog Converter*) bzw. erfassen (beim ADC, *Analog-to-Digital Converter*). Andere Fragen, die Sie möglicherweise haben, werden nachfolgend – aber nur sehr grob – erläutert:

- *Push-Pull*: Diese Einstellung verhindert, dass Aus- bzw. Eingänge einen undefinierten Wert haben. Definiert sind entweder Ground (0 V) oder Vcc (+3,3 V). Undefinierte Zustände müssen zwingend vermieden werden. Obwohl die GPIO-Ports mit Pull-up- bzw. Pull-down-Widerständen ausgestattet sind, sind sie in der Push-Pull-Betriebsart nach einem Reset nicht aktiviert. Die Entscheidung, in welcher Form die internen Pull-up- bzw. Pull-down-Widerstände verwendet werden sollen, erfolgt in einem separaten Schritt.
- *Open-Drain*: Dient der Ansteuerung von Verbrauchern, die einen höheren Betriebsstrom benötigen, als der Pin liefern kann. Dann ist aber eine externe Beschaltung erforderlich.
- *Pull-up/Pull-down*: Dies sind die internen Pull-up- bzw. Pull-down-Widerstände, die bei der Betriebsart Push-Pull bereits genannt wurden. Ein Pull-up-Widerstand verbindet den Pin mit der Betriebsspannung, während ein Pull-down-Widerstand den Pin mit GND (Ground) verbindet. Dies kann für jeden Pin separat eingestellt werden. Pull-up und Pull-down dürfen niemals gleichzeitig aktiviert werden.
- *Floating*: Dies beschreibt den undefinierten Zustand, der bei Push-Pull erwähnt wurde.

6.2 GPIO-Register

Die bis hier gezeigten Einsatzmöglichkeiten der Portleitungen müssen vor ihrer Verwendung konfiguriert werden. Zu diesem Zweck bieten die GPIOs eine Vielzahl von Registern.

GPIO Port Mode Register (GPIOx_MODER)

Jeder Pin kann individuell in einer von vier Betriebsarten eingesetzt werden:

- als Input (Standard nach einem Reset)
- als Output

- als alternative Funktion (wird weiter unten und zusätzlich in Kapitel 8 beschrieben)
- im Analog-Modus

Die vier Betriebsarten werden mit dem *GPIO Port Mode Register* (*GPIOx_MODER*) eingestellt und belegen für jeden Pin 2 Bit. Bei (maximal) 16 Pins pro Port reicht also ein 32-Bit-Register.

GPIOx_MODER	Bit n	Bit n-1	Kommentar
Input	0	0	Standard nach Reset
Output	0	1	
Alternative Funktion	1	0	
Analog	1	1	

Tabelle 6.2: Einstellung der Pin-Betriebsart

31	30	29	28	27	26	25	24	23	22	21	20	19	18	17	16
MODER15[1:0]		MODER14[1:0]		MODER13[1:0]		MODER12[1:0]		MODER11[1:0]		MODER10[1:0]		MODER9[1:0]		MODER8[1:0]	
rw	rw	rw	rw	rw	rw	rw	rw	rw	rw	rw	rw	rw	rw	rw	rw
15	**14**	**13**	**12**	**11**	**10**	**9**	**8**	**7**	**6**	**5**	**4**	**3**	**2**	**1**	**0**
MODER7[1:0]		MODER6[1:0]		MODER5[1:0]		MODER4[1:0]		MODER3[1:0]		MODER2[1:0]		MODER1[1:0]		MODER0[1:0]	
rw	rw	rw	rw	rw	rw	rw	rw	rw	rw	rw	rw	rw	rw	rw	rw

Abb. 6.1: GPIO Port Mode Register GPIOx_MODER

> **Hinweis**
>
> Das x in der Bezeichnung `GPIOx_MODER` ist ein Platzhalter für die Ports A bis K. Dies gilt ohne weitere Erläuterung entsprechend für die nachfolgend beschriebenen Register.

Der Zugriff auf das `MODER` eines beliebigen Ports erfolgt mit `GPIOx->MODER`.

GPIO Port Output Type Register (GPIOx_OTYPER)

Mit dem *GPIO Port Output Type Register* (*GPIOx_OTYPER*) lässt sich einstellen, ob die jeweilige Portleitung im Push-Pull- oder im Open-Drain-Modus betrieben wird.

GPIOx_OTYPER	Bit n	Kommentar
Push-Pull	0	Standard nach Reset
Open-Drain	1	

Tabelle 6.3: Einstellung des Output-Typs

31	30	29	28	27	26	25	24	23	22	21	20	19	18	17	16
15	**14**	**13**	**12**	**11**	**10**	**9**	**8**	**7**	**6**	**5**	**4**	**3**	**2**	**1**	**0**
OT15	OT14	OT13	OT12	OT11	OT10	OT9	OT8	OT7	OT6	OT5	OT4	OT3	OT2	OT1	OT0
rw	rw	rw	rw	rw	rw	rw	rw	rw	rw	rw	rw	rw	rw	rw	rw

Abb. 6.2: GPIO Port Output Type Register GPIOx_OTYPER

> **Wichtig**
>
> Beachten Sie bitte die maximale Belastbarkeit eines Pins! Verwenden Sie im Zweifelsfall stets die Betriebsart Open-Drain! Dann ist aber immer eine externe Beschaltung erforderlich, z.B. mit einem Transistor oder einem FET. Ein durchgerechnetes Beispiel für einen bipolaren Transistor finden Sie auf meiner Webseite unter `https://ralf-jesse.de/index.php/transistoren.html`.

Der Zugriff auf dieses Register erfolgt mit `GPIOx->OTYPER`.

GPIO Port Output Speed Register (GPIOx_OSPEEDR)

Die Geschwindigkeit jedes einzelnen Pins lässt sich individuell in vier Stufen konfigurieren. Sie sind in Tabelle 6.4 zusammengefasst. Die Einstellung der Pin-Geschwindigkeit erfolgt mit dem *GPIO Port Output Speed Register* (*GPIOx_OSPEEDR*).

GPIOx_OSPEEDR	Bit n	Bit n-1	Kommentar
Low Speed	0	0	max. 8 MHz
Medium Speed	0	1	max. 50 MHz
Fast Speed	1	0	max. 100 MHz
High Speed	1	1	max. 180 MHz

Tabelle 6.4: Einstellung der Output-Geschwindigkeit

> **Wichtig**
>
> Die maximal erreichbaren Output-Geschwindigkeiten hängen von verschiedenen Faktoren ab, z.B. der Betriebsspannung und der kapazitiven Last am jeweiligen Pin.

31	30	29	28	27	26	25	24	23	22	21	20	19	18	17	16
OSPEEDR15 [1:0]		OSPEEDR14 [1:0]		OSPEEDR13 [1:0]		OSPEEDR12 [1:0]		OSPEEDR11 [1:0]		OSPEEDR10 [1:0]		OSPEEDR9 [1:0]		OSPEEDR8 [1:0]	
rw	rw	rw	rw	rw	rw	rw	rw	rw	rw	rw	rw	rw	rw	rw	rw
15	**14**	**13**	**12**	**11**	**10**	**9**	**8**	**7**	**6**	**5**	**4**	**3**	**2**	**1**	**0**
OSPEEDR7 [1:0]		OSPEEDR6 [1:0]		OSPEEDR5 [1:0]		OSPEEDR4 [1:0]		OSPEEDR3[1:0]		OSPEEDR2 [1:0]		OSPEEDR1 [1:0]		OSPEEDR0 1:0]	
rw	rw	rw	rw	rw	rw	rw	rw	rw	rw	rw	rw	rw	rw	rw	rw

Abb. 6.3: Das GPIO Port Output Speed Register (GPIOx_OSPEEDR)

GPIO Port Pull-up/Pull-down Register (GPIOx_PUPDR)

Wenn Sie keine großen Lasten treiben und daher im GPIOx_OTYPER die Standardeinstellung Push-Pull verwenden, können Sie bereits im Mikrocontroller integrierte elektrische Widerstände für den Pull-up- bzw. den Pull-down-Betrieb aktivieren. Dies geschieht über das *GPIO Port Pull-up/Pull-down Register* (*GPIOx_PUPDR*).

GPIOx_PUPDR	Bit n	Bit n-1	Kommentar
Kein Pull-up, kein Pull-down	0	0	
Pull-up	0	1	
Pull-down	1	0	
Reserviert	1	1	

Tabelle 6.5: Konfiguration des GPIOx_PUPDR

31	30	29	28	27	26	25	24	23	22	21	20	19	18	17	16
PUPDR15[1:0]		PUPDR14[1:0]		PUPDR13[1:0]		PUPDR12[1:0]		PUPDR11[1:0]		PUPDR10[1:0]		PUPDR9[1:0]		PUPDR8[1:0]	
rw	rw	rw	rw	rw	rw	rw	rw	rw	rw	rw	rw	rw	rw	rw	rw
15	**14**	**13**	**12**	**11**	**10**	**9**	**8**	**7**	**6**	**5**	**4**	**3**	**2**	**1**	**0**
PUPDR7[1:0]		PUPDR6[1:0]		PUPDR5[1:0]		PUPDR4[1:0]		PUPDR3[1:0]		PUPDR2[1:0]		PUPDR1[1:0]		PUPDR0[1:0]	
rw	rw	rw	rw	rw	rw	rw	rw	rw	rw	rw	rw	rw	rw	rw	rw

Abb. 6.4: Das GPIO Port Pull-up/Pull-down Register (GPIOx_PUPDR)

Hinweis

Wenn Sie Pins mit dem GPIO Output Type Register (GPIOx->OTYPER) als PUSHPULL-Type konfigurieren und hier die Einstellung »00« (kein Pull-up/Pull-down) wählen, dann müssen Sie externe Pull-up- bzw. Pull-down-Widerstände verwenden. Tun Sie dies nicht, besteht die Gefahr einer elektrischen Überlastung des Pins!

Tipp

Persönlich versuche ich, die Verwendung der internen Pull-up- bzw. Pull-down-Widerstände zu vermeiden, und nutze bei Bedarf lieber externe Widerstände. Aufgrund der hohen Integrationsdichte vertragen integrierte Widerstände keinen höheren Strom: Es besteht die Gefahr, diese zu zerstören, was sich häufig auch auf die Lebensdauer des Mikrocontrollers auswirkt.

Vorsicht

Verwenden Sie auf keinen Fall die reservierte Kombination »11«! Ich gehe zwar davon aus, dass STM hier geeignete – nicht dokumentierte – Gegenmaßnahmen vorgesehen hat, Vorsicht ist aber besser! Im schlimmsten Fall wären Pull-up- und Pull-down-Widerstand gleichzeitig aktiviert, was zu einem undefinierten Zustand führen kann!

GPIO Port Input Data Register (GPIOx_IDR)

Haben Sie einen oder mehrere Pins eines Ports als Input konfiguriert, benötigen Sie natürlich auch eine Möglichkeit, sie auszulesen. Hierfür verwenden Sie das *GPIO Port Input Data Register* (*GPIOx_IDR*), auf das Sie – natürlich – nur lesend zugreifen können. Da ein Port maximal 16 Inputs aufweist, werden in diesem Register auch nur die Bits 0 bis 15 genutzt.

31	30	29	28	27	26	25	24	23	22	21	20	19	18	17	16
15	**14**	**13**	**12**	**11**	**10**	**9**	**8**	**7**	**6**	**5**	**4**	**3**	**2**	**1**	**0**
IDR15	IDR14	IDR13	IDR12	IDR11	IDR10	IDR9	IDR8	IDR7	IDR6	IDR5	IDR4	IDR3	IDR2	IDR1	IDR0
r	r	r	r	r	r	r	r	r	r	r	r	r	r	r	r

Abb. 6.5: GPIO Port Input Data Register (GPIOx_IDR)

GPIO Port Output Data Register (GPIOx_ODR)

Wenn für das Lesen von Inputs das `GPIOx_IDR` verwendet wird, liegt es nahe, dass zum Schreiben von Outputs das Gegenstück *GPIO Port Output Data Register* (*GPIOx_ODR*) genutzt wird. Auch hier werden nur die Bits 0 bis 15 verwendet.

31	30	29	28	27	26	25	24	23	22	21	20	19	18	17	16
15	**14**	**13**	**12**	**11**	**10**	**9**	**8**	**7**	**6**	**5**	**4**	**3**	**2**	**1**	**0**
ODR15	ODR14	ODR13	ODR12	ODR11	ODR10	ODR9	ODR8	ODR7	ODR6	ODR5	ODR4	ODR3	ODR2	ODR1	ODR0
rw	rw	rw	rw	rw	rw	rw	rw	rw	rw	rw	rw	rw	rw	rw	rw

Abb. 6.6: Das GPIO Port Output Data Register (GPIOx_ODR)

Ein beliebiges Bit wird in diesem Register beispielsweise mit

```
GPIOx->ODR |= <Bitnummer>;
```

gesetzt und mit

```
GPIOx->ODR &= ~<Bitnummer>;
```

wieder zurückgesetzt.

Hinweis

Hier gibt es einen kleinen Fallstrick, der mit der Beschreibung des nächsten Registers aber aufgelöst wird.

GPIO Port Bit Set/Reset Register (GPIOx_BSRR)

Das *GPIO Port Bit Set/Reset Register* (*GPIOx_BSRR*) dient zum Setzen und Zurücksetzen einzelner Portleitungen. Das Setzen der Pins erfolgt durch das Schreiben einer »1« in die Bits 0 bis 15, das Zurücksetzen erfolgt durch das Schreiben einer »1« in die Bits 16 bis 31. Die Bit-Positionen zum Setzen und zum Rücksetzen liegen hierbei genau 16 Bit auseinander.

Beispiel

Angenommen, Sie wollten Bit 5 zunächst setzen und in einem weiteren Schritt wieder zurücksetzen. Zum Setzen würden Sie dann `GPIOx->BSRR = (1 << 5);` schreiben und zum Rücksetzen `GPIOx->BSRR = (1 << (5 + 16));`.

Hinweis

Natürlich würden Sie zur Bestimmung des Pins nicht die Zahlen aus dem Beispiel verwenden, sondern die in `stm32f446.h` vordefinierten Werte (wenn Sie den STM32F446 nutzen). Zum Setzen von Pin 5 würden Sie dann `GPIOx->BSRR = GPIO_BSRR_BS5;` und zum Zurücksetzen `GPIOx->BSRR = GPIO_BSRR_BR5;` verwenden. Worauf sich die in Fettschrift hervorgehobenen Buchstaben S und R beziehen, muss ich Ihnen sicher nicht erklären.

31	30	29	28	27	26	25	24	23	22	21	20	19	18	17	16
BR15	BR14	BR13	BR12	BR11	BR10	BR9	BR8	BR7	BR6	BR5	BR4	BR3	BR2	BR1	BR0
w	w	w	w	w	w	w	w	w	w	w	w	w	w	w	w
15	14	13	12	11	10	9	8	7	6	5	4	3	2	1	0
BS15	BS14	BS13	BS12	BS11	BS10	BS9	BS8	BS7	BS6	BS5	BS4	BS3	BS2	BS1	BS0
w	w	w	w	w	w	w	w	w	w	w	w	w	w	w	w

Abb. 6.7: GPIO Port Bit Set/Reset Register (GPIOx_BSRR)

Ich möchte nun auf den im Abschnitt »GPIO Port Output Data Register (GPIOx_ODR)« erwähnten »Fallstrick« zurückkommen. Normalerweise erfolgt der Zugriff auf ein Register oder ein einzelnes Bit folgendermaßen:

1. Der Wert des Registers/Bits wird gelesen (Read).
2. Der Wert des Registers/Bits wird modifiziert (Modify).
3. Der Wert des Registers/Bits wird zurückgeschrieben (Write).

Diese Reihenfolge, die generell als Read-Modify-Write oder abgekürzt als RMW bezeichnet wird, enthält eine böse Falle! Was würde passieren, wenn zwischen den Punkten 1 und 2 bzw. zwischen den Punkten 2 und 3 ein Ereignis eintritt, das den Wert des Bits wieder verändert (z.B. ein Interrupt)?

- Möglichkeit 1: Wird der Wert des Registers/Bits in Schritt 2 ausgewertet, wäre die Entscheidungsgrundlage verfälscht, und möglicherweise würde eine falsche Funktionalität ausgelöst. Nicht gut!
- Möglichkeit 2: Der Wert wurde in Punkt 2 erfolgreich geändert. Durch das Ereignis wird der neue Wert mit einem anderen Wert überschrieben und der falsche Wert zurückgeschrieben. Auch nicht gut!

Dieser Effekt kann bei Einsatz des BSRR aber nicht auftreten, weil das Register/Bit hier als Einheit verändert wird. Man bezeichnet diese Art daher auch als *atomar* (weil, wie man früher dachte, ein Atom nicht teilbar ist).

Hinweis

Wir werden nach Abschluss der Beschreibung der Register zwei Beispiele sehen: Das erste wird die Read-Modify-Write-Lösung, das zweite Beispiel dann die atomare Lösung verwenden.

GPIO Port Configuration Lock Register (GPIOx_LCKR)

Manchmal kann es erforderlich sein, die Konfiguration der GPIOs vor einer Veränderung (z.B. im laufenden Betrieb) zu schützen. Zu diesem Zweck hat STM das *GPIO Port Configuration Lock Register* (*GPIOx_LCKR*) eingeführt.

31	30	29	28	27	26	25	24	23	22	21	20	19	18	17	16
															LCK K16
															rw
15	**14**	**13**	**12**	**11**	**10**	**9**	**8**	**7**	**6**	**5**	**4**	**3**	**2**	**1**	**0**
LCK K15	LCK K14	LCK K13	LCK K12	LCK K11	LCK K10	LCK K9	LCK K8	LCK K7	LCK K6	LCK K5	LCK K4	LCK K3	LCK K2	LCK K1	LCK K0
rw	rw	rw	rw	rw	rw	rw	rw	rw	rw	rw	rw	rw	rw	rw	rw

Abb. 6.8: Das GPIO Port Configuration Lock Register (GPIOx_LCKR)

Die Bits 0 bis 15 bezeichnen die spezielle Portleitung, deren Konfiguration geschützt werden soll. Der Wert dieser Bits beschreibt hierbei den sogenannten *Lock Key*. Bit 16 dient zwei Zwecken:

- Hat es den Wert »1« (Lesezugriff), wird angezeigt, dass die Konfiguration mindestens einer Portleitung (abhängig vom Zustand der Bits 0 bis 15) geschützt ist und ohne Kenntnis des Lock Key nicht geändert werden kann.
- Durch Schreiben einer »1« in Bit 16 in dem vorher ermittelten Lock Key wird die Konfiguration der Pins, deren Werte in den Bits 0 bis 15 »1« sind, geschützt.

Um einzelne Bits sperren zu können, muss eine bestimmte Reihenfolge bei der Konfiguration eingehalten werden:

1. Der Schreibzugriff muss wortweise (32 Bit) erfolgen.
2. Das LCKK16-Bit muss den Wert »0« haben.
3. Das LCKK16-Bit muss auf »1« gesetzt werden. Gleichzeitig müssen die Bits 0 bis 15 auf den gewünschten Wert gesetzt werden.
4. Das LCKK16-Bit muss auf »0« gesetzt werden. Die Bits 0 bis 15 dürfen sich nicht ändern im Vergleich zu Schritt 3.
5. Das LCKK16-Bit muss wieder auf »1« gesetzt werden. Die Bits 0 bis 15 dürfen nicht geändert werden.

Optional: Das LCKK16-Bit kann ausgelesen werden. Hat es den Wert »1«, so war die Sequenz erfolgreich, und die entsprechenden Bits können erst nach einem Reset der MCU wieder verändert werden. Haben eines oder mehrere der Bits 0 bis 15 den Wert »0«, so sind sie nicht gesperrt. Haben eines oder mehrere der Bits 0 bis 15 den Wert »1«, so sind sie nach erfolgreicher Durchführung der Sequenz gesperrt und können erst nach einem Reset wieder umkonfiguriert werden!

GPIO Port Alternate Function Low Register (GPIOx_AFRL)

Die GPIO-Pins können nicht nur als digitale Inputs oder Outputs verwendet werden: Die meisten Peripheriekomponenten benötigen ebenfalls Zugriff auf die Außenwelt. Bei einer durch die Bauform vorgegebenen maximalen Anzahl von Pins ist es also erforderlich, einzelne GPIO-Pins alternativ zu verwenden: Die alternative Funktion bestimmter Pins wird durch das *GPIO Port Alternate Function Low Register* (*GPIOx_AFRL*) festgelegt.

Jeder verfügbaren Portleitung können bis zu 16 verschiedene Funktionen zugewiesen werden!

> **Hinweis**
>
> Ich sehe keinen Vorteil für Sie, wenn ich die – riesigen – Abbildungen in das Buch aufnehme (zumal sie, wie bereits beim Blockschaltbild, aufgrund erforderlicher Verkleinerungen dann wieder kaum lesbar wären). Die vollständigen Tabellen, die die alternative Verwendung der Pins beschreiben, finden Sie in den Datenblättern (beim STM32F446 in Kapitel 4, Tabelle 11) der von Ihnen verwendeten Mikrocontroller.

Damit Sie aber eine ungefähre Vorstellung von dieser Vielfalt erhalten, will ich diese exemplarisch an PA0 (GPIO-Port A, Pin 0) aufzeigen. Ich habe in Tabelle 6.6 folgende Abkürzungen verwendet:

- Alternate Function = AF
- Peripheriekomponente(n) = PK

AF	PK	GPIOA, Pin 0
0	SYS	-
1	TIM1/2	TIM2_CH1 /TIM2_ETR
2	TIM3/4/5	TIM5_CH1
3	TIM8/9/10/11, CEC	TIM8_ETR
4	I2C1/2/3/4, CEC	-
5	SPI1/2/3/4	-
6	SPI2/3/4, SAI1	-
7	SPI2/3, UART5, USART1/2/3, SPDIFRX	USART2_CTS
8	SAI, UART4/5, USART6, SPDIFRX	UART4_TX
9	CAN1/2, TIM12/13/14, QUADSPI	-
10	SAI2, QUADSPI, OTG2_HS, OTG1_FS	-
11	OTG1_FS	-
12	FMC, SDIO, OTG2_FS	-
13	DCMI	-
14	-	-
15	SYS	EVENT OUT

Tabelle 6.6: Alternative Funktionen von GPIOA, Pin 0

Bei entsprechender Konfiguration könnte PA0 also unter anderem als USART2_CTS (CTS = *clear to send*) oder als Sendeleitung für UART4 (UART4_TX) genutzt werden.

Für die Auswahl einer der maximal 16 Möglichkeiten werden 4 Bit benötigt, die entsprechend von 0000 (AF0) bis 1111 (AF15) durchnummeriert sind.

31	30	29	28	27	26	25	24	23	22	21	20	19	18	17	16
AFRL7[3:0]				AFRL6[3:0]				AFRL5[3:0]				AFRL4[3:0]			
rw	rw	rw	rw	rw	rw	rw	rw	rw	rw	rw	rw	rw	rw	rw	rw
15	14	13	12	11	10	9	8	7	6	5	4	3	2	1	0
AFRL3[3:0]				AFRL2[3:0]				AFRL1[3:0]				AFRL0[3:0]			
rw	rw	rw	rw	rw	rw	rw	rw	rw	rw	rw	rw	rw	rw	rw	rw

Bits 31:0 **AFRLy:** Alternate function selection for port x bit y (y = 0..7)
These bits are written by software to configure alternate function I/Os

AFRLy selection:

0000: AF0	1000: AF8
0001: AF1	1001: AF9
0010: AF2	1010: AF10
0011: AF3	1011: AF11
0100: AF4	1100: AF12
0101: AF5	1101: AF13
0110: AF6	1110: AF14
0111: AF7	1111: AF15

Abb. 6.9: Das GPIO Port Alternate Function Low Register

Vorsicht

Sie dürfen fast alle Pins beliebig neu konfigurieren, aber nur fast! Wenn Sie beispielsweise das Board NUCLEO-64 STM32F446RE nutzen, dürfen Sie PA2 und PA3 *nicht* umkonfigurieren! Diese beiden Portleitungen sind standardmäßig so konfiguriert, dass PA2 als USART2_TX (Sendeleitung von USART 2) und PA3 als USART2_RX (Empfangsleitung von USART 2) genutzt werden. Hierüber wird aber neue Software geflasht und auch der Debugger nutzt diese Pins. Wenn Sie sie anders als vorgesehen verwenden, sperren Sie sich von weiteren Flash- bzw. Debug-Aufgaben aus.

Tipp

Wenn Sie sich dennoch einmal selbst vom Flashen oder Debuggen »ausgesperrt« haben, müssen Sie das Board nicht wegwerfen: Mit dem kostenlos verfügbaren Programm »STM32CubeProgrammer« können Sie das Board wieder zum Leben erwecken. Die Bedienung des Tools ist selbsterklärend!

GPIO Port Alternate Function High Register (GPIOx_AFRH)

Jedem Pin können also maximal 16 alternative Funktionen zugewiesen werden. 16 Funktionen × 4 Bit sind aber 64 Bit! Das heißt, dass das GPIOx_AFRL alleine nicht ausreicht, allen Pins alle 16 Funktionen zuweisen zu können. Um dies zu erreichen, gibt es entsprechend noch ein *GPIO Port Alternative Function High Register* (*GPIOx_AFRH*), dessen Aufbau sich aber vom GPIOx_AFRL nicht unterscheidet.

Hinweis

Die beiden Alternate-Function-Register sind sehr wichtig! Sie werden in Kapitel 8 gezielt beschrieben und in weiteren Kapiteln häufig verwendet.

6.3 Zwei einfache Beispiele

Nachfolgend finden Sie zwei kleine Beispiele, die ein Rechtecksignal an GPIOA-Pin 0 (PA0) erzeugen. Die Beispiele verwenden bereits die in Kapitel 2 erzeugte CMSIS-Bibliothek. Es wird also vorausgesetzt, dass Sie sie bereits für den praktischen Einsatz vorbereitet haben.

Hinweis

Die Kommentare wurden im Buch etwas verkürzt. Wenn Sie die Beispiele von meiner Webseite (`https://www.ralf-jesse.de`) bzw. der des Verlags herunterladen, erhalten Sie die ungekürzten Versionen.

Hinweis

Für die zweite Auflage des Buches habe ich die Beispiele so modifiziert, dass Sie sie sowohl als reine Bare-Metal- wie auch als MCAL-Version (auf der Basis der jeweils aktuellen MCAL) testen können. Die Umschaltung erfolgt durch Entfernen bzw. Hinzufügen der Kommentarzeichen vor `#define MCAL` (Zeile 13). Die entsprechenden Stellen sind im Listing in Fettschrift formatiert.

Wichtig

Damit Sie die Beispiele kompilieren können, müssen Sie in jedem der nachfolgend beschriebenen Projekte die CMSIS- und die MCAL-Bibliothek konfigurieren. In Kapitel 2 wurde die Vorgehensweise beschrieben.

6.3.1 Rechtecksignal mit dem ODR-Register

```
1  #include <stm32f446xx.h>/**
2   * Projekt Kap06-GPIO-01
3   *
4   * Einfaches Beispiel zum "Toggeln" von GPIO-Port A / Pin 0
5   */
6
7  #include <stm32f446xx.h>
8  #include <system_stm32f4xx.h>
9
10 /**
11  * Kommentar in Zeile 13 entfernen, wenn Sie die MCAL testen möchten.
12  */
13 //#define MCAL
14
15 #ifdef MCAL
16 #include <mcalGPIO.h>
17 #endif
18
```

```
// Funktionsprototypen
void delayMillis(uint16_t delay);


int main(void)
{
#ifdef MCAL
    gpioSelectPort(GPIOA);
    gpioSelectPinMode(GPIOA, PIN0, OUTPUT);

    while(1)
    {
        gpioTogglePin(GPIOA, PIN0);
        delayMillis(500);
    }
#else
    RCC->AHB1ENR |= RCC_AHB1ENR_GPIOAEN;     // GPIOA: Clock aktivieren

    GPIOA->MODER &= ~GPIO_MODER_MODE0_Msk;  // GPIOA: PA0 zuruecksetzen
    GPIOA->MODER |= GPIO_MODER_MODE0_0;     // GPIOA: PA0 --> Ausgang

    while (1)
    {
        GPIOA->ODR |= GPIO_ODR_OD0;          // GPIOA: Bit 0 in ODR --> 1
        delayMillis(500);
        GPIOA->ODR &= ~GPIO_ODR_OD0;         // GPIOA: Bit 0 in ODR --> 0
        delayMillis(500);
    }
#endif
}

/**
 * !!!Sehr schlechte Version eines Delays!!!
 */
void delayMillis(uint16_t delay)
{
    uint16_t i = 0;

    for (; delay > 0; --delay)
    {
```

```
        for (i = 0; i < 1245; ++i)
        {
            ;
        }
    }
}
```

Listing 6.1: Rechtecksignal erzeugen an PA0 mit ODR, Projekt Kap06-GPIO-01

Im Anschluss an das zweite Beispiel sehen Sie in Abbildung 6.10 das Resultat der beiden Beispiele.

6.3.2 MCAL: Neue Funktion(en)

Anders als noch in der ersten Auflage dieses Buches werde ich die neuen MCAL-Funktionen aufgrund der viel größeren Anzahl von Funktionen nicht mehr explizit auflisten, da sie viel vollständiger und übersichtlicher zusammen mit der MCAL-Bibliothek, die Sie von `https://gitlab.com/rjesse/mcal-stm.git` herunterladen können, ausgeliefert werden. Die HTML-Dokumentation ist dort (im Verzeichnis `doc`) nach Peripheriekomponenten sortiert und beschreibt auch die Register und Bits, die durch die Funktionen beeinflusst werden, was für den Vergleich mit dem Referenzhandbuch von STM hilfreich ist.

Hinweis

Einen »Wegweiser« durch den Aufbau der MCAL-Dokumentation finden Sie in Anhang B, der Anhang D der ersten Auflage ersetzt.

Mit Ausnahme einiger weniger MCU-Komponenten, wie z.B. der Echtzeituhr RTC oder der SysTick-Timer, müssen alle anderen Komponenten (GPIOs, Timer, serielle Schnittstellen usw.) vor ihrer ersten Nutzung **einmalig** aktiviert werden. Nach einem Reset sind sie aus Gründen der Energieeffizienz deaktiviert. Die Aktivierung erfolgt durch die Anschaltung des Bustakts, das über die RCC-Register RCC_AHBnENR, RCC_AHBnLPENR, RCC_APBnENR und RCC_APBnLPENR erfolgt. In der MCAL habe ich zu diesem Zweck beispielsweise die Funktionen `gpio`**`Select`**`Port()` oder `timer`**`Select`**`Timer()` eingeführt. Die restlichen Register aller Komponenten können erst **nach** der Anschaltung des Bustakts genutzt werden.

6.3.3 Rechtecksignal mit BSRR

Das folgende Beispiel ist – bis auf einen kleinen Unterschied – identisch mit dem Projekt `Kap06-GPIO-01`. Der Unterschied besteht in der Verwendung des Bit Set and Reset Register (BSRR), das einen atomaren Zugriff auf die einzelnen Pins der GPIOs ermöglicht.

Wichtig

Atomare Zugriffe finden innerhalb eines MCU-Taktzyklus statt und werden daher auch durch hochpriorisierte Interruptanforderungen **nicht** unterbrochen.

```
/**
 * Projekt Kap06-GPIO-02
 *
 * 2. Beispiel zum "Toggeln" von GPIO-Port A / Pin 0
 */

#include <stm32f446xx.h>
#include <system_stm32f4xx.h>

/**
 * Kommentar in Zeile 14 entfernen, wenn Sie die MCAL testen möchten.
 */
#define MCAL

#ifdef MCAL
#include <mcalGPIO.h>
#endif

// Funktionsprototypen
void delayMillis(uint16_t delay);


int main(void)
{
#ifdef MCAL
    gpioSelectPort(GPIOA);
    gpioSelectPinMode(GPIOA, PIN0, OUTPUT);

    while(1)
    {
        gpioTogglePin(GPIOA, PIN0);
        delayMillis(500);
    }
#else
    RCC->AHB1ENR |= RCC_AHB1ENR_GPIOAEN;     // GPIOA: Clock aktivieren
```

```

    GPIOA->MODER &= ~GPIO_MODER_MODE0_Msk;  // GPIOA: PA0 zuruecksetzen
    GPIOA->MODER |= GPIO_MODER_MODE0_0;     // GPIOA: PA0 --> Ausgang

    // Vermeidung von Read-Modify-Write (RMW)
    while (1)
    {
        GPIOA->BSRR = GPIO_BSRR_BS_0;  // BS = Bit setzen in GPIO_BSRR_BS_0
        delayMillis(500);
        GPIOA->BSRR = GPIO_BSRR_BR_0;  // BR = Bit zurueck in GPIO_BSRR_BR_0
        delayMillis(500);
    }
#endif
}

/**
 * !!!Sehr schlechte Version eines Delays!!!
 */
void delayMillis(uint16_t delay)
{
    uint16_t i = 0;

    for (; delay > 0; --delay)
    {
        for (i = 0; i < 1245; ++i)
        {
            ;
        }
    }
}
```

Listing 6.2: Kap06-GPIO-02, Rechtecksignal erzeugen mit GPIOA->BSRR

Wenn Sie die Erläuterungen bis hier durchgearbeitet haben, müssten Sie die beiden Beispiele auch ohne weitere Erklärungen nachvollziehen können. Ich möchte hier nur noch einmal auf die Wichtigkeit der ersten Zeile innerhalb der beiden `main()`-Funktionen hinweisen: Ohne RCC->AHB1ENR |= RCC_AHB1ENR_GPIOAEN; (alternativ die MCAL-Funktion `gpioSelectPort(GPIOA)`) wäre GPIO-Port A nicht aktiv, da er dann kein Taktsignal hätte.

Ich gehe davon aus, dass nicht jeder Leser über ein Oszilloskop verfügt. Daher zeige ich Ihnen in Abbildung 6.10 die Ergebnisse der Beispiele `Kap06-GPIO-01` und `Kap06-GPIO-02`.

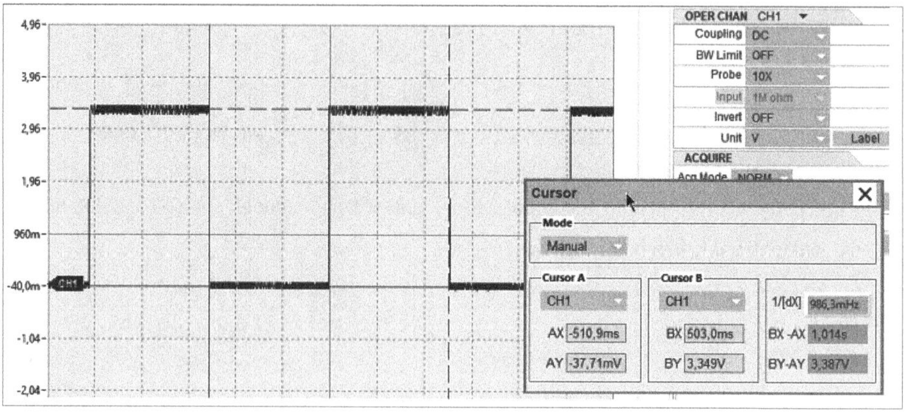

Abb. 6.10: Oszillogramm zu den beiden Beispielprogrammen

Sie haben sicherlich in den Kommentaren bemerkt, dass die `delayMillis()`-Funktion eine sehr schlechte Implementierung eines Delays ist. Eine bessere Variante werden wir schrittweise gemeinsam in Kapitel 9 entwickeln.

Kapitel 7

Polling, Interrupts und Exceptions

Zu den Aufgaben, für die Mikrocontroller eingesetzt werden, gehören das Erkennen und das Erfassen von Ereignissen, die nach ihrer Auswertung bestimmte Aktionen auslösen sollen. Diese Ereignisse können innerhalb des Mikrocontrollers auftreten, sie können aber auch von externen Komponenten ausgelöst werden.

Hinweis

Dieses Kapitel ist in vier Abschnitte unterteilt. Abschnitt 7.1 behandelt einige allgemeine Anmerkungen zu den verschiedenen Techniken und den Gründen, aus denen Interrupts dem Polling vorzuziehen sind. In Abschnitt 7.2 geht es ans »Eingemachte«: Hier zeige ich Ihnen, was Sie beachten müssen, um Interrupts bei der Programmierung von Cortex-M4-Mikrocontrollern zu beherrschen. Es ist nicht schwierig! Abschnitt 7.3 dieses Kapitels beschreibt die Behandlung der sogenannten »externen Interrupts«, die in der Literatur auch als EXTI bezeichnet werden. Sie sind immer dann von besonderer Bedeutung, wenn Interrupts von Quellen ausgelöst werden, die *nicht* in den Mikrocontroller integriert sind: Schalter, Taster, Drehregler, externe Sensoren usw. Im letzten Abschnitt dieses Kapitels werden abschließend in Kürze noch Exceptions behandelt.

Wichtig

Beachten Sie bitte, dass *Interrupt-Service-Routinen*, sogenannte *ISRs*, stets so kurz wie möglich zu halten sind! Interrupts haben immer – wie es der Name bereits sagt – eine Unterbrechung des »normalen« Ablaufs eines Programms zur Folge: Und diese Unterbrechung soll möglichst kurzzeitig sein. Idealerweise lässt sich die gesamte Funktionalität in nur einer Zeile codieren. Ich selbst versuche, dies durch das Setzen einer einfachen booleschen Variablen auf `true` umzusetzen, allerdings ist dies nicht immer möglich! In der `while(1)`-Endlosschleife kann sie dann ausgewertet werden und die gewünschte Funktionalität ausführen. Man darf nur nicht vergessen, sie dort wieder auf `false` zurückzusetzen.

Während Polling und Interrupts funktional ähnlich eingesetzt werden, sind Exceptions für die Behandlung anderer Ereignisse zuständig. Doch der Reihe nach ...

7.1 Allgemeines zu Polling und Interrupts

Die Methoden *Polling* und *Interrupts* werden dazu eingesetzt, das Verhalten von Software in Abhängigkeit von Ereignissen zu steuern, die im normalen Betriebsablauf auftreten, wobei das Eintreten der Ereignisse **zeitlich nicht vorhergesagt werden kann.**

Beispiel

Zu Ereignissen des Normalbetriebs zählen beispielsweise Änderungen von Temperaturen, die das Nachregeln der Systemheizung oder -kühlung erfordern, oder die Drehzahlüberwachung von Motoren. Auch die Reaktion auf die Betätigung von Bedienelementen gehört hierzu.

7.1.1 Polling

Beim Polling werden sämtliche Ereignisse, die im Normalbetrieb auftreten können, permanent überwacht. »Permanent« bedeutet hierbei, dass die Überwachung zyklisch bei *jedem* Durchlauf der `while(1)`-Endlosschleife erfolgt. Dies passiert auch dann, wenn es überhaupt nicht sinnvoll ist, und kostet somit Zeit. Abhängig von der Taktfrequenz des Mikrocontrollers und der Komplexität der Software benötigt ein Schleifendurchlauf nur wenige Millisekunden. Beispiele gefällig? Die Abfrage von Ereignissen alle paar Millisekunden halte ich für wenig sinnvoll bei ...

- ... der Temperaturüberwachung: Temperaturen ändern sich nicht so schnell.
- ... der Überwachung von physikalischen Drücken: Im Allgemeinen ändern sich weder Luftdruck noch hydrostatischer Druck derart schnell, dass sie im Millisekundentakt abgefragt werden müssen.
- ... der Abfrage eines A/D-Wandlers: Je nach der eingestellten Auflösung eines A/D-Wandlers benötigt dieser eine gewisse Zeit, bis die am Eingang anliegende analoge Spannung in einen digitalen Wert konvertiert ist. Eine Abfrage des gewandelten Werts vor Ablauf dieser sogenannten Umwandlungszeit (Conversion Time) kann dazu führen, dass das Ergebnis nicht zuverlässig ist.
- ... der Prüfung, ob ein Bedienelement im Rahmen des Normalbetriebs betätigt wurde. Dies ist nicht so kritisch, dass innerhalb von Millisekunden darauf reagiert werden muss.

Hinweis

Alle Sensoren haben eine gewisse Toleranz, sodass die gemessenen Werte nahezu niemals den reellen Werten entsprechen. Daher sind gewisse Abweichungen nicht nur akzeptabel, sie sind auch systemisch bedingt und lassen sich nicht vermeiden.

Vorsicht

Im Zusammenhang mit der Betätigung von Bedienelementen sind die Begriffe *Not-Aus* und *Not-Halt* zu beachten. Not-Aus dient dazu, eine Anlage stromlos zu machen, das heißt, die Zufuhr elektrischer Energie wird deaktiviert. Dies bedeutet aber nicht, dass bewegte Elemente – stellen Sie sich hier einen Antrieb vor, der eine große Schwungmasse antreibt – sofort zum Stillstand kommen: Hierfür ist der Not-Halt zuständig. Meines Wissens dürfen weder Not-Aus noch Not-Halt per Software umgesetzt werden, die Lösung setzt entsprechende Hardware voraus.

Diese Beispiele zeigen, dass Polling – also die zyklische Abfrage interner und externer Komponenten – keine gute Methode zur Steuerung von Maschinen und Anlagen ist. Ein weiterer Nachteil beim Einsatz von Polling besteht darin, dass das Ereignis eintreten kann, wenn die Abfrage des Elements bereits vorbei ist: Je nach Komplexität (und Qualität) der Software kann es – aus der Sicht des Mikrocontrollers – eine kleine Ewigkeit dauern, bis das Ereignis erkannt und entsprechend reagiert wird.

Hinweis

Aus den genannten Gründen werde ich das Thema »Polling« nicht weiter vertiefen!

7.1.2 Interrupts

Die bevorzugte Technik bei allen genannten Anwendungen ist die Verwendung von Interrupts. Kurz: Eine Peripheriekomponente (Temperatur- oder Drucksensor, A/D-Wandler, Bedienelement usw.) teilt dem Mikrocontroller durch einen sogenannten *Interrupt Request* (eine *Interrupt-Anforderung*) mit, dass sie besondere Aufmerksamkeit benötigt.

Der normale Ablauf beim Eintreten einer Interrupt-Anforderung sieht dann folgendermaßen aus:

1. Die Interrupt-Anforderung wird ausgelöst.
2. Der Mikrocontroller (MCU = *Microcontroller Unit*) beendet das aktuell ausgeführte Kommando.
3. Die MCU speichert alle internen Register sowie die Adresse, an der die Ausführung des laufenden Programms unterbrochen wird, auf dem Stack.
4. Die MCU lädt die Startadresse einer vorab definierten und vom MCU-Hersteller vorbereiteten Funktion, der sogenannten *Interrupt-Service-Routine* (*ISR*), in den sogenannten *Program Counter* (*PC*). Die Startadresse der ISR ist in der soge-

nannten *Vektortabelle* (*Vector table*) festgelegt: Sie wurde bereits in Abschnitt 2.3.1 »Der Reset-Handler« eingeführt. Beim Program Counter handelt es sich um ein MCU-internes Register, das die Adresse des nächsten auszuführenden Programmschritts enthält.

5. Die ISR ist standardmäßig ohne Funktion: Ihre Funktionalität ist vom Softwareentwickler – also von Ihnen – festzulegen. Da viele Komponenten mehrere verschiedene Ereignisse generieren können, wird im ersten Schritt üblicherweise die Art des aufgetretenen Ereignisses ausgewertet. Im Anschluss beginnt die MCU mit der Ausführung der ISR.
6. Ist die Ausführung der ISR abgeschlossen, lädt die MCU die vorher auf dem Stack gespeicherten Werte sowie die Adresse, an der sie unterbrochen wurde, und restauriert somit die Umgebung, die vor der Programmunterbrechung aktiv war. Dies ist die Voraussetzung dafür, dass das Programm an der Stelle, an der es unterbrochen wurde, normal weiter ausgeführt werden kann.
7. Das Programm fährt mit der Ausführung der Anwendung fort.

All dies wird durch die Hardware und ohne Einflussnahme durch den Entwickler der Software ausgeführt.

Hinweis

Die Aussage »ohne Einflussnahme durch den Softwareentwickler« ist nicht immer korrekt: Wenn Sie beispielsweise sogenannte Bootloader entwickeln oder dies für Ihr Projekt von Bedeutung ist, muss hier noch einmal etwas »nachgelegt« werden. Das Thema ist – zumindest bei den Cortex-M-Mikrocontrollern – recht einfach und elegant lösbar: Ich habe dies bereits in meiner beruflichen Praxis selbst gemacht. Dennoch sind Bootloader ein Thema, das über den Anspruch dieses Buches hinausgeht: Ich habe hier einen Artikel geplant, den ich zu einem späteren Zeitpunkt auf meiner Webseite veröffentlichen werde.

7.1.3 Interrupts beherrschen

Die wichtigste Komponente, die Sie hier zu programmieren lernen, ist der sogenannte *Nested Vector Interrupt Controller NVIC*. Der NVIC ist eine Kernkomponente aller Cortex-M-Mikrocontroller. Er ist intern eng mit dem CPU-Kern verbunden, sodass er besonders schnell mit ihm kommunizieren kann.

Hinweis

Den NVIC finden Sie nur in den Cortex-M-Mikrocontrollern. Er ist in den Cortex-A- und Cortex-R-Mikrocontrollern nicht vorhanden!

Hinweis

Funktionen des NVIC werden *nicht* in die MCAL aufgenommen. Sie wurden von Arm definiert und sind für alle Cortex-M-Mikrocontroller sämtlicher Hersteller sauber definiert. Es ergäbe keinen Vorteil, wenn ich diese Funktionen anpassen würde.

7.1.4 Maskierbare und nicht-maskierbare Interrupts

Es gibt zwei Arten von Interrupts: maskierbare und nicht-maskierbare. Der Unterschied ist denkbar einfach:

- Nicht-maskierbare Interrupts können immer auftreten und lassen sich nicht deaktivieren (maskieren).
- Entsprechend lassen sich maskierbare Interrupts aktivieren und deaktivieren. Dies kann an beliebigen Stellen im Sourcecode Ihrer Anwendung erfolgen.

Warum gibt es diese Unterscheidung? Die Frage ist leicht zu beantworten: Die nicht-maskierbaren Interrupts sind für Situationen vorgesehen, die Sie nicht beeinflussen können (oder sollen) oder die »lebenswichtig« für die Applikation sind. Zu den »lebenswichtigen« Interrupts zählt beispielsweise der Reset, denn dieser sorgt dafür, dass die Anwendung in einen definierten Anfangszustand versetzt werden kann. Grundsätzlich lässt sich sagen, dass zu dieser Gruppe alle Interrupts zählen, die für die Integrität der Hardware verantwortlich sind.

Hinweis

Wenn Sie die Beschreibung des Bootvorgangs in Kapitel 2 rekapitulieren: Dort wurde unter anderem der `Reset_Handler` beschrieben.

Darüber hinaus gehören unter anderem folgende Interrupts zu den nicht-maskierbaren Interrupts:

- `Hardfault_Handler`: Hier sagt der Name bereits, dass er für die Behandlung MCU-interner Fehler zuständig ist.
- `MemManage_Handler`: Wenn nicht die MCU, aber der Datenaustausch zwischen MCU und Speicher gestört ist, z.B. weil ein externer Speicherbaustein defekt ist, muss die Anwendung in einen definierten Zustand überführt werden. Sofern Sie über Erfahrung mit Unix oder GNU Linux verfügen, haben Sie sicherlich auch schon einmal vom sogenannten *Segmentation Fault* – das ist ein Fehler, der bei einem unzulässigen Speicherzugriff auftritt – gehört.
- `BusFault_Handler`: Auch diese Bezeichnung sollte unmittelbar einleuchten.

- `NMI_Handler`: NMI ist die gebräuchliche Abkürzung für *Non-maskable Interrupt*.
- Ebenfalls nicht maskierbar ist der `SysTick`-Interrupt, den Sie in Kapitel 9 anwenden werden.

Die allermeisten Interrupts sind aber maskierbar! Die vorübergehende Deaktivierung eines Interrupts ist beispielsweise dann erforderlich, wenn während der Bearbeitung einer ISR diese nicht erneut durch den gleichen Interrupt unterbrochen werden soll.

Beispiel

Sie wollen Daten, die Sie über eine beliebige serielle Schnittstelle empfangen haben, auswerten. Wenn der Empfang eines Bytes gerade bearbeitet und über dieselbe Schnittstelle ein weiteres Byte empfangen wird, würde die Bearbeitung des ersten Bytes nicht abgeschlossen werden können. Schlimmstenfalls kann das zum Verlust von Daten führen. In diesem Fall würde man den entsprechenden Interrupt maskieren (deaktivieren) und nach Abschluss der Bearbeitung wieder aktivieren. Dann muss man aber auch prüfen, ob in der Zwischenzeit ein weiterer gleichartiger Interrupt angefordert wurde. Dies wird durch das entsprechende Interrupt-Pending-Register angezeigt, das dann abgefragt werden muss.

7.1.5 Globale Interrupts

Viele Peripheriekomponenten können mehrere Interrupts auslösen. Bei seriellen Schnittstellen können Interrupts beispielsweise anzeigen, dass ein Überlauf der Empfangsregister aufgetreten ist, dass ein Paritätsfehler erkannt wurde oder dass eine Datenübertragung abgeschlossen ist (*Transfer complete*). Ein schneller Blick ins Referenzhandbuch zeigt, dass z.B. die UARTs/USARTs neun verschiedene Interrupts anfordern können. Unabhängig von der Ursache existiert aber nur eine einzige ISR, z.B. `USART1_IRQHandler()`. Das *USART Status Register* (*USART_SR*) besitzt für jede unterstützte Interrupt-Anforderung ein Bit: Das `USART_SR` wird somit global für alle UART-/USART-Interrupts verwendet, und `USART1_IRQHandler()` ist daher eine globale ISR für alle von USART1 unterstützten Interrupts. Es ist somit Ihre Aufgabe als Softwareentwickler, die Ursache für den Aufruf der ISR zu ermitteln, damit das Programm entsprechend reagieren kann. Dies können Sie durch eine logische Und-Verknüpfung mit dem jeweiligen Bit des USART-Statusregisters erreichen.

Hinweis

Der folgende Pseudo-Code ist ein Beispiel für die Auswertung von verschiedenen Interruptarten, wie sie in Punkt 5 der Aufzählung in Abschnitt 7.1.2 genannt wurde.

```
void USART1_IRQHandler()
{
    if (USART1->SR & USART_SR_FE)
    {
        // Erkennung und Behandlung eines Framing Error
    }
    if (USART1->SR & USART_SR_PE)
    {
        // Erkennung und Behandlung eines Parity Error
    }
    // Erkennung und Behandlung anderer Interrupts
    if (USART1->SR & USART_SR_TC)
    {
        // Erkennung und Behandlung, wenn ein Transmit beendet ist
    }
}
```

Listing 7.1: Dummy-Implementierung zur Behandlung globaler Interrupts

Hinweis

Auch hier gilt: Halten Sie die Erkennung und Behandlung einzelner Interrupts so kurz wie möglich!

7.1.6 Der Nested Vector Interrupt Controller NVIC

Und wie wird die Vielzahl der möglichen Interrupts intern gesteuert? Hierzu dient der weiter oben bereits erwähnte *Nested Vector Interrupt Controller* (*NVIC*). Es wurde bereits erwähnt, dass der NVIC eine Kernkomponente aller Cortex-M-Mikrocontroller ist, die sehr eng mit dem MCU-Kern verbunden ist. Seine Haupt-Features sind:

- Unterstützung von 96 maskierbaren Interrupts. Falls der Mikrocontroller über eine integrierte FPU (*Floating Point Unit*) verfügt, kommen weitere 16 Interrupts hinzu. (Aufgrund seiner Konzeption ist der NVIC in der Lage, sogar 256 Interrupts zu verwalten. Bei den STM32F4xx-MCUs werden aber »nur« 96 (+16) Interrupts genutzt.)
- Um in Anwendungen einzelne Interrupts bevorzugt behandeln zu können, besteht die Möglichkeit, sie in 16 Abstufungen zu priorisieren. Auf diese Weise können Interrupts höherer Priorität solche mit geringerer Priorität unterbrechen.

Hinweis

Diese Möglichkeit zur Priorisierung von Interrupts, also die Möglichkeit, Interrupts mit geringerer Priorität durch solche mit höherer Priorität zu unterbrechen, kann zu einer möglichen »Verschachtelung« von Interrupts führen – dies ist auch der Grund für das Wort »Nested« in NVIC.

Ein weiteres Feature, das nur in der Arm-Dokumentation beschrieben ist, betrifft das sogenannte *Tail Chaining*. Wie in Abschnitt 7.1.2 beschrieben, erfolgt die Bearbeitung einer Interrupt-Anforderung in einer genau definierten Folge von Aktionen. Sie endet mit einer Restaurierung der MCU-Register, um den Zustand wiederherzustellen, der vor dem Interrupt geherrscht hat. Wenn nun aber ein weiterer Interrupt auftritt (der möglicherweise von einer anderen Interrupt-Quelle ausgelöst wurde), müssten die eben restaurierten Register wieder auf den Stack gerettet werden. Beide Vorgänge, das Restaurieren und das unmittelbar folgende erneute Retten der Register, kosten Zeit. Das Schlimme dabei ist: Das Restaurieren und erneute Retten der Register ist nicht erforderlich, da die MCU-Register auf jeden Fall wieder überschrieben werden! Das Tail Chaining verhindert dies. Wird ein weiterer Interrupt ausgelöst, beendet das Tail Chaining die Restaurierung der Register, und die nicht-restaurierten Registerinhalte verbleiben auf dem Stack.

Die C-Struktur, die den NVIC beschreibt, ist in der Datei `core_cm4.h` definiert. Aus Platzgründen muss ich an dieser Stelle zwar auf den Abdruck der Kommentare verzichten, nachfolgend finden Sie aber die Beschreibung der Register:

```
typedef struct
{
  __IOM uint32_t ISER[8U];
        uint32_t RESERVED0[24U];
  __IOM uint32_t ICER[8U];
        uint32_t RSERVED1[24U];
  __IOM uint32_t ISPR[8U];
        uint32_t RESERVED2[24U];
  __IOM uint32_t ICPR[8U];
        uint32_t RESERVED3[24U];
  __IOM uint32_t IABR[8U];
        uint32_t RESERVED4[56U];
  __IOM uint8_t  IP[240U];
        uint32_t RESERVED5[644U];
  __OM  uint32_t STIR;
} NVIC_Type;
```

Listing 7.2: Definition der NVIC-Struktur

Die NVIC-Register lassen sich nicht direkt in der Form `NVIC-><Register> |= <wert>` programmieren. Der Grund hierfür ist, dass diese Register nur schreibbar (*write only*) sind. Der Zugriff mit |= bzw. &= kann nicht funktionieren, weil dann ein Read-Modify-Write-Zugriff erforderlich wäre, und das Lesen ist bei Write-only-Registern nicht möglich.

Allerdings hat Arm in der Datei `core_cm4.h` Funktionen implementiert, die genau diese Aufgabe übernehmen. Alle Funktionen sind als `__STATIC_INLINE` deklariert. Nachfolgend werde ich die wichtigsten Funktionen beschreiben. Wenn Sie auch noch an den anderen Funktionen interessiert sind, verweise ich Sie auf die Datei `core_cm4.h`.

Hinweis

`__STATIC_INLINE` lässt sich in die zwei Teile `static` und `inline` aufteilen. `inline` bedeutet hier, dass der Inhalt der Funktionen durch den Präprozessor des Compilers praktisch wortwörtlich an der Stelle eingefügt wird, an der das entsprechende Kommando steht: Es gibt also eine gewisse Ähnlichkeit mit C-Makros! Die zusätzliche Verwendung von `static` bewirkt, dass die Funktion eineindeutig (Begriff aus der Informationstheorie) ist und nicht überschrieben werden kann.

Die Reihenfolge der Interrupts wurde von Arm nicht spezifiziert, sodass hier jeder Hersteller von Cortex-M-Mikrocontrollern seine eigene Implementierung wählen kann. STM hat sich dafür entschieden, jedem Interrupt in einer Aufzählung vom Typ `#typedef enum{...} IRQn_TypeDef` eine eindeutige Nummer zuzuweisen. Die Aufzählung finden Sie in der CMSIS-Headerdatei des von Ihnen verwendeten Mikrocontrollers, also z.B. in `stm32f446xx.h`.

Wichtig

Den nicht-maskierbaren Interrupts wurden negative Werte zugewiesen, was eine besondere Behandlung ermöglicht: Die von Arm definierten Funktionen akzeptieren nämlich ausschließlich positive Interrupt-Nummern (einschließlich 0), sodass sie sich gar nicht auf die nicht-maskierbaren Interrupts auswirken können!

Der folgende Auszug aus den Interrupt-Nummern zeigt, dass die Interrupt-Nummer für den `SysTick`-Timer ebenfalls negativ ist: Dies bedeutet, dass er zur Gruppe der nicht-maskierbaren Interrupts zählt und daher immer aktiv ist (bzw. nicht deaktiviert/maskiert werden kann). Der Auszug aus der Liste wurde hier aus Platzgründen ebenfalls um die Kommentare bereinigt.

```
typedef enum
{
/****** Cortex-M4 Processor Exceptions Numbers ******/
  NonMaskableInt_IRQn          = -14,
  MemoryManagement_IRQn        = -12,
  BusFault_IRQn                = -11,
  UsageFault_IRQn              = -10,
  SVCall_IRQn                  = -5,
  DebugMonitor_IRQn            = -4,
  PendSV_IRQn                  = -2,
  SysTick_IRQn                 = -1,
/****** STM32 specific Interrupt Numbers ******/
  WWDG_IRQn                    = 0,
  PVD_IRQn                     = 1,
  TAMP_STAMP_IRQn              = 2,
  RTC_WKUP_IRQn                = 3,
  FLASH_IRQn                   = 4,
  RCC_IRQn                     = 5,
  EXTI0_IRQn                   = 6,
  EXTI1_IRQn                   = 7,
  EXTI2_IRQn                   = 8,
  EXTI3_IRQn                   = 9,
  EXTI4_IRQn                   = 10,
  DMA1_Stream0_IRQn            = 11,
. . .
  SPDIF_RX_IRQn                = 94,
  FMPI2C_EV_IRQn               = 95,
  FMPI2C_ER_IRQn               = 96
} IRQn_Type;
```

Listing 7.3: Auszug aus der Definition von IRQn_Type

Hinweis

Den IRQn_Type-Definitionen können Sie entnehmen, dass der STM32F446 insgesamt 96 maskierbare Interrupts unterstützt. Der NVIC kann – wie bereits erwähnt – sogar bis zu 256 maskierbare Interrupts verwalten.

Nun folgt die Beschreibung der wichtigsten NVIC-Funktionen.

void __NVIC_EnableIRQ(IRQn_Type IRQn)

Standardmäßig sind maskierbare Interrupts nicht aktiviert. Um sie nutzen zu können, müssen sie zunächst aktiviert werden. Dafür ist diese Funktion zuständig.

void __NVIC_DisableIRQ(IRQn_Type IRQn)

Weiter oben habe ich bereits erwähnt, dass bestimmte Situationen die vorübergehende Deaktivierung einzelner Interrupts erforderlich machen. Hierfür nutzen Sie `__NVIC_DisableIRQ(IRQn_Type IRQn)`.

void __NVIC_SetPriority(IRQn_Type IRQn, uint32_t priority)

Diese Funktion dient dem Einstellen der Priorität von Interrupts. Weiter oben wurde bereits erläutert, dass eine der Kernfunktionen des NVIC darin besteht, dass Interrupts höherer Priorität solche mit einer niedrigeren Priorität unterbrechen können und somit mehrere Interrupts ineinander verschachtelt werden können.

> **Hinweis**
>
> Die Priorität von Interrupts ist umso höher, je kleiner der Wert des Parameters `priority` ist. Der kleinstmögliche Wert ist 0. Alle maskierbaren Interrupts haben nach einem Reset die höchste Priorität 0!

uint32_t __NVIC_GetPriority(IRQn_Type IRQn)

Diese Funktion gibt als Ergebnis die eingestellte Priorität des angegebenen Interrupts zurück.

uint32_t __NVIC_GetEnableIRQ(IRQn_Type IRQn)

Es kann vorkommen, dass die Software nur korrekt funktioniert, wenn ein bestimmter Interrupt aktiv ist. Mit dieser Funktion kann sein aktueller Status ermittelt werden.

void __NVIC__SetPendingIRQ(IRQn_Type IRQn)

Interrupts können vorübergehend in eine Art Ruhezustand versetzt werden, ohne sie explizit zu deaktivieren.

uint32_t __NVIC_GetPendingIRQ(IRQn_Type IRQn)

Mit dieser Funktion können Sie ermitteln, ob eine Interrupt-Quelle ausgelöst hat, während die ISR einer anderen Peripheriekomponente bearbeitet wurde.

void __NVIC_ClearPendingIRQ(IRQn_Type IRQn)

Wenn eine Interrupt-Anforderung noch nicht bearbeitet wurde, der IRQ aber nicht mehr von Bedeutung ist, setzt diese Funktion sein Pending-Bit zurück.

void __NVIC_SetVector(IRQn_Type, uint32_t vector)

Wurde die Vektortabelle in das SRAM oder an eine andere Adresse im Flash verschoben, muss der Vektor einer bestimmten Interrupt-Quelle auf die korrespondierende ISR im SRAM »umgebogen« werden. Hierzu ist es aber erforderlich, dass das *Vector Table Offset Register* (*VTOR*) vorher so eingestellt wird, dass die

MCU nun auf die Vektortabelle im SRAM zugreift (standardmäßig befindet sie sich im Flash).

Wichtig

Das »Umbiegen« der Vektortabelle auf das SRAM bzw. auf einen anderen Speicherort erfolgt durch den Aufruf der Funktion `SCB->VTOR = (uint32_t) &<Adresse im SRAM/Flash>;`.

void __NVIC_SystemReset(void)

Wurde die Vektortabelle in einen anderen Speicher verlagert, muss die MCU einen Reset-Zyklus durchlaufen, damit der MCU die Adresse der neuen Vektortabelle bekannt gemacht wird.

Hinweis

Die Kombination der letzten beiden Funktionen ist die Voraussetzung zur Implementierung eines Bootloaders, wie er weiter oben erwähnt wurde.

Wichtig

Dass ein Interrupt angefordert wurde, wird durch ein Bit (Flag) im Statusregister der jeweiligen Komponente angezeigt: Es hat dann den Wert 1. Die erste Aufgabe, die Ihnen als Programmierer der entsprechenden ISR zukommt, besteht darin, dieses Flag (z.B. mit `IRQ_FLAG &= ~FLAG; // Pseudocode`) auf 0 zurückzusetzen. Vergessen Sie dies, wird die Interrupt-Anforderung ständig von Neuem ausgelöst, und die ISR wird niemals beendet!

7.2 Externe Interrupts

Theoretisch sind Sie nun in der Lage, Interrupt-Anforderungen zu erkennen und zu behandeln. Dabei könnten Sie aber übersehen, dass wir bisher ausschließlich Interrupts behandeln können, die innerhalb des Mikrocontrollers auftreten: Dies könnten beispielsweise auch andere Timer oder integrierte Komponenten wie z.B. A/D-Wandler sein. Vollkommen »außen vor« blieben bisher aber Komponenten, die als externe Geräte an die MCU »angeflanscht« werden. So verfügen Maschinen in der Regel immer über Schalter, Taster, Drehregler, Sensoren usw., die die Steuerung über ihren aktuellen Zustand informieren. Dabei geht es um die Frage: Welche Maßnahmen sind hier zu ergreifen, um beispielsweise einen Motor abzubremsen, der aufgrund eines Fehlers zu schnell dreht (Erfassung der Drehzahl über einen sogenannten Encoder)?

7.2.1 External Interrupt/Event Controller (EXTI)

Der *External Interrupt/Event Controller* (*EXTI*) des STM32F446 »kennt« 23 Quellen für externe Interrupts, die auf Änderungen des Signalpegels reagieren. Sie können so konfiguriert werden, dass sie wahlweise

- auf ansteigende Flanken (GND → V_{cc}),
- auf abfallende Flanken (V_{cc} → GND) oder
- auf ansteigende und abfallende Flanken

reagieren können.

Hinweis

Andere Mikrocontroller der STM-Cortex-M4-Familie können über eine andere Anzahl entsprechender Leitungen verfügen. Die MCUs der Cortex-M7-Familie kennen beispielsweise 25 externe Interrupt-Quellen.

Die Interrupt-Quellen sind in zwei Bereiche unterteilt:

- Der erste Bereich unterstützt die Erkennung von Interrupt-Anforderungen für die von außen zugänglichen GPIO-Ports Px0 bis Px15. Hier werden also 16 der 23 möglichen Interrupts erfasst.
- Die verbleibenden sieben Interrupts sind dem zweiten Bereich zugeordnet. Er wird von anderen Interrupt-Quellen genutzt. Hierzu zählen z.B. die integrierte Echtzeituhr RTC, USB-Interrupts und, falls vorhanden, Ethernet-Interrupts (nicht beim STM32F446!).

Im weiteren Verlauf interessieren uns die von den GPIOs ausgelösten Interrupts.

GPIOs und externe Interrupts

Sie haben gerade gesehen, dass für die GPIOs insgesamt 16 EXTI-Interrupts vorgesehen sind. Dies scheint auf den ersten Blick sehr wenig zu sein, da ja bereits der STM32F446 intern 107 GPIO-Ports besitzt – wobei natürlich in Abhängigkeit von der Gehäusebauform nicht alle nach außen herausgeführt sind. Aber selbst bei der relativ kleinen Variante STM32F446RE mit 64 Pins sind immer noch mehr GPIOs herausgeführt, als EXTI-Interrupts vorhanden sind.

Die Lösung, die STM gewählt hat, lautet: Nur die Interrupt-Quellen `EXTI0` bis `EXTI4` verfügen über einen eigenen Interrupt-Handler. Die restlichen elf (GPIO-) Interrupt-Quellen teilen sich folgendermaßen auf: `EXTI9_5` kombiniert die Leitungen 9 bis 5, `EXTI15_10` ist für den Rest zuständig. Da es unwahrscheinlich ist, dass die Interrupts gleichzeitig ausgelöst werden, wurden die Leitungen aller GPIO-Ports *mit gleicher Nummer* auf eine der EXTI-Leitungen gelegt. Dies bedeutet, dass PA0, PB0, PC0 usw. alle von EXTI0 bedient werden. PA1, PB1, PC1 usw. werden entsprechend von EXTI1 bedient. Dies geht so weiter, bis schließlich PA15, PB15, PC15 usw. alle von EXTI15_10 bedient werden. Ein interner Multiplexer legt also die Pins mit gleicher fortlaufender Nummer auf dieselbe Leitung.

Wichtig

Bedingt durch das Multiplexverfahren kann zu einem Zeitpunkt daher immer nur ein GPIO-Pin pro EXTI-Leitung bedient werden. Da die EXTI-Leitungen aber voneinander unabhängig sind, können gleichzeitig immer noch sieben externe Interrupts behandelt werden.

Der System Configuration Controller (SYSCFG)

In Kapitel 4 bin ich am Rande auf den *System Configuration Controller* (*SYSCFG*) eingegangen. Meiner Ansicht nach war es zu dem Zeitpunkt noch zu früh, um auf seine wichtigere Aufgabe einzugehen. Dies soll nun nachgeholt werden.

SYSCFG External Interrupt Configuration Register (SYSCFG_EXTICRn)

Mit wenigen Ausnahmen verfügt jeder GPIO-Port über 16 I/O-Leitungen, die alle – wenn sie als Input konfiguriert wurden – als Eingangsleitungen für externe Interrupts verwendet werden können. Die Mitglieder der STM32F4xx-Familie besitzen eine unterschiedliche Anzahl von GPIO-Ports. Beim STM32F446 sind dies mit den GPIO-Ports A bis H insgesamt acht Ports, wobei GPIO-Port H aber nur über zwei Inputs/Outputs verfügt. Andere Mitglieder dieser Familie können auch mehr Ports enthalten: Bei den STM32F469-/479-MCUs sind dies beispielsweise zwölf GPIO-Ports. Um feststellen zu können, von welchem GPIO-Port ein Interrupt ausgelöst wurde, werden vier Bit pro Leitung benötigt, weshalb maximal 16 GPIO-Ports möglich sind. Wie Sie Tabelle 7.1 entnehmen können, wurde dies auch so implementiert. Die Einstellung, welche GPIO-Leitung als EXTI-Input verwendet werden soll, erfolgt über die Register SYSCFG_EXTICRn.

Am Beispiel des STM32F446 wird die Bedeutung der einzelnen Bits anhand folgender Tabelle beschrieben:

GPIO	Laufende Pin-Nummer +			
	Bit 3	Bit 2	Bit 1	Bit 0
A	0	0	0	0
B	0	0	0	1
C	0	0	1	0
D	0	0	1	1
E	0	1	0	0

Tabelle 7.1: Belegung der SYSCFG_EXTICRn-Bits für Pin 0

GPIO	Laufende Pin-Nummer +			
	Bit 3	Bit 2	Bit 1	Bit 0
F	0	1	0	1
G	0	1	1	0
H	0	1	1	1

Tabelle 7.1: Belegung der SYSCFG_EXTICRn-Bits für Pin 0 (Forts.)

Tabelle 7.1 sagt ohne weitere Erläuterung nicht sonderlich viel aus! Sie können aber erkennen, dass jeder der unterstützten GPIO-Ports durch vier Bits beschrieben wird. Für Pin 0 sind dies die Bits 0 bis 3, für Pin 1 sind es die Bits 4 bis 7 usw. Wollen Sie nun den EXTI für GPIO-Port A / Pin 0 aktivieren, so müssen Sie die Bits 0 bis 3 auf den Wert »0000« setzen. Wollen Sie beispielsweise Pin 3 von GPIOC hierfür einsetzen, so müssen Sie die Bits 12 bis 15 des SYSCFGG_EXTICR1-Registers auf den Wert »0010« setzen. Um die EXTI-Konfiguration anderer Ports/Pins nicht versehentlich zu ändern, verwendet man üblicherweise die Und-Verknüpfung des Registers mit dem entsprechenden **invertierten** Wert aus Tabelle 7.1.

Diese Beschreibung war nun ziemlich abstrakt! Daher zeige ich Ihnen hier, wie die Bits für die beiden genannten EXTIs (GPIOA/Pin0 und GPIOC/Pin3) eingestellt werden müssen (Pseudo-Code):

```
void main(void)
{
    SYSCFG_EXTICR[0] &= ~(0x000F); // EXTI f. GPIOA/Pin 0 aktivieren
    SYSCFG_EXTICR[0] &= ~(0xD000); // EXTI f. GPIOC/Pin 3 aktivieren
}
```

Listing 7.4: Pseudo-Code zur Aktivierung der EXTIs von GPIOA/Pin0 und GPIOC/Pin3

Den Aufbau eines SYSCFG_EXTICRn-Registers zeigt Abbildung 7.1:

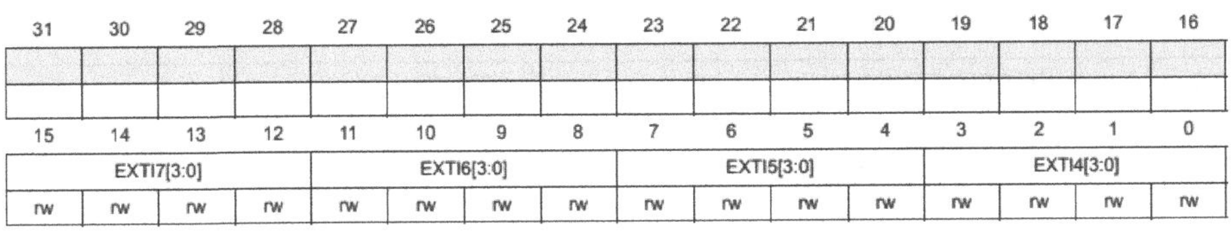

Abb. 7.1: Aufbau der SYSCFG_EXTICRn-Register (hier für die Pins 4 bis 7)

Da ein Register immer nur für die Konfigurierung von vier Leitungen ausgelegt ist, verfügen die STM32F4xx-MCUs über jeweils vier dieser Register. Die C-Struktur `SYSCFG_TypeDef` enthält hierfür mit `uint32_t EXTICR[4]` ein Array, das alle 16 Leitungen bedient.

> **Wichtig**
>
> Um den *System Configuration Controller SYSCFG* verwenden zu können, muss auch für ihn vorher das Taktsignal aktiviert werden. Der *SYSCFG* ist an den Advanced Peripheral Bus 2 angeschlossen, sodass er mit RCC->APB2ENR |= RCC_APB2ENR_SYSCFGEN aktiviert werden muss.

Natürlich reicht dies noch nicht aus, um externe Interrupts erfassen und bearbeiten zu können. Die Detailkonfiguration findet aber in den EXTI-Registern statt. Diese sollen als Nächstes beschrieben werden, bevor im Anschluss ein praktisches Beispiel folgt.

EXTI Interrupt Mask Register (EXTI_IMR)

Wie bereits erwähnt, unterstützt der EXTI – abhängig vom verwendeten STM32F4xx – eine unterschiedliche Anzahl externer Interrupts: Beim STM32F446 sind dies 23, die unabhängig voneinander aktiviert werden können. Die Aktivierung wird mit dem *EXTI Interrupt Mask Register* (*EXTI_IMR*) durchgeführt.

31	30	29	28	27	26	25	24	23	22	21	20	19	18	17	16
									MR22	MR21	MR20	MR19	MR18	MR17	MR16
									rw	rw	rw	rw	rw	rw	rw
15	**14**	**13**	**12**	**11**	**10**	**9**	**8**	**7**	**6**	**5**	**4**	**3**	**2**	**1**	**0**
MR15	MR14	MR13	MR12	MR11	MR10	MR9	MR8	MR7	MR6	MR5	MR4	MR3	MR2	MR1	MR0
rw	rw	rw	rw	rw	rw	rw	rw	rw	rw	rw	rw	rw	rw	rw	rw

Abb. 7.2: Das EXTI Interrupt Mask Register (EXTI_IMR)

Die Bits 0 bis 15 sind direkt den GPIO-Leitungen zuzuordnen. Tabelle 7.2 zeigt die Zuordnung der restlichen Bits:

Bitnummer	EXTI-Zuordnung	Funktion
16	PVD	programmierbarer Spannungsdetektor (Programmable Voltage Detector)
17	RTC Alarm Event	Echtzeituhr
18	USB OTG FS Wakeup	USB OTG Full Speed
19	nicht dokumentiert	
20	USB OTG HS Wakeup	USB OTG High Speed
21	RTC Tamper und Time Stamps	Echtzeituhr (Uhrzeit/Zeitstempel ändern)
22	RTC Wakeup	Echtzeituhr

Tabelle 7.2: Zuordnung externer Interrupts

Nach einem Reset haben alle Bits den Wert »0«. Damit sind alle externen Interrupts zunächst deaktiviert. Um einzelne Interrupts nutzen zu können, muss das entsprechende Bit auf »1« gesetzt werden.

EXTI Event Mask Register (EXTI_EMR)

Die Unterscheidung zwischen Interrupts und Events (Ereignissen) ist in der STM-Dokumentation nicht genau definiert. Daher bleibt hier nur die Vermutung, dass es sich bei Events um Signale interner Komponenten wie z.B. Timern handelt, die teilweise auch Ausgangsleitungen besitzen und die dann auf die EXTI-Leitungen zurückgeführt werden können. Das *EXTI Event Mask Register* (*EXTI_EMR*) hat den gleichen Aufbau wie das `EXTI_IMR` und wird daher nicht näher beschrieben.

> **Hinweis**
>
> Den einzigen Hinweis auf Events und deren Behandlung habe ich in der STM-Dokumentation im Zusammenhang mit dem Einsatz der *Floating Point Unit* (*FPU*) gefunden. Sie wird in diesem Buch aber nicht behandelt.

> **Hinweis**
>
> Die Annahme, dass es sich bei Events um interne Ereignisse handelt, beruht darauf, dass beispielsweise Timer interne Ausgangsleitungen besitzen, die andere interne Peripheriekomponenten »triggern« können. Sehr gut ist dies an den Basic Timern TIM6 und TIM7 erkennbar, die nach Erreichen eines voreingestellten Wertes eine D/A-Wandlung auslösen können.

EXTI Rising Trigger Selection Register (EXTI_RTSR)

Mit dem Register *EXTI Rising Trigger Selection* (*EXT_RTSR*) können Sie einstellen, dass an der entsprechenden Leitung ein Interrupt durch eine ansteigende Flanke (also einem Wechsel von »0« → »1«) ausgelöst wird. Dazu müssen die verwendeten Bits auf »1« gesetzt werden. Die Zuordnung der Bits entspricht den EXTI-Leitungen aus Abbildung 7.2.

EXTI Falling Trigger Selection Register (EXTI_FTSR)

Die entgegengesetzte Aufgabe hat das Register *EXTI Falling Trigger Selection* (*EXTI_FTSR*). In Kombination mit dem `EXTI_RTSR` können Sie einstellen, dass Interrupts und Events auf ansteigende und auf abfallende Flanken an der entsprechenden Leitung ausgelöst werden. Auch hier muss das zugehörige Bit auf den Wert »1« gesetzt werden.

EXTI Software Interrupt Event Register (EXTI_SWIER)

Interrupts und Events können nicht nur durch Hardwarekomponenten, sondern auch durch Software ausgelöst werden. Interrupts und Events werden über das Register *EXTI Software Interrupt Event* (*EXTI_SWIER*) konfiguriert. Um Software-Interrupts zu verstehen, müsste man tiefer in die Betriebsarten der MCU eintauchen. Ich werde an dieser Stelle nicht weiter darauf eingehen. Sollte das Thema für Sie relevant werden, empfehle ich Ihnen die Suche nach den Betriebsarten *Privileged Mode* und *Unprivileged Mode*. Hier soll nur so viel gesagt werden, dass es Kommandos gibt, die lediglich im Privileged Mode ausgeführt werden können. Dazu zählt beispielsweise das bereits erwähnte Kommando `NVIC_Reset()`.

EXTI Pending Register (EXTI_PR)

Mit dem *EXTI Pending Register* (*EXTI_PR*) hat es eine besondere Bewandtnis. Wenn Sie daran denken, Pins mit gleicher Nummer, aber verschiedenen GPIO-Ports zu verwenden (z.B. PA0 und PB0), kann die MCU nur einen der beiden Interrupts bedienen. Dies liegt daran, dass die Register `EXTI_IMR` bzw. `EXTI_EMR` nur die Zuordnung eines Pins ermöglichen – eine Zuordnung zu einem bestimmten GPIO-Port ist nicht vorgesehen.

> **Wichtig**
>
> Um hier Konflikte zu vermeiden, ist also zwingend der Austausch mit den Hardwareentwicklern erforderlich! Die Verwendung gleicher Pin-Nummern von unterschiedlichen Ports durch Komponenten, die EXTIs auslösen, wird nicht funktionieren!

7.2.2 Beispiel zu externen Interrupts

An PA0 ist ein Taster anzuschließen, an PA1 wird eine LED angeschlossen. Ein Betätigen des Tasters PA0 löst einen Interrupt aus, der PA1 dazu veranlasst, die LED wechselweise ein- und wieder auszuschalten (zu toggeln).

Hier sind mehrere Dinge zu beachten.

1. Um einen Taster abzufragen oder eine LED anzusteuern, ist es nötig, diese über Vorwiderstände mit der Versorgungsspannung zu verbinden. Das verhindert die elektrische Überlastung der Pins oder gar einen Kurzschluss.
2. Mechanische Elemente (Taster, Schalter, Relais usw.) besitzen die unangenehme Eigenschaft des sogenannten »Prellens« (Bouncing). Wird ein solches Element betätigt, wechselt es normalerweise bei jeder Betätigung mehrmals zwischen zwei Extremwerten (z.B. +3,3 V (V_{DD}) und GND) hin und her. Dies löst mehrfache Interrupt-Anforderungen aus, sodass die Software nicht entscheiden kann, ob das mechanische Element den gewünschten Endzustand erreicht hat. Dieser Effekt lässt sich aber durch geeignete Maßnahmen (Hardware und/oder Software) minimieren. Ich habe mich hier für eine Hardwarelösung entschieden, für die Sie zwei Widerstände (4k7 und 100R) sowie einen 100-nF-Kondensator benötigen.

Den Schaltplan habe ich bewusst sehr einfach gehalten:

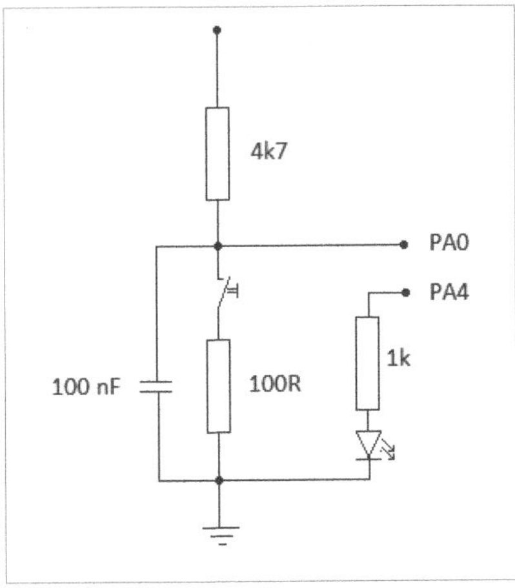

Abb. 7.3: Sehr einfache Schaltung zum folgenden Programm

Vorsicht

Die NUCLEO-Boards besitzen links und rechts Buchsenleisten, von denen die inneren Arduino-kompatibel sind. Die Arduino-Bezeichnungen weichen allerdings von den STM-Bezeichnungen ab. Das folgende Programm verwendet PA4 als Ausgang. Wenn Sie sich beim Nachbau der Schaltung auf die Bezeichnungen der Arduino-Leisten verlassen (sie sind auf der Platine aufgedruckt), wird das Programm nicht funktionieren! PA4 des STM ist auf der Arduino-Leiste als A2 bezeichnet! **Erst ein Blick in den Schaltplan hat mir gezeigt, dass die Bezeichnungen zwischen Arduino- und STM-Leisten (Morpho Connector) nicht kompatibel sind!**

Hinweis

Ich habe die Ports PA0 und PA4 bewusst so gewählt. In einem zweiten Beispiel weiter unten wird zusätzlich noch PA1 als Input verwendet. Als Ausgang musste ich dann PA4 nutzen, weil PA2 und PA3 für die Datenübertragung und das Debuggen mit dem STLINK verwendet werden und somit sowieso »tabu« sind.

Das folgende Beispiel verwendet zwei Pins von GPIOA: PA0 und PA4. PA0 wird als Input für den externen Interrupt und PA4 als Output zur Ansteuerung der LED verwendet. Bei jeder Betätigung des Tasters an PA0 wechselt der Zustand der Leuchtdiode. Die Kommentare sollten ausreichend sein, um das Beispiel nachvollziehen zu können.

Hinweis

In diesem Beispiel werden wieder bereits vorhandene Funktionen der MCAL-Bibliothek genutzt. Auch das folgende Beispiel enthält sowohl die reine Bare-Metal-Lösung wie auch die MCAL-Version. Die Umschaltung der Varianten erfolgt durch das Löschen/Hinzufügen der Kommentarzeichen // in Zeile 14.

```
1  /**
2   * Projekt Kap07-EXTI-01
3   * ====================
4   *
5   * Einfaches EXTI-Projekt mit einem Taster und einer LED.
6   */
7
8  #include <stm32f4xx.h>
9  #include <system_stm32f4xx.h>
10
11 /**
12  * Kommentar in Zeile 14 entfernen, wenn Sie die MCAL testen möchten.
13  */
14 //#define MCAL
15
16 #ifdef MCAL
17 #include <mcalGPIO.h>
18 #include <mcalEXTI.h>
19 #endif
20
21 //void EXTIConfigIrq(GPIO_TypeDef *port, PIN_NUM pin);
22
23 int main(void)
24 {
25 #ifdef MCAL // Beginn der MCAL-Version
26
27     // GPIOA: Bustakt aktivieren
28     gpioSelectPort(GPIOA);
29
30     // SYSCFG: Bustakt aktivieren (noch keine MCAL-Funktion vorhanden)
31     RCC->APB2ENR |= RCC_APB2ENR_SYSCFGEN; /* SYSCFG: Clock an */
32
33     /**
```

```
     * Konfiguration von GPIOA PA0 und PA4
     */
    gpioSelectPinMode(GPIOA, PIN0, INPUT);
    gpioSelectPinMode(GPIOA, PIN4, OUTPUT);
    gpioSetOutputType(GPIOA, PIN4, PUSHPULL);
    gpioSelectPushPullMode(GPIOA, PIN4, NO_PULLUP_PULLDOWN);

    extiInit();
    extiConfigIrq(GPIOA, PIN0);
    extiEnableIrq(EXTI_PIN0);
    extiSetTriggerEdge(EXTI_PIN0, FALLING_EDGE);


#else       // Ende der MCAL-Version + Beginn der Bare-Metal-Version

    __disable_irq();

    RCC->AHB1ENR |= RCC_AHB1ENR_GPIOAEN;
    RCC->APB2ENR |= RCC_APB2ENR_SYSCFGEN; /* SYSCFG: Clock an */

    /**
     * Konfiguration von GPIOA PA0 und PA4
     */
    GPIOA->MODER &= ~(GPIO_MODER_MODE0_Msk | GPIO_MODER_MODE4_Msk);
    GPIOA->MODER |= GPIO_MODER_MODE4_0;

    // GPIO: Aufnahme in MCAL
    GPIOA->OTYPER &= ~(GPIO_OTYPER_OT0 | GPIO_OTYPER_OT4);
    GPIOA->PUPDR  &= ~(GPIO_PUPDR_PUPD0 | GPIO_PUPDR_PUPD4);

    // EXTI: Aufnahme in MCAL
    SYSCFG->EXTICR[0] &= ~0x000F;  /* EXTI0 f. GPIOA/Pin 0 an */
    EXTI->IMR  |= EXTI_IMR_IM0;    /* EXTI: PA0 Enable IRQ */
    EXTI->FTSR |= EXTI_FTSR_TR0;   /* EXTI: PA0 Fallende Flanke */

    __enable_irq();

#endif  // Ende der Bare-Metal-Version

```

```
    // Generelle Aktivierung des Interrupts
    NVIC_EnableIRQ(EXTI0_IRQn);     /* EXTI0: Aktivieren    */

    while (1)
    {
        ;
    }
}

/**
 * EXTI0: Interrupt-Service-Routine
 */
void EXTI0_IRQHandler(void)
{
#ifdef MCAL // Beginn der MCAL-Version

    gpioTogglePin(GPIOA, PIN4); /* Toggle PA1 */
    EXTI->PR |= EXTI_PR_PR0;    /* Reset IRQ-Pending-Flag */

#else        // Ende der MCAL-Version + Beginn der Bare-Metal-Version

    if (GPIOA->IDR & GPIO_IDR_ID4)
    {
        GPIOA->BSRR = GPIO_BSRR_BR4;    // PA4 --> Low
    }
    else
    {
        GPIOA->BSRR = GPIO_BSRR_BS4;    // PA4 --> High
    }
    EXTI->PR |= EXTI_PR_PR0;    /* Reset IRQ-Pending-Flag */

#endif       // Ende der Bare-Metal-Version
}
```

Listing 7.5: Projekt Kap07-EXTI-01

Ich hatte eingangs darauf hingewiesen, dass das Programm aufgrund des Prellens mechanischer Taster nicht so funktioniert, wie es sollte. Abbildung 7.4 zeigt das Verhalten der Schaltung, wenn Sie die in Abbildung 7.3 gezeigten Maßnahmen *nicht* verwenden:

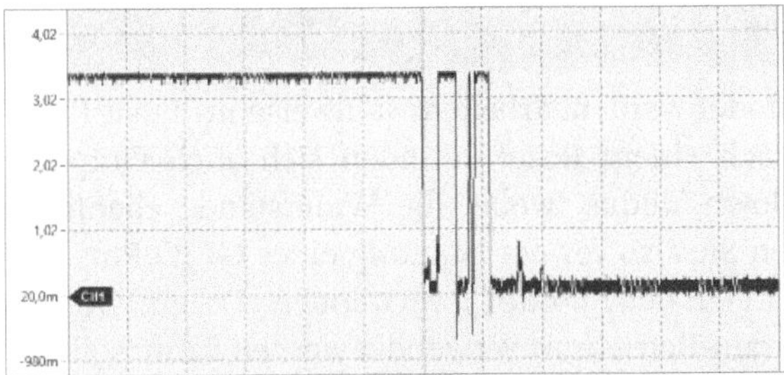

Abb. 7.4: Prellen eines mechanischen Tasters (einmal betätigt)

Hinweis

Auch die externe Beschaltung des Tasters mit Widerständen und einem Kondensator verhindert das Prellen nicht immer zuverlässig! Sie sorgt aber für ein wesentlich stabileres Verhalten der Schaltung.

Wichtig

Beachten Sie in der ISR besonders auch die Zeile `EXTI->PR |= EXTI_PR_PR0;`! Hierdurch wird das Bit, das das Auftreten einer Interrupt-Anforderung anzeigt, wieder zurückgesetzt. Wenn Sie diese Zeile vergessen, wird der Interrupt immer wieder aufs Neue ausgelöst.

Wichtig

Das Zurücksetzen des Interrupt-Flags ist immer erforderlich und gilt auch für andere Peripheriekomponenten wie z.B. Timer. Allerdings heißt das »zuständige« Register nicht in jedem Fall *Pending Register* (*PR*), sondern häufig auch *Status-Register* (*SR*)!

Wichtig

GPIO-Pins, die als *Input* verwendet werden, befinden sich immer im Pull-up- bzw. Pull-down-Modus. Die entsprechenden Output-Treiber sind dann deaktiviert. Die Pull-up-/Pull-down-Widerstände von GPIO-Inputs sind nach einem Reset allerdings deaktiviert. Dies kann zur Folge haben, dass Impulse, die auf äußere Einflüsse zurückzuführen sind, undefinierte Werte am Eingang verursachen können. Wollen Sie externe Widerstände einsparen, müssen Sie zwingend entweder den internen Pull-up- oder den internen Pull-down-Widerstand aktivieren! Hierzu verwenden Sie die MCAL-Funktion `gpioSelectPushPullMode()`.

Wichtig

GPIO-Pins, die als *Output* verwendet werden, arbeiten wahlweise im Push-Pull- oder im Open-Drain-Modus. Nach einem Reset befinden sich auch Outputs immer im Pull-up- bzw. Pull-down-Modus, wobei die Widerstände ebenfalls deaktiviert sind. Auch hier sollten Sie also vor der Nutzung eines GPIO-Pins als Output die Funktion `gpioSelectPushPullMode()` verwenden. Da ein GPIO-Output aber auch in der Open-Drain-Betriebsart verwendet werden kann, sollten Sie vorher explizit mit `gpioSetOutputType()` den `PUSHPULL`-Modus aktivieren.

7.2.3 Erkennung mehrerer externer Interrupts

Pins mit der gleichen laufenden Nummer lassen sich also nicht gleichzeitig als externe Interrupt-Quelle verwenden. Werden Pins mit verschiedenen Nummern als EXTI-Quellen genutzt, funktioniert dies problemlos. Das Projekt `Kap07-EXTI-02` zeigt Ihnen, wie Sie das umsetzen können. Hierzu müssen Sie die Schaltung aus Abbildung 7.3 erweitern. Das neue Schaltbild sieht aus wie das in Abbildung 7.5 gezeigte.

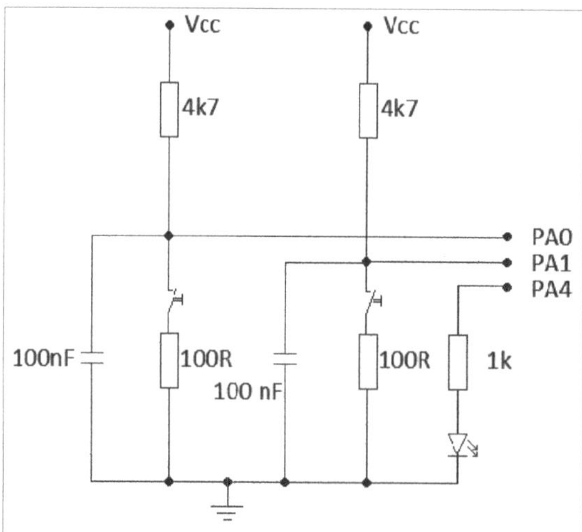

Abb. 7.5: Neue Schaltung für zwei EXTI-Leitungen

Hinweis

Das folgende Beispiel verwendet als externe Inputs die Leitung PA0 und PA1. Damit es funktioniert, müssen Sie PA1 genauso beschalten, wie Sie es bereits in Abbildung 7.3 für PA0 gesehen haben. Das Programm verwendet darüber hinaus einen Vorgriff auf den `SysTick`-Timer: Probieren Sie das Beispiel dennoch aus. In Kapitel 9 lernen Sie verschiedene Techniken für den Einsatz von Timern kennen, die dort am Beispiel des `SysTick`-Timers gezeigt werden. Details zu den Registern des `SysTick`-Timers finden Sie dann ebenfalls in Kapitel 9. Auch hier gilt: Die Umschaltung zwischen der Bare-Metal- und der MCAL-Version erfolgt durch das Aktivieren/Deaktivieren des Softwareschalters `#define MCAL`.

```
/**
 * Projekt Kap07-EXTI-02
 * ====================
 *
 * Einfaches EXTI-Projekt mit zwei Tastern und einer LED.
 */
#include <stdint.h>
#include <stdbool.h>

#include <stm32f4xx.h>
#include <system_stm32f4xx.h>

/**
 * Kommentar in Zeile 14 entfernen, wenn Sie die MCAL testen möchten.
 */
//#define MCAL

#ifdef MCAL
#include <mcalGPIO.h>
#include <mcalEXTI.h>
#include <mcalSysTick.h>
#endif


/**
 * Makro zum Dekrementieren von Timer-Variablen. Das Makro ist vollstaendig
 * in mcalSysTick.h enthalten und darf daher hier nur in der Bare-Metal-
 * Version aktiviert sein. Anderenfalls meldet der Compiler einen 'multiple
 * definition'-Fehler.
 */
#ifndef MCAL
#define DECREMENT_TIMER(timer)  \
    ({                          \
        if (timer > 0)          \
        {                       \
```

```
            --timer;            \
        }                       \
    })
#endif

/**
 * Funktionsprototypen
 */
void UPDATETimers(void);

/**
 * Globale Variablen
 */
bool     timerTrigger = false;
uint32_t timerPA4     = 200UL;
uint32_t currentDelay = 200UL;


int main(void)
{
#ifdef MCAL // Beginn der MCAL-Version

    // SysTick-Timer konfigurieren
    systickInit(SYSTICK_1MS);

    // GPIOA: Bustakt aktivieren
    gpioInitPort(GPIOA);

    // SYSCFG: Bustakt aktivieren (noch keine MCAL-Funktion vorhanden)
    RCC->APB2ENR |= RCC_APB2ENR_SYSCFGEN; /* SYSCFG: Clock an */

    /**
     * Konfiguration von GPIOA PA0 und PA4
     */
    gpioSelectPinMode(GPIOA, PIN0, INPUT);
    gpioSelectPinMode(GPIOA, PIN1, INPUT);
    gpioSelectPinMode(GPIOA, PIN4, OUTPUT);
    gpioSetOutputType(GPIOA, PIN4, PUSHPULL);
    gpioSelectPushPullMode(GPIOA, PIN4, NO_PULLUP_PULLDOWN);

```

```
    extiInit();
    extiConfigIrq(GPIOA, PIN0);
    extiEnableIrq(EXTI_PIN0);
    extiSetTriggerEdge(EXTI_PIN0, FALLING_EDGE);

    extiConfigIrq(GPIOA, PIN1);
    extiEnableIrq(EXTI_PIN1);
    extiSetTriggerEdge(EXTI_PIN1, FALLING_EDGE);

#else       // Ende der MCAL-Version + Beginn der Bare-Metal-Version

    /**
     * SysTick-Timer: Funktionen wurden von Arm und ST entwickelt.
     */
    SysTick_Config(SystemCoreClock / 1000);
    SystemCoreClockUpdate();

    __disable_irq();

    RCC->AHB1ENR |= RCC_AHB1ENR_GPIOAEN;     /* GPIOA aktivieren */
    RCC->APB2ENR |= RCC_APB2ENR_SYSCFGEN;    /* SYSCFG: Clock an */

    /**
     * Konfiguration von GPIOA PA0, PA1 und PA4
     */
    GPIOA->MODER &= ~(GPIO_MODER_MODE0_Msk | GPIO_MODER_MODE1_Msk | GPIO_MODER_MODE4_Msk);
    GPIOA->MODER |= GPIO_MODER_MODE4_0;

    GPIOA->OTYPER &= ~(GPIO_OTYPER_OT0 | GPIO_OTYPER_OT1 | GPIO_OTYPER_OT4);
    GPIOA->PUPDR  &= ~(GPIO_PUPDR_PUPD0 | GPIO_PUPDR_PUPD1 | GPIO_PUPDR_PUPD4);

    SYSCFG->EXTICR[0] &= ~0x000F;                /* EXTI0 an */
    EXTI->IMR  |= EXTI_IMR_IM0;                  /* EXTI0: PA0 Enable IRQ */
    EXTI->FTSR |= EXTI_FTSR_TR0;                 /* EXTI0: PA0 Fallende Flanke */

    SYSCFG->EXTICR[0] &= ~0x00F0;                /* EXTI1 an */
    EXTI->IMR  |= EXTI_IMR_IM1;                  /* EXTI1: PA1 Enable IRQ */
    EXTI->FTSR |= EXTI_FTSR_TR1;                 /* EXTI1: PA1 Fallende Flanke */
```

```

    __enable_irq();

#endif  // Ende der Bare-Metal-Version

    // Generelle Aktivierung des Interrupts
    NVIC_EnableIRQ(EXTI0_IRQn);                  /* EXTI0: Aktivieren    */
    NVIC_EnableIRQ(EXTI1_IRQn);                  /* EXTI1: Aktivieren */

    while (1)
    {
        if (true == timerTrigger)
        {
            UPDATETimers();
        }

#ifdef MCAL
        if (isSystickExpired(timerPA4))
        {
            gpioTogglePin(GPIOA, PIN4);
            systickSetTicktime(&timerPA4, currentDelay);
            timerTrigger = false;
        }
#else
        if (timerPA4 == 0)
        {
            if (GPIOA->IDR & GPIO_IDR_ID4)
            {
                GPIOA->BSRR = GPIO_BSRR_BR4;    // PA4 --> Low
            }
            else
            {
                GPIOA->BSRR = GPIO_BSRR_BS4;    // PA4 --> High
            }
            timerPA4 = currentDelay;            // timerpA4 neu setzen
            timerTrigger = false;
        }
#endif
    }
}
```

```

/**
 * EXTI0: Interrupt-Service-Routine
 */
void EXTI0_IRQHandler(void)
{
#ifdef MCAL // Beginn der MCAL-Version

    systickSetTicktime(&timerPA4, 200);     /* Neue MCAL-Funktion */
    currentDelay = 200;
    EXTI->PR |= EXTI_PR_PR0;                /* Reset IRQ-Pending-Flag */

#else       // Ende der MCAL-Version + Beginn der Bare-Metal-Version

    timerPA4 = 200UL;
    currentDelay = timerPA4;
    EXTI->PR |= EXTI_PR_PR0;                /* Reset IRQ-Pending-Flag */

#endif      // Ende der Bare-Metal-Version
}

/**
 * EXTI1: Interrupt-Service-Routine
 */
void EXTI1_IRQHandler(void)
{
#ifdef MCAL

    systickSetTicktime(&timerPA4, 1000);    /* Neue MCAL-Funktion */
    currentDelay = 1000;
    EXTI->PR |= EXTI_PR_PR1;                /* Reset IRQ-Pending-Flag */

#else
    timerPA4 = 1000UL;
    currentDelay = timerPA4;
    EXTI->PR |= EXTI_PR_PR1;
#endif
}

/**
```

```
 * SysTick-Timer: Interrupt-Service-Routine (ISR)
 *
 * Die ISR ist bereits in der MCAL enthalten und darf daher hier nicht
 * aktiv sein, da sonst beim Kompilieren ein 'multiple definition'-Fehler
 * auftritt.
 */
#ifndef MCAL
void SysTick_Handler(void)
{
    timerTrigger = true;
}
#endif

/**
 * Aktualisierung der Timer-Variablen
 */
void UPDATETimers(void)
{
    DECREMENT_TIMER(timerPA4);
    timerTrigger = false;
}
```

Listing 7.6: Projekt Kap07-EXTI-02

Die Funktionsweise von Projekt `Kap07-EXTI-02` unterscheidet sich nicht wesentlich von der des Projekts `Kap07-EXTI-01`. Durch die Verwendung der neuen MCAL-Funktionen zur Konfiguration und den Einsatz von EXTIs sieht der Code meiner Meinung nach aber wesentlich aufgeräumter aus.

Neu ist hier, dass mit PA1 ein zweiter Input hinzugekommen ist, der ebenfalls externe Interrupts auslöst, wenn der entsprechende zweite Taster gedrückt wird. Die Betätigung des ersten Tasters stellt die Blinkfrequenz der LED auf 5 Hz ein. Wird der zweite Taster betätigt, wird die Blinkfrequenz der LED auf 1 Hz reduziert.

Aufgabe

Ändern Sie das Projekt `Kap07-EXTI-02` aus Listing 7.5 so ab, dass Sie zwei (oder mehr) externe Interrupts bearbeiten können, die sich einen Interrupt-Handler teilen (also z.B. `EXTI9_5` oder `EXTI15_10`). Hier ist die Auswertung des Pending-Registers des EXTI-Controllers erforderlich!

Wichtig

In der Musterlösung zur Aufgabe (Projekt `Kap07-EXTI-03`, nicht im Buch abgedruckt, aber im Downloadbereich verfügbar) habe ich die Pins 8 und 9 von GPIOB als Input verwendet. In der MCAL-Version funktionierte das Beispiel auf Anhieb, in der Bare-Metal-Version hingegen nicht! Bei der Untersuchung des Problems fiel mir auf, dass die Definition von `GPIO_MODER_MODE8_Msk` in der Datei `stm32f446.h` nicht korrekt ist! Statt, wie erwartet, hier den Wert `GPIO_MODER_`**`MODER8`**`_Msk` zu finden, stand dort `GPIO_MODER_`**`MODER2`**`_Msk`. Nach der Korrektur in meiner Kopie von `stm32f446.h` funktionierte dann auch die Bare-Metal-Version. Die Headerdateien der anderen Mikrocontroller enthalten den gleichen Fehler!

7.3 Exceptions

Zum Begriff »Exceptions« habe ich in der STM-Dokumentation leider keine exakte Definition gefunden, sodass ich hier nur wenige Anmerkungen liefern kann.

- Manchmal wird der Begriff dann verwendet, wenn es sich um die Beschreibung von MCU-internen Fehlern, also Fehlern der Hardware, handelt. Fehler, die in diese Gruppe fallen, können sich auch auf Speicherfehler oder Busfehler beziehen. Entsprechend werden die folgenden Vektoren aus der Interrupt-Vektortabelle verwendet: `HardFault_Handler` `MemManage_Handler` `BusFault_Handler`
- Ich habe den Begriff aber auch im Zusammenhang mit Software-Interrupts gelesen. Hier kann man als Beispiel das CMSIS-Kommando `NVIC_SystemReset()` betrachten.
- Die dritte Möglichkeit, die mir bekannt ist, kommt vor allem beim Einsatz von Betriebssystemen vor: Ihnen ist es sicherlich auch bereits passiert, dass sich ein Programm nicht mehr beenden ließ. In diesen Fällen haben Sie dann, z.B. unter Unix/GNU Linux, das Kommando `kill` in einer zusätzlich geöffneten Konsole verwendet oder unter Windows das Programm mit dem Task Manager »abgeschossen«. Bei einem Bare-Metal-System ist mir dieser Begriff noch nicht begegnet.
- In anderen Programmiersprachen wie z.B. Java können sogenannte Exceptions »geworfen« werden. Dies passiert beispielsweise, wenn Sie lesend auf eine Datei zugreifen wollen, die nicht vorhanden ist.

Kapitel 8

Alternative GPIO-Funktionen

In Abschnitt 6.2 bin ich bereits kurz auf die Register *GPIO_AFRL* (*GPIO Alternate Function Register Low*) und *GPIO_AFRH* (*GPIO Alternate Function Register High*) eingegangen, im Rahmen der Beschreibung der verschiedenen GPIO-Register ging es dort aber nur um eine Einführung.

Das Verständnis von GPIO_AFRL und GPIO_AFRH ist aber immens wichtig, denn nur mit ihrer Hilfe können Sie die STM32F4xx-Mikrocontroller vollständig »ausreizen«.

Hinweis

Dieses Kapitel umfasst nur sehr wenige Seiten, um das hier behandelte und sehr wichtige Thema aber konzentriert behandeln und »auf den Punkt« bringen zu können. Daher habe ich darauf verzichtet, es in die Kapitel 6 (GPIOs als Output) und 7 (darin werden die externen Interrupts behandelt) »hineinzustopfen«. Sie lernen hier, wie Sie die alternativen Funktionen der GPIO-Pins einstellen und anschließend nutzen können.

Im Verlauf dieses Buches werde ich die alternativen Funktionen auch immer wieder mit *AF* abkürzen.

8.1 Wiederholung

Die GPIO-Ports der STM32F4xx-Mikrocontroller sind dafür ausgelegt, jeweils 16 Pins in beliebigen Kombinationen als *digitale* Inputs oder Outputs zu konfigurieren. Nach einem Reset sind sie zunächst als digitale Eingänge konfiguriert. Der Grund hierfür ist eine Sicherheitsmaßnahme: Wären sie als digitale Ausgänge konfiguriert, könnten durch äußere ungeplante und unerwünschte Ereignisse, wie z.B. Schwankungen der elektrischen Versorgung oder elektrische Felder, angeschlossene Geräte unbeabsichtigt und unkontrolliert aktiviert werden. Das könnte im schlimmsten Fall zur Beschädigung oder Zerstörung von Anlagen führen oder gar zu einer Gefahr für Leib und Leben von Menschen und Tieren werden. Auch unbeabsichtigtes Einschalten von Geräten aufgrund von Programmierfehlern lässt sich auf diese Weise vermeiden.

Allerdings lassen sich die Ein- bzw. Ausgänge auch auf andere Weise einsetzen. Die sogenannten *alternativen Funktionen* ermöglichen die Verwendung der nach außen geführten Anschlüsse beispielsweise als Takt- und Datenleitungen für serielle Schnittstellen oder für die Ausgabe oder das Erfassen analoger Spannungen: Erst hierdurch wird es möglich, die vollständige Leistungsfähigkeit der MCUs zu nutzen. Dann fällt allerdings die Nutzbarkeit für digitale Signale fort.

Theoretisch kann jeder GPIO-Pin für maximal 16 verschiedene Funktionen eingesetzt werden. Diese Vielfalt wird aber bei Weitem nicht genutzt. Abbildung 8.1 zeigt einen kleinen Ausschnitt der Funktionsbelegung von GPIOA.

Port	AF0	AF1	AF2	AF3	AF4	AF5	AF6	AF7	AF8	AF9	AF10	AF11	AF12	AF13	AF14	AF15
	SYS	TIM1/2	TIM3/4/5	TIM8/9/10/11 CEC	I2C1/2/3 /4/CEC	SPI1/2/3/4	SPI2/3/4/ SAI1	SPI2/3/ USART1/2/3 /UART5/ SPDIFRX	SAI/ USART6/ UART4/5/ SPDIFRX	CAN1/2 TIM12/13/ 14/ QUADSPI	SAI2/ QUADSPI/ OTG2_HS/ OTG1_FS	OTG1_FS	FMC/ SDIO/ OTG2_FS	DCMI	-	SYS
PA0	-	TIM2_CH1/ TIM2_ETR	TIM5_CH1	TIM8_ETR	-	-	-	USART2_ CTS	UART4_ TX	-	-	-	-	-	-	EVENT OUT
PA1	-	TIM2_CH2	TIM5_CH2	-	-	-	-	USART2_ RTS	UART4_ RX	QUADSPI_ BK1_IO3	SAI2_ MCLK_B	-	-	-	-	EVENT OUT
PA2	-	TIM2_CH3	TIM5_CH3	TIM9_CH1	-	-	-	USART2_ TX	SAI2_ SCK_B	-	-	-	-	-	-	EVENT OUT
PA3	-	TIM2_CH4	TIM5_CH4	TIM9_CH2	-	-	SAI1_ FS_A	USART2_ RX	-	-	OTG_HS_ ULPI_D0	-	-	-	-	EVENT OUT

Abb. 8.1: Auszug alternativer Funktionen von GPIOA-Pins

Hinweis

Die vollständigen Tabellen für alle verfügbaren GPIO-Ports finden Sie nur im Datenblatt des von Ihnen verwendeten Mikrocontrollers. Im Referenzhandbuch habe ich die Zuordnung der Funktionen nicht gefunden! Sie erkennen bereits an dieser Abbildung, dass es aufgrund der erforderlichen Verkleinerung wenig sinnvoll ist, die Tabellen vollständig in das Buch aufzunehmen.

Am Beispiel von PA0 können Sie aber erkennen, dass dieser Anschluss bei korrekter Konfiguration auch Funktionen der Timer TIM2, TIM5, TIM8 sowie der seriellen Schnittstellen UART4 bzw. USART2 übernehmen kann.

In der Headerdatei zum gewünschten Mikrocontroller, z.B. `stm32f446xx.h`, finden Sie die C-Struktur mit den Registern der GPIO-Ports:

```
typedef struct
{
  __IO uint32_t MODER;    /* GPIO Port Mode Register */
  __IO uint32_t OTYPER;   /* GPIO Output Type Register */
  __IO uint32_t OSPEEDR;  /* GPIO Output Speed Register */
  __IO uint32_t PUPDR;    /* GPIO Pull-up/Pull-down Register */
  __IO uint32_t IDR;      /* GPIO Input Data Register */
  __IO uint32_t ODR;      /* GPIO Output Data Register */
```

```
9     __IO uint32_t BSRR;      /* GPIO Bit Set/Reset Register */
10    __IO uint32_t LCKR;      /* GPIO Port Configuration Lock Register */
11    __IO uint32_t AFR[2];    /* GPIO Alternate Function Registers */
12  } GPIO_TypeDef;
```

Listing 8.1: Definition der C-Struktur `GPIO_TypeDef`, Auszug aus `stm32f446xx.h`

Die Auswahl der alternativen Funktionen erfolgt über die Register *GPIOx Alternate Function Register Low* und *GPIOx Alternate Function Register High* (`GPIOx->AFR[0]` und `GPIOx->AFR[1]`). Diese Register werden in Abschnitt 8.3 ausführlich beschrieben.

8.2 Aktivieren alternativer Funktionen

Soll ein GPIO-Pin für eine alternative Funktion genutzt werden, muss ihm dies zunächst über das Register *GPIO_MODER* (*GPIO Mode Register*) mitgeteilt werden. Wie Sie bereits in Kapitel 6 gelernt haben, stehen für die Konfiguration der GPIO-Betriebsart für jeden Pin zwei Bit zur Verfügung, sodass der entsprechende Pin vier verschiedene Funktionen übernehmen kann.

Konfiguration (binär)	Funktion
00	Input (Zustand nach Reset)
01	Output
10	alternative Funktion
11	Analog-Modus

Tabelle 8.1: Einstellung der Funktionsweise der GPIO-Pins

Die alternative Funktion eines Pins wird somit mit dem binären Wert »10« im Register GPIO_MODERx aktiviert. Dies ist aber bereits der zweite Schritt! Zunächst müssen Sie die gewünschte alternative Funktion festlegen. Sie wird unter Anwendung der Register `GPIOx->AFR[0]` bzw. `GPIOx->AFR[1]` eingestellt. `GPIOx->AFR[0]` entspricht hierbei dem Alternate-Function-Low-Register und `GPIOx->AFR[1]` dem Alternate-Function-High-Register. In Listing 8.1 erkennen Sie in Zeile 11, dass es sich hierbei um ein Array zweier `uint32_t`-Typen handelt, wobei das AFRL-Register über `AFR[0]` und das AFRH-Register über `AFR[1]` angesprochen wird.

8.3 Auswahl alternativer Funktionen

Damit jeder einzelne Pin mit (maximal) 16 verschiedenen alternativen Funktionen genutzt werden kann, reservieren die beiden Register GPIO_AFRL und GPIO_AFRH daher vier Bit pro Pin. `GPIO_AFRL` konfiguriert somit die alternativen Funktionen AF0 bis AF7 und `GPIO_AFRH` die alternativen Funktionen AF8 bis AF15.

Die Nummern der verwendeten alternativen Funktionen ergeben sich aus den logischen Oder-Verknüpfungen definierter Werte, die durch die Headerdatei des konkreten Mikrocontrollers vorgegeben sind, also etwa durch `stm32f446xx.h`.

Wollen Sie beispielsweise Pin 6 von GPIOA als MISO (*Master in, Slave out*) von SPI1 (*Serial Peripheral Interface 1*) nutzen, müssen Sie PA6 den Wert von AF5 zuweisen. Hierfür würden Sie die folgenden Definitionen aus `stm32f446xx.h` verwenden:

```
#define GPIO_AFRL_AFSEL5_Msk   (0xFUL << GPIO_AFRL_AFSEL5_Pos)
#define GPIO_AFRL_AFSEL5       GPIO_AFRL_AFSEL5_Msk
#define GPIO_AFRL_AFSEL5_0     (0x1UL << GPIO_AFRL_AFSEL5_Pos)
#define GPIO_AFRL_AFSEL5_1     (0x2UL << GPIO_AFRL_AFSEL5_Pos)
#define GPIO_AFRL_AFSEL5_2     (0x4UL << GPIO_AFRL_AFSEL5_Pos)
#define GPIO_AFRL_AFSEL5_3     (0x8UL << GPIO_AFRL_AFSEL5_Pos)
```

Listing 8.2: Auszug aus der Datei `stm32f446xx.h` (Kommentare wurden entfernt)

Tipp

Die Oder-Verknüpfung der Definitionen `GPIO_AFRL_AFSEL5_0` und `GPIO_AFRL_SEL5_2` ergibt den gewünschten Wert. Obwohl ich ein Anhänger konkreter Definitionen bin, gefällt mir der Ansatz an dieser Stelle nicht so gut: Sie müssten hier zunächst (möglicherweise im Kopf?) den tatsächlichen Wert ermitteln und anschließend im Datenblatt nachschlagen, welche AF sich hinter dem Wert verbirgt. Dies wird Ihnen bei fremden – möglicherweise aber auch bei eigenen – Programmen garantiert »auf die Füße fallen«. Stattdessen empfehle ich hier die Definition einer weiteren Konstanten in einer eigenen Headerdatei (in diesem Fall z.B. `spi.h`). Diese könnte dort beispielsweise folgendermaßen definiert sein: `#define USE_PA6_AS_SPI1_MISO (GPIO_AFRL_AFSEL5_0 | GPIO_AFRL_AFSEL5_2)`. In Ihrem eigenen Programm würden Sie dann `GPIOA->AFR[0] = USE_PA6_AS_MISO` einsetzen. Jedem, der das Programm pflegen soll, wird hier sofort klar, was passiert! Anstelle der Präprozessoranweisung `#define` verwende ich selbst im Regelfall sehr häufig Enumerationen (Aufzählungen) in der Form `typedef enum = {};`.

Als Beispiel für die Anwendung der Definitionen können Sie folgendes Konstrukt verwenden:

```
#include <spi.h>

GPIOA->AFR[0] &= ~GPIO_AFRL_AFSEL5_Msk;  // PA6: AF5 reset
```

```
GPIOA->AFR[0] |= USE_PA6_AS_SPI1_MISO;    // Oder-Verknüpfung verhindert
                                          // Reset von AFs anderer Pins
...
While (1)
{
   // Endlosschleife
}
```

Listing 8.3: Anwendung eigener Definitionen (Pseudo-Code)

Hinweis

Listing 8.3 dient nur als Anschauungsmaterial dafür, wozu die alternativen Funktionen genutzt werden können. Für eine konkrete Anwendung ist es an dieser Stelle noch zu früh.

Wie eingangs erwähnt: Dieses Kapitel ist sehr kurz! Aufgrund seiner Bedeutung (und natürlich seiner zumindest teilweisen Übertragbarkeit auf Cortex-M-Controller anderer Hersteller) halte ich es für sinnvoll, dieses Thema separat zu behandeln. Außerdem hat mich bei dieser Entscheidung die Frage bewegt, wo denn sonst der richtige Platz wäre: in Kapitel 6, wo ausschließlich Outputs behandelt werden, oder in dem EXTI-Abschnitt des Kapitels 7, wo es ausschließlich um Inputs geht? Schließlich umfassen die AFs sowohl Inputs wie auch Outputs. In Kapitel 11 werden Sie eine konkrete Anwendung alternativer Funktionen praktisch kennenlernen. Auch in weiteren Kapiteln werden Sie immer wieder die praktische Anwendung der AF üben können.

Kapitel 9

System Tick Timer (SysTick)

Hinweis

An dieser Stelle weise ich noch einmal ausdrücklich darauf hin, dass der Linker die Datei `system_stm32f4xx.c` seit Einführung der Version 1.7 von STM32CubeIDE nicht mehr findet und eine ausführbare Binärdatei daher nicht mehr erzeugt wird. Dies gilt für alle Projekte, die die Funktion `SystemCoreClockUpdate()` verwenden. Sie finden die Datei im Verzeichnis `CMSIS\Device\ST\STM32F4xx\Source\Templates\` des Firmware-Pakets. Kopieren Sie diese Datei in den Src-Ordner Ihrer Projekte, und alles funktioniert wieder.

In Kapitel 6 wurde in den Beispielen die Funktion `delayMillis(uint16_t delay)` verwendet und dabei auch erwähnt, dass dies eine sehr schlechte Methode ist, Delays zu erzeugen. Schauen wir uns zur Verdeutlichung noch einmal die Implementierung an:

```
void delayMillis (uint16_t delay)
{
    uint16_t i = 0;

    for (; delay > 0; --delay)
    {
        for (i = 0; i < 1245; ++i)
        {
            ;
        }
    }
}
```

Listing 9.1: Sehr schlechte Methode für ein Delay

Sie fragen sich jetzt möglicherweise, was an dieser Methode schlecht ist: Schließlich findet man beispielsweise in vielen Internet-Tutorials – und leider auch in einigen Fachbüchern – immer wieder diese Art der Implementierung. Und: Sie funktioniert doch, wie man Abbildung 9.1 (und als Rückgriff Abbildung 6.10 ebenfalls) entnehmen kann:

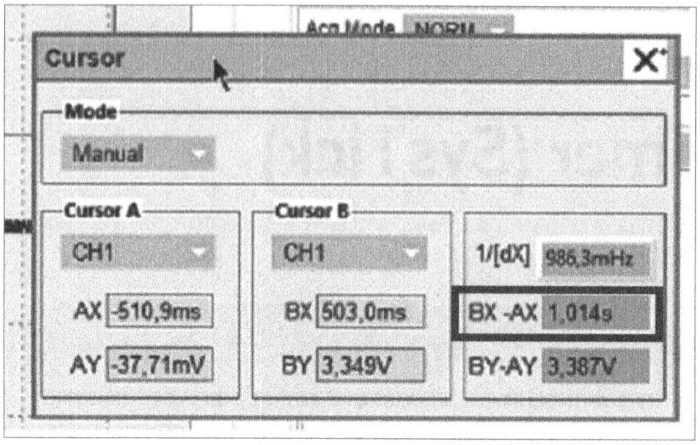

Abb. 9.1: Ausschnittvergrößerung aus Abbildung 6.10

Hier war das Ziel, den Ausgangspegel von PA0 für eine Dauer von 500 ms auf High-Level und für weitere 500 ms auf Low-Level zu setzen, sodass die Periodendauer des Signals 1.000 ms beträgt: Die geringe Abweichung von 0,014 s (= 14 ms) ist häufig vernachlässigbar.

Hinweis

Ob eine Abweichung von den gewünschten Werten immer toleriert werden kann, muss im Einzelfall entschieden werden: Bei der Zeitmessung in Sportveranstaltungen ist eine solche Abweichung sicher nicht akzeptabel! Ein Grund für die Abweichung im gezeigten Beispiel besteht darin, dass der Aufruf und die Ausführung der Funktion `delayMillis()` Zeit kostet. Da auch durch den Aufruf von Funktionen MCU-Register auf den Stack »gerettet« und später wieder »restauriert« werden müssen, wird zusätzliche Zeit benötigt.

Warum der Einsatz von delayMillis() schlecht ist

Aus mehreren Gründen ist diese Art der Implementierung sehr schlecht! Einer der Gründe ist offensichtlich und wird auch immer wieder in besseren als den oben erwähnten Tutorials genannt:

In den Zeilen 7 bis 10 sehen Sie, dass hier 1.245 Mal nichts gemacht wird! Dass dieser Wert zudem noch mit dem Wert der Variablen `delay` multipliziert wird, verschlechtert diese Implementierung weiter. Das allein betrachtet wäre vielleicht noch akzeptabel. Es ist aber so, dass der Prozessor während der Ausführung der Schleife daran gehindert wird, andere Aufgaben auszuführen: Man sagt dann, dass der Prozessor blockiert wird (*Blocking Function*). Dies ist ein absolutes No-Go, denn andere Funktionen, die möglicherweise lebenswichtig für Menschen sind oder dem Schutz einer Maschine dienen, können in dieser Zeit nicht ausgeführt werden.

Es gibt aber noch weniger offensichtliche Gründe:

- Dass hier 1.245 Mal nichts gemacht wird, um eine Verzögerung von einer Millisekunde zu erreichen, ist compilerabhängig: Hier wurde der Compiler der GNU Compiler Toolchain gcc verwendet, bei einem anderen Compiler müsste mit großer Sicherheit ein anderer Wert stehen, was sich ungünstig auf die Portierbarkeit auswirkt.
- Die tatsächliche Dauer der Ausführung hängt davon ab, welche Art der Codeoptimierung Sie beim Kompilieren eingestellt haben.
- In der hier verwendeten Standardkonfiguration des Evaluierungsboards wird der Mikrocontroller mit einer Frequenz von 16 MHz getaktet. Die `for`-Schleife muss angepasst werden, wenn Sie eine andere Taktfrequenz verwenden möchten.
- Diese Methode berücksichtigt nicht, dass moderne Mikrocontroller über einen Cachespeicher verfügen. Der Zugriff auf den Cache ist aber wesentlich schneller im Vergleich zum Zugriff auf den Flashspeicher.
- Es stellt sich zudem die Frage, wie konstant dieser Wert bei unterschiedlichen Temperaturen ist.

Sie können also leicht erkennen, dass hier viele Einflüsse gar nicht konkret benannt werden können.

9.1 Verwendung des SysTick-Timers

Jeder Cortex-M-Kern enthält einen internen Timer, der als *SysTick*-Timer bezeichnet wird. Er wurde bereits von Arm in den Prozessorkern aufgenommen und wird üblicherweise für die Steuerung der Zeitscheibe (Scheduling) in Betriebssystemen verwendet: Er sorgt dafür, dass nach Ablauf bestimmter zeitlicher Abstände unter Berücksichtigung der Priorität der Wechsel von einem Task zum nächsten erfolgt. Üblicherweise wird er so konfiguriert, dass er mit einer Genauigkeit von 10 ms »tickt«. Bei Bare-Metal-Systemen wird das Scheduling aber nicht benötigt, sodass dieser Timer auch anders genutzt werden kann.

Das folgende Beispiel macht nichts anderes als die beiden Beispiele aus Kapitel 6; hier wird allerdings der SysTick-Timer verwendet.

Hinweis

Die Funktionen der MCAL-Bibliothek wurden im Rahmen der einführenden und im Buch abgedruckten Beispielprojekte entwickelt. Im Gegensatz zu den Funktionen in den gedruckten Beispielen sind die MCAL-Funktionen leistungsfähiger und universell einsetzbar. Da in C, anders als etwa in C++, Funktionen nicht überschrieben werden können, musste ich sie häufig umbenennen. Die MCAL-Funktionen beginnen immer mit der Bezeichnung der entsprechenden

Peripheriekomponente, wie z.B. **gpio** oder **timer**. Ich habe darauf geachtet, dass sie immer (sofern möglich) mit Kleinbuchstaben beginnen. In den gedruckten Beispielen habe ich die gleichen Funktionsnamen verwendet, dort beginnen sie aber mit mindestens einem Großbuchstaben, wie z.B. **Gpio** oder **Timer**. Die Beachtung dieses Unterschieds ist wichtig: Verwenden Sie nämlich die Namen von MCAL-Funktionen in den Beispielen, werden diese mit großer Wahrscheinlichkeit *nicht* funktionieren! Lesen Sie bitte hierzu auch noch einmal den entsprechenden Abschnitt in Kapitel 2!

Hinweis

In fast allen folgenden Beispielen können Sie durch Löschen/Hinzufügen der Kommentarzeichen `//` vor `#define MCAL` zwischen der MCAL- und der Bare-Metal-Version umschalten: Die Ausnahme ist Projekt `Kap09-Systick-02`. Ich werde auf die Umschaltmöglichkeit im weiteren Verlauf nicht mehr hinweisen.

```
1  /**
2   * Projekt Kap09-SysTick-01
3   * ========================
4   *
5   * Erstes Beispiel zum Einsatz des SysTick-Timers (das teilweise aber im
6   * Vorgriff auf dieses Kapitel bereits früher verwendet wurde).
7   */
8
9  #include <stm32f4xx.h>
10 #include <system_stm32f4xx.h>
11
12 #include <stdint.h>
13 #include <stdbool.h>
14
15 /**
16  * Kommentar in Zeile 18 entfernen, wenn Sie die MCAL testen möchten.
17  */
18 //#define MCAL
19
20 #ifdef MCAL
21 #include <mcalGPIO.h>
22 #include <mcalSysTick.h>
23 #endif
24
25 void SysTick_Handler(void);
```

```

bool     timerTrigger = false;
uint16_t tick = 0;

int main(void)
{
#ifdef MCAL

    // Konfiguration des SysTick-Timers
    systickInit(SYSTICK_1MS);                    // SysTick = 1 ms

    // Konfiguration von GPIOA/Pin0
    gpioSelectPort(GPIOA);                       // GPIOA: Bustakt einschalten
    gpioSelectPinMode(GPIOA, PIN0, OUTPUT);
    gpioSetOutputType(GPIOA, PIN0, PUSHPULL);
    gpioSelectPushPullMode(GPIOA, PIN0, PULLUP);

#else   // Ende der MCAL- und Beginn der Bare-Metal-Version

    GPIO_TypeDef *port = GPIOA;

    SystemCoreClockUpdate();                     // SysTick: Konfig.
    SysTick_Config(SystemCoreClock / 1000);      // SysTick = 1 ms

    // Konfiguration von GPIOA
    RCC->AHB1ENR |= RCC_AHB1ENR_GPIOAEN;         // GPIOA: Bustakt einschalten
    port->MODER  &= ~GPIO_MODER_MODE0_Msk;       // PA0: Reset
    port->MODER  |= GPIO_MODER_MODE0_0;          // PA0: Ouput
    port->OTYPER &= ~GPIO_OTYPER_OT0_Msk;        // PA0: Push-Pull-Mode ein
    port->PUPDR  &= ~GPIO_PUPDR_PUPD0_Msk;       // PA0: Pullup/Pulldown Reset
    port->PUPDR  |= GPIO_PUPDR_PUPD0_0;          // PA0: Int. Pullup-Wid. ein

#endif

    while(1)
    {
        if (timerTrigger == true)
        {
            ++tick;
            timerTrigger = false;
        }
```

```

        if (tick > 499)
        {
#ifdef MCAL
            // Testet, ob PA0 auf High- oder auf Low-Level ist
            if (gpioGetPinState(GPIOA, PIN0))
            {
                gpioResetPin(GPIOA, PIN0);
            }
            else
            {
                gpioSetPin(GPIOA, PIN0);
            }
#else
            if (port->IDR & GPIO_IDR_ID0)
            {
                port->BSRR = GPIO_BSRR_BR0;
            }
            else
            {
                port->BSRR = GPIO_BSRR_BS0;
            }
#endif
            tick = 0;
        }
    }
}

#ifndef MCAL
/**
 * Interrupt-Service-Routine des SysTick-Timers. Wird nur in der
 * Bare-Metal-Version benoetigt.
 */
void SysTick_Handler(void)
{
    ++tick;
}
#endif
```

Listing 9.2: Erstes Beispiel mit dem SysTick-Timer, Projekt Kap09-SysTick-01

Zunächst dürfte Ihnen auffallen, dass die Funktion `delayMillis()` durch die Funktion `SysTick_Handler()` ersetzt wurde und dass `SysTick_Handler()` sehr viel einfacher als `delayMillis()` geworden ist. Im Kommentar zu `SysTick_Handler()` können Sie zudem sehen, dass es sich hier um eine *Interrupt-Service-Routine* (*ISR*) handelt, wie Sie sie in Kapitel 7 kennengelernt haben.

Wichtiger sind hier aber die beiden Funktionen `SystemCoreClockUpdate()` und `SysTick_Config(SystemCoreClock / 1000)` bzw. in der MCAL-Version die Funktion `systickInit(SYSTICK_1MS)`.

`SystemCoreClockUpdate()` ist eine Funktion, die von Arm beigesteuert wurde: Dies ist auch der Grund, weshalb ihre Schreibweise von meiner bevorzugten CamelCase-Schreibweise (siehe Kapitel 3) abweicht. Im Wesentlichen handelt es sich hierbei um eine Anwendung des Beispiels `Kap04-RCC01`: Sie fragt das CFGR-Register des RCC ab und prüft dann, ob HSI, HSE oder eine mit den internen PLL-Schaltungen eingestellte Taktfrequenz aktiviert ist und wie hoch sie ist. Die eingestellte Taktfrequenz wird dann der Variablen `SystemCoreClock` zugewiesen. Das ist alles! Nun kommt die zweite Funktion ins Spiel. Die Taktfrequenz eines Geräts benennt bei periodischen Signalen die Anzahl der Schwingungen pro Sekunde. Wenn Sie diesen Wert nun durch 1.000 dividieren, kennen Sie die Anzahl der Schwingungen pro Millisekunde. Das Ergebnis wird in den `SysTick`-Timer geladen und als neue Zeitbasis verwendet.

Auch zu diesem Programm habe ich ein Oszillogramm erstellt, das ich Ihnen nicht vorenthalten möchte.

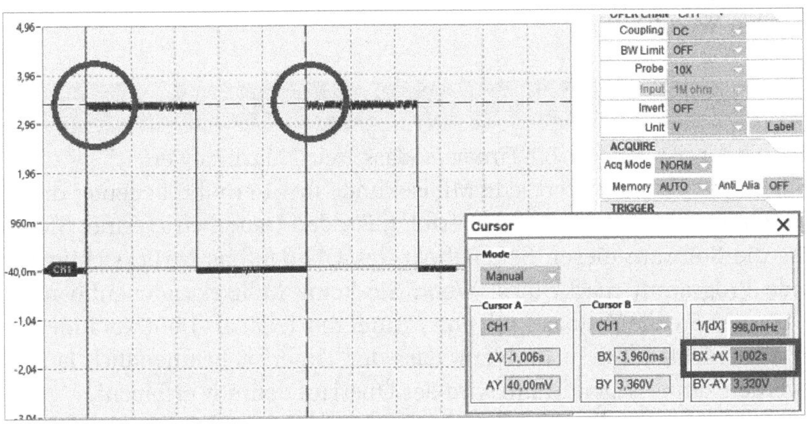

Abb. 9.2: Rechtecksignal mit SysTick-Timer

Die beiden Kreise in Abbildung 9.2 zeigen die Positionen der Cursor meines digitalen Speicheroszilloskops, die ich zur Messung der Delays verwendet habe. Im markierten Kasten sehen Sie, dass die Zeit zwischen den beiden Cursor tatsächlich sehr genau eine Sekunde beträgt. Die Abweichung vom gewünschten Wert beträgt hier nur noch 2 ms anstelle der 14 ms aus der Delay-Schleife!

Da hier nur Systemfunktionen verwendet werden, die innerhalb des Mikrocontrollers ablaufen, ist die Frequenz, mit der SysTick tickt, unabhängig von Compilern. Besteht in der Praxis die Möglichkeit, dass sich die Temperatur auf die Stabilität des Controllers auswirkt, können Sie, z.B. nach Abfrage von Temperatursensoren, die beiden genannten Funktionen immer wieder aufs Neue aufrufen und so die Frequenz anpassen.

Hinweis

Diese Vorgehensweise funktioniert immer und ist von der tatsächlich eingestellten Taktfrequenz unabhängig! Egal wie hoch die Taktfrequenz des Mikrocontrollers ist, sie bezieht sich immer auf eine Spanne von einer Sekunde, und ein Tausendstel hiervon ist nun einmal die Millisekunde.

Die neuen MCAL-STM-Funktionen finden Sie im Modul `mcalSysTick.c/.h`.

9.2 Steuerung mehrerer Funktionen

Auch die Steuerung mehrerer Aktivitäten mit nur einem Timer ist möglich. Hierfür muss das Programm allerdings etwas umgebaut werden, damit es ein wenig eleganter wirkt. Der `SysTick`-Timer hat natürlich einen Maximalwert. Wird dieser Wert überschritten, erfolgt ein sogenannter Überlauf, und beim nächsten »Tick« hat er wieder den Wert 0.

Hinweis

Der SysTick-Timer ist ein 24-Bit-Timer, sodass sein Maximalwert $2^{24} - 1 =$ 16.777.215 beträgt. Wird der Wert jede Millisekunde um 1 erhöht, bedeutet dies, dass der Überlauf nach ca. 4,66 Stunden erfolgt: Für den Dauerbetrieb einer Steuerung muss die Software diesen Seiteneffekt des Überlaufens berücksichtigen. Das folgende Programm macht dies! Wenn Sie keine Millisekundenauflösung benötigen, können Sie die Zeitbasis mit einem anderen Teiler als 1.000 verändern. Das ändert aber nichts an dem Problem, dass der Timer nicht unendlich lange betrieben werden kann – irgendwann wird der Überlauf definitiv erfolgen!

Hinweis

Das folgende Beispiel zeigt ausschließlich die Bare-Metal-Version. Der Grund hierfür ist, dass die MCAL bereits die optimierte Version der SysTick-ISR verwendet, die dann aber mit der hier gezeigten Lösung kollidieren würde!

```
/**
 * Projekt Kap09-SysTick-02 : Keine MCAL-Version verfuegbar
 * ========================================================
 *
 * Das Beispiel zeigt, dass mit nur einem Timer mehrere Aktionen
 * gesteuert werden können, wobei jede Aktion ein anderes Delay verwendet.
 *
 * ACHTUNG:
 * Dieses Beispiel ist noch lange nicht gut genug fuer den praktischen
 * Einsatz. Besser geeignete Beispiele folgen!
 */
#include <stm32f4xx.h>
#include <system_stm32f4xx.h>
#include <stdint.h>
#include <stdbool.h>

uint16_t tick = 0UL;                    // Startwert des SysTick-Timers
bool     pin0TimerStarted = false;
bool     pin1TimerStarted = false;
uint32_t pin0Timer = 0UL;
uint32_t pin1Timer = 0UL;
bool     timerCorrected = false;
bool     timerTrigger = false;

#define SYSTICK_MAX     (10000)

void     SysTick_Handler(void);
void     UPDATETimers(void);
uint32_t getUptime(void);


int main(void)
{
    GPIO_TypeDef *port = GPIOA;

    SystemCoreClockUpdate();                 // SysTick: Konfig.
    SysTick_Config(SystemCoreClock / 1000); // SysTick = 1 ms

    // Konfiguration von GPIOA/Pin0 und GPIOA/Pin1
    RCC->AHB1ENR |= RCC_AHB1ENR_GPIOAEN;    // GPIOA: Bustakt einschalten
```

```
    port->MODER  &= ~GPIO_MODER_MODE0_Msk;  // PA0: Reset
    port->MODER  |= GPIO_MODER_MODE0_0;     // PA0: Ouput
    port->OTYPER &= ~GPIO_OTYPER_OT0_Msk;   // PA0: Push-Pull-Mode ein
    port->PUPDR  &= ~GPIO_PUPDR_PUPD0_Msk;  // PA0: Pullup/Pulldown Reset
    port->PUPDR  |= GPIO_PUPDR_PUPD0_0;     // PA0: Int. Pullup-Wid. ein

    port->MODER  &= ~GPIO_MODER_MODE1_Msk;  // PA1: Reset
    port->MODER  |= GPIO_MODER_MODE1_0;     // PA1: Ouput
    port->OTYPER &= ~GPIO_OTYPER_OT1_Msk;   // PA1: Push-Pull-Mode ein
    port->PUPDR  &= ~GPIO_PUPDR_PUPD1_Msk;  // PA1: Pullup/Pulldown Reset
    port->PUPDR  |= GPIO_PUPDR_PUPD1_0;     // PA1: Int. Pullup-Wid. ein

    while(1)
    {
        // Funktion zur Vermeidung eines Ueberlaufs des SysTick-Timers.
        UPDATETimers();

        // Pruefen, ob timerPin0 bereits laeuft
        if (false == pin0TimerStarted)
        {
            pin0Timer = getUptime() + 200;
            pin0TimerStarted = true;
        }

        if (true == pin0TimerStarted && getUptime() > pin0Timer)
        {
            if (port->IDR & GPIO_IDR_ID0)
            {
                port->BSRR = GPIO_BSRR_BR0;
            }
            else
            {
                port->BSRR = GPIO_BSRR_BS0;
            }
            pin0TimerStarted = false;
        }

        // Pruefen, ob timerPin1 bereits laeuft
        if (false == pin1TimerStarted)
        {
            pin1Timer = getUptime() + 400;
```

```
            pin1TimerStarted = true;
        }

        if (true == pin1TimerStarted && getUptime() > pin1Timer)
        {
            if (port->IDR & GPIO_IDR_ID1)
            {
                port->BSRR = GPIO_BSRR_BR1;
            }
            else
            {
                port->BSRR = GPIO_BSRR_BS1;
            }
            pin1TimerStarted = false;
        }
    }
}

/**
 * Interrupt-Service-Routine des SysTick-Timers. Wird nur in der
 * Bare-Metal-Version benoetigt.
 */
void SysTick_Handler(void)
{
    ++tick;

    if (tick > SYSTICK_MAX)
    {
        tick = 0UL;
        timerCorrected = true;
    }
}

/**
 * Abgelaufene Ticks des SysTick-Timers ermitteln
 */
uint32_t getUptime(void)
{
    return tick;
}

```

```
/**
 * Funktion zur Vermeidung des Ueberlaufens des SysTick-Timers.
 */
void UPDATETimers(void)
{
    if (true == timerCorrected)
    {
        pin0Timer -= SYSTICK_MAX;
        pin1Timer -= SYSTICK_MAX;
        timerCorrected = false;
    }
}
```

Listing 9.3: Projekt Kap09-SysTick-02, Steuerung mehrerer GPIOs mit SysTick und Zeitkorrektur

Hinweis

Der Wert von SYSTICK_MAX kann natürlich viel größer sein als der in diesem Beispiel verwendete Wert. Der maximal mögliche Wert, den SYSTICK_MAX annehmen könnte, ist $2^{24} - 1$ (= 16.777.215, entspricht 4,66 Stunden). So lange wollte ich während der Entwicklung des Projekts aber nicht warten. Der hier gewählte Wert (10000) ist natürlich nicht ideal, weil die updateTimer()-Funktion hierdurch viel öfter aufgerufen wird als erforderlich.

Der erste Teil bis zum Eintritt in die while(1)-Schleife ist nahezu unverändert. Ich habe nur ein paar Konstanten, Funktionsprototypen und globale Variablen hinzugefügt, die durch die Kommentare aber ausreichend beschrieben sein sollten.

Hinweis

Die Bezeichnung »Timer« für pin0Timer bzw. pin1Timer ist natürlich nicht ganz korrekt: Vielmehr handelt es sich um normale 32-Bit-Variablen, deren Wert durch den SysTick-Timer regelmäßig verändert wird.

Das Überlaufproblem des SysTick-Timers ist hiermit grundsätzlich gelöst. Der Lösungsansatz enthält aber einige Dinge, die noch nicht »wirklich schön« sind:

- Zunächst ist anzumerken, dass es in Ihrer Verantwortung liegt, sämtliche Timer zu korrigieren, die durch SysTick angetrieben werden. Um die Wirksamkeit der Korrektur zu testen, müssten Sie für diese relativ triviale Funktion je nach gewählter Taktrate mehrere Stunden einplanen.

- Die Interrupt-Service-Routine `SysTick_Handler()` kann in dieser Implementierung bereits in die MCAL-Bibliothek aufgenommen werden. Sie ist derart universell, dass Änderungen nicht mehr erforderlich sind – sie lässt sich aber noch weiter vereinfachen. Dies gilt jedoch (noch) nicht für die Funktion `UPDATETimers()`! Da sich die Anzahl der verschiedenen Timer(-Variablen) bei unterschiedlichen Projekten unterscheiden kann, muss diese Funktion immer wieder modifiziert werden. Würden wir diese Funktion nach MCAL auslagern, müssten Sie bei jedem neuen Projekt die Bibliothek anpassen. Das ist aber nicht der Sinn einer Bibliothek!
- Die Berechnung des Delays in der Form `pin0Timer = getUptime() +` <Delay> funktioniert, ist aber nicht elegant. Bedenken Sie hierbei, dass nicht nur regelmäßig arithmetische Berechnungen durchzuführen sind, es werden zudem auch zusätzliche Stack-Operationen durch den Aufruf von `getUptime()` erforderlich.

Hinweis

Verwenden Sie die Struktur des Programms – nämlich den Umstand, dass hier alle Funktionen in der Datei `main.c` codiert sind – bitte *nicht* als Vorbild! Ich habe sie durchgängig in diesem Buch so verwendet, um den Abdruck mehrerer Dateien eines Projekts zu umgehen. Normalerweise würde ich die Definitionen in einer separaten Headerdatei (z.B. in `GlobalDefines.h`) und die `SysTick`-Funktionen mitsamt den Zeitkorrekturen in einer anderen Datei codieren. Auch die Verwendung globaler Variablen versuche ich normalerweise möglichst zu vermeiden. Ich bevorzuge den Einsatz von Pointern!

Innerhalb der `while(1)`-Schleife wird für jedes benötigte Delay ermittelt, ob es bereits aktiv ist. Das Delay darf natürlich nur eingestellt werden, wenn es noch nicht läuft. Wenn Sie das nicht berücksichtigen, wird der Timer niemals ablaufen, da er immer wieder neu geladen wird! Anschließend wird geprüft, ob das Delay abgelaufen ist, und erst dann wird der Pegel des betrachteten Pins invertiert.

Vorsicht

Theoretisch können Sie auf diese Weise nahezu beliebig viele Delays aus einem Timer ableiten. Sie müssen aber berücksichtigen, dass jeder Test Zeit kostet, was sich nachteilig auf die Genauigkeit der Delays auswirkt.

Der »Trick«, den Überlauf des Timers zu umgehen, liegt in zwei Funktionen:

- In `SysTick_Handler()` wird geprüft, ob ein bestimmter Maximalwert überschritten wurde. Hier habe ich den Wert 10000 – entspricht 10.000 ms gleich 10 Sekunden – als Grenze festgelegt.

- Die Korrektur selbst erfolgt in der Funktion `UPDATETimers()`. Sie dürfen hier nur nicht vergessen, den Wert von `tickCorrection` wieder auf `false` zu setzen.

Abbildung 9.3 zeigt das Ergebnis dieses Beispiels:

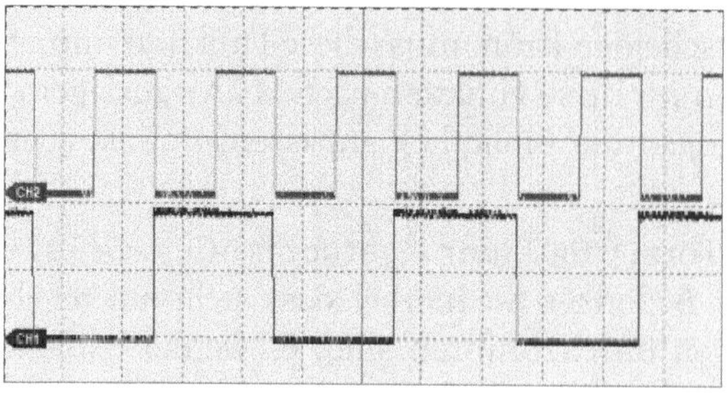

Abb. 9.3: Steuerung von zwei Ports mit einem Timer

9.3 Steuerung mehrerer Funktionen: Ein verbesserter Ansatz

Das Beispiel aus Abschnitt 9.2 ist ja bereits ganz nett – wenn da nur nicht die Korrektur der Delays erforderlich wäre, die durch den Überlauf des SysTick-Timers über einen einstellbaren Grenzwert erforderlich ist! Ich möchte Ihnen nun eine sehr elegante Methode vorstellen, bei der der SysTick-Timer nicht überwacht werden muss. Statt innerhalb der ISR von SysTick einen Zähler zu inkrementieren bzw. zu dekrementieren und anschließend zu überwachen, »toggelt« er eine einfache boolesche Variable im eingestellten Takt. Der große Vorteil dieser Lösung besteht darin, dass sie beliebig lange laufen kann!

Der Lösungsansatz lautet:

1. Ersetze die (unsigned) Integer-Variable `tick` durch eine boolesche Variable, die nur zwischen `true` und `false` wechseln (»toggeln«) kann. Diese Variable erhält den Namen `timerTrigger` und wird zu Beginn des Programms auf `false` gesetzt.
2. Es wird ein Makro eingeführt, das den Wert des jeweiligen Delays dekrementiert. Dies ließe sich allerdings auch mit einer Funktion lösen. Makros bieten aber den Vorteil, dass sie unmittelbar dort als Code eingefügt werden, wo sie benötigt werden. Sie sparen gegenüber dem Einsatz von Funktionen das Retten von Registern.
3. Wir verwenden jetzt mit `setSystickTicktime()` eine neue Funktion, mit der das Delay für jede Timer-Variable eingestellt wird.
4. Die ebenfalls neue Funktion `isSystickExpired(uint32_t timer)` prüft, ob der als Parameter übergebene Wert abgelaufen ist. Ist das der Fall, wird der Wert `true` zurückgeliefert, anderenfalls `false`.

In der Endlosschleife wird geprüft, ob der `SysTick`-Timer ausgelöst hat. Die Bedingung hierfür ist, dass `timerTrigger true` ist: Dann wird die Funktion `updateTimers()` aufgerufen, die wiederum für jedes Delay das erwähnte Makro verwendet. `timerTrigger` wird nach Ablauf der Zeitspanne, mit der `SysTick` tickt (hier eine Millisekunde), auf `true` gesetzt. Dies wird nunmehr die einzige Aufgabe der ISR sein, was im Vergleich zu Projekt `Kap09-SysTick-02` eine wesentliche Vereinfachung der ISR darstellt. Das folgende Beispiel hat die gleiche Funktionalität, die Sie bereits im Projekt `Kap09SysTick-02` kennengelernt haben. Die wesentlichen Aspekte werden im Anschluss an das Listing besprochen.

```
/**
 * Projekt Kap09-SysTick-03
 * ========================
 *
 * Das Beispiel zeigt, dass mit nur einem Timer mehrere Aktionen
 * gesteuert werden können, wobei jede Aktion ein anderes Delay verwendet.
 */

#include <stm32f4xx.h>

#include <stdint.h>
#include <stdbool.h>

/**
 * Kommentar in Zeile 17 entfernen, wenn Sie die MCAL testen möchten.
 */
//#define MCAL

#ifdef MCAL
#include <mcalSysTick.h>
#include <mcalGPIO.h>
#endif

// Das Toggeln dieses Flags ersetzt die Korrektur von Timer-Variablen!
bool     timerTrigger = false;

#ifndef MCAL
/**
 * In der MCAL-Version nicht benoetigt.
 */
void     SysTick_Handler(void);
```

```
void     UPDATETimers(uint32_t *timer);
#endif

#define PIN0_DELAY      (200)
#define PIN1_DELAY      (400)

#ifndef MCAL
/**
 * Das Makro ist bereits in der MCAL enthalten und wird hier nicht benoetigt.
 */
#define DECREMENT_TIMER( timer )   \
    ( {                            \
        if ( timer > 0 )           \
            --timer;               \
    } )
#endif

int main(void)
{
    uint32_t pin0Timer = 0UL;
    uint32_t pin1Timer = 0UL;

#ifdef MCAL      // Beginn der MCAL-Version

    // Konfiguration des SysTick-Timers
    systickInit(SYSTICK_1MS);

    // Konfiguration von GPIOA, Pin0 und Pin1
    gpioSelectPort(GPIOA);
    gpioSelectPinMode(GPIOA, PIN0, OUTPUT);
    gpioSetOutputType(GPIOA, PIN0, PUSHPULL);
    gpioSelectPushPullMode(GPIOA, PIN0, PULLUP);

    gpioSelectPinMode(GPIOA, PIN1, OUTPUT);
    gpioSetOutputType(GPIOA, PIN1, PUSHPULL);
    gpioSelectPushPullMode(GPIOA, PIN1, PULLUP);

#else            // Ende der MCAL-Version + Beginn der Bare-Metal-Version

    GPIO_TypeDef *port = GPIOA;

```

```
    SystemCoreClockUpdate();                    // SysTick: Konfig.
    SysTick_Config(SystemCoreClock / 1000);     // SysTick = 1 ms

    // Konfiguration von GPIOA/Pin0 und GPIOA/Pin1
    RCC->AHB1ENR |= RCC_AHB1ENR_GPIOAEN;        // GPIOA: Bustakt einschalten
    port->MODER  &= ~GPIO_MODER_MODE0_Msk;      // PA0: Reset
    port->MODER  |= GPIO_MODER_MODE0_0;         // PA0: Ouput
    port->OTYPER &= ~GPIO_OTYPER_OT0_Msk;       // PA0: Push-Pull-Mode ein
    port->PUPDR  &= ~GPIO_PUPDR_PUPD0_Msk;      // PA0: Pullup/Pulldown Reset
    port->PUPDR  |= GPIO_PUPDR_PUPD0_0;         // PA0: Int. Pullup-Wid. ein

    port->MODER  &= ~GPIO_MODER_MODE1_Msk;      // PA1: Reset
    port->MODER  |= GPIO_MODER_MODE1_0;         // PA1: Ouput
    port->OTYPER &= ~GPIO_OTYPER_OT1_Msk;       // PA1: Push-Pull-Mode ein
    port->PUPDR  &= ~GPIO_PUPDR_PUPD1_Msk;      // PA1: Pullup/Pulldown Reset
    port->PUPDR  |= GPIO_PUPDR_PUPD1_0;         // PA1: Int. Pullup-Wid. ein

#endif      // Ende der Bare-Metal-Version

    while (1)
    {
#ifdef MCAL     // Beginn der MCAL-Version

        if (true == timerTrigger)
        {
            systickUpdateTimer(&pin0Timer);
            systickUpdateTimer(&pin1Timer);
        }

        if (isSystickExpired(pin0Timer))
        {
            gpioTogglePin(GPIOA, PIN0);
            systickSetTicktime(&pin0Timer, PIN0_DELAY);
        }

        if (isSystickExpired(pin1Timer))
        {
            gpioTogglePin(GPIOA, PIN1);
            systickSetTicktime(&pin1Timer, PIN1_DELAY);
        }

```

```
#else            // Ende der MCAL-Version + Beginn der Bare-Metal-Version

        if (true == timerTrigger)
        {
            UPDATETimers(&pin0Timer);
            UPDATETimers(&pin1Timer);
        }

        if (pin0Timer == 0)
        {
            if (port->IDR & GPIO_IDR_ID0)
            {
                port->BSRR = GPIO_BSRR_BR0;
            }
            else
            {
                port->BSRR = GPIO_BSRR_BS0;
            }
            pin0Timer = PIN0_DELAY;
        }

        if (pin1Timer == 0)
        {
            if (port->IDR & GPIO_IDR_ID1)
            {
                port->BSRR = GPIO_BSRR_BR1;
            }
            else
            {
                port->BSRR = GPIO_BSRR_BS1;
            }
            pin1Timer = PIN1_DELAY;
        }

#endif       // Ende der Bare-Metal-Version
    }
}

#ifndef MCAL
/**
 * Diese ISR des SysTick-Timers ist eine 1:1-Kopie aus der MCAL.
```

```
 * Die Kopie wird benoetigt, um Fehlermeldungen des Compilers zu vermeiden.
 */
void SysTick_Handler(void)
{
    timerTrigger = true;
}

/**
 * Keine Korrektur der Timer-Variablen erforderlich
 */
void UPDATETimers(uint32_t *timer)
{
    DECREMENT_TIMER(*timer);
    timerTrigger = false;
}
#endif
```

Listing 9.4: Projekt Kap09-SysTick-03: Vollständiges Listing

Funktionsbeschreibung

Das Ziel dieses Beispiels besteht darin, die Korrektur der Variablen, die das Delay darstellen, zu vermeiden: Das wird erreicht, indem die `uint32_t`-Variable `tick` durch eine boolesche Variable `timerTrigger` ersetzt wird. `timerTrigger` wird in der ISR `SysTick_Handler()` bei jedem Ticken des Timers auf `true` und bei jedem Aufruf der Funktion `UPDATETimers()` wieder auf `false` gesetzt. In der Funktion `UPDATETimers()` können Sie erkennen, dass die Korrektur der Timer-Variablen `pin0Timer` und `pin1Timer` entfällt. Stattdessen wird hier das Makro `DECREMENT_TIMER(*timer)` ausgeführt: Es macht nichts anderes, als den aktuellen Wert von `timer` um 1 zu verringern.

Hinweis

Durch die starke Vereinfachung der Interrupt-Service-Routine `SysTick_Handler()` kann sie im nächsten Schritt ebenfalls nach MCAL ausgelagert werden: Eine Änderung wird hier nicht mehr erforderlich sein. Die boolesche Variable `timerTrigger` *muss* dann aber global deklariert werden!

Mit der Funktion `isSYSTICKExpired(uint32_t timer)` wurde noch eine weitere Funktion implementiert. Sie wird für jede der verwendeten Timer-Variablen aufgerufen und startet die gewünschte Aktion, sobald der entsprechende Timer abgelaufen ist. Hier wird auch wieder der Startwert der Timer-Variablen neu gesetzt. Abbildung 9.4 zeigt, dass die neue Implementierung wie gewünscht funktioniert.

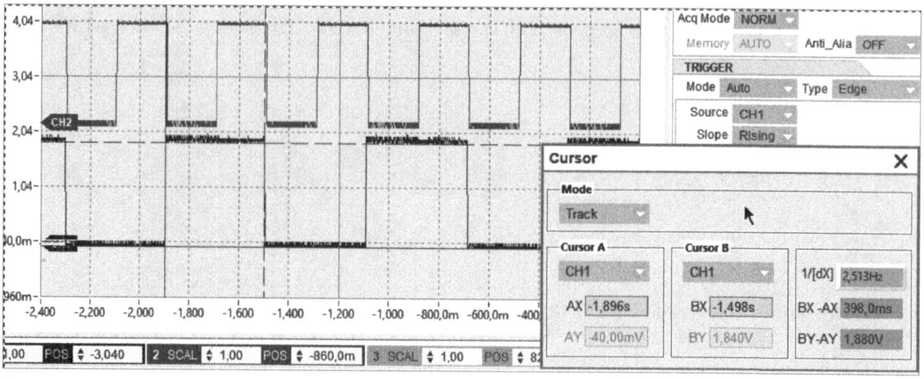

Abb. 9.4: Das Oszillogramm der optimierten SysTick-Anwendung

updateTimers()

Wie oben bereits erwähnt, kann derzeit ausschließlich die Funktion `UPDATETimers()` nicht in MCAL aufgenommen werden, da die Anzahl der Timer-Variablen bei verschiedenen Projekten unterschiedlich ist und daher ständig modifiziert werden müsste. Dies ist nicht zufriedenstellend, sodass hier eine Lösung für dieses Problem entwickelt wird.

Die Problemstellung lautet: Wie kann `UPDATETimers()` so modifiziert werden, dass die Funktion ebenfalls in MCAL aufgenommen werden kann? Hierzu sind folgende Dinge zu beachten:

- Es wird eine Liste der benötigten Timer-Variablen benötigt. Diese Liste muss an `UPDATETimers()` als Parameter übergeben werden. Da die Werte der in der Liste enthaltenen Timer-Variablen verändert werden sollen, kann hier kein ganz einfaches Array verwendet werden: Die Liste muss stattdessen die Adressen der zu ändernden Werte enthalten, also eine Liste mit Pointern auf die entsprechenden Variablen.
- Auch die Anzahl der Elemente, die das Array enthält, muss als Parameter mit übergeben werden: Eine Berechnung der Array-Größe innerhalb der Funktion `UPDATETimers()` ist nicht möglich (es sei denn, das Array ist ebenfalls global, was ich aber gern vermeide), da wir schließlich nur einen Pointer auf das Array übergeben. Pointer sind aber nichts anderes als Adressen von Variablen und Funktionen. Sie belegen bei den STM32F4xx-Mikrocontrollern immer vier Byte, sodass das Ergebnis einer Berechnung der Array-Größe mithilfe des `sizeof()`-Operators immer »1« ergibt. Das kann so nicht funktionieren!
- Die neue Funktion soll das Makro `DECREMENT_TIMER(timer)` aufrufen. Da Makros in C aber lediglich wie einfacher Text behandelt werden, kann ihnen nur der Wert der Variablen, auf die der betrachtete Pointer in der Liste zeigt, übergeben werden.

Hinweis

Sie sehen, dass hier einige Modifikationen auf uns zukommen. Ich habe mich deshalb dazu entschlossen, eine neue Funktion zu entwickeln, die ich während ihrer Entwicklung zunächst **SYSTICK**`UpdateTimers(uint32_t *list)` genannt habe und die zum Abschluss als **`systick`**`UpdateTimers(uint32_t *list)` in MCAL aufgenommen wird. Die Funktion `UPDATETimers()` wird dann nicht mehr benötigt und entfällt vollständig.

Für die Liste der Timer verwenden wir ein Array von Pointern: Jedes Element stellt also die Adresse einer Variablen dar und muss deshalb vier Byte umfassen. Ein Array von Pointern wird somit folgendermaßen deklariert:

`uint32_t *timerList[] = { &timer0, &timer1, &timer2 };` usw.

Die Funktion `SYSTICKUpdateTimerList(xxx)` muss nun so modifiziert werden, dass sie die Liste als Parameter akzeptiert. Die entsprechende Deklaration lautet daher:

```
void SYSTICKUpdateTimers(uint32_t *list, size_t arraySize) {}
```

Der Wert von `arraySize` muss also als Argument an diese Funktion übergeben werden. Die Berechnung der Anzahl der Array-Elemente erfolgt vorher mit `sizeof(list)/sizeof(uint32_t)`. Zur Berechnung von `arraySize` ist die Variante `sizeof(list)/sizeof(list[0])` besser geeignet. Die Verbesserung besteht darin, dass hier unmittelbar ein Element des Arrays verwendet wird, sodass sofort der korrekte Datentyp, also z.B. `uint8_t` oder `uint32_t`, verwendet wird. Da alle Elemente eines Arrays den gleichen Datentyp haben, werden diese von der Angabe des Datentyps unabhängig.

Mit dem ermittelten Wert wird die gesamte Liste durchlaufen. Jetzt kommt aber die Besonderheit der C-Makros ins Spiel: Makros werden literal (also wörtlich) wie einfacher Text an den Stellen eingetragen, an denen sie aufgerufen werden. Dies wird vom Präprozessor erledigt und nicht vom Compiler. Der Präprozessor hat – verglichen mit dem Compiler – völlig andere Aufgaben und kann daher keine Variablen und also auch keine Pointer verarbeiten.

Wir müssen daher den Wert bestimmen, der an der genannten Adresse gespeichert ist. Darüber hinaus ist es erforderlich, dem Makro mitzuteilen, dass es sich hierbei um einen `uint32_t`-Typ handelt. Der Wert des Elements wird mit `timer = (uint32_t *) list[i]` ermittelt und kann dann an `DECREMENT_TIMER` übergeben werden. Beim Einsatz von `SYSTICKUpdateTimers()` im Projekt ist allerdings noch eins zu bedenken: Der Compiler muss darüber informiert werden, dass die Liste Pointer enthält. Der Aufruf muss also folgendermaßen lauten: `systickUpdateTimerList((uint32_t *) list, arraySize);`. Vergessen Sie den Hinweis `(uint32_t *)` (Stichwort: Type Casting), funktioniert das Beispiel zwar auch, je nach Einstellung des Warning-Levels des Compilers gibt der Compiler aber eine »gefährlich« aussehende Warnung aus, die besagt, dass die Pointer-Typen inkompatibel sind. Das folgende Listing zeigt das Projekt `Kap09-SysTick-04`. Es enthält hier noch die Funktion `SYSTICKUpdateTimerList(uint32_t *list, size_t arraySize)`, die aber im Anschluss »endlich« als `systickUpdateTimerList(uint32_t *list, size_t arraySize)` nach MCAL ausgelagert werden kann.

```
1  /**
2   * Projekt Kap09-SysTick-04
3   * ========================
4   *
5   * Das Beispiel unterscheidet sich von Kap09-Systick-03 hauptsaechlich
6   * darin, dass hier die Funktion systickUpdateTimerList() (bzw. in der
7   * Bare-Metal-Version SYSTICKUpdateTimerList()) eingefuehrt wird.
8   */
9
10 #include <stm32f4xx.h>
11
12 #include <stdint.h>
13 #include <stdbool.h>
14 #include <stddef.h>         // Erforderlich wegen size_t
15
16 /**
17  * Kommentar in Zeile 19 entfernen, wenn Sie die MCAL testen möchten.
18  */
19 //#define MCAL
20
21 #ifdef MCAL
22 #include <mcalSysTick.h>
23 #include <mcalGPIO.h>
24 #endif
25
26 // Das Toggeln dieses Flags ersetzt die Korrektur von Timer-Variablen!
27 bool     timerTrigger = false;
28
29 #ifndef MCAL
30 /**
31  * In der MCAL-Version nicht benoetigt.
32  */
33 void     SysTick_Handler(void);
```

```
void     SYSTICKUpdateTimerList(uint32_t *timer, size_t arraySize);
#endif

#define PIN0_DELAY      (200)
#define PIN1_DELAY      (400)

#ifndef MCAL
/**
 * Das Makro ist bereits in der MCAL enthalten und wird nur fuer
 * Bare-Metal-Version benoetigt.
 */
#define DECREMENT_TIMER( timer )    \
    ( {                             \
        if ( timer > 0 )            \
            --timer;                \
    } )
#endif

int main(void)
{
    uint32_t pin0Timer = 0UL;
    uint32_t pin1Timer = 0UL;

    // Dies ist das Array, das die Adressen aller Timer-Variablen enthaelt.
    // Auch die Groesse des Arrays wird berechnet.
    uint32_t *timerList[] = { &pin0Timer, &pin1Timer /*, weitere Timer */ };
    size_t    arraySize = sizeof(timerList)/sizeof(timerList[0]);

#ifdef MCAL     // Beginn der MCAL-Version

    // Konfiguration des SysTick-Timers
    systickInit(SYSTICK_1MS);

    // Konfiguration von GPIOA, Pin0 und Pin1
    gpioSelectPort(GPIOA);
    gpioSelectPinMode(GPIOA, PIN0, OUTPUT);
    gpioSetOutputType(GPIOA, PIN0, PUSHPULL);
    gpioSelectPushPullMode(GPIOA, PIN0, PULLUP);

    gpioSelectPinMode(GPIOA, PIN1, OUTPUT);
    gpioSetOutputType(GPIOA, PIN1, PUSHPULL);
```

```
    gpioSelectPushPullMode(GPIOA, PIN1, PULLUP);

#else           // Ende der MCAL-Version + Beginn der Bare-Metal-Version

    GPIO_TypeDef *port = GPIOA;

    SystemCoreClockUpdate();                     // SysTick: Konfig.
    SysTick_Config(SystemCoreClock / 1000);      // SysTick = 1 ms

    // Konfiguration von GPIOA/Pin0 und GPIOA/Pin1
    RCC->AHB1ENR |= RCC_AHB1ENR_GPIOAEN;         // GPIOA: Bustakt einschalten
    port->MODER  &= ~GPIO_MODER_MODE0_Msk;       // PA0: Reset
    port->MODER  |= GPIO_MODER_MODE0_0;          // PA0: Ouput
    port->OTYPER &= ~GPIO_OTYPER_OT0_Msk;        // PA0: Push-Pull-Mode ein
    port->PUPDR  &= ~GPIO_PUPDR_PUPD0_Msk;       // PA0: Pullup/Pulldown Reset
    port->PUPDR  |= GPIO_PUPDR_PUPD0_0;          // PA0: Int. Pullup-Wid. ein

    port->MODER  &= ~GPIO_MODER_MODE1_Msk;       // PA1: Reset
    port->MODER  |= GPIO_MODER_MODE1_0;          // PA1: Ouput
    port->OTYPER &= ~GPIO_OTYPER_OT1_Msk;        // PA1: Push-Pull-Mode ein
    port->PUPDR  &= ~GPIO_PUPDR_PUPD1_Msk;       // PA1: Pullup/Pulldown Reset
    port->PUPDR  |= GPIO_PUPDR_PUPD1_0;          // PA1: Int. Pullup-Wid. ein

#endif      // Ende der Bare-Metal-Version

    while (1)
    {
#ifdef MCAL     // Beginn der MCAL-Version

        if (true == timerTrigger)
        {
            systickUpdateTimerList((uint32_t *) timerList, arraySize);
        }

        if (isSystickExpired(pin0Timer))
        {
            gpioTogglePin(GPIOA, PIN0);
            systickSetTicktime(&pin0Timer, PIN0_DELAY);
        }

```

```
        if (isSystickExpired(pin1Timer))
        {
            gpioTogglePin(GPIOA, PIN1);
            systickSetTicktime(&pin1Timer, PIN1_DELAY);
        }

#else               // Ende der MCAL-Version + Beginn der Bare-Metal-Version

        if (true == timerTrigger)
        {
            SYSTICKUpdateTimerList((uint32_t *) timerList, arraySize);
        }

        if (pin0Timer == 0)
        {
            if (port->IDR & GPIO_IDR_ID0)
            {
                port->BSRR = GPIO_BSRR_BR0;
            }
            else
            {
                port->BSRR = GPIO_BSRR_BS0;
            }
            pin0Timer = PIN0_DELAY;
        }

        if (pin1Timer == 0)
        {
            if (port->IDR & GPIO_IDR_ID1)
            {
                port->BSRR = GPIO_BSRR_BR1;
            }
            else
            {
                port->BSRR = GPIO_BSRR_BS1;
            }
            pin1Timer = PIN1_DELAY;
        }

#endif        // Ende der Bare-Metal-Version
```

```
    }
}

#ifndef MCAL
/**
 * Die beiden folgenden Funktionen sind bereits in der MCAL vorhanden und
 * dürfen hier nur fuer die Bare-Metal-Version aktiv sein.
 *
 */
void SysTick_Handler(void)
{
    timerTrigger = true;
}

void SYSTICKUpdateTimerList(uint32_t *timerList, size_t arraySize)
{
    uint32_t *timer;
    size_t i;

    for (i = 0; i < arraySize; i++)
    {
        // Schreibweise vereinfacht. Moeglich waere auch
        // DECREMENT_TIMER(*((uint32_t *) timerList[i]));
        timer = (uint32_t *) timerList[i];
        DECREMENT_TIMER(*timer);
    }

    timerTrigger = false;
}
#endif
```

Listing 9.5: Vollständiges Listing des Projekts Kap09-SysTick-04

9.4 Register des SysTick-Timers

Jetzt, wo Sie den SysTick-Timer aus der Sicht seiner praktischen Anwendung kennengelernt haben, soll noch eine grundlegende Beschreibung seiner Register nachgereicht werden.

Der SysTick-Timer wurde – wie bereits früher erwähnt – von Arm in den Mikrocontrollerkern integriert, sodass er in allen Cortex-M-MCUs verfügbar ist.

> **Hinweis**
>
> Im Gegensatz zu den anderen Timern (und auch Peripheriekomponenten) läuft er immer und muss nicht aktiviert werden.

Die SysTick-Register werden durch die C-Struktur `SysTick_Type`, die in der Datei `core_cm4.h` definiert ist, zur Verfügung gestellt.

Das SysTick Control and Status Register (CTRL)

Das *SysTick Control and Status Register* (*CTRL*) belegt nur vier Bit, die nachfolgend beschrieben werden:

- **Bit 0**: Dieses Bit ist das `ENABLE`-Bit und dient dem Ein- bzw. Ausschalten von `SysTick`. Die Einstellung erfolgt mit der Konstanten `SysTick_CTRL_ENABLE_MSK`
- **Bit 1**: Das `TICKINT`-Bit stellt ein, ob `SysTick` beim Überlauf Interrupts erzeugen soll.
- **Bit 2**: Wie jeder Timer/Counter benötigt auch `SysTick` ein Taktsignal. Es wird vom Systemtakt (`SystemCoreClock`) mit diesem Bit (`CLKSOURCE`) abgeleitet. Hat `CLKSOURCE` den Wert 0, wird `SysTick` mit `SystemCoreClock/16` getaktet, anderenfalls erfolgt die Taktung durch den tatsächlichen Systemtakt.
- **Bit 16**: Das Bit `COUNTFLAG` hat den Wert 1, wenn `SysTick` übergelaufen ist, und anderenfalls den Wert 0.
- **Alle anderen Bits**: Sie müssen auf Reset-Wert bleiben.

> **Hinweis**
>
> Sie sehen hier, dass zum Aktivieren des SysTick-Timers die _MSK-Version von `SysTick_CTRL_ENABLE` verwendet wird: Im Vergleich zu STM hat Arm eine geringfügig andere Bezeichnungstechnik gewählt.

Das SysTick Value Register (VAL)

Vom *SysTick Value Register* (*VAL*) werden nur 24 Bit genutzt, was bei einem 24-Bit-Timer nicht wirklich überrascht. Es lässt sich jederzeit abfragen und zeigt den aktuellen Zählerstand von `SysTick` an.

Das SysTick Load Register (LOAD)

Das *SysTick LOAD Register* (*LOAD*) wird mit dem Wert geladen, an dem ein Überlauf erfolgen soll. Hier lässt sich also einstellen, bei welchem Zählerstand beispielsweise ein Interrupt ausgelöst werden soll (das `TICKINT`-Bit muss dann natürlich auf 1 gesetzt sein).

Das SysTick Calibration Register (CALIB)

Auf das *SysTick Calibration Register* (*CALIB*) kann nur lesend zugegriffen werden. Abbildung 9.5 zeigt seinen Aufbau:

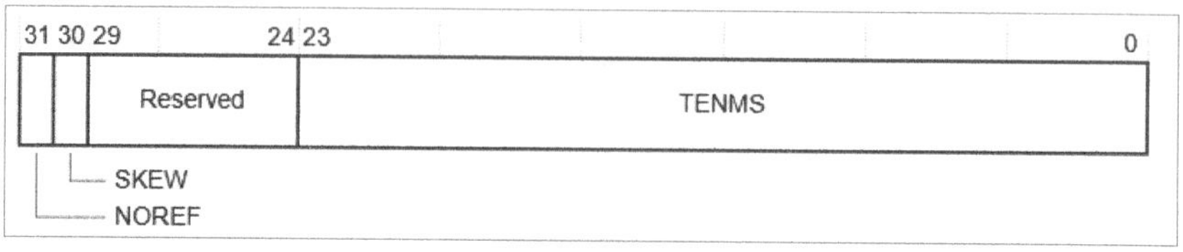

Abb. 9.5: Das SysTick Calibration Register (SysTick->CALIB)

Tabelle 9.1 zeigt die Bedeutung der einzelnen Bits:

Bit(s)	Bezeich-nung	Bedeutung
31	NOREF	Eine »1« zeigt an, dass keine separate Taktreferenz vorhanden ist. Beim Board NUCLEO-64 STM32F446 hat dieses Bit den Wert 0.
30	SKEW	Eine 0 zeigt an, dass der Wert von TENMS unbekannt ist. Bei meinem NUCLEO-64 STM32F446 hat dieses Bit den Wert 1, TENMS ist also bekannt. Eine 1 zeigt an, dass hier eine Abweichung (Schwankung) vom geplanten Wert vorliegt und dass dieser durch TENMS korrigiert wird.
29:24	-	Reserviert und nicht genutzt.
23:0	TENMS	Steht hier 0, ist die Kalibrierung unbekannt. Bei meinem NUCLEO-64 STM32F446 steht hier 0000 0000 0100 1001 0011 1110 (= 18750 dezimal).

Tabelle 9.1: Bedeutung des Registers SysTick->CALIB

Hinweis

Mit Ausnahme der in Tabelle 9.1 gezeigten Werte, die ich mit einem Zugriff über `SysTick->CALIB` ermittelt habe, habe ich leider keine genaueren Informationen zu diesem Register gefunden. Da es sich aber um ein Read-only-Register (RO) handelt und seine Werte nicht durch den Programmierer verändert werden können, ist davon auszugehen, dass die hier aufgeführten Werte während der Produktion des Mikrocontrollers vom Hersteller ermittelt und eingetragen wurden.

Hiermit ist die Beschreibung des SysTick-Timers abgeschlossen.

Wichtig

Eine wichtige Information, die alle Timer betrifft, besteht in ihrer Zählweise! Berücksichtigen Sie bitte *immer*, dass der Wert »0« mitgezählt wird. Dies bedeutet im Umkehrschluss, dass Sie zur Einstellung einer Zeitspanne von dieser immer »1« subtrahieren müssen!

Timer-Grundlagen und Basic Timer

Die Mikrocontroller der STM32F4xx-Familie sind mit Timern bzw. Countern sehr reichhaltig ausgestattet. In Kapitel 9 (und teilweise auch schon davor) haben Sie bereits den SysTick-Timer kennengelernt. In diesem Kapitel gebe ich Ihnen zunächst einen generellen Überblick über Timer und Counter und wie sie funktionieren. Im weiteren Verlauf dieses Kapitels werden Sie dann noch die Basic Timer kennenlernen.

Die wesentlichen Aufgaben von Timern und Countern sind:

- Bereitstellung von Zeitbasen
- Generierung von Ereignissen
- Erzeugung von Signalen bestimmter Wellenformen an ihren Ausgängen
- Zählen externer und interner Ereignisse

Timer sind unabhängig vom CPU-Kern und entlasten ihn von zeitaufwendigen Aufgaben. Die Timer sind mit APB1 und APB2 verbunden.

Wichtig

Timer nehmen im Betrieb elektrische Leistung auf. Um die Leistungsaufnahme so gering wie möglich zu halten, sind sie nach einem Reset deaktiviert und müssen mit dem Reset and Clock Controller RCC vor ihrer ersten Nutzung aktiviert werden. Sie sind mit APB1 und APB2 verbunden, entsprechend erfolgt ihre Aktivierung entweder über die RCC-Register RCC_APB1ENR und RCC_APB2ENR.

Abbildung 10.1 und Abbildung 10.2 zeigen die Bits, die in RCC_APB1ENR und RCC_APB2ENR den einzelnen Timern zugeordnet sind:

31	30	29	28	27	26	25	24	23	22	21	20	19	18	17	16
		DAC EN	PWR EN	CEC EN	CAN2 EN	CAN1 EN	FMPI2C1 EN	I2C3 EN	I2C2 EN	I2C1 EN	UART5 EN	UART4 EN	USART3 EN	USART2 EN	SPDIFRX EN
		rw	rw	rw	rw	rw	rw	rw	rw	rw	rw	rw	rw	rw	rw

15	14	13	12	11	10	9	8	7	6	5	4	3	2	1	0
SPI3 EN	SPI2 EN			WWDG EN			TIM14 EN	TIM13 EN	TIM12 EN	TIM7 EN	TIM6 EN	TIM5 EN	TIM4 EN	TIM3 EN	TIM2 EN
rw	rw			rw			rw	rw	rw	rw	rw	rw	rw	rw	rw

Abb. 10.1: Timer-Aktivierung in Register RCC_APB1ENR

31	30	29	28	27	26	25	24	23	22	21	20	19	18	17	16
								SAI2 EN	SAI1 EN				TIM11 EN	TIM10 EN	TIM9 EN
								rw	rw				rw	rw	rw

15	14	13	12	11	10	9	8	7	6	5	4	3	2	1	0
	SYSCFG EN	SPI4 EN	SPI1 EN	SDIO EN	ADC3 EN	ADC2 EN	ADC1 EN			USART6 EN	USART1 EN			TIM8 EN	TIM1 EN
	rw	rw	rw	rw	rw	rw	rw			rw	rw			rw	rw

Abb. 10.2: Timer-Aktivierung in Register RCC_APB2ENR

Mit Ausnahme der Low-Power-Timer besitzen alle Timer die gleiche skalierbare Architektur. Dies ermöglicht eine weitgehend identische Konfiguration und Anwendung der Timer.

Timer gliedern sich – abhängig von ihren Fähigkeiten – in folgende Gruppen:

- Basic Timer
- General-Purpose Timer
- Advanced-Control Timer

Hinweis

Alle von STM implementierten Timer – also nicht der `SysTick`-Timer, da dieser von Arm implementiert wurde – sind nach dem gleichen Schema aufgebaut und unterscheiden sich hauptsächlich durch erweiterte Eigenschaften. Man spricht daher auch von einer *skalierbaren Architektur*. Wir nutzen diese Skalierbarkeit zur Erweiterung unserer MCAL-Bibliothek.

Wichtig

Die Skalierbarkeit der Timer-Architektur hat zur Folge, dass bestimmte Funktionen bei einzelnen Timern nicht anwendbar sind. Die MCAL-Funktionen berücksichtigen dies, indem zunächst geprüft wird, ob der als Parameter angegebene Timer geeignet ist. Prüfen Sie also bei unerwartetem Verhalten Ihrer Projekte mit dem Debugger, ob das Programm in einer Endlosschleife »hängt«.

In diesem Kapitel werden Sie neben den einführenden allgemeinen Grundlagen von Timern noch die Basic Timer kennenlernen. Kapitel 11 ist dann den General-Purpose Timern vorbehalten, während die Advanced-Control Timer in Kapitel 12 behandelt werden.

Die meisten der insgesamt 14 Timer (SysTick und Watchdog-Timer wurden hier nicht mitgezählt) sind als 16-Bit-Timer ausgelegt, einzig die Timer `TIM2` und `TIM5` sind 32-Bit-Timer. Viele Timer, aber nicht alle, verfügen über Ein- bzw. Ausgänge.

Besitzt ein Timer mehrere Input- bzw. Output-Kanäle, sind diese voneinander unabhängig und können für unterschiedliche Funktionen genutzt werden.

Hinweis

Aufgrund der beschränkten Seitenzahl, die in diesem Buch zur Verfügung steht, lassen sich nicht alle der vielfältigen Anwendungsmöglichkeiten beschreiben. Ich habe mich aber bemüht, Ihnen einen möglichst umfassenden Überblick zu liefern. Besondere Features, die hier nicht beschrieben werden können, werde ich auf meiner Webseite `https://www.ralf-jesse.de` nachreichen. Ihre Rückmeldungen und eventuell auch Wünsche zu weiteren Erläuterungen sind sehr willkommen!

Hinweis

Wie bereits früher erwähnt, sind Benennung und Funktion der Timer über die gesamte STM-Cortex-M-Familie konsistent: `TIMn` eines Mikrocontrollers verhält sich identisch mit `TIMn` eines anderen Mikrocontrollers dieser Familie. Vereinzelt kann es aber vorkommen, dass `TIMn` eines bestimmten Mikrocontrollers über zusätzliche Features verfügt, die im namentlich gleichen `TIMn` eines weniger leistungsstarken Mikrocontrollers fehlen. Dies gilt nicht nur für Timer, sondern auch für alle weiteren Peripheriekomponenten und ist der Grund dafür, dass als »reserviert« markierte Bits in den Registern auf ihrem Reset-Wert bleiben müssen.

Tabelle 10.1 liefert einen Überblick über die im STM32F446 enthaltenen Timer. Sie wurde ursprünglich von *Tilen Majerle* erstellt, der sehr aktiv eine Reihe von Tutorials zu verschiedenen Mikrocontrollern im Internet anbietet. Ich empfehle Ihnen sehr, seine Webseite `https://majerle.eu/` in Ihre Linksammlung aufzunehmen.

Timer	Typ	Bits	Prescaler (Bit)	Anzahl der Kanäle	Max. Interface Clock	Max. Timer Clock	APB
TIM1, TIM8	Advanced	16	16	4	SysClk/2	SysClk	2
TIM2, TIM5	GP	32	16	4	SysClk/4	SysClk, SysClk/2	1
TIM3, TIM4	GP	16	16	4	SysClk/4	SysClk, SysClk/2	1
TIM9	GP	16	16	2	SysClk/2	SysClk	2

Tabelle 10.1: Timer-Übersicht von Tilen Majerle

Timer	Typ	Bits	Prescaler (Bit)	Anzahl der Kanäle	Max. Interface Clock	Max. Timer Clock	APB
TIM10, TIM11	GP	16	16	1	SysClk/2	SysClk	2
TIM12	GP	16	16	2	SysClk/4	SysClk, SysClk/2	1
TIM13, TIM14	GP	16	16	1	SysClk/4	SysClk, SysClk/2	1
TIM6, TIM7	Basic	16	16	0	SysClk/4	SysClk, SysClk/2	1

Tabelle 10.1: Timer-Übersicht von Tilen Majerle (Forts.)

10.1 Allgemeines zu Timern und Countern

Timer und Counter werden für die verschiedensten Anforderungen eingesetzt: Wenn Sie beispielsweise an die verschiedenen Waschvorgänge einer Waschmaschine denken, werden Sie wissen, dass jedes Waschprogramm eine gewisse Zeit läuft, bevor ein anderes Waschprogramm, z.B. der Schleudergang, aktiviert wird. Dies ist eine typische Anwendung von Timern. Eine häufig vorkommende andere Anwendungsmöglichkeit besteht darin, den zeitlichen Abstand zwischen zwei Ereignissen oder deren Dauer zu ermitteln. Und dass Counter zum Zählen von Ereignissen verwendet werden, ist jetzt auch nicht sonderlich überraschend. Die zugrunde liegende Technik besteht in der Aneinanderreihung verschiedener elektronischer Komponenten, den sogenannten Flip-Flops.

Hinweis

Es gibt verschiedene Flip-Flop-Typen, die sich hauptsächlich in der konkreten Anwendung unterscheiden. Häufig werden sie als Frequenzteiler zur Reduzierung einer Eingangsfrequenz genutzt, sie können aber auch als Speicher verwendet werden oder Ereignisse zählen. Auf die Details wird in diesem Buch nicht weiter eingegangen, hierfür müsste man tief in die Digitaltechnik »eintauchen«. Nur so viel sei noch erwähnt: Die Bezeichnung »Flip-Flop« soll darauf verweisen, dass diese Komponenten zwischen zwei genau definierten Zuständen hin- und herwechseln.

Flip-Flops werden hintereinandergeschaltet, wobei das Ausgangssignal eines Flip-Flops das Taktsignal für das nächstfolgende Flip-Flop erzeugt. Abbildung 10.3 zeigt das Prinzip am Beispiel von vier Flip-Flops.

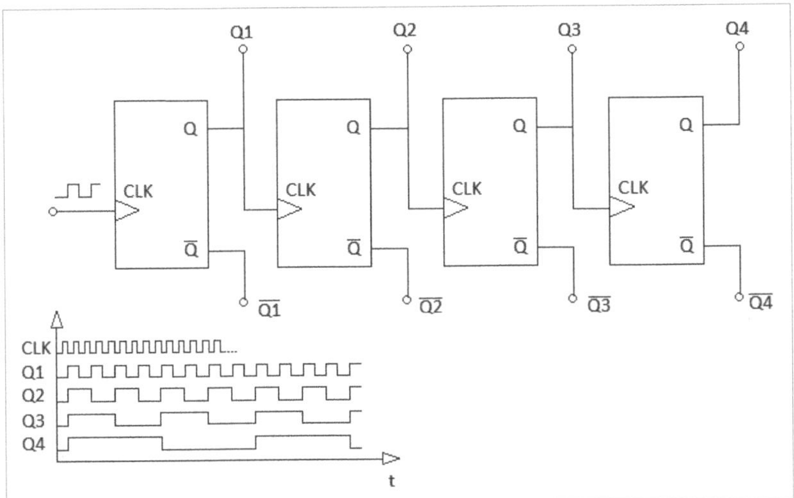

Abb. 10.3: Typische Anwendung von Flip-Flops

Sie besitzen einen nicht invertierenden (Qx) Ausgang und einen invertierenden (Qx mit Querstrich). Das typische Verhalten von Flip-Flops besteht darin, das am Eingang anliegende Taktsignal jeweils zu halbieren. Wird, wie in Abbildung 10.3 gezeigt, der nicht invertierende Ausgang als Taktsignal für das nächste Flip-Flop und zusätzlich als ein Bit in einem Register verwendet, verringert sich der Inhalt des Registers bei jedem Taktimpuls, es wird also abwärts gezählt. Man kann aber auch den invertierenden Ausgang eines Flip-Flops als Taktsignal verwenden: Dann wird der Inhalt des Registers größer, und es wird also aufwärts gezählt. Der Inhalt des Registers stellt am Ende des gesamten Vorgangs demnach entweder eine abgelaufene Zeitspanne (Timer) oder eine Anzahl von Ereignissen (Counter) dar.

Hinweis

Je mehr Flip-Flops ein Timer/Counter enthält, umso größer ist seine Auflösung. Mit den hier dargestellten vier Flip-Flops kann bis 2^4-1, also von 0 bis 15, gezählt werden. Ein 16-Bit- bzw. 32-Bit-Timer/Counter besteht entsprechend aus einer Verkettung von 16 bzw. 32 Flip-Flops und kann dann bis 2^{16}-1 bzw. bis 2^{32}-1 zählen.

Hinweis

Ganz offensichtlich funktionieren Timer und Counter auf die gleiche Weise. Der Unterschied besteht nur in der Quelle des Taktsignals! Wird es intern, also innerhalb des Mikrocontrollers erzeugt, spricht man von einem Timer. Stammt das Taktsignal von einer externen Quelle, spricht man von einem Counter. In der STM-Dokumentation werden alle Timer/Counter als Timer `TIMx` bezeichnet.

Einige dieser Timer/Counter lassen sich ausschließlich von internen Taktgeneratoren triggern (starten oder anhalten). Es gibt aber auch solche, deren Takteingang zusätzlich nach außen herausgeführt ist: Ihre Bezeichnung als Timer ist also nicht ganz konsistent. Da STM im Referenzhandbuch die Bezeichnung *Timer* aber durchgängig verwendet, halte ich dies in diesem Buch ebenso.

Tipp

Es sind Anwendungen denkbar, bei denen die maximale Zeit vor einem Überlauf trotz maximaler Prescaler-Einstellung nicht ausreicht. Sollten Sie vor einer solchen Herausforderung stehen, können Sie zwei oder mehr Timer miteinander »verketten«. Dann würde der Überlauf eines vorgeschalteten Timers dazu genutzt werden, den nachfolgenden Timer zu takten. Sie müssten also den Ausgang eines Timers direkt mit dem Takteingang des nächsten Timers verbinden.

Die Anzahl der in den STM-Mikrocontrollern integrierten Timer/Counter variiert von Typ zu Typ. Eines ist aber immer gleich: die Bezeichnung! STM bezeichnet die Timer/Counter als `TIMn`, wobei `n` eine numerische Bezeichnung darstellt. Ist ein beliebiger `TIMn` in verschiedenen STM-Mikrocontrollern gleichermaßen vorhanden, verhält er sich auch gleich. Dies gilt sowohl für die Bezeichnung der Register wie auch für deren Programmierung. Das bietet den enormen Vorteil, dass Software einfacher auf einen anderen STM32F4xx-Mikrocontroller portiert werden kann.

Hinweis

Einige wenige Timer/Counter weisen bei hochwertigeren Mikrocontrollern zusätzliche Features auf: Wenn Sie derartige Besonderheiten nutzen, ist der Wechsel auf andere STM32F4xx-Mikrocontroller natürlich nur eingeschränkt möglich. Details müssen Sie im Zweifelsfall im Datenblatt bzw. im Referenzhandbuch nachschlagen. Bits, die in den Registern gleich benannt sind, bewirken immer die gleiche Funktionalität.

10.2 Basic Timer TIM6 und TIM7

`TIM6` und `TIM7` sind – neben dem SysTick-Timer – die einfachsten Timer. Sie werden intern unmittelbar als Trigger für die Digital-Analog-Wandler und zur Erzeugung von Wellenformen genutzt. Wenn es erforderlich ist, eine bestimmte Aktion genau ein einziges Mal auszuführen, können sie auch als sogenannte *One-Shot-Timer* konfiguriert werden. Eine mögliche Anwendung für den One-Shot-Betrieb wäre beispielsweise die Übertragung von Betriebsdaten (Temperatur, Nutzungsdauer usw.) in einen Protokollspeicher. Beide Timer sind an den *Advanced Peripheral Bus 1* (*APB1*) angeschlossen, der mit bis zu 45 MHz getaktet wird.

Ihre wichtigsten Eigenschaften sind nachfolgend aufgeführt:

- `TIM6` und `TIM7` sind 16-Bit-Timer.
- Die Taktfrequenz kann durch einen Vorteiler (Prescaler) verringert werden. Der Vorteiler kann (ganzzahlige) Werte zwischen 1 und 65536 annehmen.
- Beide Timer können nur aufwärts, also von 0 bis maximal 65535 zählen.
- Die maximale Taktfrequenz ist durch den Systemtakt vorgegeben.
- `TIM6` und `TIM7` sind in allen STM32F4xx-Mikrocontrollern enthalten.

Das in Abbildung 10.4 gezeigte Blockschaltbild von `TIM6` und `TIM7` habe ich dem Referenzhandbuch von STM entnommen.

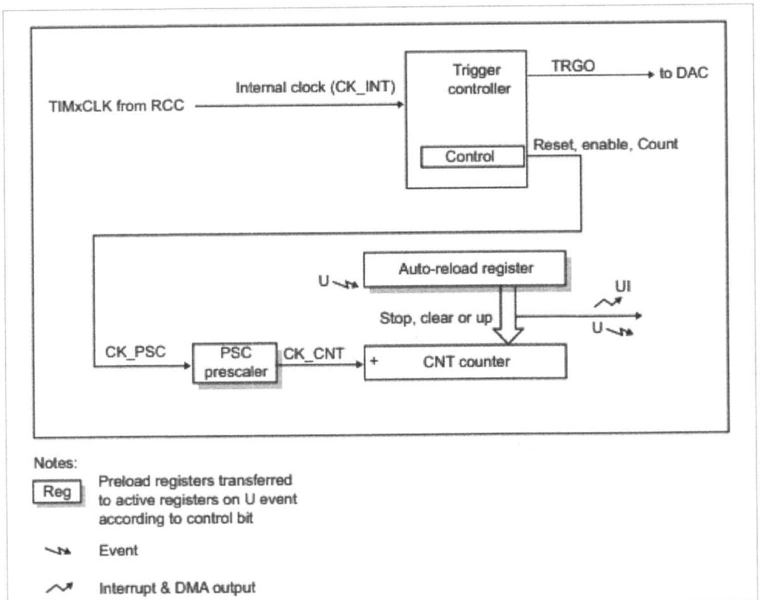

Abb. 10.4: Blockschaltbild der Basic Timer TIM6 und TIM7

In Abbildung 10.4 können Sie erkennen, dass das Taktsignal dem sogenannten Trigger-Controller zugeführt wird. Er dient der Konfiguration des Timers und testet die Bedingungen, die erfüllt sein müssen, um ihn zu starten. Der nachgeschaltete Prescaler passt die Taktfrequenz an die individuellen Erfordernisse an: Muss ein Ereignis beispielsweise nicht sehr häufig, sondern etwa nur im Stundentakt ausgeführt werden, wird die Taktfrequenz mit seiner Hilfe so reduziert, dass der Maximalwert, den der Timer annehmen kann (16 Bit/32 Bit), erst nach längerer Zeit überschritten werden kann. In das sogenannte *Auto-Reload Register* (*ARR*) wird dann der Wert eingetragen, der der gewünschten Zeitspanne entspricht. Das *TIMx Counter* Register (*CNT*) enthält immer den aktuellen Timer- bzw. Zählerstand und wird nach Ablauf der gewünschten Zeitspanne auf »0« zurückgesetzt.

In den folgenden Abschnitten werden die Register der Basic Timer vorgestellt.

TIM6/TIM7 Control Register 1/2 (TIMx_CR1 und TIMx_CR2)

Die Basic Timer TIM6 und TIM7 besitzen jeweils zwei *TIMx Control Register* (*TIMx_CR1* und *TIMx_CR2*). Bei beiden handelt es sich um 16-Bit-Register, von denen aber nur fünf Bit (TIMx_CR1) bzw. drei Bit (TIMx_CR2) belegt sind.

15	14	13	12	11	10	9	8	7	6	5	4	3	2	1	0
								ARPE				OPM	URS	UDIS	CEN
								rw				rw	rw	rw	rw

Abb. 10.5: TIM6/TIM7 CR1 (TIM6_CR1/TIM7_CR1)

Bit	Name	Funktion
0	CEN	Counter Enable. Um den Timer/Counter zu starten, muss dieses Bit auf 1 gesetzt werden.
1	UDIS	Update Disable. Generierung von Update-Ereignissen unter den folgenden Bedingungen: 0: Überlauf, Unterlauf, Setzen des »Generate Update«-Bits (UG) durch den Slave. 1: Update-Ereignis wird nicht generiert.
2	URS	Update Request Source. Generiert Update-Ereignis, bei: 0: Überlauf, Unterlauf, Update-Generierung durch den Slave. 1: Überlauf, Unterlauf oder DMA (falls DMA aktiviert).
3	OPM	One-Pulse-Mode, oben auch als Single-Shot-Modus bezeichnet. 0: Der Timer läuft kontinuierlich. 1: Der Timer stoppt nach dem nächsten Update-Ereignis.
7	ARPE	Auto-Reload Preload Enable. Das ARPE-Bit bestimmt, ob der Wert, der die Laufzeit des Timers bestimmt, in einem sogenannten Schattenregister wird. Im Vergleich zum Laden der Laufzeit aus dem SRAM erfolgt das Neuladen aus dem Schattenregister schneller.

Tabelle 10.2: Das TIMx Control Register 1 (TIMx_CR1)

15	14	13	12	11	10	9	8	7	6	5	4	3	2	1	0
									MMS[2:0]						
									rw	rw	rw				

Abb. 10.6: TIM6/TIM7 CR2 (TIM6_CR2/TIM7_CR2)

Bit	Name	Funktion	
4, 5, 6	MMS	Master Mode Selection	
		000	Reset. Das UG-Bit des TIMx_EGR-Registers. UG steht für *Generate Update Event*.
		001	Enable. Wird zum synchronisierten Stand mehrerer Timer durch einen anderen Timer verwendet.
		010	Update. Das Update-Ereignis dient zum Starten eines weiteren Timers.

Tabelle 10.3: Das TIMx Control Register 2 (TIMx_CR2)

TIM6/TIM7 DMA/Interrupt Enable Register (TIMx_DIER)

Sollen Timer durch das Auftreten bestimmter Ereignisse (DMA oder Interrupt) gestartet werden, muss dies explizit aktiviert werden. Das *TIMx DMA/Interrupt Enable Register* (*TIMx_DIER*) besitzt hierfür genau zwei Bit.

15	14	13	12	11	10	9	8	7	6	5	4	3	2	1	0
							UDE								UIE
							rw								rw

Abb. 10.7: Das TIMx DMA/Interrupt Enable Register (TIMx_DIER)

UDE (*Update DMA Request Enable*) muss auf »1« gesetzt werden, um den Timer durch eine DMA-Anforderung zu aktualisieren. Entsprechend dient das Bit UIE (*Update Interrupt Enable*) der Steuerung durch einen Interrupt.

TIM6/TIM7 Status Register (TIMx_SR)

Das *TIM6/TIM7 Status Register* (*TIMx_SR*) nutzt mit Bit 0 sogar nur ein Bit, weshalb auf eine Abbildung verzichtet wird. Hat UIF (*Update Interrupt Flag*) den Wert »1«, wurde eine Interrupt-Anforderung ausgelöst.

TIM6/7 Event Generation Register (TIMx_EGR)

Das *TIM6/TIM7 Event Generation Register* (*TIMx_EGR*) wurde bereits weiter oben kurz angesprochen. Durch das Setzen von Bit 0 (UG, *Generate Update Event*) wird der Timer neu initialisiert, und die Register werden aktualisiert.

Wichtig

Auch das Prescaler-Register wird initialisiert, das vorher eingestellte Teilerverhältnis bleibt aber unverändert.

TIM6/TIM7 Counter (TIMx_CNT)

Das *TIM6/TIM7 Count Register* (*TIMx_CNT*) ist ein 16-Bit-Register, das den aktuellen Wert (Zählerstand) der Timer enthält. Der hier gespeicherte Wert kann zu jedem Zeitpunkt auf einen neuen Wert gesetzt werden.

TIM6/TIM7 Prescaler (TIMx_PSC)

Das Register *TIM6/TIM7 Prescaler* (*TIMx_PSC*) ist ein 16-Bit-Register und ermöglicht die Einstellung eines Vorteilers zwischen 1 und 65536.

> **Hinweis**
>
> Da eine Division durch »0« nicht zulässig ist, wird intern durch die Hardware der Wert »1« addiert. Dies ist auch der Grund dafür, dass der Vorteiler Werte zwischen 1 und 65536 annehmen kann (und nicht zwischen 0 und 65535).

Der Prescaler kann auch dann geändert werden, wenn der Timer läuft. Eine Änderung wirkt sich aber erst beim nächsten Update-Ereignis aus.

TIM6/TIM7 Auto-Reload Register (TIMx_ARR)

Das *TIMx Auto-Reload Register* (*TIMx_ARR*) ist bei den Basic Timern ein 16-Bit-Register. Es wird mit dem Wert geladen, bei dem ein Update-Ereignis (Überlauf, Unterlauf usw.) erfolgen soll. Sein Wert bestimmt, wann ein Update-Ereignis generiert wird. Hierfür ist es aber erforderlich, dass das UDIS-Bit (*Update Event Disable*) in `TIMx_CR1` auf »0« gesetzt ist. Der eingestellte Wert kann in einem Schattenregister gespeichert werden (das `ARPE`-Bit im Register `TIMx_CR1` muss dann auf »1« sein) und wird bei jedem Update-Ereignis aus ihm automatisch wiederhergestellt. Als Schattenregister wird ein internes Register bezeichnet, dessen Inhalt nicht von außen geändert werden kann.

> **Wichtig**
>
> Der Timer wird *nicht* gestartet, wenn `TIMx_ARR` auf »0« gesetzt ist!

10.2.1 Beispiel mit Basic Timer TIM6

Das folgende Beispiel zeigt, wie einfach die Programmierung der Basic Timer `TIM6` und `TIM7` ist. Auch in diesem Beispiel können Sie durch Kommentieren der Zeile 18 zwischen der MCAL- und der Bare-Metal-Version umschalten.

```
1  /**
2   * Projekt Kap10-BASTIM
3   * ===================
```

```
4   *
5   * Verwendet den Basic Timer TIM6 und laesst eine an GPIO-Port A (PIN0)
6   * angeschlossene LED blinken. Das Beispiel kombiniert die MCAL-Version
7   * sowie die Bare-Metal-Version.
8   */
9
10  #include <stm32f4xx.h>
11  #include <system_stm32f4xx.h>
12  #include <stdint.h>
13  #include <stdbool.h>
14
15  /**
16   * Kommentar in Zeile 18 entfernen, wenn Sie die MCAL testen möchten.
17   */
18  //#define MCAL
19
20  #ifdef MCAL
21  #include <mcalGPIO.h>
22  #include <mcalTimer/mcalTimer.h>
23  #endif
24
25  /**
26   * Funktionsprototypen
27   */
28  void TIM6_DAC_IRQHandler(void);
29
30  /**
31   * Globale Variablen
32   */
33  bool tim6Trigger = false;
34
35  int main(void)
36  {
37  #ifdef MCAL       // Beginn der MCAL-Version
38      // MCAL: GPIO-Funktionen
39      gpioSelectPort(GPIOA);
40      gpioSelectPinMode(GPIOA, PIN0, OUTPUT);
41      gpioSetOutputType(GPIOA, PIN0, PUSHPULL);
42      gpioSelectPushPullMode(GPIOA, PIN0, PULLUP);
43      gpioSetOutputSpeed(GPIOA, PIN0, HIGH_SPEED);
```

```

    // Konfiguration von TIM6. Funktionen der MCAL.
    timerSelectTimer(TIM6);                      // Bustakt aktivieren
    timerSetPrescaler(TIM6, 1600);               // Takt durch 1600 dividieren
    timerSetAutoReloadValue(TIM6, 10000);        // Autoreload-Wert = 10000
    timerEnableInterrupt(TIM6, TIM_IRQ_UIE);     // Interrupt aktivieren
//    timerEnableOneShot(TIM6);                  // One-Shot-Modus aktivieren
    timerStartTimer(TIM6);                       // Timer starten

#else        // Ende der MCAL-Version + Beginn der Bare-Metal-Version

    GPIO_TypeDef *port = GPIOA;

    // Aktivierung und Initialisierung von GPIOA / Pin0
    RCC->AHB1ENR |= RCC_AHB1ENR_GPIOAEN;
    port->MODER  &= ~GPIO_MODER_MODE0_Msk;       // PA0: Reset
    port->MODER  |= GPIO_MODER_MODE0_0;          // PA0: Ouput
    port->OTYPER &= ~GPIO_OTYPER_OT0_Msk;        // PA0: Push-Pull-Mode ein
    port->PUPDR  &= ~GPIO_PUPDR_PUPD0_Msk;       // PA0: Pullup/Pulldown Reset
    port->PUPDR  |= GPIO_PUPDR_PUPD0_0;          // PA0: Int. Pullup-Wid. ein

    // Aktivierung und Initialisierung von TIM6
    RCC->APB1ENR |= RCC_APB1ENR_TIM6EN;          // Bustakt aktivieren
    TIM6->PSC     = 1600-1;                      // Takt / 1600
    TIM6->ARR     = 10000-1;                     // Autoreload-Wert laden
    TIM6->DIER   |= TIM_DIER_UIE;                // Interrupt aktivieren
//    TIM6->CR1    |= TIM_CR1_OPM;               // One-Shot aktivieren
    TIM6->CR1    |= TIM_CR1_CEN;                 // Timer starten

#endif       // Ende der Bare-Metal-Version

    NVIC_EnableIRQ(TIM6_DAC_IRQn);               // TIM6: Interrupt aktivieren

    while (1)
    {
#ifdef MCAL
        if (true == tim6Trigger)
        {
            gpioTogglePin(GPIOA, PIN0);
            tim6Trigger = false;
```

```
84          }
85  #else
86          if (true == tim6Trigger)
87          {
88              if (port->IDR & GPIO_IDR_ID0)
89              {
90                  port->BSRR = GPIO_BSRR_BR0;
91              }
92              else
93              {
94                  port->BSRR = GPIO_BSRR_BS0;
95              }
96              tim6Trigger = false;
97          }
98  #endif
99      }
100 }
101
102 /**
103  * ISR f. Basic Timer TIM6
104  */
105 void TIM6_DAC_IRQHandler(void)
106 {
107     tim6Trigger = true;
108     TIM6->SR = 0;                               // Wichtig: Muss per Software
109                                                 // zurueckgesetzt werden!
110 }
```

Listing 10.1: Beispiel für den Basic Timer TIM6

Sie können leicht erkennen, dass sich die Initialisierung des Timers auf wenige Zeilen beschränkt: In der MCAL-Version sind dies die Zeilen 46 bis 51, in der Bare-Metal-Version die Zeilen 66 bis 71. Abbildung 10.8 zeigt das Oszillogramm zum Programm.

Hinweis

Sie sehen, dass in der MCAL-Version Zeile 50 und in der Bare-Metal-Version Zeile 70 auskommentiert ist. Dort wird der Timer so konfiguriert, dass er nur einen Impuls »feuert«. Auf einem Oszilloskop sieht man so aber nicht viel: Das Ausgangssignal nimmt nach kurzer Zeit High-Level an und bleibt dann dabei.

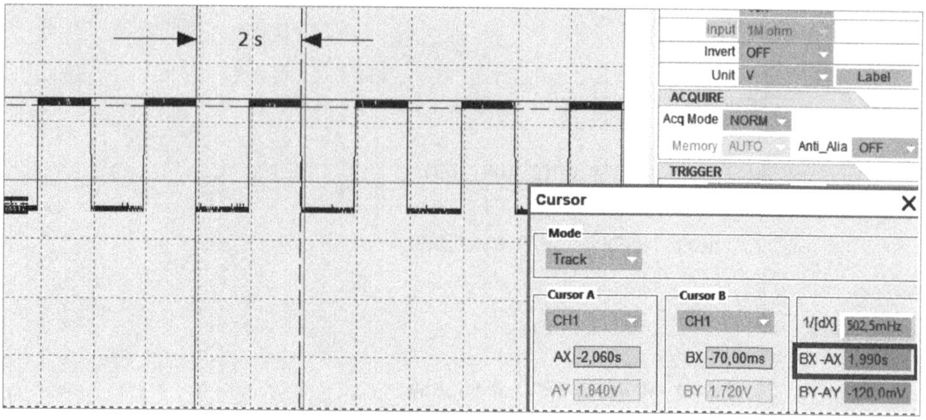

Abb. 10.8: Signal an GPIOA, PA0, kontinuierlicher Betrieb (nicht One-Shot)

Es ist jetzt nur noch die Frage, »Wie stellt man die Impulsdauer ein?«, zu beantworten. Hierzu muss man wissen, dass `TIM6` hier mit dem Systemtakt, also mit 16 MHz betrieben wird (die Werte sind anzupassen, wenn unter Anwendung der in Kapitel 5 beschriebenen Anleitung zur Einstellung des Systemtakts ein anderer SYSCLK gewählt wird). Die Beispiele in diesem Buch verwenden stets den herstellerseitig konfigurierten 16-MHz-SYSCLK.

Mit `TIM6->PSC = (1600 - 1);` wird das Taktsignal für `TIM6` auf eine Frequenz von 10 kHz reduziert, da 16.000.000 Hz (SYSCLK) durch 1.600 dividiert wird. In einer Sekunde wird somit bis maximal (10.000 – 1) gezählt. Sobald aber der mit `TIM6->ARR = (10000 - 1);` eingestellte Wert erreicht ist, wird ein Interrupt ausgelöst und `TIM6` wird auf seinen Startwert zurückgesetzt. Da der Timer aufgrund des Prescalers innerhalb einer Sekunde bis 10.000 zählt und das Auto-Reload Register den maximalen Spielraum nutzt, wird die Interrupt-Service-Routine `TIM6_DAC_IRQHandler()` einmal pro Sekunde aufgerufen. Dort wird dann – wie Sie das bereits beim `SysTick`-Timer gesehen haben – die boolesche Variable `tim6Trigger` auf `true` gesetzt. Die `while(1)`-Endlosschleife wertet `tim6Trigger` aus und toggelt mit der Funktion `gpioTogglePin()` die LED.

Tipp

Ihnen ist sicher aufgefallen, dass in der Bare-Metal-Version des Beispiels sowohl bei der Einstellung des PSC- als auch des ARR-Registers »1« subtrahiert wird. Dies ist wichtig, da der Wert »0« mitgezählt wird. Erreicht der Zähler den im ARR-Register eingestellten Wert, wird nicht sofort ein Interrupt ausgelöst, sondern erst mit dem nächsten Taktimpuls. Die Schreibweise (1600 – 1 / 10000 – 1) habe ich so gewählt, weil hierdurch deutlicher wird, dass der PSC- bzw. der ARR-Wert eben 1600 (10000 beim ARR) betragen soll und nicht 1599 (9999 beim ARR). Bei der Verwendung der MCAL-Version ist diese Korrektur nicht erforderlich, da sie dort intern implementiert ist.

Ein Geschwindigkeitsnachteil bei der Ausführung des Programms tritt hierbei nicht auf, da

1. bereits beim Kompilieren erkannt wird, dass hier zwei konstante Werte voneinander subtrahiert werden. Der Compiler bzw. der Präprozessor ersetzt bereits während des Kompilierens die Berechnungen unmittelbar durch ihr Ergebnis.
2. die Subtraktion nur ein einziges Mal erfolgt, nämlich während der Initialisierung vor dem Eintritt in die Endlosschleife.

Hinweis

Mit den hier verwendeten Werten beträgt die Periodendauer des Signals somit 2.000 ms: 1.000 ms ist das Signal an, die restliche Zeit ist das Signal aus.

Wichtig

Vergessen Sie nicht, mit `TIM6->SR = 0;` das Statusregister des Timers zurückzusetzen. Wenn Sie dies vergessen, wird der Interrupt immer wieder aufs Neue ausgelöst, da der NVIC sonst »denkt«, dass eine neue Interruptanforderung ausgelöst wurde!! Dies ist übrigens für alle Interrupts zu beachten und nicht auf Timer beschränkt!

Hinweis

Durch Setzen des PSC- und des ARR-Registers jeweils auf (10 – 1) konnte ich die Periodendauer des Ausgangssignals auf ca. 37,6 µs setzen, was einer Frequenz von 26,6 kHz entspricht.

Hinweis

Unter dem Link

`https://ralf-jesse.de/index.php/id-07-1-mikrosekunden-timer.html`

finden Sie ein Beispiel, mit dem die Taktrate sogar auf 4 MHz erhöht werden kann. Dies entspricht einer Periodendauer von 250 ns.

10.3 Prescaler (Vorteiler) der Busse

Alle Peripheriekomponenten erhalten ihr Taktsignal von den Bussen AHB, APB1 oder APB2. Jeder der genannten Busse besitzt eigene Prescaler, die eine Reduzierung der Taktfrequenz ermöglichen. Abbildung 10.9 zeigt eine stark vereinfachte Darstellung davon, wie die Taktsignale der Timer eingestellt werden können.

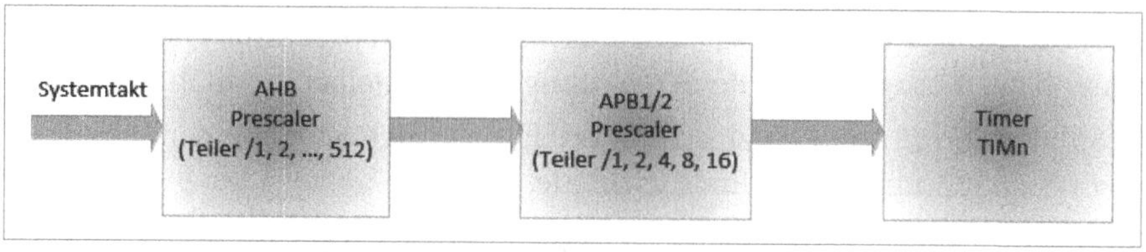

Abb. 10.9: Takteinstellung für Timer (stark vereinfache Darstellung)

Sie erkennen, dass die Frequenz, mit der die Timer getaktet werden, nicht nur von dem Prescaler des jeweiligen Timers (in Abbildung 10.9 nicht gezeigt) abhängt, sondern bereits vorher durch die Prescaler des AHB sowie von APB1 und APB2 bestimmt wird. Bei der Einstellung der Taktfrequenz für die Timer (dies gilt nicht für die anderen Peripheriekomponenten) ist eine Besonderheit zu beachten:

- Hat der APB1-/APB2-Prescaler den Wert 1, werden die entsprechenden Timer mit der durch den AHB-Prescaler vorgegebenen Taktfrequenz getaktet.
- Hat der APB1-/APB2-Prescaler aber die Werte 2, 4, 8 oder 16, wird die durch den AHB-Prescaler vorgegebene Taktfrequenz des Timers verdoppelt.

Dies ist auch der Grund dafür, dass in Tabelle 10.1 beim maximalen Timer-Takt teilweise zwei Werte, nämlich `SysClk` bzw. `SysClk/2`, angegeben sind.

Hinweis

Durch geeignete Programmierung des in Abbildung 10.10 gezeigten *RCC Clock Configuration Register* (*RCC_CFGR*) ist es möglich, den gewünschten Prescaler-Wert einzustellen.

31	30	29	28	27	26	25	24	23	22	21	20	19	18	17	16
MCO2[1:0]		MCO2 PRE[2:0]			MCO1 PRE[2:0]				MCO1		RTCPRE[4:0]				
rw		rw	rw	rw	rw	rw	rw		rw		rw	rw	rw	rw	rw

15	14	13	12	11	10	9	8	7	6	5	4	3	2	1	0
PPRE2[2:0]			PPRE1[2:0]					HPRE[3:0]				SWS[1:0]		SW[1:0]	
rw	rw	rw	rw	rw	rw			rw	rw	rw	rw	r	r	rw	rw

Abb. 10.10: Das RCC Clock Configuration Register (RCC_CFGR)

Tabelle 10.4 zeigt die Werte, die Sie in RCC_CFGR eintragen müssen, um einen bestimmten Frequenzteiler zu erzielen.

Prescaler-Wert	Teiler
0xx	Taktfrequenz wird nicht geteilt (Teiler = 1)
100	AHB-Clock / 2
101	AHB-Clock / 4
110	AHB-Clock / 8
111	AHB-Clock / 16

Tabelle 10.4: Prescaler und Teilungsverhältnis, gilt für APB1 und APB2

MCAL-Funktion(en)

Die Unterstützung der Timer-Funktionen durch die MCAL wurde stark erweitert. Aufgrund der Vielzahl der Einsatzmöglichkeiten habe ich die Timer-Funktionen nicht mehr alle in einer Datei `mcalTimer.c` zusammengefasst: Da die in den Kapiteln 11 und 12 behandelten General-Purpose und Advanced-Control Timer sehr viel mächtiger sind, habe ich aus Gründen der besseren Übersichtlichkeit hierfür separate Dateien angelegt (z.B. `inputCapture.c` und `outputCompare.c`): Alle Dateien, die für Timer verwendet werden, befinden sich innerhalb der MCAL-Bibliothek nun in einem separaten Verzeichnis mit dem Namen `mcalTimer`. Die Funktionsprototypen befinden sich aber nach wie vor in der Datei `mcalTimer.h` (im `Inc`-Verzeichnis der MCAL). Die selbst definierten Datentypen der Timer habe ich aus der ursprünglichen Version von `mcalTimer.h` entfernt und in einer neuen Datei mit dem Namen `typedefs.h` gespeichert. Diese Dateien finden Sie ebenfalls im Verzeichnis `Inc`.

Wichtig

Der Inhalt des Auto-Reload Register muss ungleich 0 sein! Weisen Sie ARR den Wert »0« zu, startet der Timer nicht. Geben Sie hier ungültige Werte an, wird das ARR mit »0« geladen.

Kapitel 11

General-Purpose Timer (GP-Timer)

Die Gruppe der *General-Purpose Timer* (*GP-Timer*) umfasst beim STM32F446 mit `TIM2` bis `TIM5` sowie `TIM9` bis `TIM14` insgesamt zehn Timer. Andere Mitglieder der STM32F4-Familie können mehr, wiederum andere aber auch weniger GP-Timer enthalten: Wenn Sie also einen anderen Vertreter dieser Familie einsetzen, müssen Sie das entsprechende Datenblatt bzw. Referenzhandbuch zurate ziehen.

Obwohl die GP-Timer für ähnliche Aufgaben eingesetzt werden können, unterscheiden sie sich in Details. Die Unterschiede werden nachfolgend berücksichtigt.

Alle GP-Timer verfügen über mindestens einen Input oder Output. Hier kommen zwei Begriffe ins Spiel, die Ihnen im weiteren Verlauf sowie auch in der Literatur immer wieder begegnen werden:

- Inputs werden zum Zählen externer Ereignisse verwendet. Daher spricht man in diesem Zusammenhang von *Input Capture*.
- Outputs können dann genutzt werden, wenn ein Timer einen bestimmten Wert erreicht hat. Man kann dies beispielsweise zum Ansteuern einer Anzeige verwenden (Aktualisierung eines Displays, Ansteuerung einer LED, Triggern einer internen oder externen anderen Komponente usw.). Andere Anwendungsmöglichkeiten gibt es beim Ein- bzw. Ausschalten von Antrieben, etwa von Waschmaschinen. Da der Zustand des Ausgangs erst bei einem voreingestellten Vergleichswert geändert wird, spricht man hier von *Output Compare*.

Die dritte Option – die Betriebsart *One-Shot* – haben Sie bereits in Kapitel 10 kennengelernt.

Hinweis

In der STM-Dokumentation werden *Input Capture* und *Output Compare* verkürzt als Capture-/Compare-Kanäle bezeichnet.

Jeder STM32F4xx-Mikrocontroller enthält mindestens einen 32-Bit-GP-Timer, beim STM32F446 sind mit `TIM2` und `TIM5` sogar zwei 32-Bit-Timer/Counter verfügbar. Alle anderen sind 16-Bit-Timer/Counter. Sie sind in zwei Gruppen mit unterschiedlichen Eigenschaften unterteilt, wobei weitere Unterschiede innerhalb der beiden Gruppen existieren.

Hinweis

Für die Beschreibung der General-Purpose Timer hat STM im Referenzhandbuch zwei Kapitel vorgesehen. Das erste Kapitel (Kapitel 17 im Referenzhandbuch) behandelt die GP-Timer `TIM2` bis `TIM5`, das zweite (Kapitel 18 im Referenzhandbuch) behandelt die GP-Timer `TIM9` bis `TIM14`. Verglichen mit den GP-Timern `TIM9` bis `TIM14`, bieten die Timer `TIM2` bis `TIM5` erweiterte Funktionalitäten. Ich habe in der MCAL-Bibliothek, die ich für dieses Buch entwickelt habe, diesem Umstand Rechnung getragen: In der Datei `mcalTimer/commonCapComp.c` finden Sie Funktionen, die für Input-Capture- und Output-Compare-Anwendungen gemeinsam genutzt werden. Spezielle Input-Capture-Funktionen finden Sie darüber hinaus in der Datei `mcalTimer/inputCapture.c`, und reine Output-Compare-Funktionen werden durch die Datei `mcalTimer/outputCompare.c` zur Verfügung gestellt.

11.1 GP-Timer, Teil 1: TIM9 bis TIM14

Alle Timer dieser Untergruppe der GP-Timer sind 16-Bit-Timer. Sie können ausschließlich aufwärts zählen, das heißt, sie starten bei 0 und enden bei dem Wert, der in das Auto-Reload-Register (TIMn_ARR) geladen wurde. Entsprechend fehlt im Konfigurationsregister `TIMn_CR1` das *Direction Bit* (*DIR*), mit dem die Zählrichtung eingestellt werden kann. Wurden die Timer nicht als One-Shot-Timer konfiguriert (nur möglich bei `TIM9` und `TIM12`), beginnt die Zählung beim nächsten Taktimpuls wieder bei 0.

`TIM9` und `TIM12` verfügen über jeweils zwei Ein-/Ausgänge, die Timer `TIM10`, `TIM11`, `TIM13` und `TIM14` besitzen jeweils einen Ein- bzw. Ausgang. Tabelle 11.1 fasst die wichtigsten Eigenschaften von `TIM9` bis `TIM14` zusammen:

	TIM9	TIM10	TIM11	TIM12	TIM13	TIM14
Auflösung/Bit	16	16	16	16	16	16
Prescaler/Bit	16	16	16	16	16	16
Capture/Compare	2	1	1	2	1	1
Zählrichtung	Up	Up	Up	Up	Up	Up
Max. Interface-Takt/MHz	90	90	90	45	45	45
Max. Timer-Takt/MHz	180	180	180	90/180	90/180	90/180
DMA-Anforderung	Nein	Nein	Nein	Nein	Nein	Nein
Komplementärausgang	Nein	Nein	Nein	Nein	Nein	Nein

Tabelle 11.1: Eigenschaften der Timer TIM9 bis TIM14

	TIM9	TIM10	TIM11	TIM12	TIM13	TIM14
Trigger	Start, Stopp, Init.	—	—	Start, Stopp, Init.	—	—

Tabelle 11.1: Eigenschaften der Timer TIM9 bis TIM14 (Forts.)

Hinweis

Zur Erinnerung: Tabelle 10.1 in Kapitel 10 zeigt eine Zusammenfassung der Kern-Features aller Timer.

11.1.1 Register der GP-Timer TIM9 bis TIM14

`TIM9` bis `TIM14` haben viele Gemeinsamkeiten, aber auch einige Unterschiede. Die Bits, die zwar in `TIM9/TIM12` verfügbar sind, dafür aber in `TIM10/11/12/13/14` fehlen, wurden in den folgenden Abbildungen durch einen Rahmen hervorgehoben.

Am Aufbau der Register der GP-Timer lässt sich sehr gut erkennen, wie STM die Portierung von Software von einem STM32F4xx zu einem anderen Mitglied dieser MCU-Familie vereinfacht: Mit Ausnahme des *TIMx Option Register* (*TIMx_OR*), das beim STM32F446 ausschließlich für `TIM11` vorhanden ist, besitzen alle Timer die gleichen Register.

Hinweis

Auf eine eingehende Beschreibung des Option-Registers von `TIM11` kann hier leider nicht eingegangen werden, da mir keine Testmöglichkeit zur Verfügung steht. `TIM11` bietet aber die Möglichkeit, die zeitliche Drift empfangener SPDIF-Rahmen zu messen.

Einzig die Timer `TIM9` und `TIM12` belegen aufgrund ihrer zwei Input-/Output-Kanäle in wenigen Registern einige zusätzliche Bits, die anderen Register sind identisch! Die GP-Timer `TIM9` bis `TIM14` verfügen über jeweils zwölf Register.

Hinweis

In den folgenden Abschnitten werden nicht alle verfügbaren Register beschrieben. Das Aufzählen sämtlicher Register käme einem Abschreiben des Referenzhandbuchs gleich. Ich habe mich hier und in den folgenden Kapiteln auf die Beschreibung der wichtigsten Register beschränkt.

TIMn Control Register 1 (TIMn_CR1)

15	14	13	12	11	10	9	8	7	6	5	4	3	2	1	0
						CKD[1:0]		ARPE				OPM	URS	UDIS	CEN
						rw	rw	rw				rw	rw	rw	rw

Abb. 11.1: TIMn Control Register 1

Bit	Name	Wert	Funktion
0	CEN (Clock Enable)		Aktiviert das Taktsignal für den Timer.
1	UDIS (Update Disable)	0	Update Enable (Default). Nach einem Überlauf oder beim Setzen des UG-Bits (Generate Update) werden die Register mit den vorher eingestellten Werten geladen.
		1	Update Disable. Die Register werden nicht neu geladen, Schattenregister behalten ihren Wert.
2	URS (Update Request Source)	0	Überlauf und Setzen des UG-Bits erzeugen eine Interrupt-Anforderung.
		1	Nur Überlauf erzeugt eine Interrupt-Anforderung.
3	OPM (One-Pulse Mode)		Nur `TIM9`/`TIM12`. Betriebsart Single-Shot wird aktiviert.
7	ARPE (Auto-reload preload enable)	0	Das Auto-Reload-Register (`TIMn_ARR`) wird nicht gepuffert.
		1	Das Auto-Reload-Register (`TIMn_ARR`) wird gepuffert.
9:8	CKD (Clock Division)	00	Sampling-Rate = Timer-Takt.
		01	Sampling-Rate = 2x Timer-Takt.
		10	Sampling-Rate = 4x Timer-Takt.
		11	Reserviert.

Tabelle 11.2: Funktion des TIMn_CR1-Registers

Die Beschreibung der meisten Bits von `TIMn_CR1` ist hiermit abgeschlossen. Um die Funktion der beiden CKD-Bits zu verstehen, müsste man allerdings (ziemlich) tief in die theoretische Nachrichtentechnik »eintauchen« – daher hier nur so viel: Soll ein periodisches Signal »abgetastet« (Sampling) und anschließend weiterverarbeitet werden, besagt das *Nyquist-Shannon-Abtasttheorem*, dass die Sampling-Rate – dies ist die Frequenz, die die Wiederholungsrate einer Messung festlegt – mindestens doppelt so hoch sein muss wie die Frequenz des zu messenden Signals. Geringere Sampling-Raten führen zu starken Verfälschungen der Messergebnisse, was zur Folge hat, dass sie nicht zuverlässig sind. Die CKD-Bits stellen die Sampling-Rate in einem einstellbaren Verhältnis zur Signalfrequenz ein. Die Abtastfrequenz von Signalen kann hier mit den Verhältnissen 1:1, 2:1 und 4:1 eingestellt werden, was bedeutet, dass die Abtastfrequenz ein ganzzahliges Vielfaches der Timer-Takt-Frequenz beträgt.

Hinweis

Die Deaktivierung von Interrupt-Anforderungen durch das UDIS-Bit sollte immer dann erfolgen, wenn dem Preload-Register TIMn_ARR ein neuer Wert zugewiesen wird. Dies verhindert temporär die Aktualisierung des entsprechenden Schattenregisters.

TIMn Slave Mode Control Register (TIMn_SMCR)

Das *TIMn Slave Mode Control Register* (*TIMn_SMCR*) ist zwar in allen Timern TIM9 bis TIM14 vorhanden, es wird aber nur von TIM9 und TIM12 genutzt.

15	14	13	12	11	10	9	8	7	6	5	4	3	2	1	0
								MSM	TS[2:0]				SMS[2:0]		
								rw	rw	rw	rw		rw	rw	rw

Abb. 11.2: Das TIMn Slave Mode Control Register

TIM9 und TIM12 können als Slave verwendet werden, was in diesem Fall bedeutet, dass sie von außerhalb gestartet (getriggert) werden können. Das ermöglicht die Verkettung von zwei Timern, sodass die gesamte einstellbare Zeitdauer bis maximal 32 Bit – in Kombination mit den Timern TIM2 oder TIM5 sogar bis zu 48 Bit – verlängert werden kann. Wenn ich mich nicht verrechnet habe, kann die maximale Zeitdauer bei einer Taktrate von 1 ms 8.925 Jahre betragen (Berechnungsgrundlage: 1 Jahr hat 365 Tage)!

Aufgrund ihres (nahezu) identischen Aufbaus müssen einige Register, wie z.B. das Prescaler- (PSC) oder das Count-Register (CNT), nicht mehr erläutert werden, da Sie diese bereits bei den Basic Timern kennengelernt haben. Die folgenden Register kennen Sie hingegen bisher noch nicht, hier können Sie die vielfältigen Einsatzmöglichkeiten von Timern einstellen.

TIMn Capture/Compare Mode Register n (TIMn_CCMRn)

Das Register *TIMn Capture/Compare Mode Register n* (*TIMn_CCMRn*) dient der Konfiguration der Capture- (Input) bzw. der Compare-Funktion (Output).

Hinweis

Einige Timer besitzen sogar zwei dieser Register. In Ihren Programmen müssen Sie daher darauf achten, dass Sie n durch den korrekten Wert (»1« oder »2«) ersetzen! Dies hängt von der Zahl der verfügbaren Eingangs- oder Ausgangskanäle ab. In Abbildung 11.3 betrachten wir nur die Bits 0 bis 7 des TIMn_CCMR. Sie dienen der Konfiguration von Kanal 1. Die Bits 8 bis 15 haben die gleiche Funktion, sie dienen aber der Konfiguration von Kanal 2, falls dieser vorhanden ist.

Beachten Sie hierbei unbedingt, dass Sie die alternative Funktion (AF) des entsprechenden Pins konfigurieren!

15	14	13	12	11	10	9	8	7	6	5	4	3	2	1	0
	OC2M[2:0]			OC2PE	OC2FE	CC2S[1:0]			OC1M[2:0]			OC1PE	OC1FE	CC1S[1:0]	
IC2F[3:0]				IC2PSC[1:0]				IC1F[3:0]				IC1PSC[1:0]			
rw	rw	rw	rw	rw	rw	rw	rw	rw	rw	rw	rw	rw	rw	rw	rw

Abb. 11.3: Das Capture/Compare Mode Register der GP-Timer TIM9 und TIM12

Hinweis

An der Beschriftung können Sie zudem erkennen, dass diese Register eine Doppelfunktion haben: Die Bits der oberen Zeile konfigurieren die Output-Compare-Einstellungen des jeweiligen Timer-Kanals, die mittlere Zeile dient entsprechend zur Konfiguration der Input-Capture-Funktionalität.

Mit den CC1S-Bits legen Sie fest, ob der betrachtete Kanal als Input (Capture) oder als Ausgang (Compare) verwendet werden soll.

Bits	Wert	Funktion
1:0	00	**Capture/Compare 1 Selection (CC1S)** Der Kanal wird als Output verwendet.
	01	Der Kanal wird als Input für das Trigger-Signal verwendet. Dabei ist der Input-Kanal mit dem Trigger-Input 1 verbunden.
	10	Der Kanal wird als Input für das Trigger-Signal verwendet. Dabei ist der Input-Kanal mit dem Trigger-Input 2 verbunden.
	11	Der Kanal wird als Input für das Trigger-Signal verwendet. Das Trigger-Signal stammt von einer internen Quelle.
2		**Output Compare 1 Fast Enable (OC1FE)**
	0	Capture/Compare Normalmodus (5 Zyklen).
	1	Capture/Compare Fast-Modus (3 Zyklen).
3		**Output Compare 1 Preload Enable (OC1PE)**
	0	Preload-Register ist deaktiviert.
	1	Preload-Register ist aktiviert.

Tabelle 11.3: Das TIMn Capture/Compare Mode Register

Bits	Wert	Funktion
6:4		**Output Compare 1 Mode (OC1M)**
	000	»Eingefroren«: Keine Wirkung auf den Output.
	001	Setzt den Output-Kanal bei Compare auf »aktiv«.
	010	Setzt den Output-Kanal bei Compare auf »inaktiv«.
	011	Toggelt den Output bei Compare.
	100	OC1REF wird zwangsweise auf »0« gesetzt.
	101	OC1REF wird zwangsweise auf »1« gesetzt.
	110	PWM-Mode 1: CNT < CCR1 → Kanal 1 = »0«.
	111	PWM-Mode 2: CNT < CCR1 → Kanal 1 = »1«.

Tabelle 11.3: Das TIMn Capture/Compare Mode Register (Forts.)

TIMn Capture/Compare Register (TIMn_CCR1, TIMn_CCR2)

Das *TIMn Capture/Compare Register* (*TIMn_CCRx*) besitzt zwei Anwendungen, die von der Konfiguration der Input-/Output-Kanäle abhängig ist.

- Der Kanal ist als Output konfiguriert: Der Wert von TIMn_CCRx wird dann als Vergleichswert verwendet. Sobald er erreicht ist, wird die gewünschte Aktion am Output ausgelöst (z.B. Setzen, Zurücksetzen oder Toggeln des gewählten Ausgangs).
- Der Kanal ist als Input konfiguriert: Dann entspricht der in TIMn_CCRx enthaltene Wert der Zahl der gezählten Impulse.

Da die GP-Timer – mit Ausnahme der Timer TIM2 und TIM5 – 16-Bit-Timer/Counter sind, hat das Register eine Breite von 16 Bit. Die Timer TIM10, TIM11, TIM13 und TIM14 besitzen eins dieser Register. Da die Timer TIM9 und TIM12 jeweils über zwei Input- bzw. Output-Kanäle verfügen, gibt es für sie noch ein weiteres TIMn_CCRn-Register.

TIMn Capture/Compare Enable Register (TIMn_CCER)

Die Timer TIM9 bis TIM14 verfügen über ein *TIMn Capture/Compare Enable Register* (*TIMn_CCER*).

15	14	13	12	11	10	9	8	7	6	5	4	3	2	1	0
								CC2NP		CC2P	CC2E	CC1NP		CC1P	CC1E
								rw		rw	rw	rw		rw	rw

Abb. 11.4: Das TIMn Capture/Compare Enable Register (TIMn_CCER)

Der in Abbildung 11.4 gezeichnete Rahmen hebt die Bits hervor, die nur bei TIM9 und TIM12 nutzbar sind. Tabelle 11.4 erläutert die Funktion der verschiedenen Bits.

Bit	Funktion
0	**Capture/Compare 1 Enable (CC1E)** Abhängig von der Konfiguration der Kanäle aktiviert bzw. deaktiviert dieses Bit die Betriebsarten Capture oder Compare.
1	**Capture/Compare 1 Polarity (CC1P)** **Wert = »0«** Kanal ist Output: Zustand ist Active High (entsprechend +3V3). Kanal ist Input: Trigger ist die ansteigende Flanke des Input-Signals. **Wert = »1«** Kanal ist Output: Zustand ist Active Low (entsprechend 0 V). Kanal ist Input: Trigger ist die fallende Flanke des Input-Signals.
3	Nicht genutzt.
4	**Capture/Compare 1 Complementary Polarity (CC1NP)** Invertierte (komplementäre) Funktion von Bit 2.

Tabelle 11.4: Anwendung des TIMn Capture/Compare Enable Register (TIMn_CCER)

Für `TIM9` und `TIM12` stehen zusätzlich die Bits 4, 5 und 7 zur Verfügung. Sie haben die gleiche Bedeutung wie die in Tabelle 11.4 beschriebenen Bits, sie werden aber mit dem zweiten Input-/Output-Kanal genutzt.

11.1.2 Beispiel 1 zum Einsatz von TIM12

Das folgende Beispiel zeigt eine der vielen Anwendungsmöglichkeiten der GP-Timer unter Einsatz von `TIM12`. `TIM12` wird hier in der Betriebsart *Output Compare* eingesetzt.

Hinweis

Das folgende Beispiel verwendet den Timer `TIM12` als Taktgeber für eine LED. Die Blinkrate wurde so gewählt, dass die LED alle 500 ms ein- und wieder ausgeschaltet wird. Achten Sie neben der Timer-Funktionalität besonders auf die Programmierung der alternativen Funktion des `PIN14` von `GPIOB`. Aufgrund des Einsatzes der bisher verfügbaren MCAL-Funktionen wird das Listing schon sehr übersichtlich.

```
/**
 * Kap11-GPTIM-01
 * ==============
 *
 * Nutzt Kanal 1 des Timers TIM12 als Taktgeber zum Ansteuern einer LED.
 * Neben der Nutzung der Betriebsart "Output Compare" ist dieses Beispiel
```

```
7    * auch eine Demonstration zur Anwendung der alternativen Funktionen von
8    * GPIOs.
9    */
10
11  #include <stdint.h>
12  #include <stdbool.h>
13
14  /**
15   * Kommentar in Zeile 17 entfernen, wenn Sie die MCAL testen möchten.
16   */
17  //#define MCAL
18
19  #include <stm32f4xx.h>
20  #include <mcalGPIO.h>
21  #include <mcalTimer/mcalTimer.h>
22
23  int main(void)
24  {
25      GPIO_TypeDef *port = GPIOB;
26      TIM_TypeDef  *tim  = TIM12;
27
28  #ifdef MCAL      // Beginn der MCAL-Version
29
30
31      // PB14 ist der Output-Compare-Ausgang von TIM12
32      gpioSelectPort(port);
33      gpioSelectPinMode(port, PIN14, ALTFUNC);
34      gpioSelectAltFunc(port, PIN14, AF9);
35
36      // Basis-Konfiguration von TIM12
37      timerSelectTimer(tim);
38      timerSetPrescaler(tim, 1600);
39      timerSetAutoReloadValue(tim, 5000);
40
41      // Output-Compare-Konfiguration von TIM12
42      timerSetOutputCompareMode(tim, TIMIO_CH1, CHN_TOGGLE_ON_MATCH);
43      timerEnableOutputComparePreload(tim, TIMIO_CH1);
44      timerEnableCaptureCompareChannel(tim, TIMIO_CH1);
45      timerResetCounter(tim);
46      timerStartTimer(tim);
```

```

#else            // Ende der MCAL-Version + Beginn der Bare-Metal-Version

    // GPIOB: Bustakt anschalten
    RCC->AHB1ENR |= RCC_AHB1ENR_GPIOBEN;       // GPIOB: Bustakt aktivieren

    // GPIOB / Pin 14: Alternative Funktion aktivieren
    port->MODER  &= ~GPIO_MODER_MODER14_Msk; // PB14: Reset auf Input
    port->MODER  |= GPIO_MODER_MODER14_1;    // PB14: AF-Modus aktivieren

    // AF9 auswaehlen: 27 ... 24 = 0b1001
    port->AFR[1] &= ~GPIO_AFRH_AFSEL14_Msk;  // PB14: AF zuruecksetzen
    port->AFR[1] |= GPIO_AFRH_AFSEL14_3 | GPIO_AFRH_AFSEL14_0;

    // TIM12: Basis-Konfiguration
    RCC->APB1ENR |= RCC_APB1ENR_TIM12EN; // TIM12: Bustakt einschalten
    tim->PSC      = (1600 - 1);          // TIM12: Prescaler einstellen
    tim->ARR      = (5000 - 1);          // TIM12: Auto-Reload-Wert setzen

    // TIM12: CCMR1 in Zustand nach Reset setzen + anschliessend
    // gewuenschte Betriebsart (hier: Toggle on Match) auswaehlen.
    // Dann Output-Compare: Preload aktivieren
    TIM12->CCMR1 &= ~(TIM_CCMR1_CC1S_Msk | TIM_CCMR1_OC1M_Msk);
    TIM12->CCMR1 |= TIM_CCMR1_OC1M_0 | TIM_CCMR1_OC1M_1;
    TIM12->CCMR1 |= TIM_CCMR1_OC1PE;

    TIM12->CCR1 = 0;                    // TIM12: Output-Compare-Preload
    TIM12->CCER |= TIM_CCER_CC1E;       // TIM12: Capture/Compare aktivieren
    TIM12->CNT  = 0;                    // TIM12: Counter zuruecksetzen
    TIM12->CR1  |= TIM_CR1_CEN;         // TIM12: Starten

#endif           // Ende der Bare-Metal-Version

    while (1)
    {
    }
}
```

Listing 11.1: Projekt Kap11-GPTIM-01 in der Betriebsart Output Compare

Das Projekt `Kap11-GPTIM-01` lässt wieder einmal nur eine LED blinken. Bevor Sie aber denken, »Boah, wie langweilig«, sollten Sie Ihren Blick auf die `while(1)`-Schleife richten: Sie ist – im Gegensatz zu den früher gezeigten Beispielen – nämlich leer!

Hinweis

Hieran können Sie auch erkennen, dass der Timer unabhängig vom Mikrocontroller läuft und ihn nicht belastet!

Das Toggeln der LED wird jetzt ausschließlich durch den Output-Compare-Kanal (hier gewählt: Kanal 1) gesteuert: In den anderen Beispielen haben wir die genutzten GPIOs selbst programmiert, was hier nicht mehr erforderlich ist. Stattdessen verwenden wir die alternative Funktion 9 (0b1001), wobei Kanal 1 von Timer TIM12 auf GPIOB/Pin14 herausgeführt ist. Natürlich müssen Sie dennoch für GPIOB den Bustakt aktivieren!

Die Einstellung der Betriebsart »Alternative Funktion« für GPIOB/Pin14 finden Sie in Listing 11.1 für die MCAL-Version in den Zeilen 32 bis 34 und für die Bare-Metal-Version in den Zeilen 53 bis 59. Dies ist bereits ein gravierender Unterschied zu den früheren Beispielen.

Die Konfiguration des Timers TIM12 ist etwas aufwendiger, da hier seine Output-Compare-Funktionalität verwendet wird. Nach der Basis-Konfiguration des Prescalers und des Auto-Reload-Registers, die sich von anderen Timern nicht unterscheidet, kommt nun die Konfiguration der Betriebsart »Output Compare« neu hinzu. Zunächst wird der Output-Compare-Kanal auf seinen Zustand nach einem Reset gesetzt, was gleichbedeutend mit seiner Konfiguration als Ausgang ist. Hierfür wird das Capture/Compare Mode Register (CCMRx) verwendet. In der MCAL-Bibliothek ist dies »versteckt«, in der Bare-Metal-Version können Sie dies aber in Zeile 69 erkennen. Mit den OCxM-Bits von CCMRx wird seine Funktion dann so eingestellt, dass er bei jedem Überlauf des Timers (über den Wert hinaus, der im ARR festgelegt wurde) invertiert wird.

Hinweis

Alle unterstützten Betriebsarten der Ausgänge der Kanäle können Sie noch einmal in Tabelle 11.3 nachlesen (bzw. im Referenzhandbuch).

Das CCRx-Register in Zeile 73 enthält den Preload-Wert des Timers. Er wird bei einem Update-Ereignis des Timers neu geladen.

Natürlich muss der Kanal auch aktiviert werden: Zeile 44 der MCAL-Version bzw. Zeile 74 in der Bare-Metal-Version machen genau dies. Zum Abschluss wird das CNT-Register des Timers auf »0« zurückgesetzt und der Timer gestartet.

Hinweis

Der STM32F401 verfügt nicht über einen Timer TIM12. Ein Leser der ersten Auflage hat TIM12 dann durch TIM9 ersetzt, mit dem das Beispiel nicht funktionierte! Ich konnte dieses Problem mit dem STM32F446 nachvollziehen und nahm dies zum Anlass, auch die anderen GP-Timer zu testen. Das Ergebnis war: Mit allen anderen Timern (TIM2 bis TIM5/TIM10 bis TIM14) funktioniert es hingegen.

Tipp

Damit Sie – falls Ihnen kein Oszilloskop zur Verfügung steht – etwas erkennen können, können Sie eine LED an `PB14` anschließen. Um den Pin nicht zu überlasten, sollten Sie die LED über einen geeigneten Widerstand mit `PB14` verbinden. (Ich habe hier einen 1-k-Widerstand verwendet, der den durch die LED fließenden Strom auf 3,3 mA begrenzt. Die LED blinkt in meinem Testaufbau deutlich erkennbar.)

11.1.3 Beispiel 2 zum Einsatz von TIM12

Das folgende Beispiel ist eine Erweiterung von Projekt `Kap11-GPTIM-01` und dient lediglich der Demonstration. Hier wird Kanal 2 von `TIM12` zusätzlich als Input verwendet, der die Impulse von Kanal 1 zählt. Das Zählen erfolgt in einer Interrupt-Service-Routine. Hat der Zähler einen bestimmten Wert erreicht, wird ein Flag gesetzt, das in der Endlosschleife dazu verwendet wird, den Timer anzuhalten. Mit einigen Optimierungen kann das Beispiel aber so von Ihnen geändert werden, dass Sie es als eine Art Zugangskontrolle verwenden können: Beim Erreichen einer bestimmten Zahl an Zugängen wird weiteren Besuchern der Zugang verwehrt.

Listing 11.2 zeigt das vollständige Projekt `Kap11-GPTIM-02`.

```
/**
 * Kap11-GPTIM-02
 * ==============
 *
 * TIM12/Ch1: Output-Compare-Modus --> Ansteuerung einer LED, Betriebsart =
 *            Toggle-on-match.
 * TIM12/CH2: Input-Capture-Modus  --> Zaehlt die Impulse von TIM12/CH1 und
```

```
8   *           stoppt den Timer, wenn CH1 10-mal invertiert wurde.
9   */
10 #include <stdint.h>
11 #include <stdbool.h>
12
13 /**
14  * Kommentar in Zeile 16 entfernen, wenn Sie die MCAL testen möchten.
15  */
16 //#define MCAL
17
18 #include <stm32f4xx.h>
19
20 #ifdef MCAL
21 #include <mcalGPIO.h>
22 #include <mcalTimer/mcalTimer.h>
23 #endif
24
25 /**
26  * Globale Variablen und Definitionen
27  */
28 bool tim12Ch2PulseDetected = false;
29
30 int main(void)
31 {
32     GPIO_TypeDef *port = GPIOB;
33     TIM_TypeDef  *tim  = TIM12;
34
35 #ifdef MCAL
36
37     // Konfiguration von GPIOA/Pin14 und 15, Modus: Alternative Funktion AF9
38     gpioSelectPort(port);
39     gpioSelectPinMode(port, PIN14, ALTFUNC);
40     gpioSelectAltFunc(port, PIN14, AF9);
41
42     gpioSelectPinMode(port, PIN15, ALTFUNC);
43     gpioSelectAltFunc(port, PIN15, AF9);
44
45     // TIM12: Konfiguration von Kanal 1 als Output, Toggel-Modus
46     timerSelectTimer(tim);                         // TIM12: Bustakt ein
47     timerSetPrescaler(tim, 1600);                  // TIM12: Takt = 100 kHz
48     timerSetAutoReloadValue(tim, 5000);            // TIM12: ARR einstellen
```

```

    // Der Output soll bei jedem Impuls invertiert werden.
    timerSetOutputCompareMode(tim, TIMIO_CH1, CHN_TOGGLE_ON_MATCH);
    timerSetPreloadValue(tim, TIMIO_CH1, 0);
    timerEnableCaptureCompareChannel(tim, TIMIO_CH1);

    // TIM12: Konfiguration von Kanal 2 als Input, verbunden mit CH1.
    timerSetInputCaptureMode(tim, TIMIO_CH2, MAP_CHN_TO_SAME_TIMER);
    timerEnableCaptureCompareChannel(tim, TIMIO_CH2);
    timerEnableInterrupt(tim, TIM_CAPCOMP_IRQ_CH2); // IRQ fuer CH2
                                                     // aktivieren

    timerResetCounter(tim);
    timerStartTimer(tim);

    NVIC_EnableIRQ(TIM8_BRK_TIM12_IRQn);

    while (1)
    {
        if (tim12Ch2PulseDetected)
        {
            timerStopTimer(tim);
            tim12Ch2PulseDetected = false;
        }
    }

#else

    // GPIOB: Bustakt anschalten
    RCC->AHB1ENR |= RCC_AHB1ENR_GPIOBEN;      // GPIOB: Bustakt aktivieren

    // Konfiguration von GPIOB / Pin 14
    port->MODER  &= ~GPIO_MODER_MODER14_Msk; // PB14: Reset auf Input
    port->MODER  |= GPIO_MODER_MODER14_1;    // PB14: AF-Modus aktivieren
    port->AFR[1] &= ~GPIO_AFRH_AFSEL14_Msk;  // PB14: AF zuruecksetzen
    port->AFR[1] |= GPIO_AFRH_AFSEL14_3 | GPIO_AFRH_AFSEL14_0; // AF9

    // Konfiguration von GPIOB / Pin 15
    port->MODER  &= ~GPIO_MODER_MODER15_Msk; // PB14: Reset auf Input
    port->MODER  |= GPIO_MODER_MODER15_1;    // PB14: AF-Modus aktivieren
    port->AFR[1] &= ~GPIO_AFRH_AFSEL15_Msk;  // PB14: AF zuruecksetzen
```

```
    port->AFR[1] |= GPIO_AFRH_AFSEL15_3 | GPIO_AFRH_AFSEL15_0; // AF9

    // TIM12: Basis-Konfiguration
    RCC->APB1ENR |= RCC_APB1ENR_TIM12EN;     // tim: Bustakt einschalten
    tim->PSC     = (1600 - 1);               // tim: Prescaler einstellen
    tim->ARR     = (5000 - 1);               // tim: Auto-Reload-Wert setzen

    // TIM12/Kanal 1 konfigurieren
    tim->CCMR1 &= ~(TIM_CCMR1_CC1S_Msk | TIM_CCMR1_OC1M_Msk |
                    TIM_CCMR1_CC2S_Msk);
    tim->CCMR1 |= TIM_CCMR1_OC1M_1 | TIM_CCMR1_OC1M_0;  // Toggle on match
    tim->CCMR1 |= TIM_CCMR1_OC1PE;           // tim: Preload enable
    tim->CCR1 = 0;                           // tim: Preload-Wert laden
    tim->CCER |= TIM_CCER_CC1E;              // tim: Kanal 1 aktivieren

    // TIM12/Kanal 2 konfigurieren
    tim->CCMR1 |= TIM_CCMR1_CC2S_1;          // tim: Mapping = gleicher Timer
    tim->CCER  |= TIM_CCER_CC2E;             // tim: Kanal 2 aktivieren
    tim->DIER  |= TIM_DIER_CC2IE;            // tim: Kanal 2-Interrupt

    tim->CNT  = 0;                           // tim: Counter zuruecksetzen
    tim->CR1  |= TIM_CR1_CEN;                // tim: Timer starten

    NVIC_EnableIRQ(TIM8_BRK_TIM12_IRQn);

    while (1)
    {
        if (tim12Ch2PulseDetected)
        {
            tim->CR1 &= ~TIM_CR1_CEN_Msk;        // TIM12: Stopp
            tim12Ch2PulseDetected = false;
        }
    }

#endif
}

/**
 * Interrupt-Service-Routine ISR fuer TIM12.
 *
 * Die ISR zaehlt die Impulse, die an Kanal 2 erkannt werden und
```

```
 * inkrementiert die statische Zaehlervariable count. Wenn diese > 9 wird,
 * wird das Flag tim12Ch2PulseDetected auf true gesetzt und hiermit der
 * Timer gestoppt.
 */
void TIM8_BRK_TIM12_IRQHandler(void)
{
    static uint8_t count = 0;

    if (TIM12->SR & TIM_SR_CC2IF)
    {
        TIM12->SR &= ~TIM_SR_CC2IF_Msk;

        ++count;

        if (count > 9)
        {
            tim12Ch2PulseDetected = true;
        }
    }
}
```

Listing 11.2: Projekt Kap11-GPTIM-02 mit Interrupt-Service-Routine

Erläuterung der Unterschiede

Der Unterschied zu Beispiel `Kap11-GPTIM-01` besteht darin, dass der zweite Kanal von `TIM12` jetzt zusätzlich verwendet und als Input konfiguriert wird. Wird ein Timer-Kanal als Eingang verwendet, so lässt sich mit den CCxS-Bits des CCMRn-Registers festlegen, womit der Eingang verbunden wird: Hier haben wir den Ausgang desselben Timers verwendet: Es reicht also aus, den Output (hier PB14) mit dem Eingang (PB15) über eine Drahtbrücke zu verbinden. Der Eingang dient als Zähler für die Impulse, die an Kanal 1 erzeugt werden. Jeder Impuls, der am Eingang des Timers erkannt wird, löst einen Interrupt aus, der – wenn Sie Timer TIM12 verwenden – in der ISR mit dem Namen `TIM8_BRK_TIM12_IRQHandler()` bearbeitet wird.

Hinweis

Wundern Sie sich nicht über den seltsamen Namen `TIM8_BRK_TIM12_IRQn` der ISR. Hiermit wird nur verdeutlicht, dass die ISR nicht nur als globaler Interrupt-Handler für `TIM12`, sondern auch für das BRK-Signal (Break) von `TIM8` verwendet wird.

In der ISR selbst wird mit `TIM_SR_CC2IF` nur ein einziges Bit getestet: Hat es den Wert »1«, wurde ein Interrupt angefordert. Dies passiert hier mit jeder ansteigenden Flanke des Signals. Im Beispiel wird `TIM12` nach zehn Zählungen wieder deaktiviert.

Hinweis

Sie sehen hier, dass das Statusbit `TIM_SR_CC2IF` in der ISR wieder zurückgesetzt wird. Dies muss auch so sein: Würden Sie das Rücksetzen des Flags vergessen, so würde der Mikrocontroller immer wieder in die ISR eintreten. Für die Außenwelt sieht dies so aus, als hätte sich der Mikrocontroller »aufgehängt«.

Hinweis

Eine weitere Betriebsart, nämlich der Einsatz zur *PWM-Erzeugung* (PWM = *Pulse Width Modulation, Pulsweitensteuerung*), die bereits bei `TIM9` bis `TIM14` möglich ist, werden Sie weiter unten bei der Beschreibung der restlichen GP-Timer `TIM2` bis `TIM5` kennenlernen. Bei `TIM9` bis `TIM14` gilt dann die kleine Einschränkung, dass dort nur der sogenannte Edge-Aligned-Modus genutzt werden kann. `TIM2` bis `TIM5` unterstützen zudem den sogenannten Center-Aligned-Modus. Was es damit auf sich hat, erfahren Sie im folgenden Abschnitt.

11.2 GP-Timer, Teil 2: TIM2 bis TIM5

In diesem Abschnitt werden Sie die verbleibenden GP-Timer `TIM2` bis `TIM5` kennenlernen. Ihre Anwendung unterscheidet sich nicht wesentlich von den GP-Timern `TIM9` bis `TIM14`, die Sie bereits exemplarisch selbst eingesetzt haben. `TIM2` bis `TIM5` bieten nur einige zusätzliche Features, deren Einsatz aber genauso leicht umsetzbar ist, wie Sie es bereits gelernt haben.

Die Unterschiede zu den anderen GP-Timern bestehen hauptsächlich in Folgendem:

- Sie besitzen jeweils vier voneinander unabhängige Input-/Output-Kanäle. Bei Nutzung nur dieser Timer stehen somit bereits bis zu 16 Input- bzw. Output-Kanäle zur Verfügung.
- Sie können sowohl aufwärts wie auch abwärts zählen. Die Zählrichtung wird über das `DIR`-Bit (Direction) im *TIMx Control Register n* (*TIMx_CRn*) eingestellt. Im Unterschied zu den »einfachen« GP-Timern besitzen `TIM2` bis `TIM5` zwei Control Register.
- `TIM2` und `TIM5` sind als 32-Bit-Timer/Counter implementiert, `TIM3` und `TIM4` sind 16-Bit-Timer. `TIM2` bis `TIM5` besitzen alle einen 16-Bit-Prescaler.

- Sie sind unmittelbar für den Anschluss sogenannter Quadratur-Encoder zur Messung von Positionen, Geschwindigkeiten und Motordrehzahlen geeignet. Wie durch die Bezeichnung »Quadratur« bereits angedeutet, werden hierfür vier Eingangskanäle benötigt. Auch der Anschluss von Hall-Sensoren ist möglich.

Der interne Aufbau der GP-Timer `TIM2` bis `TIM5` ist relativ komplex. Bei genauer Betrachtung stellt man aber sehr schnell fest, dass es sich bei den Erweiterungen vor allem um Kopien handelt.

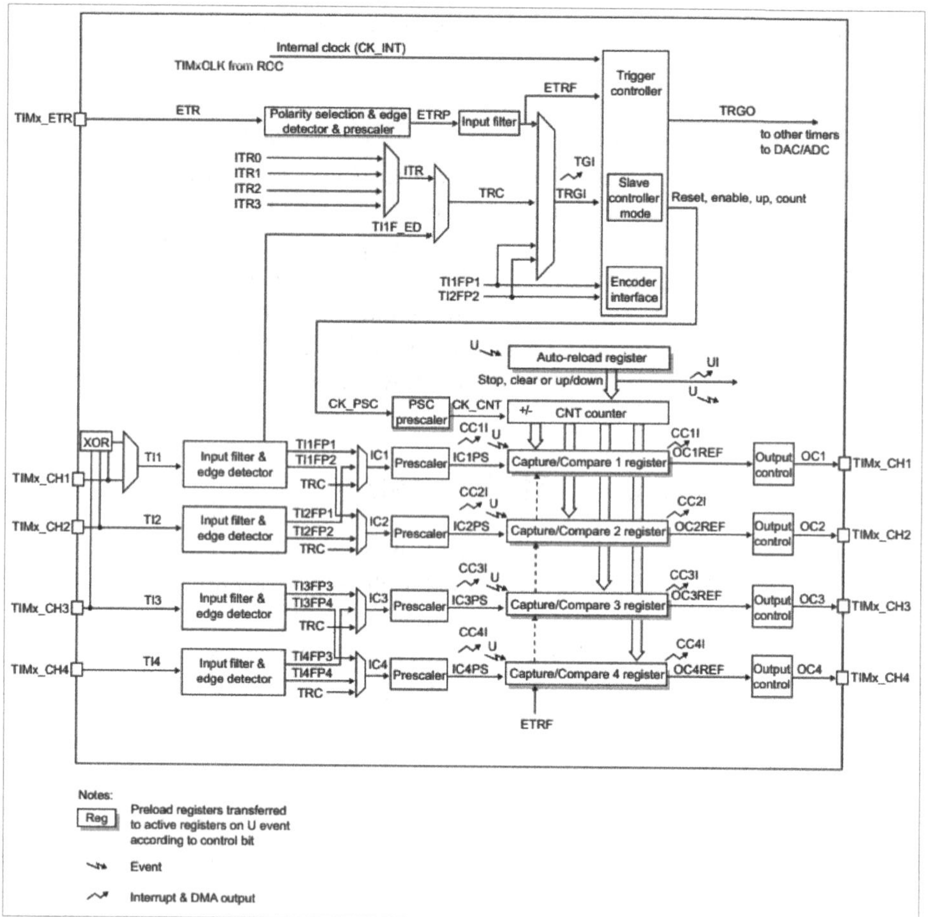

Abb. 11.5: Auszug aus dem Referenzhandbuch des STM32F446

- Das `DIR`-Bit wird nicht genutzt, wenn der Center-Align-Modus in `TIMx_CR1` aktiviert ist.

Mit Input Capture, Output Compare und One-Shot haben Sie bereits drei wichtige Einsatzgebiete der GP-Timer kennengelernt. Sämtliche GP-Timer – also nicht nur `TIM2` bis `TIM5` – können aber im Rahmen der Betriebsart »Output Compare« auch zur sogenannten *Pulsweitenmodulation* (*PWM*) verwendet werden.

11.2.1 Einschub: Pulsweitenmodulation (PWM)

Die Beschreibung der Pulsweitenmodulation ist nicht zwingend Bestandteil eines Buches über die Programmierung von Mikrocontrollern: Vielmehr gehört sie zu den Grundlagen der Elektrotechnik. Dennoch möchte ich Ihnen an dieser Stelle in Form eines Einschubs einen kurzen Überblick über diese Thematik liefern.

Einsatzgebiete der Pulsweitenmodulation

Viele Aufgaben beim Einsatz von Mikrocontrollern bestehen darin, angeschlossene Geräte (z.B. Kontrollleuchten) einfach ein- bzw. auszuschalten. Hierfür reichen digitale Signale völlig aus! Es gibt aber auch Anwendungen, die über einfaches Ein- und Ausschalten hinausgehen. Dort ist eine stufenlose Regelung erforderlich, beispielsweise hier:

- Bei der Dimmung von LEDs.
- Bei der Drehzahlregelung von Motoren oder Lüftern.
- Bei der Ansteuerung sogenannter Proportionalventile, die neben den beiden Zuständen »vollständig gesperrt« und »vollständig geöffnet« auch Zustände annehmen müssen, die sich zwischen den beiden Extremen befinden.

Diese »Geräte« müssen also analog angesteuert werden, was eine stufenlose Verstellung der erforderlichen Steuergröße erforderlich macht. Hier könnte man sogenannte *Digital-Analog-Wandler* (*D/A-Wandler*) einsetzen. Viele aktuelle Mikrocontroller verfügen daher über derartige Komponenten. Ihr Nachteil besteht darin, dass ihre Auflösung relativ gering ist und ihre Ausgangsspannung daher nicht immer fein genug eingestellt werden kann. Bei einem 8-Bit-D/A-Wandler lässt sich die Ausgangsgröße beispielsweise nur in 256 Stufen einstellen. Es sind natürlich auch D/A-Wandler mit einer höheren Auflösung erhältlich, wie z.B. der LTC1293 von Linear Technologies, der mit seiner Auflösung von 12 Bit bereits 4.096 Abstufungen der Ausgangsspannung ermöglicht. Dieser Chip kostet aber bei Einzelstückabnahme ca. 30 Euro und ist somit für viele Anwendungsgebiete viel zu teuer. Eine Alternative besteht aber durch den Einsatz der PWM.

Grundlagen der PWM

Nicht wenige Ingenieure und Techniker, die ich in vielen Berufsjahren kennengelernt habe, sind der Ansicht, dass mit der PWM eine stetige Ausgangsspannung erzeugt werden kann. Doch ist das wirklich so? Diese Frage kann man korrekterweise nur mit einem Nein beantworten!

Die messbare Außenwirkung eines PWM-Signals erweckt tatsächlich den Anschein, als könnte man eine kontinuierlich einstellbare Gleichspannung einstellen. Dies kann man schließlich mit jedem einfachen digitalen Multimeter überprüfen.

Tatsächlich verhält es sich aber so, dass Messgeräte nur einen Mittelwert aus einer Vielzahl von Einzelmessungen (Samples) anzeigen.

Hinweis

Vor dem Aufkommen digitaler Multimeter wurden, abhängig von der Messvorschrift, entweder Drehspul- oder Dreheisenmessgeräte zur Messung von Spannungen verwendet. Drehspulinstrumente messen den Mittelwert, Dreheiseninstrumente hingegen den Effektivwert. Eine detaillierte Erläuterung der Unterschiede zwischen Mittel- und Effektivwert würde hier aber zu weit führen.

Beispiel

Obwohl ich den Unterschied zwischen Mittelwert und Effektivwert nicht näher betrachten möchte, bin ich der Ansicht, dass er durch ein einfaches Beispiel schnell erklärbar ist. Wenn Sie beispielsweise eine sinusförmige Wechselspannung messen müssen, würde ein Drehspulmessgerät hier den Wert »0« anzeigen, da sich die positiven und die negativen Halbwellen kompensieren. Das Berühren einer 230-V-Leitung zeigt Ihnen aber, dass die Spannung ungleich »0« ist (Vorsicht: Lebensgefahr!). Ein Dreheisenmessgerät, das also den Effektivwert misst, würde Ihnen im Gegenteil anzeigen, dass auf der Leitung sehr wohl »etwas los ist«.

Wird eine Gleichspannung nicht verstellt und über einen längeren Zeitraum gemessen (z.B. mehrere Sekunden), wird immer der gleiche Wert angezeigt. Bei PWM-Signalen verhält sich das anders!

PWM-Signale setzen sich aus einer Vielzahl von rechteckförmigen Impulsen zusammen. Wenn Sie sich an die Beispiele erinnern, in denen wir eine LED blinken ließen, haben Sie festgestellt, dass ein periodisches Rechtecksignal an den GPIO-Portleitungen erzeugt wurde, das die Leitungen für eine bestimmte Zeit auf High-Level (+3,3 V) und für eine bestimmte andere Zeitspanne auf Low-Level (GND, 0 V) gesetzt hat. Die Gesamtdauer von Einschalt- und Ausschaltzeit wird als Periodendauer bezeichnet (sie wird in der Physik durch das Formelzeichen »T« dargestellt). Der Kehrwert der Periodendauer entspricht der Frequenz (f = 1/T), mit der sich dieses Signal wiederholt. Die Zeit, in der das Signal High ist, wird als *Duty-Zeit* bezeichnet. Abbildung 11.6 zeigt die Zusammenhänge.

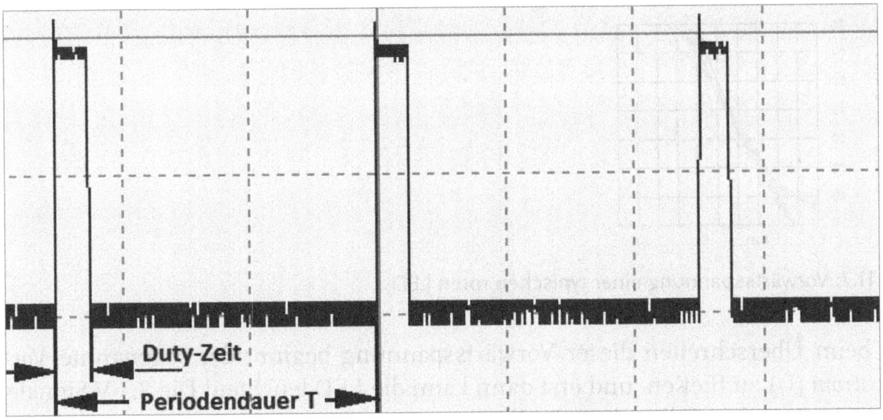

Abb. 11.6: PWM-Rechtecksignale mit Duty-Zeit und Periodendauer

Sie erkennen, dass das PWM-Signal für die Dauer der Duty-Zeit High-Level, also 3,3 V, annimmt und für die restliche Zeit auf Low-Level ist. Das Verhältnis von Duty-Zeit und Periodendauer wird als *Duty-Cycle* (deutsch *Tastverhältnis*) bezeichnet. Je länger der Duty-Cycle dauert, umso höher ist der Mittelwert der Spannung, die mit einem Multimeter gemessen werden kann.

Wichtig

Aus Abbildung 11.6 sollte man vor allem entnehmen können, dass es sich bei dem Ausgangssignal nicht um eine kontinuierliche Gleichspannung handelt, sondern um Folgen von Rechteckimpulsen. Entsprechend handelt es sich bei einem PWM-Signal also um eine sogenannte *getaktete Spannung*. Sie können (zumindest ungefähr) erkennen, dass die Duty-Zeit in diesem Beispiel ca. 10 % der Periodendauer beträgt. Mit einem Messgerät würden Sie somit ca. 330 mV messen. Der Unterschied zum gemessenen Wert ist aber, dass für eine Dauer von 1/10 der Periodendauer »echte« 3,3 V anliegen.

Wie kann dieser Effekt genutzt werden?

Wir können von Glück reden, dass die gemessene Spannung von 330 mV nicht dem tatsächlichen getakteten Ausgangssignal entspricht, denn sonst könnten wir beispielsweise keine LED dimmen! Damit eine LED überhaupt leuchten kann, muss nämlich die sogenannte *Vorwärtsspannung* (*Forward Voltage*) überschritten werden. Wird diese Spannung nicht erreicht, bleibt die LED dunkel. Abbildung 11.7 zeigt, dass die Vorwärtsspannung einer handelsüblichen roten LED ca. 1,7 V beträgt.

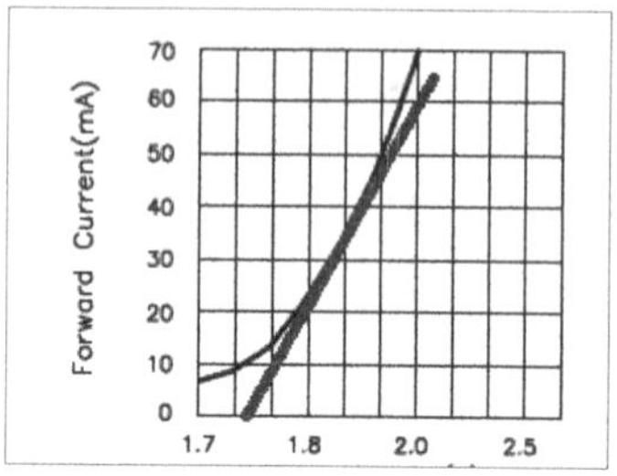

Abb. 11.7: Vorwärtsspannung einer typischen roten LED

Erst beim Überschreiten dieser Vorwärtsspannung beginnt der sogenannte *Vorwärtsstrom* (I_F) zu fließen, und erst dann kann die LED leuchten! Die 3,3-V-Signale des PWM-Signals erfüllen diese Bedingung.

Hinweis

Anders formuliert: Während des Duty-Cycles liegen am Ausgang *immer* 3,3 V an. Dass die mit einem Multimeter gemessene PWM-Ausgangsspannung kleiner ist, liegt darin begründet, dass der Duty-Cycle normalerweise kürzer ist als die Periodendauer.

Hinweis

Die Vorwärtsspannung von LEDs unterscheidet sich bei anderen Farben. Weiß leuchtende LEDs benötigen beispielsweise eine Vorwärtsspannung von ca. 2,6 V.

PWM-Betriebsarten

Bisher sind wir noch nicht auf die Betriebsarten bei der Pulsweitenmodulation eingegangen. Prinzipiell werden zwei Betriebsarten unterstützt:

- *Edge Alignment (linksbündig)*:
  Je nach Zählrichtung, die mit dem `DIR`-Bit im Register `TIMx_CR1` eingestellt wird, zählt der Counter entweder aufwärts oder abwärts. Wenn das *TIMx Capture/Compare Register* (*TIMx_CCRn*) genutzt wird (siehe Beispiel in Abschnitt 11.1.3), wird der Ausgang abhängig von der gewählten Polarität des Output-Signals bis zu diesem Wert High- oder Low-Level annehmen. Nach Überschreiten des Werts, der durch `TIMx_CCRn` vorgegeben ist, wird der Signalpegel invertiert. Wenn zunächst High-Level vorgegeben ist, spricht man von *Left Edge Alignment* (das Signal beginnt beim Zählerstand 0 mit einem High-Pegel). Beginnt das PWM-Signal mit Low-Level, wird es nach Überschreiten des `TIMx_CCRn`-Werts bis zum Erreichen des durch `TIMx_ARR` vorgegebenen Werts High-Level annehmen. Dann spricht man von *Right Edge Alignment* (rechtsbündig). Das Wichtige beim Edge Alignment ist aber, dass der Counter bei Überschreiten

des durch `TIMx_ARR` vorgegebenen Werts wieder auf 0 gesetzt wird. Der Zyklus beginnt dann von vorn.

- *Center Alignment*):
  Der Counter zählt hier immer zunächst aufwärts. Nach Erreichen des durch `TIMx_ARR` vorgegebenen Werts wird der Counter aber *nicht* unmittelbar auf 0 zurückgesetzt! Stattdessen wird die Zählrichtung umgekehrt, und der Counter zählt dann rückwärts, bis er wieder den Wert 0 erreicht. In Verbindung mit dem `TIMx_CCRn`-Register erreicht man somit, dass das PWM-Signal innerhalb der Periode zentriert wird.

Hinweis

Die Betriebsart *Edge Alignment* ist nur dann aktiv, wenn die früher erwähnten `CMS`-Bits (Center-aligned mode selection) in `TIMx_CR1` beide auf 0 gesetzt sind. Alle anderen Kombinationen von CMS werden für die drei Varianten der Betriebsart *Center Alignment* genutzt.

Die drei Varianten von Center Alignment haben folgende Funktionen:

CMS	Funktion
01	Der Counter zählt im alternierenden Betrieb aufwärts und abwärts. Sind Interrupts für Kanäle, die als Output konfiguriert sind, aktiviert, kann ein Interrupt nur beim **Herunterzählen** ausgelöst werden.
10	Der Counter zählt im alternierenden Betrieb aufwärts und abwärts. Sind Interrupts für Kanäle, die als Output konfiguriert sind, aktiviert, kann ein Interrupt nur beim **Hochzählen** ausgelöst werden.
11	Der Counter zählt im alternierenden Betrieb aufwärts und abwärts. Sind Interrupts für Kanäle, die als Output konfiguriert sind, aktiviert, kann ein Interrupt beim **Hochzählen und** beim **Herunterzählen** ausgelöst werden.

Tabelle 11.5: PWM-Betriebsarten im Center-Aligned-Modus

Wichtig

Das `DIR`-Bit im Register `TIMx_CRn` hat in der PWM-Betriebsart 2 »Center Aligned« keine Funktion. Dies ist auch gar nicht möglich, da der Timer selbst die Zählrichtung anpasst.

Hinweis

Achten Sie auf die Frequenz der PWM-Impulse! Abhängig vom Gerät, das angesteuert werden soll, können die Signale hörbar sein. Denken Sie hierbei bitte auch an Tiere, deren Hörbereich wesentlich größer als beim Menschen ist.

Besonders bei der Wahl der Frequenz, mit der die PWM-Impulse erzeugt werden, sind zwei weitere Dinge zu beachten:

- Wählen Sie die Frequenz zu hoch, verringern Sie die Genauigkeit, mit der das zu steuernde Gerät geregelt wird. Dies liegt daran, dass die Periodendauer T dann sehr klein wird und der Duty-Cycle somit noch kleiner ausfällt.
- Wählen Sie die Frequenz zu niedrig, können Sie in den Infraschallbereich geraten, der auch wieder von manchen Tieren gehört wird. Wenn Sie also keine Tiere ärgern möchten, überlegen Sie sich sehr gut, wo die Regelung eingesetzt wird.

11.2.2 Beispiel: Dimmen einer LED mittels PWM

Nach diesem kleinen Ausflug in die Grundlagen der Pulsweitenmodulation soll ein Beispiel gezeigt werden, das die Helligkeit einer an Pin 15 von GPIOA angeschlossenen LED zyklisch ändert (dimmt). Wir verwenden für dieses Beispiel den GP-Timer `TIM2`.

- Sie benötigen hierfür eine LED sowie einen 330R-Widerstand. Die Schaltung entspricht den bereits früher gezeigten Schaltungen und wird hier nicht wiederholt.
- Der Widerstand wird unmittelbar an PA15 angeschlossen. PA15 wird in der Betriebsart `AF1` verwendet, das heißt, PA15 wird als `TIM2/Channel 1` eingesetzt (PWM).
- `TIM2` muss konfiguriert werden.
- Wir verwenden den SysTick-Timer aus unserer selbst erstellten MCAL-Bibliothek und nutzen ihn, um das Tastverhältnis (genauer, die Dauer des Duty-Signals) in einem Rhythmus von 10 ms zu aktualisieren.

Das Programmlisting zum Beispiel

```
/**
 * Kap11-GPTIM-03-PWM
 * ==================
 *
 * Nutzt Kanal 1 des Timers TIM2 zum Dimmen einer LED. Hierfuer wird
 * der Ausgang von Kanal 1 in der Betriebsart "PWM mode 1" verwendet.
 * Wir verwenden Timer TIM2, weil dieser sowohl aufwaerts- wie auch
 * abwaertszaehlen kann.
 *
 * Der PWM-Modus funktioniert ebenfalls unabhaengig vom Mikrocontroller.
 * Das Beispiel berechnet aber in der while(1)-Schleife in einem 10-ms-
 * Rhythmus neue Werte für das TIMx->CCRn-Register, das den Capture-/
```

```
13  * Compare-Wert des Timers festlegt. Der 10-ms-Rhythmus wird hier wieder
14  * mit dem SysTick-Timer erzeugt.
15  *
16  * Damit das Listing nicht zu lang wird, nutzt das Beispiel den SysTick-
17  * Timer ausschliesslich in der MCAL-Version.
18  */
19
20 #include <stdint.h>
21 #include <stdbool.h>
22
23 /**
24  * Kommentar in Zeile 26 entfernen, wenn Sie die MCAL testen möchten.
25  */
26 //#define MCAL
27
28 #include <stm32f4xx.h>
29 #include <mcalSysTick.h>
30
31 #ifdef MCAL
32 #include <mcalGPIO.h>
33 #include <mcalTimer/mcalTimer.h>
34 #endif
35
36
37 /**
38  * Globale Variablen und Definitionen
39  */
40 #define UP      (0)
41 #define DOWN    (1)
42
43 bool timerTrigger = false;
44
45 int main(void)
46 {
47     GPIO_TypeDef *port = GPIOA;
48     TIM_TypeDef  *tim  = TIM2;
49
50     bool        direction  = UP;
51     uint32_t    pwmTimer   = 0UL;
52     uint32_t    preloadVal = 100UL;
```

```

    // SysTick-Timer konfigurieren
    systickInit(SYSTICK_1MS);
    systickSetTicktime(&pwmTimer, 10);

#ifdef MCAL     // Start der MCAL-Version

    // Konfiguration von GPIOA/Pin15, Modus: Alternative Funktion AF1
    gpioSelectPort(port);
    gpioSelectPinMode(port, PIN15, ALTFUNC);
    gpioSelectAltFunc(port, PIN15, AF1);

    // TIM2: Konfiguration
    timerSelectTimer(tim);
    timerSetPrescaler(tim, 10);
    timerSetAutoReloadValue(tim, 10000);
    timerResetCounter(tim);

    timerSetOutputCompareMode(tim, TIMIO_CH1, CHN_PWM_MODE_1);
    timerSetPreloadValue(tim, TIMIO_CH1, preloadVal);
    timerEnableCaptureCompareChannel(tim, TIMIO_CH1);
    timerStartTimer(tim);

    while (1)
    {
        if (true == timerTrigger)
        {
            systickUpdateTimer(&pwmTimer);
        }

        if (isSystickExpired(pwmTimer))
        {
            timerGetCaptureComparePreloadValue(tim, TIMIO_CH1, &preloadVal);
            if (UP == direction)
            {
                preloadVal = preloadVal * 105/100;
                timerSetCaptureComparePreloadValue(tim, TIMIO_CH1,
                    preloadVal);

                if (preloadVal > 10000)
```

```
            {
                direction = DOWN;
            }
        }
        else
        {
            preloadVal = preloadVal * 95/100;
            timerSetCaptureComparePreloadValue(tim, TIMIO_CH1,
                preloadVal);

            if (preloadVal < 100)
            {
                direction = UP;
            }
        }
        systickSetTicktime(&pwmTimer, 10);
    }
  }

#else       // Ende der MCAL-Version + Start der Bare-Metal-Version

  // GPIOA/Pin15 konfigurieren: Alternative Funktion AF1 (Timer TIM2)
  RCC->AHB1ENR |= RCC_AHB1ENR_GPIOAEN;         // GPIOA: Bustakt aktivieren
  port->MODER  &= ~GPIO_MODER_MODER15_Msk;     // PA15: Reset
  port->MODER  |= GPIO_MODER_MODER15_1;        // PA15: AF-Modus aktivieren
  port->AFR[1] &= ~GPIO_AFRH_AFSEL15_Msk;      // PA15: AF zuruecksetzen
  port->AFR[1] |= GPIO_AFRH_AFSEL15_0;         // PA15: Bit 0 --> AF1

  // Timer TIM2 konfigurieren
  RCC->APB1ENR |= RCC_APB1ENR_TIM2EN;          // TIM2: Bustakt aktivieren
  tim->PSC     = 10;                           // TIM2: Prescaler = 10
  tim->ARR     = 10000;                        // TIM2: Auto-Reload-Register

  // TIM2: Output-Compare-Modus konfigurieren
  tim->CCMR1   &= ~(TIM_CCMR1_CC1S_Msk | TIM_CCMR1_OC1M_Msk);
  tim->CCMR1   |= TIM_CCMR1_OC1M_2 | TIM_CCMR1_OC1M_1;     // PWM = 0b110

  tim->CCMR1   |= TIM_CCMR1_OC1PE;             // TIM2: Preload aktivieren
  tim->CCR1    = preloadVal;                   // TIM2: Preload-Wert setzen
  tim->CCER    |= TIM_CCER_CC1E;               // TIM2: Kanal 1 --> Output
```

```
    tim->CNT      = 0;                         // TIM2: Counter reset
    tim->CR1     |= TIM_CR1_CEN;               // TIM2: Timerstarten

    while(1)
    {
        if (true == timerTrigger)
        {
            systickUpdateTimer(&pwmTimer);
        }

        if (isSystickExpired(pwmTimer))
        {
            preloadVal = tim->CCR1;
            if (UP == direction)
            {
                preloadVal = preloadVal * 105/100;
                tim->CCR1 = preloadVal;

                if (preloadVal > 10000)
                {
                    direction = DOWN;
                }
            }
            else
            {
                preloadVal = preloadVal * 95/100;
                tim->CCR1 = preloadVal;

                if (preloadVal < 100)
                {
                    direction = UP;
                }
            }
            systickSetTicktime(&pwmTimer, 10);
        }
    }

#endif      // Ende der Bare-Metal-Version

}
```

Listing 11.3: Nutzung der PWM-Funktion von TIM2

Dieses Beispiel enthält nichts, was Sie nicht bereits früher kennengelernt haben. Daher kann die Beschreibung auch etwas kürzer ausfallen.

`TIM2` erhält sein Taktsignal von APB1, und APB1 wird von AHB getaktet. Da wir keinen Prescaler definiert haben, wird `TIM2` mit einer Frequenz in Höhe von 16 MHz (SysClock) getaktet. Diese Taktfrequenz wird nun durch den Prescaler (Zeile 36) dividiert, sodass `TIM2` mit einer Frequenz von 1.600.000 Hz getaktet wird. In einer Sekunde würde `TIM2` somit bis 1.600.000 zählen. Hierbei handelt es sich aber um einen theoretischen Wert, da das Auto-Reload-Register des Timers mit 10000 geladen wird. Mit einem einfachen Dreisatz können wir somit errechnen, dass der Timer bereits nach 2 x 0,00625 Sekunden (entspricht 125 ms) wieder von vorne zu zählen beginnt. Die Periodendauer beträgt somit 125 ms. Der Duty-Cycle ergibt sich aus dem Wert des Capture-/Compare-Register 1 (CCR1): Wir beginnen hier mit dem willkürlich gewählten Wert 100.

Hinweis

Der Wert von CCR1 muss größer als 0 sein! Die Berechnung in der weiter unten codierten Endlosschleife erhöht bzw. verkleinert diesen Wert innerhalb vorgegebener Grenzen in Schritten von 10 %. Und 0 multipliziert mit einem beliebigen Wert ergibt immer 0. Die Erhöhung/Verringerung des Duty-Cycles findet in der Endlosschleife statt.

Hinweis

Es ist auch nicht sinnvoll, den Wert von CCR1 zu klein zu wählen: Sie müssen berücksichtigen, dass zunächst die Vorwärtsspannung der LED erreicht werden muss, bevor sie zu leuchten beginnt: Bei Werten, die zu klein gewählt sind, kann es Ewigkeiten dauern, bis Sie ein Ergebnis sehen.

Kapitel 12

Advanced-Control Timer

Mit TIM1 und TIM8 stehen zwei Timer mit nochmals erweiterten Eigenschaften zur Verfügung. Sie unterscheiden sich gar nicht so sehr von den General-Purpose Timern, sodass ihre Programmierung sehr ähnlich ist, was natürlich auch auf die konsistente Architektur (Stichwort: Skalierbarkeit) der Timer zurückzuführen ist. TIM1 und TIM8 sind 16-Bit-Timer, die über jeweils vier Input-Capture- oder Output-Compare-Kanäle verfügen. Als Input geschaltet, können sie somit in Verbindung mit Encodern oder Hall-Sensoren genutzt werden, was die exakte Positionierung beweglicher Anlagenteile ermöglicht. TIM1 und TIM8 können sowohl aufwärts wie auch abwärts zählen. Auch die Kombination hiervon ist möglich. Dies ermöglicht den Center-Aligned-Modus bei der Erzeugung von PWM-Signalen.

Eine weitere wichtige Besonderheit besteht darin, dass sie über einen sogenannten *Repetition Counter* (*Wiederholungszähler*) verfügen. Während die Timer-Register der bereits vorgestellten Timer bei jedem Timer-Zyklus geändert werden, lässt sich dies bei den *Advanced-Control Timern* so verzögern, dass erst nach einer einstellbaren Anzahl von Timer-Zyklen die Register verändert werden.

Schließlich verfügen sie mit den Break-Inputs auch über spezielle Eingänge, mit denen sie sich von außen in einen definierten Zustand versetzen lassen.

Im Output-Compare-Modus stellen die Timer zwei komplementäre Ausgänge zur Verfügung, deren Polarität einstellbar ist. Das Besondere daran ist, dass die Flanken dieser Ausgänge zeitlich gegeneinander verschiebbar sind. Dies ermöglicht die Programmierung sogenannter *Totzeiten* (*Dead Time*). Eine besondere Anwendungsmöglichkeit davon ist die Ansteuerung und Drehzahlregelung von Gleichspannungs- und Schrittmotoren.

Hinweis

Grundlagen zur Ansteuerung induktiver Lasten – hierzu zählen neben Relais und Spulen nämlich auch die genannten Antriebe – werden in Form eines Einschubs weiter unten in diesem Kapitel beschrieben.

12.1 Neue Register der Advanced-Control Timer

Wir wollen uns nun mit den Timer-Registern befassen, die Sie bisher noch nicht vollständig bzw. in leicht unterschiedlichen Varianten kennengelernt haben.

TIMx Capture/Compare Enable Register (TIMx_CCER)

Beim *TIMx Capture/Compare Enable Register* (*TIMx_CCER*) handelt es sich um ein 16-Bit-Register, das bei den Timern TIM1 und TIM8 prinzipiell die gleiche Bedeutung hat, die Sie bereits bei der Vorstellung der Timer TIM2 bis TIM5 gesehen haben – dort wurden aber nur die verschiedenen Kanäle aktiviert! Bei allen Timern mit Input-Capture-/Output-Compare-Funktionalität existieren aber weitere Einstellungsmöglichkeiten: Bisher wurde das jeweilige TIMx_CCER-Register (Bits CCxE) nur zum Aktivieren des jeweiligen Kanals genutzt.

Hinweis

Bei allen Timern mit Input-Capture-/Output-Compare-Funktion können Sie die bisher nicht genannten Funktionen auf die gleiche Art einstellen, wie Sie es hier sehen werden. Bisher wurden sie nur noch nicht genutzt!

15	14	13	12	11	10	9	8	7	6	5	4	3	2	1	0
		CC4P	CC4E	CC3NP	CC3NE	CC3P	CC3E	CC2NP	CC2NE	CC2P	CC2E	CC1NP	CC1NE	CC1P	CC1E
		rw	rw	rw	rw	rw	rw	rw	rw	rw	rw	rw	rw	rw	rw

Abb. 12.1: Das Capture/Compare Enable Register von TIM1 und TIM8

Abbildung 12.1 können Sie entnehmen, dass jeder der Kanäle 1 bis 3 mit vier Bit konfiguriert wird: Lediglich bei Kanal 4 stehen nicht alle Funktionen zur Verfügung, sodass hier nur zwei Bit verwendet werden.

Wichtig

Ich werde im Folgenden nur auf die wichtigsten Konfigurationsmöglichkeiten eingehen, um Ihnen ein Gefühl für dieses Register zu vermitteln. Meiner Meinung nach werden hiermit auch die wichtigsten Einsatzgebiete dieser Timer behandelt. Wenn Sie die Anwendung dieses Registers verstanden haben, sollten Sie in der Lage sein, sich unter Einsatz des Referenzhandbuchs die »exotischeren« Anwendungen selbst anzulesen. STM hat mit dem PDF-Dokument »AN4776 – General-purpose Timer Cookbook« eine sehr gute Anleitung zur Programmierung der GP-Timer veröffentlicht.

Am Beispiel von Kanal 1 werde ich Ihnen nun den Einsatz des `TIMx_CCER` vorstellen. Da die Kanäle sowohl als Input wie auch als Output verwendet werden können, habe ich die Beschreibung in zwei Tabellen unterteilt. Tabelle 12.1 enthält die Beschreibung der Output-Compare-Funktionalität.

Bit	Name	Funktion
0	CC1E	Mit »0« wird der Ausgang deaktiviert, mit »1« wird er aktiviert.
1	CC1P	Stellt die Polarität des Ausgangssignals ein. »0« aktiviert den Modus »active high« (+3,3 V), »1« den Modus »active low« (0 V).
2	CC1NE	Ein zweiter Ausgang kann als Komplementärausgang verwendet werden. »0« deaktiviert den Komplementärausgang, »1« aktiviert ihn.
3	CC1NP	Hiermit wird die Polarität des Komplementärausgangs eingestellt. Die Funktion ist identisch mit dem CC1P-Bit.

Tabelle 12.1: Das TIMx_CCER-Register im Output-Compare-Modus

Tabelle 12.2 zeigt die Bedeutung der Bits für den Fall, dass der Kanal in der Betriebsart Input-Capture eingesetzt wird.

Bit	Name	Funktion	
0/2	CC1E/CC1NE	Mit »0« wird der Eingang deaktiviert, mit »1« wird er aktiviert. Entsprechend gilt dies für den Komplementäreingang.	
1/3	CC1P/CC1NP	00	Beide Eingänge arbeiten nicht invertierend und/oder reagieren auf ansteigende Flanken.
		01	CC1P triggert auf invertierte Signale bzw. auf abfallende Flanken. CC1NP wird automatisch entgegengesetzt konfiguriert.
		10	Aufgrund der Einstellung »01« ist diese Einstellung sinnlos und soll nicht verwendet werden.
		11	Beide Eingänge reagieren auf nicht invertierte Signale bzw. sowohl auf die ansteigende wie auch die abfallende Flanke.

Tabelle 12.2: Das TIMx_CCER im Input-Capture-Modus

Die einfachste Form der Anwendung des `TIMx_CCER`-Registers besteht in der unmittelbaren Zuweisung der gewünschten Konfiguration. Dies könnte beispielsweise folgendermaßen aussehen:

```
TIM8->CCER = 0x0060;
```

Wie Sie es aber bereits von mir gewöhnt sind, mag ich diese Form der Zuweisung nicht, da Sie dann immer auch auf das Referenzhandbuch zurückgreifen müssen.

Aus diesem Grund habe ich den Timer-Teil der MCAL auf mehr als 80 Funktionen erweitert und sie zudem nach verschiedenen Anwendungsgebieten unterteilt. Dass ich die Dokumentation auf die gleiche Weise unterteilt habe, versteht sich von selbst. Sie finden so jeweils separate Abschnitte für generelle Timer-Funktionen, für Input-Capture- und Output-Compare-Funktionen. Auch für die Bereiche Interrupt und DMA habe ich getrennte Dateien/Dokumentationen erstellt: Dies sollte Ihnen die Orientierung in der Vielzahl dieser Funktionen erleichtern.

Im MCAL-Verzeichnis `MCAL\Inc\mcalTimer\` finden Sie die Datei `typedefs.h`: Hier habe ich sämtliche Typendefinitionen zu den Timern zusammengefasst. Dort finden Sie auch die folgende Typendefinition:

```
typedef enum
{
    CHN_ENABLE         = 1,
    CHN_POLARITY       = 2,
    CHN_COMPL_ENABLE   = 4,
    CHN_COMPL_POLARITY = 8
} TIMER_CAPCOMP_TYPE;
```

Listing 12.1: Vorbereitete TIMER_CAPCOMP_TYPE-Werte

Die MCAL-Funktionen wurden – wie bei den anderen Komponenten auch – so programmiert, dass sie universell für alle implementierten gleichartigen Komponenten eingesetzt werden können.

Das TIMx Repetition Counter Register (TIMx_RCR)

Mit dem *TIMx Repetition Counter Register* (*TIMx_RCR*) können Sie einstellen, wie oft ein bestimmtes Ereignis eingetreten sein muss, bevor die Compare-Register des Timers aktualisiert werden. Dies wirkt sich auch auf Interrupts aus, wenn diese aktiviert sind. Das `TIMx_RCR` ist ein 16-Bit-Register, von dem aber nur acht Bit genutzt werden.

Dieses Register kann unter anderem dazu genutzt werden, die beiden komplementären Ausgänge zeitlich gegeneinander zu verschieben. Normalerweise würden beide Ausgänge sofort umschalten, wenn das zu untersuchende Ereignis eintritt. Manchmal ist es aber auch wünschenswert, dass ein Ausgang verzögert geschaltet wird: Dies könnte zum Beispiel bei der Ansteuerung eines Gleichspannungsmotors erforderlich sein. Wird der Motor über eine sogenannte *H-Brücke* an eine externe Stromversorgung angeschlossen, könnten die enthaltenen Dioden aufgrund ihrer Toleranzen zu falschen Zeiten durchschalten und so unter Umständen einen Kurzschluss hervorrufen.

15	14	13	12	11	10	9	8	7	6	5	4	3	2	1	0
								REP[7:0]							
								rw	rw	rw	rw	rw	rw	rw	rw

Abb. 12.2: Aufbau des TIMx Repetition Counter Register TIMx_RCR

TIMx Break and Dead-Time Register (TIMx_BDTR)

Das *TIMx Break and Dead-Time Register* (*TIMx_BDTR*) ist wieder etwas komplexer:

15	14	13	12	11	10	9	8	7	6	5	4	3	2	1	0
MOE	AOE	BKP	BKE	OSSR	OSSI	LOCK[1:0]		DTG[7:0]							
rw	rw	rw	rw	rw	rw	rw	rw	rw	rw	rw	rw	rw	rw	rw	rw

Abb. 12.3: Das Break and Dead-Timer Register (TIMx_BDTR)

Wichtig

Dieses Register bietet mit den Bits 8 und 9 die Möglichkeit, einen gestuften Schreibschutz für seinen Inhalt zu aktivieren. Es besteht also die Möglichkeit, dass sie nicht verändert werden können, wenn dieser Schreibschutz aktiv ist. Daher lautet die Empfehlung, seinen Inhalt als Ganzes *vor* der Aktivierung des Schreibschutzes zu beschreiben.

Tabelle 12.3 beschreibt die Funktion dieses Registers.

Bit(s)	Bezeichnung	Funktion	
7:0	DTG	**Allgemeine Beschreibung:** Einstellung der Totzeit (T_{DTS}) zwischen den beiden komplementären Ausgängen. Sie ist unmittelbar abhängig von der Sampling-Frequenz, die mit den CKD-Bits des Timer-Control-Registers gewählt wird. Wenn der Timer mit einer Frequenz von 16 MHz getaktet wird und zweifaches Oversampling (CKD) eingestellt ist, beträgt die resultierende Frequenz 8 MHz, was einer Periodendauer von 125 ns entspricht.	
		Bits 7:5	Berechnung der Totzeit
		0xx	T_{Dead} = Bits [7:0] x T_{DTS}
		10x	T_{Dead} = (64 + Bits[5:0]) x 2 x T_{DTS}
		110	T_{Dead} = (32 + Bits[4:0]) x 8 x T_{DTS}
		111	T_{Dead} = (32 + Bits[4:0]) x 16 x T_{DTS}
9:8	Lock	Schreibschutzeinstellungen	
		00	Kein Schreibschutz aktiv.

Tabelle 12.3: Belegung des TIMx Break and Dead-Time Register (TIMx_BDTR)

Bit(s)	Bezeichnung	Funktion	
		01	Lock-Level 1: Bits DTG/BKE/BKP/AOE in `TIMx_BDTR`, OISx und OISxN in `TIMx_CR2` sind schreibgeschützt.
		10	Lock-Level 2: Schreibschutz für Lock-Level 1/Capt.-/Comp.-Polarität/ OSSR/OSSI.
		11	Lock-Level 3: Schreibschutz für Lock-Level 2/Capt./Comp. Steuerbits.
10	OSSI	Off-State-Auswahl im Idle Mode (Ruhe-Modus) 0: Wenn inaktiv → Outputs deaktiviert. 1: Wenn inaktiv → Outputs werden auf den eingestellten Idle-Pegel gezwungen (»active low« oder »active high«).	
11	OSSR	Off-State-Auswahl im Run Mode (aktiv) 0: Outp. Comp.-Ausgänge deaktiviert. 1: Outp. Comp.-Ausgänge aktiviert.	
12	BKE	Break enable 0: Break-Eingänge deaktiviert. 1: Break-Eingänge aktiviert.	
13	BKP	Break-Polarität 0: Break-Eingang ist »active low«. 1: Break-Eingang ist »active high«.	

Tabelle 12.3: Belegung des TIMx Break and Dead-Time Register (TIMx_BDTR) (Forts.)

12.2 Einschub: Schalten induktiver Lasten

Induktive Lasten – hierzu zählen z.B. Relais, Elektromotoren oder Zugmagnete – funktionieren zunächst als Speicher für elektrische Energie. Solange sie im Normalbetrieb laufen, ist ihre Anwendung problemlos möglich. Unangenehm kann es aber werden, wenn sie ausgeschaltet werden: Induktive Lasten bauen ein Magnetfeld auf und haben das Bestreben, über die sogenannte Selbstinduktion dieses Magnetfeld auch nach dem Ausschalten der Versorgungsspannung aufrechtzuerhalten. Dies bedeutet, dass der elektrische Strom in der ursprünglichen Richtung weiterfließt. Bevor das Magnetfeld in sich zusammenbricht, wird eine Spannungsspitze erzeugt, die um ein Vielfaches höher ist als die Versorgungsspannung. Wird eine induktive Last über einen Mikrocontrollerausgang angesteuert, wird dies den Ausgang zwingend zerstören. Abbildung 12.4 zeigt das Verhalten einer einfachen Schaltung:

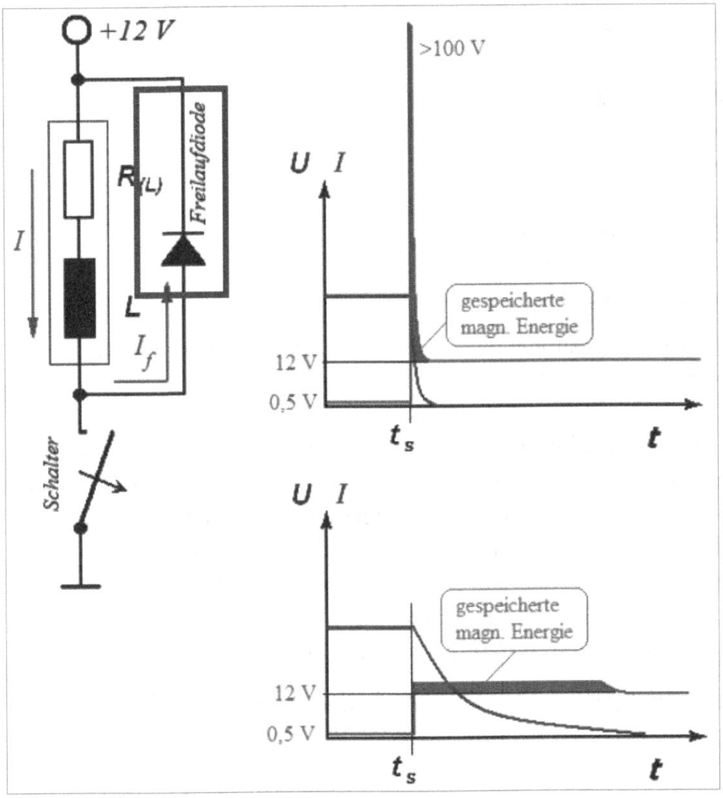

Abb. 12.4: Ausschalten einer induktiven Last (Quelle: `de.wikipedia.org`)

In Abbildung 12.4 erkennen Sie bereits die geeignete Maßnahme, die den genannten Effekt verhindert: Es ist die durch den roten Kasten hervorgehobene Freilaufdiode. Ihre Wirkung besteht darin, dass die Spannungsspitze, die ohne besondere Schutzmaßnahme durchaus 100 V oder mehr betragen kann, auf die Durchlassspannung der Diode begrenzt ist, die bei Silizium ca. 0,7 V beträgt. Die Durchlassspannung stellt keine Gefahr mehr für den Mikrocontrollerausgang dar.

Auch Gleichstrom- oder Schrittmotoren sind induktive Lasten. Sie werden aber mit einer elektrischen Spannung versorgt, die deutlich über die Betriebsspannung von Mikrocontrollern hinausgeht: 12 V und sehr häufig 24 V sind hier gängige Motorspannungen. Die sogenannten H-Brücken stellen nun eine Möglichkeit dar, die typische Versorgungsspannung eines Mikrocontrollers (z.B. 3,3 V) von der höheren Motorspannung zu trennen und darüber hinaus die Drehrichtung des Motors zu ändern. Eine typische Schaltung einer H-Brücke habe ich im Heise-Magazin Make unter `https://www.heise.de/select/make/2016/6/1482398401198797` gefunden.

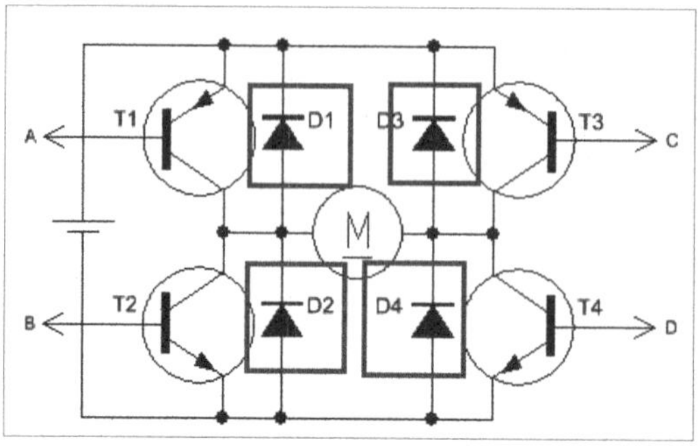

Abb. 12.5: Ansteuerung eines Gleichstrommotors mit H-Brücke (Quelle: Heise Make), Freilaufdioden hervorgehoben

Die Transistoren T1 bis T4 werden hier als Schalter betrieben. Ich möchte nicht zu sehr in die Tiefen der Elektrotechnik/Elektronik abschweifen: Um den Motor drehen zu lassen, müssen immer zwei diagonal angeordnete Transistoren durchgeschaltet werden, als z.B. T1/T4 oder T2/T3. Da alle elektronischen Bauelemente gewisse Toleranzen haben und ihr Durchschaltverhalten mit großer Sicherheit unterschiedlich ist, ist es gefährlich, die Transistoren einfach direkt anzusteuern: Im schlimmsten Fall kann dies zu einem Kurzschluss führen.

Die oben erwähnte Totzeitgenerierung kann dazu genutzt werden, das Schaltverhalten der Transistoren gezielt zu beeinflussen.

Hinweis

Hiermit soll der Einschub »Schalten induktiver Lasten« beendet werden. Sollten Sie tiefergehende Informationen benötigen, suchen Sie mit der Suchmaschine Ihrer Wahl nach den Begriffen »Freilaufdioden«, »Schalten induktiver Lasten« oder »H-Brücke«. Im Internet finden Sie eine reichhaltige Auswahl an Erklärungen zum Thema, die auch in deutscher Sprache verfügbar sind.

12.3 Beispiel zur Totzeitgenerierung mit dem STM32F446

Dieser Abschnitt zeigt Ihnen, wie Sie mit dem STM32F446 unter Einsatz des Advanced-Control Timers `TIM8` eine Totzeit zwischen dem Main-Output und seinem komplementären Ausgang programmieren können.

12.3.1 Das Projekt Kap11-ACTIM-01-Center-and-Edge-Align

In diesem Projekt finden Sie wieder sowohl die MCAL- wie auch die Bare-Metal-Version. Welche der beiden Versionen Sie testen wollen, legen Sie wie bereits früher auch schon durch das Aktivieren/Deaktivieren von `#define MCAL` fest. Als Anregung zu diesem Beispiel diente mir das Programm 11-6 von Mazidi (siehe Literaturnachweis in Anhang A).

```
/**
 * Kap12-ACTIM-01-Center-and-Edge-Align
 * ====================================
 *
 * TIM8   : Erzeugung einer Totzeit zwischen dem Main-Output und seinem
 *          komplementären Ausgang. Es ist zu beachten, dass der nicht-
 *          invertierende Ausgang von TIM8/Kanal 1 an Pin 6 von GPIOC und
 *          sein invertierender Ausgang (Komplementaerausgang) an Pin 5 von
 *          GPIOA angeschlossen ist (siehe Tabelle 11 im Datenblatt des
 *          STM32F446).
 *
 * Pin PA5: Komplementaerausgang von TIM8/Kanal 1
 * Pin PC6: Nicht-invertierender Ausgang von TIM8/Kanal1
 */

#include <stm32f4xx.h>

#include <stdint.h>
#include <stdbool.h>

/**
 * Kommentar in Zeile 24 entfernen, wenn Sie die MCAL testen möchten.
 */
//#define MCAL

#ifdef MCAL
#include <mcalGPIO.h>
#include <mcalTimer/mcalTimer.h>
#endif

int main(void)
{
    GPIO_TypeDef *port1 = GPIOA;
    GPIO_TypeDef *port2 = GPIOC;
    TIM_TypeDef  *tim   = TIM8;

#ifdef MCAL     // Beginn der MCAL-Version

```

```
    // Konfiguration von GPIOA / Pin 5 (Komplementaer-Ausgang)
    gpioSelectPort(port1);                       // GPIOA: Bustakt aktivieren
    gpioSelectPinMode(port1, PIN5, ALTFUNC);     // PA5 = AF3
    gpioSelectAltFunc(port1, PIN5, AF3);

    // Konfiguration von GPIOC / Pin 6 (Nicht-invertierender Ausgang)
    gpioSelectPort(port2);                       // GPIOC: Bustakt aktivieren
    gpioSelectPinMode(port2, PIN6, ALTFUNC);     // PC6 = AF3
    gpioSelectAltFunc(port2, PIN6, AF3);

    // Konfiguration von TIM8
    timerSelectTimer(tim);                       // TIM8: Bustakt aktivieren
    timerSetPrescaler(tim, 16);                  // TIM8: Takt = 1MHz
    timerSetAutoReloadValue(tim, 1000);          // TIM8: Auto-Reload-Register
    timerResetCounter(tim);                      // TIM8: Counter reset

    // TIM8: Kanal 1 --> Betriebsart = PWM-Mode 1
    timerSetOutputCompareMode(tim, TIMIO_CH1, CHN_PWM_MODE_1);
    timerSetPreloadValue(tim, TIMIO_CH1, 500);
    timerSetCaptureComparePreloadValue(tim, TIMIO_CH1, 500);
    timerEnableCaptureCompareChannel(tim, TIMIO_CH1);
    timerEnableCaptureCompareComplementaryChannel(tim, TIMIO_CH1);
    timerBdtrClearRegister(tim);
    timerSetBreakAndDeadTime(tim, 0xFF);
    timerBdtrEnableMainOutput(tim, MOE_ON);      // TIM8: Main-Output ein
    timerSelectOutputCompareCenterAlignMode(tim, CENTER_ALIGN_1);
    timerSetCaptureCompareClkRatio(tim, TIMIO_CH1, CKD_4);
    timerStartTimer(tim);

#else            // Ende der MCAL-Version + Beginn der Bare-Metal-Version

    // Konfiguration von GPIOA / Pin 5 (Komplementaer-Ausgang)
    RCC->AHB1ENR  |= RCC_AHB1ENR_GPIOAEN;        // GPIOA: Bustakt aktivieren
    port1->MODER  &= ~(GPIO_MODER_MODER5_Msk); // PA5  : Resetzustand
    port1->MODER  |= GPIO_MODER_MODER5_1;        // PA5  : Alt. Funktion
    port1->AFR[0] &= ~GPIO_AFRL_AFSEL5_Msk;      // PA5  : AF reset
    port1->AFR[0] |= (GPIO_AFRL_AFSEL5_1 | GPIO_AFRL_AFSEL5_0); // PA5: AF 3

    // Konfiguration von GPIOC / Pin 6 (Nicht-invertierender Ausgang)
    RCC->AHB1ENR  |= RCC_AHB1ENR_GPIOCEN;        // GPIOC: Bustakt aktivieren
```

```
    port2->MODER  &= ~(GPIO_MODER_MODER6_Msk); // PC6  : Resetzustand
    port2->MODER  |= GPIO_MODER_MODER6_1;      // PC6  : Alt. Funktion
    port2->AFR[0] &= ~GPIO_AFRL_AFSEL6_Msk;    // PC6  : AF reset
    port2->AFR[0] |= (GPIO_AFRL_AFSEL6_1 | GPIO_AFRL_AFSEL6_0); // PC6: AF 3

    // Konfiguration von TIM8
    RCC->APB2ENR |= RCC_APB2ENR_TIM8EN;     // TIM8: Bustakt aktivieren
    tim->PSC      = (16 - 1);               // TIM8: Prescaler, Takt = 1MHz
    tim->ARR      = (1000 - 1);             // TIM8: Auto-Reload-Wert
    tim->CNT      = 0;                      // TIM8: Counter reset

    // TIM8: Kanal 1 --> Betriebsart = PWM-Mode 1
    tim->CCMR1 &= ~(TIM_CCMR1_CC1S_Msk | TIM_CCMR1_OC1M_Msk);
    // TIM8: CH1 betreiben in PWM-Mode 1
    tim->CCMR1 |= TIM_CCMR1_OC1M_2 | TIM_CCMR1_OC1M_1;
    tim->CCR1  =  (500 - 1);                // TIM8: Preload-Wert
    tim->CCER  |= TIM_CCER_CC1E;            // TIM8: CH1 aktivieren
    tim->CCER  |= TIM_CCER_CC1NE;           // TIM8: Kompl. CH1 aktivieren
    tim->BDTR  = 0xFF;                      // TIM8: Deadtime (DTG) einstellen
    tim->BDTR  |= TIM_BDTR_MOE;             // TIM8: Main-Output aktivieren
    tim->CR1   |= TIM_CR1_CMS_0;            // TIM8: Akt. Center-Align-Mode 1
    tim->CR1   &= ~TIM_CR1_CMS_1;           // Fortsetzung der letzten Zeile
    tim->CR1   &= ~TIM_CR1_CKD_Msk;         // TIM8: Reset CKD-Bits
    tim->CR1   |= TIM_CR1_CKD_1;            // TIM8: CKD = 4
    tim->CR1   |= TIM_CR1_CEN;              // TIM8: Timer starten

#endif          // Ende der Bare-Metal-Version

    while (1)
    {
    }
}
```

Listing 12.2: Beispiel zur Totzeitgenerierung mit TIM8

Ich gehe davon aus, dass nicht jeder Leser das Resultat dieses Beispiels mit einem Oszilloskop überprüfen kann, daher habe ich Abbildung 12.6 und Abbildung 12.7 hinzugefügt, die verschiedene Konfigurationen der Totzeit verwenden.

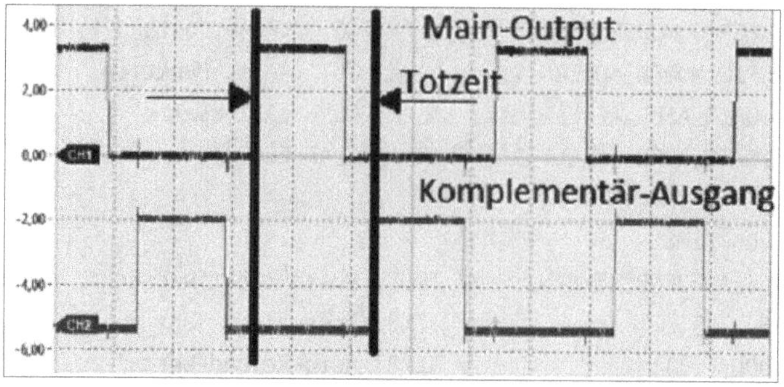

Abb. 12.6: Resultat des Projekts Kap12-ACTIM-Edge-and-Center-Align mit Totzeit = 0xFF

In Abbildung 12.6 ist aufgrund der Verwendung des Totzeit-Wertes 0xFF deutlich der Versatz zwischen dem Main-Ausgang von TIM8 und seinem komplementären Ausgang erkennbar. In Abbildung 12.7 wurde die Totzeit auf »0« gesetzt: Wie erwartet ist hier kein Versatz zwischen den beiden Ausgängen erkennbar.

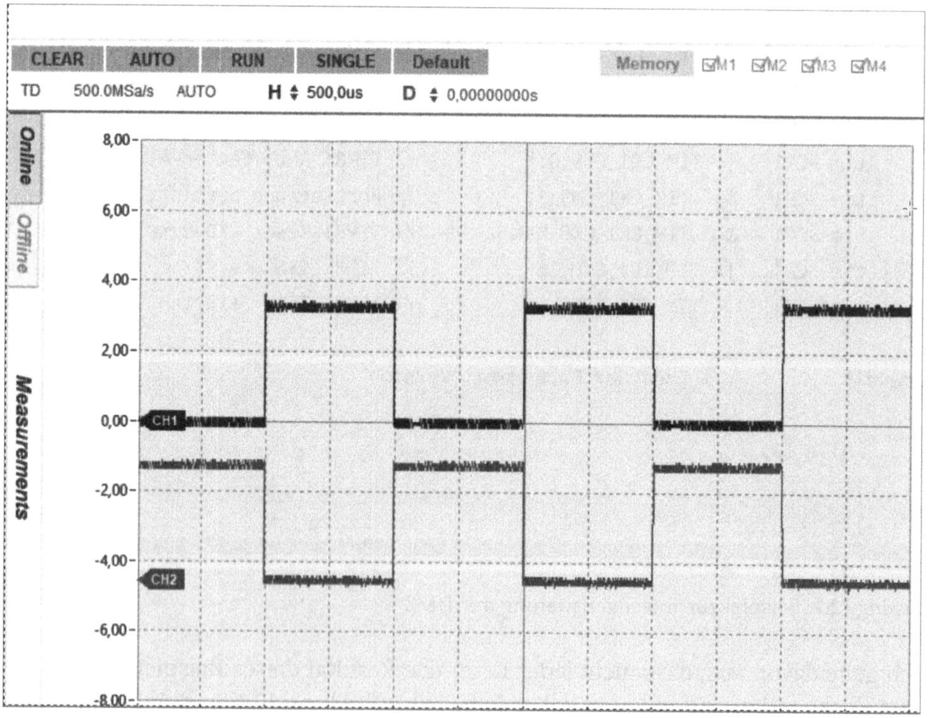

Abb. 12.7: Das gleiche Programm, jetzt aber mit Totzeit »0«

Weitere Erläuterungen des Programms

Das Beispiel enthält nahezu nichts, was Ihnen nicht bereits bekannt ist. Die Zeilen 40 und 45 (MCAL-Version) bzw. 78 und 85 (Bare-Metal-Version) aktivieren den Bustakt für die Ports `GPIOA` und `GPIOC`. Jeweils im Anschluss erkennen Sie, dass hier für `GPIOA PIN5` und `GPIOC Pin 6` die alternative Funktion `AF3` eingestellt wird. Ein Blick in das Datenblatt zeigt, dass `PC6` der Main-Output von `TIM8` (Kanal 1) und dass `PA5` der komplementäre Output von `TIM8` (Kanal 1) ist.

Nun muss natürlich auch der Bustakt für `TIM8` aktiviert werden: Dies erfolgt in den Zeilen 50 bzw. 85. Aus früheren Beispielen in Kapitel 11 wissen Sie bereits, wie die Output-Compare-Funktionalität von Timer-Kanälen konfiguriert wird: Hier kommt nur noch die identische Aktivierung des Komplementär-Kanals hinzu. Zur Erinnerung: PWM-Modus 1 sorgt dafür, dass der Ausgang während des Hochzählens auf den Vergleichswert auf »High« gesetzt wird.

Ich könnte noch viel mehr zu Timern und ihren Anwendungen schreiben: Da allerdings der Umfang dieses Buches begrenzt ist, muss ich hierauf leider verzichten und die Beschreibung der Timer beenden. Ich werde aber weitere Anwendungen und Beschreibungen entwickeln, die Sie dann auf meiner Webseite `https://www.ralf-jesse.de` finden werden.

Digital-Analog-Konverter

Die Aufgabe von *Digital-Analog-Konvertern* (*DAC, Digital-to-Analog Converter*) besteht darin, externe Geräte so mit einer elektrischen Spannung zu versorgen, dass sie idealerweise stufenlos gesteuert werden können. Die Grenzwerte moderner Mikrocontroller liegen hier üblicherweise zwischen 0 und 3,3 V.

Beispiel

Hat ein D/A-Wandler eine Auflösung von 8 Bit, bedeutet dies, dass die an seinem Ausgang messbare Spannung in $2^8 = 256$ Schritten einstellbar ist. Jeder Schritt entspricht bei den genannten Grenzwerten somit einer Erhöhung oder Verringerung der elektrischen Spannung um 12,89 mV (bei einer maximalen Ausgangsspannung von 3.3 V). Wird stattdessen ein D/A-Wandler mit einer Auflösung von 12 Bit eingesetzt, lässt sich dieser Bereich in $2^{12} = 4.096$ Schritte unterteilen: Die Schrittweite der Spannung verringert sich dann auf 0,81 mV. Die Wandlung dauert aber eine gewisse Zeit, die berücksichtigt werden muss. Ein hoch auflösender Chip ist in der Anschaffung zudem teurer als ein niedrig auflösender.

Hinweis

Da die Ausgangsspannung eines D/A-Wandlers nur schrittweise eingestellt werden kann (beispielsweise in 12,89-mV- oder in 0,81-mV-Schritten), ist die Generierung einer »echten« analogen Spannung also nicht möglich, es lässt sich nur eine gute Annäherung an die gewünschte analoge Spannung erreichen.

13.1 Technische Verfahren der D/A-Wandlung

Es existieren verschiedene technische Verfahren, um aus einem digitalen Wert eine analoge Ausgangsspannung zu erzeugen. Ohne allzu tief in die Theorie einsteigen zu wollen – sie gehört zum Stoff, der in einem Studium der Elektrotechnik gelehrt wird –, möchte ich Ihnen dennoch drei mögliche Verfahren kurz vorstellen.

Hinweis

Die Beschreibung der folgenden Verfahren zur D/A-Wandlung wurden aus dem Buch »Das MSP430 Mikrocontroller Buch« von Marian Walter und Stefan Tappertzhofen übernommen und angepasst. Das Buch erschien 2011 im Elektor-Verlag.

13.1.1 Die Parallelwandlung

Bei der *Parallelwandlung* handelt es sich um ein technisch sehr aufwendiges Verfahren. Die Auflösung des D/A-Wandlers bestimmt hierbei die Anzahl der benötigten ohmschen Widerstände, die so abgestimmt sind, dass in der Summe die gewünschte Ausgangsspannung erzeugt wird. Bei einem 8-Bit-D/A-Wandler werden somit $2^8 = 256$ Widerstände benötigt. Bei höheren Auflösungen vergrößert sich der Aufwand entsprechend. Abbildung 13.1 zeigt das Funktionsprinzip:

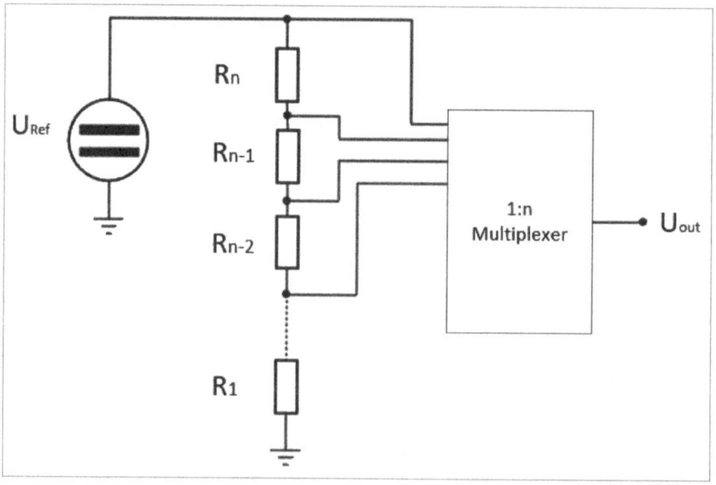

Abb. 13.1: Funktion eines D/A-Wandlers im Parallelverfahren

Die Widerstände unterscheiden sich in ihren Werten. Entsprechend dem am Multiplexer eingestellten Wert werden sämtliche Teilspannungen erfasst und gemeinsam am Ausgang `Uout` ausgegeben.

Vorteil dieses Verfahrens

Das Parallelverfahren ist sehr genau, da die zugeführte Teilspannung immer kleiner ist als die am vorherigen Widerstand abfallende Spannung.

Nachteile des Verfahrens

Entsprechend der Auflösung des D/A-Wandlers werden 2^n Widerstände benötigt. Auch der Multiplexer ist relativ aufwendig, sodass die Gesamtkosten bei der Herstellung derart hoch sind, dass diese Lösung in der Praxis nur in Sonderanwendungen bzw. in High-End-Produkten, auf keinen Fall aber in Massenprodukten verwendet wird.

13.1.2 Das Zählverfahren

Dieses Verfahren hat eine gewisse Ähnlichkeit mit der *Pulsweitenmodulation* (*PWM*), die Sie bereits in den Kapiteln zu den Timern kennengelernt haben. Entsprechend dem zu konvertierenden Wert wird die Referenzspannung ein- bzw. ausgeschaltet: Man erreicht so also – wie bei der PWM – eine Folge von Impulsen, die eine Duty-Cycle-Phase und eine Ruhephase besitzen. Ein nachgeschalteter Zähler zählt die Anzahl der Nutzimpulse. Durch den skizzierten Tiefpassfilter, der aus der Kombination von Widerstand und Kondensator besteht, werden unerwünschte (und verfälschende) Impulse herausgefiltert.

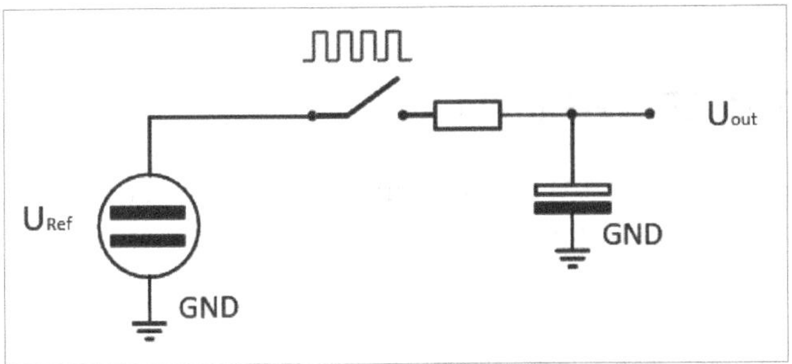

Abb. 13.2: D/A-Wandlung unter Einsatz des Zählverfahrens

Vorteile des Verfahrens

Diese Schaltung wird wegen ihrer geringen Verlustleistung gerne zum Schalten von Leistungshalbleitern (Mosfets) verwendet. Werden induktive Lasten (z.B. Motoren) angesteuert, kann häufig auf den Filter verzichtet werden.

Nachteile des Verfahrens

Aufgrund der schnellen Folge von Impulsen wird ein sehr schneller Impulszähler benötigt.

13.1.3 Das R-2R-Verfahren

Die für dieses Verfahren erforderliche Hardware ist sehr einfach. Aufgrund der vielen gleichen Widerstände wird es sehr gerne für integrierte D/A-Wandler eingesetzt. In der deutschsprachigen Literatur wird dieses Verfahren auch als Wägeverfahren bezeichnet.

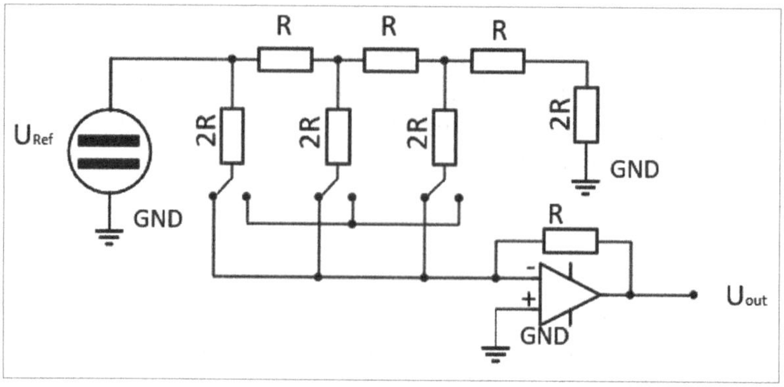

Abb. 13.3: D/A-Wandlung mit dem R-2R-Verfahren

Je nach Zustand der »Schalter« wird eine genau definierte Spannung auf den als Addierer geschalteten Operationsverstärker geschaltet. Alle Widerstandsnetzwerke werden von der gemeinsamen Referenzspannung gespeist. Das Prinzip basiert darauf, dass an jedem Messpunkt die Spannung genau 50 % der Spannung am unmittelbar vorhergehenden Messpunkt beträgt.

13.2 DACs in der STM32F4xx-Familie

Die Ausstattung mit DACs ist in der STM32F4xx-Familie identisch. Tabelle 13.1 fasst die Eigenschaften der DACs zusammen:

STM32Fxxx	Anzahl	Auflösungen	Ausgänge
413, 423, 427, 429, 437, 439, 446, 765, 766, 767, 768, 777, 778, 779	2 Output-Kanäle	12/8 Bit	2 x 1

Tabelle 13.1: Eigenschaften der DACs in der STM32F4xx-Familie

Tabelle 13.1 können Sie entnehmen, dass alle aufgeführten STM32F4xx-Mikrocontroller über zwei D/A-Konverter verfügen, die intern in einer Funktionseinheit zusammengefasst sind. Beide DACs lassen sich sowohl simultan wie auch unabhängig voneinander nutzen. Abbildung 13.4 zeigt den internen Aufbau der DAC-Funktionseinheit.

Hinweis

Im Referenzhandbuch des STM32F446 finden Sie das Original auf Seite 402.

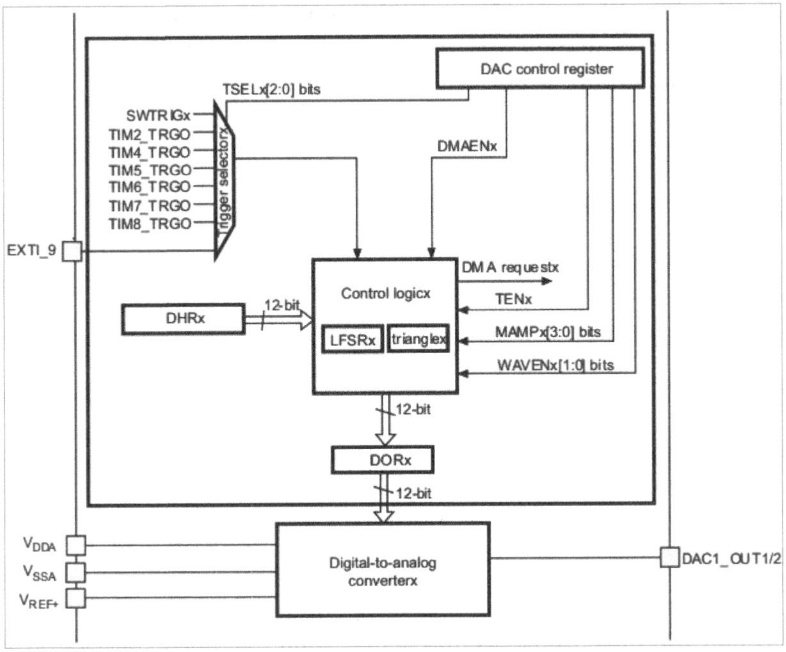

Abb. 13.4: Blockschaltbild der DAC-Funktionseinheit

Beachten Sie bitte die folgenden Punkte in Abbildung 13.4:

- MAMP = Masken-/Amplitudenauswahl
- LFSR = Linear Feedback Shift Register
- Triangle: Wellenformgenerator oder Rauschgenerator

Zu Abbildung 13.4 sind noch einige Ergänzungen wichtig, die nur mittelbar aus dem Referenzhandbuch hervorgehen:

- Bei den Nucleo-Evaluierungsboards werden die beiden GPIOA-Pins PA4 und PA5 als Ausgänge genutzt. Hierfür ist in `GPIOA->MODER` für die genannten Pins die Betriebsart »Analog« zu wählen.
- Da die Ports PA4 und PA5 unabhängig voneinander genutzt werden können, sind insgesamt zwei D/A-Konverter enthalten.

13.2.1 Datenhalteregister

Es ist zu beachten, dass die Konvertierung digitaler Daten in eine analoge Ausgangsspannung Zeit kostet. Um diese Zeitspanne zu überbrücken, sind beide Kanäle mit einem Halteregister für die zuletzt gesendeten Daten ausgestattet. Die Verwendung der Halteregister (Buffer) hat noch einen weiteren positiven Effekt: Sie verringern die Ausgangsimpedanz und ermöglichen so die unmittelbare Ansteuerung externer Lasten ohne zusätzlichen Operationsverstärker. Die Haltefunktion (bzw. Buffer-Funktion) kann wahlweise aktiviert oder deaktiviert werden. Die Halteregister sind intern verdrahtet und werden von der Hardware verwaltet, der Zugriff von außen ist nicht vorgesehen!

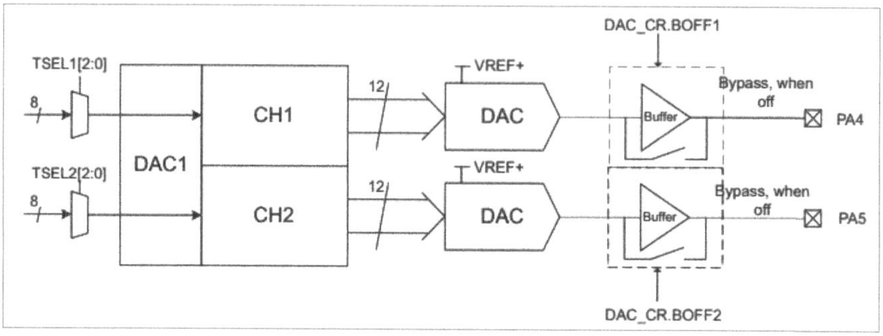

Abb. 13.5: Die Funktion der Halteregister im DAC

13.2.2 Datenformate

Die DACs können, wie bereits erwähnt, wahlweise mit einer Auflösung von acht oder 12 Bit verwendet werden. Abhängig von der gewählten Auflösung lassen sich drei Datenformate einstellen:

- **8-Bit-Auflösung**: Daten werden immer rechtsbündig in den zugehörigen Datenregistern abgelegt.
- **12-Bit-Auflösung**: Hier sind zwei Datenausrichtungen möglich:
  - Daten werden rechtsbündig abgelegt.
  - Daten werden linksbündig abgelegt.

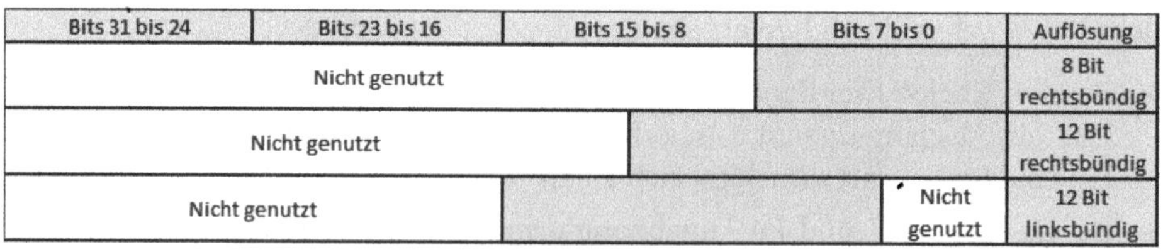

Abb. 13.6: Anordnung der Daten im Single-Channel-Modus

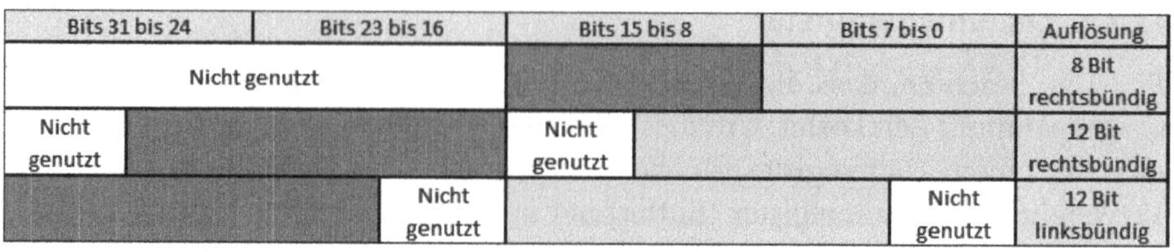

Abb. 13.7: Anordnung der Daten im Dual-Channel-Modus

Single-Channel- vs. Dual-Channel-Betrieb

Das Laden von Registern mit Werten dauert aus der Sicht von Mikrocontrollern »kleine Ewigkeiten«. Da es sich bei den STM32F4xx-Mikrocontrollern aber um 32-Bit-MCUs handelt, wird die Dauer eines Ladevorgangs durch die Länge der Register in Bit bestimmt. Beim *Single-Channel-Betrieb* wirkt sich das nicht weiter aus, da – unabhängig davon, ob Sie 8- oder 12-Bit-Daten konvertieren müssen – ein Schreibzugriff auf die Datenregister ausreicht.

In einer *Dual-Channel-Anwendung* mit getrennten Registern für die zwei Kanäle wären hingegen zwei Schreibzugriffe erforderlich. Durch die Kombination der beiden Kanäle in einem gemeinsamen Register entfällt der zweite Schreibzugriff: Dies ist effizienter als die »traditionelle« Variante.

Wozu dienen links- und rechtsbündige Anordnungen?

Die Entscheidung, ob die *links-* oder die *rechtsbündige Ausrichtung* der Daten gewählt wird, hängt von der Art der Anwendung ab. Zunächst einmal stellen wir fest, dass 4 der maximal 16 Bit, die in einem Datenwort (die Breite ist dann 16 Bit) darstellbar sind, beim DAC nicht verfügbar sind. Nun lässt sich aber nicht völlig ausschließen, dass die Daten von einem unerwünschten Rauschen überlagert sind, daher ist es empfehlenswert, diese 4 Bit durch eine UND-Verknüpfung mit dem Wert 0x0FFF (bei rechtbündiger Ausrichtung) oder 0xFF0 (bei linksbündiger Ausrichtung) zu maskieren.

Wenn Sie nun überwiegend vorzeichenbehaftete mathematische Anforderungen bedienen müssen, sind Sie normalerweise an den Werten interessiert, die sich näher am Maximalwert als an 0 befinden. In diesem Fall wählen Sie die linksbündige Ausrichtung, da dann mit 0xFF0 die niederwertigsten Bits maskiert werden.

Müssen Sie hingegen technische Anforderungen erfüllen, empfiehlt sich die rechtsbündige Anordnung der Bits: Entsprechend maskieren Sie dann die vier höchstwertigen Bits.

13.3 Die Register des DAC

Die Anzahl der zur Verfügung stehenden Register des DAC ist mit 14 Registern beachtlich: Die Programmierung des DAC ist dennoch sehr einfach, weil die meisten dieser Register für die Aufnahme der zu wandelnden Daten vorgesehen sind.

DAC Control Register (DAC_CR)

Das *DAC Control Register* (*DAC_CR*) ist in zwei identische Teile unterteilt:

- Die Bits 15:0 dienen der Konfiguration von Kanal 1.
- Die Bits 31:16 werden für die Konfiguration von Kanal 2 verwendet.

31	30	29	28	27	26	25	24	23	22	21	20	19	18	17	16
		DMAU DRIE2	DMA EN2	MAMP2[3:0]				WAVE2[1:0]		TSEL2[2:0]			TEN2	BOFF2	EN2
		rw	rw	rw	rw	rw	rw	rw	rw	rw	rw	rw	rw	rw	rw
15	**14**	**13**	**12**	**11**	**10**	**9**	**8**	**7**	**6**	**5**	**4**	**3**	**2**	**1**	**0**
		DMAU DRIE1	DMA EN1	MAMP1[3:0]				WAVE1[1:0]		TSEL1[2:0]			TEN1	BOFF1	EN1
		rw	rw	rw	rw	rw	rw	rw	rw	rw	rw	rw	rw	rw	rw

Abb. 13.8: Das DAC Control Register (DAC_CR)

Bits	Bezeichnung	Funktion	
31:30/15:14	reserviert		
29/13	DMAUDRIEx	DMA-Interrupt-Unterlauf	
28/12	DMAENx	DMA Enable	
27:24/11:8	MAMP	Legen die Amplitude des Ausgangs fest (Belegung siehe Referenzhandbuch).	
23:22/7:6	WAVEx	Wellenform des Signalgenerators	
		00	Signalgenerator deaktiviert
		01	Rauschgenerator
		10	Dreiecksignalgenerator
21:19/5:3	TSEL	Triggern/Auslösen des DAC durch	
		000	Timer TIM6
		001	Timer TIM8
		010	Timer TIM7
		011	Timer TIM5
		100	Timer TIM2
		101	Timer TIM4
		110	EXTI-Leitung EXTI9
		111	Software
18/2	TEN	Trigger Enable: Muss »1« sein, um den mit TSEL gewählten Trigger zu aktivieren.	
17/1	BOFF	»1« aktiviert den Output-Buffer.	
16/0	EN	»1« aktiviert den DAC-Kanal.	

Tabelle 13.2: Bits des DAC Control Register

DAC Software Trigger Register (DAC_SWTRIGR)

Vom *DAC Software Trigger Register* (*DAC_SWTRIGR*) sind nur die Bits 1 und 0 von Bedeutung. Wenn TEN = »1« und TSEL = »111«, kann der Software-Trigger die Konvertierung für Kanal 1 oder Kanal 2 (oder beide) auslösen.

DAC Data Holding Register
Ich habe hier einen Sammelbegriff für die Überschrift gewählt. Nachfolgend werden die Bezeichnungen der verschiedenen Register aufgelistet. Das Namensschema ist für alle Register einheitlich:

- *DAC Channel x 12-bit Right-Aligned Data Holding Register* (*DAC_DHR12Rx*)
- *DAC Channel x 12-bit Left-Aligned Data Holding Register* (*DAC_DHL12Lx*)
- *DAC Channel x 8-bit Right-Aligned Data Hold Register* (*DAC_DHR8Rx*)

Das *x* in den Registerbezeichnungen bedeutet wahlweise Kanal 1 oder Kanal 2.

Wenn Sie nur einen der beiden Kanäle benötigen, stehen Ihnen somit sechs Register für die Aufnahme der zu wandelnden Daten zur Verfügung.

Nutzen Sie hingegen beide Kanäle, hat STM drei weitere Register hinzugefügt, mit denen Sie die Werte für beide Kanäle in einem Schreibzugriff angeben können. Hierbei handelt es sich um diese Register:

- *Dual DAC Channel 12-bit Right-Aligned Data Holding Register* (*DAC_DHR12RD*)
- *Dual DAC Channel 12-bit Left-Aligned Data Holding Register* (*DAC_DHL12LD*)
- *Dual DAC Channel 8-bit Right-Aligned Data Hold Register* (*DAC_DHR8RD*)

DAC Channel x Data Output Register (DAC_DORx)
Für jeden Kanal steht ein eigenes *DAC Channel x Data Output Register* (*DAC_DORx*) zur Verfügung. Diese Register werden intern von der Hardware verwaltet und lassen sich nicht beschreiben. Nur der Read-only-Zugriff ist möglich.

Das DAC Status Register (DAC_SR)
Obwohl es sich beim *DAC Status Register* (*DAC_SR*) um ein 32-Bit-Register handelt, werden nur zwei Bit verwendet: Bit 13 zeigt an, wenn ein DMA-Unterlauf im DAC-Kanal 1 aufgetreten ist, Bit 29 zeigt dies entsprechend für Kanal 2 an.

13.4 Ein einfaches Anwendungsbeispiel

Wie ich bereits erwähnte, ist die Programmierung des DAC in der Praxis trotz der Vielzahl verfügbarer Register sehr einfach: Sie stellt sich sogar derart leicht dar, dass ich zu diesem Zeitpunkt auf eine Implementierung in der MCAL-Bibliothek verzichte: Es steht somit ausschließlich die Bare-Metal-Version zur Verfügung.

```
/**
 * Kap13-Einfaches-DAC-Projekt
 * ===========================
 *
```

```
 * Dieses Beispiel stellt einen einfachen Generator fuer sogenannte Dreieck-
 * Signale dar. Es nutzt zwei Kanaele, deren Phase gegeneinander verschoben
 * ist.
 *
 * Anmerkung:
 * ----------
 * Das Projekt ist bereits fuer den Einsatz der MCAL vorbereitet, wird von
 * ihr aber nur teilweise unterstuetzt: Derzeit fehlen noch DAC-Funktionen,
 * die aber später noch hinzugefuegt werden. Derzeit werden nur die GPIO-
 * Funktionen der MCAL genutzt.
 */

#include <stm32f4xx.h>
#include <stdint.h>
#include <stdbool.h>

/**
 * Kommentar in Zeile 26 entfernen, wenn Sie die MCAL (nur GPIO) testen
 * möchten.
 */
//#define MCAL

#define DAC_MAX_VAL_12_BIT      (4095)

#ifdef MCAL
#include <mcalGPIO.h>
#endif

int main(void)
{
    uint16_t dac1Data     = 0;
    uint16_t dac2Data     = DAC_MAX_VAL_12_BIT;
    bool     dac1RampUp   = true;
    bool     dac2RampDown = false;

#ifdef MCAL     // Beginn der MCAL-Version

    gpioSelectPort(GPIOA);                      // GPIOA : Bustakt aktivieren
    gpioSelectPinMode(GPIOA, PIN4, ANALOG);     // PA4   : Analog
```

```
    gpioSelectPinMode(GPIOA, PIN5, ANALOG);    // PA5   : Analog

#else            // Ende der MCAL-Version + Beginn der Bare-Metal-Version

    RCC->AHB1ENR |= RCC_AHB1ENR_GPIOAEN;       // GPIOA: Bustakt aktivieren

    // PA4: Konfiguration. PA4 wird im Analog-Modus betrieben (0b11)
    GPIOA->MODER &= ~GPIO_MODER_MODER4_Msk;
    GPIOA->MODER |= (GPIO_MODER_MODER4_1 | GPIO_MODER_MODER4_0);

    // PA5: Konfiguration. PA5 wird im Analog-Modus betrieben (0b11)
    GPIOA->MODER &= ~GPIO_MODER_MODER5_Msk;
    GPIOA->MODER |= (GPIO_MODER_MODER5_1 | GPIO_MODER_MODER5_0);

#endif

    /*******************************************
     * Reine Bare-Metal-Version fuer den DAC *
     *****************************************/
    RCC->APB1ENR |= RCC_APB1ENR_DACEN;         // DAC   : Bustakt aktivieren
    DAC->CR      |= DAC_CR_EN1;                // DAC   : Kanal 1 aktivieren
    DAC->CR      |= DAC_CR_EN2;                // DAC   : Kanal 2 aktivieren

    while (1)
    {
        /**
         * Dreiecksignale an Ausgang 1 generieren
         */
        if (true == dac1RampUp)
        {
            DAC->DHR12R1 = dac1Data++ & 0x0FFF;
            if (dac1Data > DAC_MAX_VAL_12_BIT)
            {
                dac1RampUp = false;
            }
        }
        else
        {
            DAC->DHR12R1 = dac1Data-- & 0x0FFF;
```

```
            if (dac1Data <= 0)
            {
                dac1RampUp = true;
            }
        }

        /**
         * Dreiecksignale an Ausgang 2 generieren. Das Ausgangssignal
         * ist hier um 90° verschoben.
         */
        if (true == dac2RampDown)
        {
            DAC->DHR12R2 = dac2Data-- & 0x0FFF;
            if (dac2Data <= 0)
            {
                dac2RampDown = false;
            }
        }
        else
        {
            DAC->DHR12R2 = dac2Data++ & 0x0FFF;
            if (dac2Data >= DAC_MAX_VAL_12_BIT)
            {
                dac2RampDown = true;
            }
        }
    }

    return 0;
}
```

Listing 13.1: Einfache Anwendung des DAC

Abbildung 13.9 zeigt das Resultat, wenn dieses Beispiel kompiliert und ausgeführt wird:

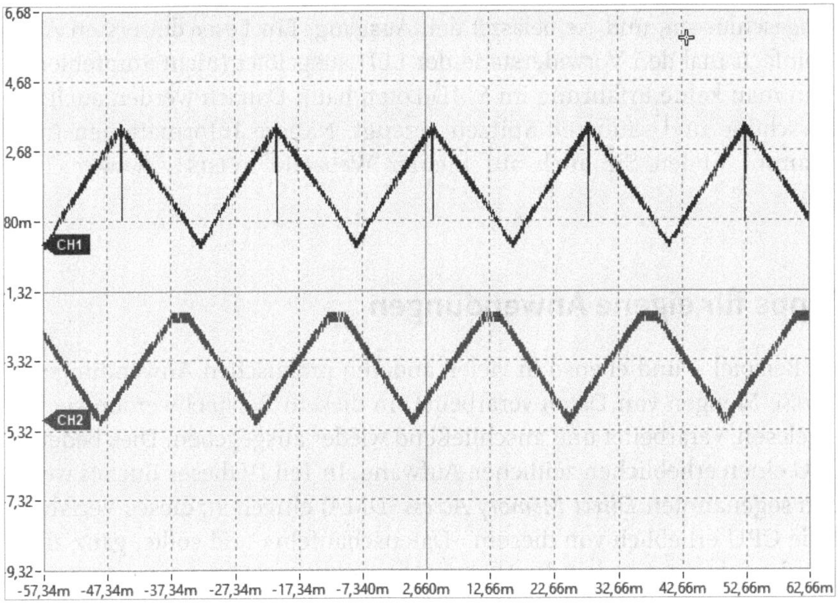

Abb. 13.9: Resultat des Beispiels aus Listing 13.1

Funktionsweise des Beispiels

Die Initialisierung der verwendeten GPIO-Pins PA4 und PA5 haben Sie früher bereits selbst vorgenommen. Der einzige Unterschied zu anderen Beispielen besteht darin, dass hier der Analog-Modus für diese Pins gewählt werden muss.

Die Initialisierung des DAC stellt sich sogar noch einfacher dar – Sie müssen nur den Bustakt und anschließend die beiden Kanäle aktivieren.

Der wesentliche Teil der »Action« findet in der `while(1)`-Schleife statt: Am Beispiel von Kanal 1 werde ich die Funktion kurz erläutern, Kanal 2 funktioniert auf die gleiche Weise. Der Unterschied besteht darin, dass die verwendeten Variablen `dac1Data` und `dac2Data` unterschiedliche Startwerte haben und die Zählrichtung invertiert ist.

Für Kanal 1 beginnen wir mit dem Startwert 0, der in der Endlosschleife bei jedem Durchlauf inkrementiert wird. Um die Zählrichtung umkehren zu können, habe ich eine boolesche Variable eingeführt, die bei Erreichen des jeweiligen Endwerts getoggelt wird.

Hinweis

In Abbildung 13.9 können Sie erkennen, dass die Spitzen des Ausgangssignals von Kanal 2 nicht ganz sauber sind. Der Grund hierfür ist die Doppelbelegung von PA5: Hier ist nämlich über einen Vorwiderstand auch die LED des NUCLEO-

Boards angeschlossen, und sie belastet den Ausgang. Ein Leser der ersten Auflage hat einfach mal den Vorwiderstand der LED ausgelötet (nicht empfehlenswert, wenn man keine Erfahrung im SMD-Löten hat!): Danach werden auch an Kanal 2 »schöne und saubere« Spitzen erzeugt. Nähere Informationen (mit Oszillogramm) finden Sie auch auf meiner Webseite `https://www.ralf-jesse.de`.

13.5 Tipps für eigene Anwendungen

In diesem Beispiel – und ebenso in vielen anderen praktischen Anwendungen – werden große Mengen von Daten verarbeitet. In diesem Beispiel werden sie von der CPU gelesen, verarbeitet und anschließend wieder ausgegeben. Dies bedeutet für die CPU einen erheblichen zeitlichen Aufwand. In Teil IV dieses Buches werde ich auf den sogenannten *Direct Memory Access* (*DMA*) eingehen; dieses Verfahren entlastet die CPU erheblich von diesem »Datenschaufeln« und sollte, ganz allgemein formuliert, besonders bei der Verarbeitung größerer Datenmengen immer in Betracht gezogen werden.

In vielen Anwendungen kommt es auch vor, dass größere Datenmengen verarbeitet werden müssen, z.B. wenn Sinusschwingungen erzeugt werden sollen. In diesen Fällen bleiben die Daten innerhalb der vorgegebenen Grenzen konstant und müssen nicht immer wieder aufs Neue berechnet werden. Die Berechnung des Sinus eines Werts unter Einsatz einer externen Bibliothek ist viel zu aufwendig. Der bessere Ansatz ist, mit einem anderen Programm eine Tabelle zu generieren und diese dann in den Quelltext – vorzugsweise in eine Headerdatei – zu kopieren.

Hinweis

Im Download-Bereich zum Buch finden Sie unter `tools\table` ein Beispiel, das ein `uint16_t`-Array mit ordentlich formatierter Ausgabe generiert. Das Tool erzeugt hier nur eine lineare Folge von Werten, die durch einen Minimum- und einen Maximumwert begrenzt wird. Die Größe des Arrays können Sie durch die Angabe der Tabellengröße (Anzahl der Elemente) selbst bestimmen. Wenn Sie hier beispielsweise die Tabelle einer Sinuskurve generieren wollen, müssen Sie nur die entsprechende C-Bibliothek verwenden.

Kapitel 14

Analog-Digital-Wandlung

Das umgekehrte Verfahren zur in Kapitel 13 vorgestellten Digital-Analog-Umwandlung ist die Analog-Digital-Wandlung. Analoge Größen werden von Sensoren erfasst und in eine elektrische Ausgangsspannung umgesetzt. Wird diese Spannung einem *Analog-Digital-Umsetzer* (*ADC, Analog-to-Digital Converter*) zugeführt – hierbei handelt es sich häufig um eine in einen Mikrocontroller integrierte Peripheriekomponente –, kann dieser sie in einen Digitalwert umsetzen, der dann von der Software verarbeitet werden kann.

Die wichtigste Kennzahl eines A/D-Wandlers ist – wie bereits beim DAC – seine Auflösung, die in Bit angegeben wird. In zeitlich konstanten Abständen wird die anliegende Spannung gemessen und durch (mindestens) einen Komparator (Vergleicher) mit einer Referenzspannung verglichen.

Hinweis

In der Beschaffung sehr teure A/D-Wandler können auch mit mehreren Komparatoren ausgestattet sein. Sie sind dann aber deutlich schneller als herkömmliche A/D-Wandler.

Es existieren verschiedene Verfahren zur Umsetzung analoger Spannungen in digitale Werte: Auf den theoretischen »Unterbau« muss ich in diesem Buch leider verzichten. Das einfachste Verfahren, das auch in den STM-Mikrocontrollern verwendet wird, ist die sogenannte *sukzessive Approximation* (*schrittweise Annäherung*): Sie kommt mit nur einem Komparator aus und ist entsprechend sehr günstig in der Beschaffung. Der Eingang des Komparators wird nacheinander auf die Verbindungen einer Widerstandskette am Eingang aufgeschaltet. Ist die dort anliegende Spannung höher als der Vergleichswert, wird in einem Flip-Flop das entsprechende Bit gesetzt und anderenfalls gelöscht. Hierdurch wird bereits klar, dass die Anzahl der Flip-Flops auch die Auflösung des A/D-Wandlers bestimmt. Wurde die gesamte Widerstandskette durchlaufen, stellen Flip-Flops eine Folge von Nullen und Einsen an. Sie ist dann die digitale Darstellung des analogen Werts.

Aus der deutschen Wikipedia habe ich das Beispiel für einen A/D-Wandler mit einer Auflösung von zwei Bit übernommen:

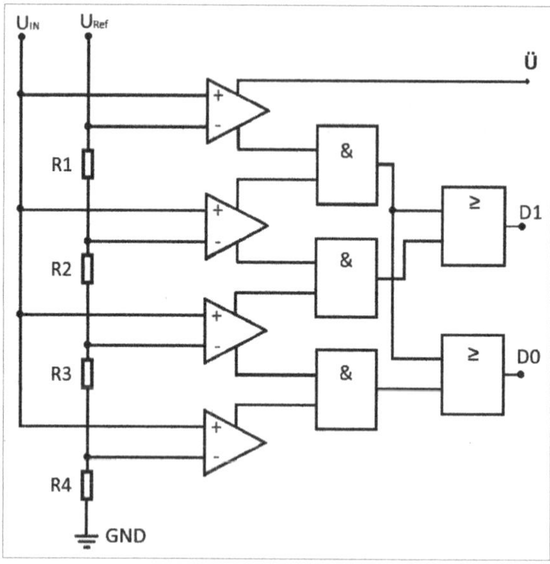

Abb. 14.1: Prinzip eines 2-Bit-A/D-Parallelwandlers (mehrere Komparatoren), Quelle: `de.wikipedia.org`

ADCs können wahlweise parallel oder seriell ausgelegt sein. Bei der parallelen Wandlung (wie in Abbildung 14.1 gezeigt) steht für jedes Bit ein eigener Ausgang zur Verfügung: Dies bedeutet, dass am Mikrocontroller dann ein entsprechender digitaler Eingang zur Erfassung der Daten verwendet werden muss. Bei seriellen ADCs werden die Daten nach der Wandlung in ein Schieberegister übertragen, aus dem im Anschluss das binäre Resultat Bit für Bit »hinausgetaktet« wird. Der Vorteil der Parallelwandlung ist offensichtlich: Die Daten stehen deutlich schneller zur Verfügung. Dem steht als Nachteil gegenüber, dass diese Lösung wesentlich teurer ist und darüber hinaus mehr Inputs der MCU beansprucht. Bei seriellen Wandlern stellen sich die Vor- und Nachteile entgegengesetzt dar: Serielle Wandler benötigen nur einen Anschluss für die Daten, dafür dauert eine Konvertierung deutlich länger.

14.1 ADCs in der STM-Familie

Tabelle 14.1 bietet eine Übersicht über die in der STM32F4xx-Familie enthaltenen ADCs und ihre wichtigsten Eigenschaften:

STM32Fxxx	Anzahl	Auflösungen	Anzahl Kanäle
413	1	12/10/8/6 Bit	18 (19)
423, 427, 429, 437, 439, 446, 765, 766, 767, 768, 777, 778, 779	3	12/10/8/6	3 x 18 (19)

Tabelle 14.1: ADCs in der STM32F4xx-Familie

Tabelle 14.1 zeigt es: Jeder in den STM-Mikrocontrollern enthaltene ADC verfügt über 18 (bzw. 19) Eingangskanäle. Das heißt mit anderen Worten, dass an jeden ADC theoretisch bis zu 19 Sensoren angeschlossen werden können. Damit die Daten der genutzten Kanäle nicht miteinander kollidieren, werden die Spannungen, die an den Kanälen anliegen, nacheinander erfasst und gewandelt.

Wichtig

Tabelle 14.1 können Sie entnehmen, dass jeder ADC 18 (19) Kanäle hat. Von den 19 Kanälen ist allerdings ein Anschluss intern nicht belegt, es bleiben somit 18 Kanäle übrig. An dieser Stelle kommt die Einschränkung »theoretisch« ins Spiel: Ein Kanal ist nämlich intern bereits für den integrierten Temperatursensor und ein weiterer Kanal für den ebenfalls integrierten Batteriesensor reserviert. Diese beiden Kanäle können somit nicht für externe Sensoren verwendet werden: Es verbleiben somit 16 freie Kanäle.

Zu beachten ist, dass nur positive Spannungen erfasst werden können: Die anliegende Spannung muss zwischen 0 V und der Referenzspannung liegen!

Wenn Sie weiter unten die Beschreibung von *ADC Control Register 2* (*ADC_CR2*) lesen, wird Ihnen vielleicht auffallen, dass dort von Single-Mode die Rede ist. Dies besagt, dass die entsprechende Funktion nur verfügbar ist, wenn nur ein einziger ADC verwendet wird. Nutzen Sie hingegen zwei ADCs – dies wird im Referenzhandbuch dann als Dual-Mode bezeichnet –, kann diese Funktion nicht genutzt werden. Tatsächlich »kennen« die meisten der in Tabelle 14.1 genannten STM32F4 sogar einen Triple-Mode: Dies ist nicht weiter verwunderlich, da sie ja mit drei ADCs ausgestattet sind.

Hinweis

Ich hatte in meiner beruflichen Praxis noch nie die Anforderung einer Dual-Mode- oder gar Triple-Mode-Anwendung. Ich kann mir allerdings vorstellen, dass dies für den Bereich der »funktionalen Sicherheit« von Bedeutung ist. Auf diese Weise könnten zwei unabhängige Messungen durchgeführt und die Ergebnisse miteinander verglichen werden. Eine Abweichung der Werte, die über gewisse Toleranzen hinausgehen, bedeutet dann, dass die Messung nicht korrekt war.

Funktionsweise

Abbildung 14.2 weiter unten zeigt am Beispiel von ADC1 die Funktionsweise der A/D-Wandler. An jeden der 16 Kanäle kann ein Sensor angeschlossen werden. Eine Auswahllogik, die in Abbildung 14.2 als »Channel Selection« bezeichnet ist, wählt den Kanal, der ausgewertet werden soll. Ein (hier nicht eingezeichneter) Komparator wirkt nur auf den ausgewählten Kanal. Im nachfolgenden sukzessiven Approximationsregister (SAR) werden die Daten gesammelt und anschließend im (hier ebenfalls nicht eingezeichneten) A/D-Konverter in sein digitales Äquivalent gewandelt.

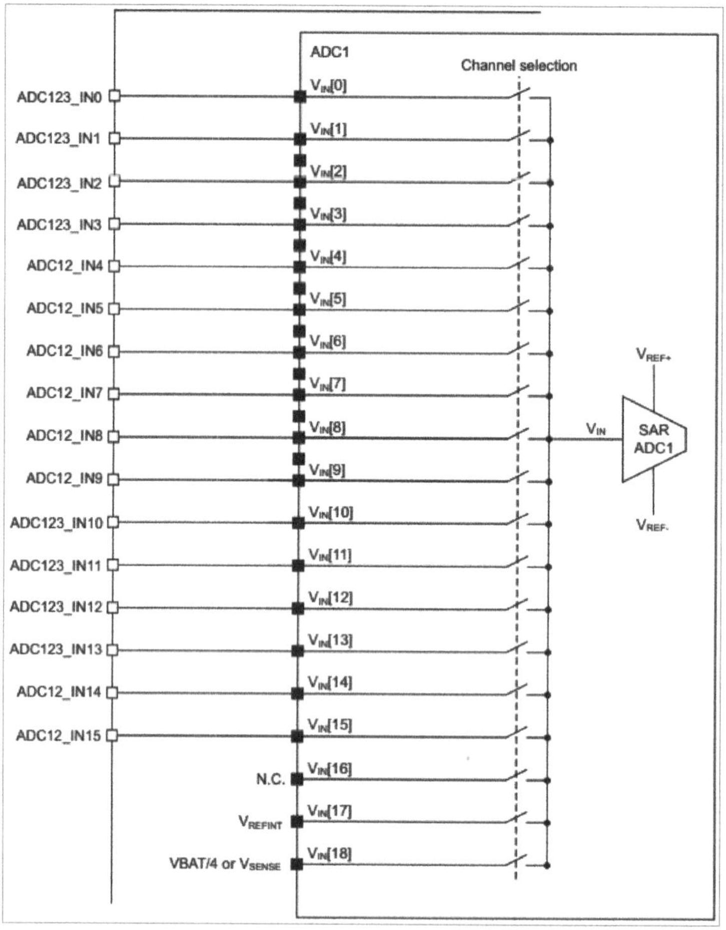

Abb. 14.2: Behandlung der 16 Eingangskanäle (Quelle: STM32F446-Referenzhandbuch)

Dieser Vorgang nimmt – abhängig von der Taktfrequenz und der gewählten Auflösung des ADC – eine gewisse Zeit in Anspruch. Das Datenblatt nennt hier bei einer Taktfrequenz von 30 MHz die folgenden garantierten Werte:

- 12 Bit: Minimum/Maximum = 0,5µs/16,4µs (mind. 15 Taktzyklen)
- 10 Bit: Minimum/Maximum = 0,43µs/16,34µs (mind. 13 Taktzyklen)
- 8 Bit: Minimum/Maximum = 0,37µs/16,27µs (mind. 11 Taktzyklen)

Aus den Werten ist erkennbar, dass diese Zeiten beim Wechsel von einem Kanal zum nächsten berücksichtigt werden müssen. Die Zeiten, in denen die Eingangsspannungen gemessen (Sampling) werden, lassen sich abhängig von der gewünschten Genauigkeit ebenfalls festlegen.

Eine A/D-Wandlung lässt sich – wie bereits bei den DACs – auf vielfältige Weise auslösen: Sie können hierfür bestimmte Kanäle und Leitungen der Timer `TIM1` bis `TIM5` sowie `TIM8` genauso anwenden wie die externen Interrupt-Eingänge `EXTI11` und `EXTI15`.

Auch die Reihenfolge, in der die Kanäle verwendet werden müssen, ist nicht vorgeschrieben: Der Zugriff kann wahlfrei eingestellt werden. Andererseits besteht aber ebenfalls die Möglichkeit, eine beliebige Reihenfolge der Kanäle in einer Sequenz zu definieren.

Hinweis

Die STM32F4xx-MCUs verfügen auch über einen integrierten Temperatursensor, den Sie in Verbindung mit den ADCs nutzen können. Ob seine Genauigkeit mit einer Abweichung von ±1,5°C ausreicht, ist von der Anwendung abhängig.

Hinweis

Wenn Sie Ihre Hardware mit einer Batterie zur Überbrückung eines Spannungsausfalls ausstatten, können Sie mit den ADCs auch die Batterieladung überwachen. Details zu beiden Anwendungen, der Temperaturmessung und der Überwachung der Batterieladung, finden Sie im Referenzhandbuch im ADC-Kapitel.

Bei entsprechender Konfiguration der verfügbaren Interrupts können Sie sich über den Status einer A/D-Wandlung informieren lassen.

Im Referenzhandbuch beschreibt STM zwei Arten von Interrupts, ohne näher auf den Unterschied einzugehen:

- *reguläre Interrupts*
- *injizierte (injected) Interrupts*

»Normale« (reguläre) Interrupts sind solche, die durch den normalen Ablauf eines Programms vorgegeben sind: Sie können auch in sogenannten *regulären Gruppen* mit bis zu 16 Kanälen bestehen. Sofern Sie nun annehmen, dass derzeit einer dieser Kanäle »gewandelt« wird, wären Sie darauf angewiesen, auf den Abschluss der Konvertierung zu warten, bevor ein anderer Kanal gewandelt wird. Wenn Sie sich aber vorstellen, dass es externe Ereignisse gibt, die bevorzugt behandelt werden müssen, können Sie sie in den sogenannten *injizierten Gruppen* (*Injected Groups*) zusammenfassen. Fordert nun eine injizierte Gruppe einen Interrupt an, wird die aktuelle (reguläre) Interrupt-Behandlung unterbrochen, und es wird auf die ISR des injizierten Interrupts umgeschaltet. Somit haben injizierte Gruppen eine höhere Priorität als die regulären Gruppen.

14.2 Register in den STM-ADCs

Wir wollen nun mit der Beschreibung der Register beginnen, die STM für die ADCs vorgesehen hat.

ADC Control Register 1 (ADC_CR1)

Mit dem *ADC Control Register 1* (*ADC_CR1*) werden grundlegende Eigenschaften eingestellt, z.B. die Auflösung des ADC. Abbildung 14.3 zeigt den Aufbau von ADC_CR1.

31	30	29	28	27	26	25	24	23	22	21	20	19	18	17	16
					OVRIE	RES		AWDEN	JAWDEN						
					rw	rw	rw	rw	rw						

15	14	13	12	11	10	9	8	7	6	5	4	3	2	1	0
DISCNUM[2:0]			JDISCEN	DISCEN	JAUTO	AWDSGL	SCAN	JEOCIE	AWDIE	EOCIE	AWDCH[4:0]				
rw	rw	rw	rw	rw	rw	rw	rw	rw	rw	rw	rw	rw	rw	rw	rw

Abb. 14.3: Aufbau des ADC_CR1-Registers

Einige dieser Bits dienen fortgeschrittenen Anwendungen, sodass ich hier auf ihre Beschreibung verzichten werde.

Bits	Bezeichnung	Funktion	
31:27	reserviert	nicht nutzbar	
26	OVRIE	Aktivierung von Interrupts bei Überlauf	
25:24	Res	Einstellung der ADC-Auflösung (Resolution)	
		00	12 Bit
		01	10 Bit
		10	8 Bit
		11	6 Bit
23:22	AWDEN/JAWDEN	siehe Referenzhandbuch	
21:16	reserviert	nicht nutzbar	
15:7	diverse	siehe Referenzhandbuch	
6	AWDIE	Löst beim »Anschlagen« des Watchdogs einen Interrupt aus.	
5	EOCIE	Konvertierung beendet? -> Interrupt	

Tabelle 14.2: Bits des ADC_CR1

Bits	Bezeichnung	Funktion	
4:0	AWDCH	Überwachung der ADC-Kanäle mit einem Watchdog-Timer	
		00000	Kanal 0
		00001	Kanal 1
		00010	Kanal 2
		...	folgende Kanäle
		01111	Kanal 15

Tabelle 14.2: Bits des ADC_CR1 (Forts.)

ADC Control Register 2 (ADC_CR2)

Mit dem *ADC Control Register 2* (*ADC_CR2*) wird eingestellt, wie ein Konvertierungsvorgang gestartet wird (z.B. ob einer der Timer die Konvertierung auslösen soll). Darüber hinaus werden zusätzliche Bedingungen eingestellt, die erfüllt sein müssen (z.B. ansteigende oder fallende Flanke eines Timers).

31	30	29	28	27	26	25	24	23	22	21	20	19	18	17	16
	SWSTART	EXTEN		EXTSEL[3:0]					JSWSTART	JEXTEN		JEXTSEL[3:0]			
	rw	rw	rw	rw	rw	rw	rw		rw	rw	rw	rw	rw	rw	rw
15	**14**	**13**	**12**	**11**	**10**	**9**	**8**	**7**	**6**	**5**	**4**	**3**	**2**	**1**	**0**
				ALIGN	EOCS	DDS	DMA							CONT	ADON
				rw	rw	rw	rw							rw	rw

Abb. 14.4: Aufbau des ADC_CR2

Bits	Bezeichnung	Funktion	
31	reserviert	nicht nutzbar	
30	SWSTART	Startet den Wandler für reguläre Kanäle per Software.	
29:28	EXTEN	Konfiguration externer Trigger	
		00	externer Trigger deaktiviert
		01	ansteigende Flanke
		10	fallende Flanke
		11	Kombination von 01 und 10
27:24	EXTSEL	Wählt das Ereignis (Event) für den externen Trigger aus (siehe Referenzhandbuch).	
23	reserviert	nicht nutzbar	
22	JSWSTART	Startet Konvertierung injizierter Kanäle.	
21:20	JEXTEN	Aktivierung externer Trigger für injizierte Kanäle	
19:16	JEXTSEL	Auswahl externer Trigger für injizierte Kanäle (siehe Referenzhandbuch)	
15:12	reserviert	nicht nutzbar	

Tabelle 14.3: Bits des ADC_CR2

Bits	Bezeichnung	Funktion
11	ALIGN	Auswahl: rechts- oder linksbündige Anordnung der Daten
10	EOCS	End of Conversion: »0« → Overrun aktiv / »1« → Overrun nicht aktiv
9	DDS	DMA-Deaktivierung (nur Single-Mode)
8	DMA	DMA-Aktivierung (nur Single-Mode)
7:2	reserviert	nicht nutzbar
1	CONT	kontinuierliche A/D-Wandlung aus/ein
0	ADON	ADC aktivieren/deaktivieren

Tabelle 14.3: Bits des ADC_CR2 (Forts.)

ADC Status Register (ADC_SR)

Natürlich gibt es auch ein *ADC Status Register* (*ADC_SR*). Hier werden nur die Bits 5 bis 0 genutzt, sodass ich auf eine Abbildung dieses Registers verzichten kann.

Bit	Bezeichnung	Funktion
5	OVR	Zeigt an, ob ein Überlauf erfolgt ist.
4	STRT	Eine »1« zeigt an, dass die Konvertierung für einen regulären Kanal gestartet wurde.
3	JSTRT	Eine »1« zeigt an, dass die Konvertierung für einen injizierten Kanal gestartet wurde.
2	JEOC	Zeigt an, dass die Konvertierung für einen injizierten Kanal abgeschlossen ist.
1	EOC	Zeigt an, dass die Konvertierung für einen regulären Kanal abgeschlossen ist.
0	AWD	Zeigt an, wenn der Watchdog-Timer »angeschlagen« hat.

Tabelle 14.4: Die Bits des ADC_SR

ADC Regular Data Register (ADC_DR)

Selbstverständlich existiert auch ein Register, aus dem Sie die konvertierten Daten abholen können. Beim *ADC Regular Data Register* (*ADC_DR*) handelt es sich um ein 32-Bit-Register, von dem aber nur die unteren 16 Bit genutzt werden.

Hinweis

Beachten Sie bei der Verwendung der Daten in Ihrer Software die Ausrichtung der Daten, die Sie bei der Konfiguration gewählt haben.

ADC Sample Time Register 1 + 2 (ADC_SMPR1, ADC_SMPR2)

Die zu messende Eingangsspannung nähert sich dem reellen Wert immer weiter an, je länger die Messung andauert! Dies ist aber nur die halbe Wahrheit. Es ist zu berücksichtigen, dass auch noch eine gewisse Zeit für die Umwandlung benötigt wird. Die Gesamtzeit, die für eine A/D-Wandlung erforderlich ist, setzt sich somit aus zwei Teilen zusammen: der sogenannten *Sample Time* und der *Conversion Time* (Umwandlungszeit). Während die Conversion Time durch die Hardware vorgegeben ist, können Sie die Sample Timer gezielt beeinflussen. Hierfür werden das *ADC Sample Time Register 1* und das *ADC Sample Time Register 2* (*ADC_SMPR1, ADC_SMPR2*) verwendet. Mit diesen Registern können Sie für jeden einzelnen Kanal einstellen, wie viele Taktzyklen der ADC für das Messen verwenden soll. Die beiden Register sehen folgendermaßen aus:

31	30	29	28	27	26	25	24	23	22	21	20	19	18	17	16
					SMP18[2:0]			SMP17[2:0]			SMP16[2:0]			SMP15[2:1]	
					rw	rw	rw	rw	rw	rw	rw	rw	rw	rw	rw
15	**14**	**13**	**12**	**11**	**10**	**9**	**8**	**7**	**6**	**5**	**4**	**3**	**2**	**1**	**0**
SMP15_0	SMP14[2:0]			SMP13[2:0]			SMP12[2:0]			SMP11[2:0]			SMP10[2:0]		
rw	rw	rw	rw	rw	rw	rw	rw	rw	rw	rw	rw	rw	rw	rw	rw

Abb. 14.5: Aufbau des ADC_SMPR1

31	30	29	28	27	26	25	24	23	22	21	20	19	18	17	16
		SMP9[2:0]			SMP8[2:0]			SMP7[2:0]			SMP6[2:0]			SMP5[2:1]	
		rw	rw	rw	rw	rw	rw	rw	rw	rw	rw	rw	rw	rw	rw
15	**14**	**13**	**12**	**11**	**10**	**9**	**8**	**7**	**6**	**5**	**4**	**3**	**2**	**1**	**0**
SMP5_0	SMP4[2:0]			SMP3[2:0]			SMP2[2:0]			SMP1[2:0]			SMP0[2:0]		
rw	rw	rw	rw	rw	rw	rw	rw	rw	rw	rw	rw	rw	rw	rw	rw

Abb. 14.6: Aufbau des ADC_SMPR2

Die Sample-Zeit lässt sich für jeden Kanal unabhängig einstellen. Sie können unter acht verschiedenen Sample-Zeiten wählen, sodass für jeden Kanal drei Bit benötigt werden: Während `ADC_SMPR2` für die Kanäle 0 bis 9 genutzt wird, dient `ADC_SMPR1` zur Konfiguration der Kanäle 10 bis 18.

Hinweis

Sie erinnern sich: Dass die Zahl der konfigurierbaren Kanäle hier mit 19 beziffert ist, liegt daran, dass zwei der Kanäle intern fest verdrahtet sind, während der dritte Kanal intern gar nicht angeschlossen ist.

Bitmuster	Sample-Zeit in Taktzyklen
0b000	3
0b001	15
0b010	28
0b011	56

Tabelle 14.5: Sample-Zeiten für die einzelnen Kanäle

Bitmuster	Sample-Zeit in Taktzyklen
0b100	84
0b101	112
0b110	144
0b111	480

Tabelle 14.5: Sample-Zeiten für die einzelnen Kanäle (Forts.)

ADC Regular Sequence Register 1/2/3 (ADC_SQR1/2/3)

Häufig ist es erforderlich, mehrere Sensoren in einer bestimmten Reihenfolge abzufragen. Werden diese Sensoren als Gruppe betrachtet, kann es ebenso erforderlich werden, ein und denselben Sensor mehrmals hintereinander abzufragen, bevor ein anderer Sensor »an die Reihe« kommt. So ist es denkbar, dass eine Gruppe folgendermaßen aussieht: `ADC_IN3`, `ADC_IN2`, `ADC_IN2`, `ADC_IN1`, `ADC_IN8`, `ADC_IN2`, `ADC_IN5`, `ADC_IN0`. Sie sehen, dass die Reihenfolge beliebig ist, dass aber `ADC_IN2` offensichtlich eine höhere Priorität besitzt als andere, da dieser Eingang sehr oft abgefragt wird.

Mit den Registern *ADC Regular Sequence Register 1/2/3* (*ADC_SQR1*, *ADC_SQR2*, *ADC_SQR3*) können Sie derartige Sequenzen anlegen.

> **Hinweis**
>
> Sequenzen können aus maximal 16 Konvertierungen bestehen, weniger sind aber ebenfalls möglich. Da die Anzahl der Konvertierungen (die Länge der Sequenz) beliebig ist, hält das Register ADC_SQR1 mit den Bits 23:20 vier Bit vor, in denen die Länge der Sequenz eingetragen werden muss.

31	30	29	28	27	26	25	24	23	22	21	20	19	18	17	16
								L[3:0]				SQ16[4:1]			
								rw	rw	rw	rw	rw	rw	rw	rw
15	14	13	12	11	10	9	8	7	6	5	4	3	2	1	0
SQ16_0	SQ15[4:0]					SQ14[4:0]					SQ13[4:0]				
rw	rw	rw	rw	rw	rw	rw	rw	rw	rw	rw	rw	rw	rw	rw	rw

Abb. 14.7: Das ADC_SQR1-Register

31	30	29	28	27	26	25	24	23	22	21	20	19	18	17	16
		SQ12[4:0]					SQ11[4:0]					SQ10[4:1]			
		rw	rw	rw	rw	rw	rw	rw	rw	rw	rw	rw	rw	rw	rw
15	14	13	12	11	10	9	8	7	6	5	4	3	2	1	0
SQ10_0	SQ9[4:0]					SQ8[4:0]					SQ7[4:0]				
rw	rw	rw	rw	rw	rw	rw	rw	rw	rw	rw	rw	rw	rw	rw	rw

Abb. 14.8: Das ADC_SQR2-Register

31	30	29	28	27	26	25	24	23	22	21	20	19	18	17	16
		SQ6[4:0]					SQ5[4:0]					SQ4[4:1]			
		rw	rw	rw	rw	rw	rw	rw	rw	rw	rw	rw	rw	rw	rw

15	14	13	12	11	10	9	8	7	6	5	4	3	2	1	0
SQ4_0	SQ3[4:0]					SQ2[4:0]					SQ1[4:0]				
rw	rw	rw	rw	rw	rw	rw	rw	rw	rw	rw	rw	rw	rw	rw	rw

Abb. 14.9: Das ADC_SQR3-Register

Da eine Sequenz auch die internen Sensoren zur Temperaturmessung und zur Batterieladung enthalten kann, stehen insgesamt 18 Sensoren zur Auswahl, die in eine Sequenz aufgenommen werden können: Daher werden fünf Bit für jeden Abschnitt einer Sequenz benötigt.

Weitere Register

Die ADCs verfügen über noch viel mehr Register, auf deren Beschreibung ich hier aber verzichte, da sie meiner Meinung nach nur für fortgeschrittene Anwendungen erforderlich sind und Sie mit den bisher erworbenen Kenntnissen in der Lage sind, sich ihre Funktionsweise selbst anzueignen.

> **Hinweis**
>
> Natürlich bin ich Ihnen unter der bereits mehrfach angegebenen E-Mail-Adresse `embedded@ralf-jesse.de` gerne behilflich, wenn Sie zusätzliche Fragen haben.

14.3 Anwendungsbeispiel

Die Idee zum folgenden Beispiel habe ich aus dem Buch von Mazidi übernommen. Mir gefällt hierbei besonders, dass es ohne großen Aufwand von Ihnen nachgebaut werden kann – Sie benötigen lediglich ein Breadboard (Steckbrett), ein Potenziometer und ein paar Steckverbinder.

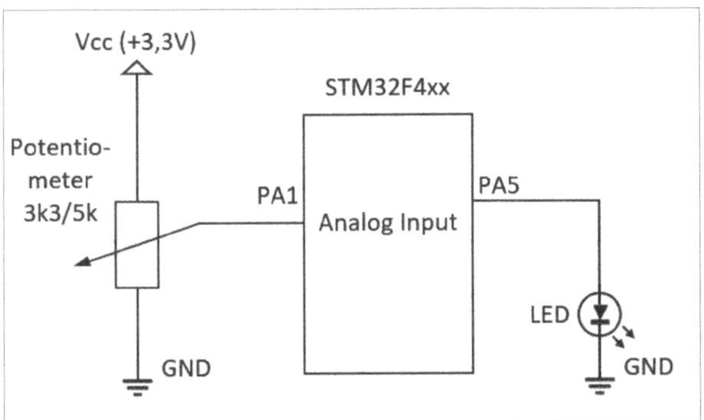

Abb. 14.10: Einfaches Beispiel zum Testen des ADC

Ab einem bestimmten Wert, der durch die Und-Verknüpfung des Konvertierungsergebnisses mit dem Wert 0x100 festgelegt ist, wird die LED entweder ein- oder ausgeschaltet. Es wird die User-LED verwendet, die auf dem NUCLEO-Board vorhanden ist.

Das Programm habe ich allerdings in eine – zumindest für meinen Geschmack – lesbarere Form gebracht. Für das Beispiel wurde der ADC-Teil der MCAL (`mcalADC.c/.h`) erweitert: Hier können Sie erkennen, dass die MCAL nicht nur flexibler ist (weil Sie hier jeden der drei ADCs eintragen können), sondern auch ohne weitere Erläuterung alleine durch die Bezeichnung der Funktionen verständlicher ist.

```
1  /**
2   * Kap14-Einfaches ADC-Projekt
3   * ===========================
4   *
5   * Am Abgriff eines Potenziometers wird eine Spannung, die zwischen 0 und
6   * 3,3V liegt, abgegriffen und GPIOA/Pin 1 zugefuehrt.
7   */
8  
9  #include <stm32f4xx.h>
10 #include <stdint.h>
11 #include <stdbool.h>
12 #include <stddef.h>
13 
14 /**
15  * Kommentar in Zeile 17 entfernen, wenn Sie die MCAL testen möchten.
16  */
17 //#define MCAL
18 
19 #ifdef MCAL
20 #include <mcalGPIO.h>
21 #include <mcalADC.h>
22 #endif
23 
24 int main(void)
25 {
26     GPIO_TypeDef  *port   = GPIOA;
27     ADC_TypeDef   *adc    = ADC1;
28 
29     uint16_t        result = 0;
30 
```

```

#ifdef MCAL     // Beginn der MCAL-Version

    // Liste der ADC-Kanaele in einer Sequenz
    ADC_CHANNEL_t chnList[] = { ADC_CHN_0 };

    // Anzahl der Listenelemente berechnen
    size_t          listSize = sizeof(chnList) / sizeof(chnList[0]);

    gpioSelectPort(port);                     // GPIOA: Bustakt aktivieren
    gpioSelectPinMode(port, PIN5, OUTPUT); // Verwendung der Onboard-LED

    adcSelectADC(adc);                        // ADC1: Bustakt aktivieren
    gpioSelectPinMode(port, PIN1, ANALOG); // PA1 : Analog-Modus

    adcDisableADC(adc);                       // ADC1: Deaktivieren

    // Konfiguration der Sequenz und Eintrag der Laenge von chnList[]
    adcSetChannelSequence(adc, chnList, listSize);
    adcEnableADC(adc);

    while (1)
    {
        adcStartConversion(adc);

        while (!(adcIsConversionFinished(adc)))
        {
            ;
        }
        result = adcGetConversionResult(adc);

        if (result & 0x100)                   // LED ein- bzw. ausschalten.
                                              // Abhaengig vom Ergebnis
        {
            gpioSetPin(port, PIN5);
        }
        else
        {
            gpioResetPin(port, PIN5);
        }

    }
```

```

#else       // Ende der MCAL-Version + Beginn der Bare-Metal-Version

    // Konfiguration von GPIOA / Pin 5
    RCC->AHB1ENR |= RCC_AHB1ENR_GPIOAEN;     // GPIOA: Bustakt aktivieren
    port->MODER  &= ~GPIO_MODER_MODER5_Msk; // PA5: Reset auf Default-Wert
    port->MODER  |= GPIO_MODER_MODER5_0;     // PA5: Output

    RCC->APB2ENR |= RCC_APB2ENR_ADC1EN;      // ADC1: Bustakt aktivieren
    port->MODER  &= ~GPIO_MODER_MODER1_Msk; // PA1 : Reset auf Default-Wert
    port->MODER  |= (GPIO_MODER_MODER1_1 |  // PA1 : Analog-Modus
                     GPIO_MODER_MODER1_0);
    adc->CR2   = 0;
    adc->SQR3  |= ADC_SQR3_SQ1_0;            // Wir beginnen mit Kanal 1...
    adc->SQR1  |= ADC_SQR1_L_0;              // und setzen die Laenge auf 1
    adc->CR2   |= ADC_CR2_ADON;              // ADC aktivieren

    while (1)
    {
        adc->CR2 |= ADC_CR2_SWSTART;         // A/D-Wandlung wird gestartet
        while (!(adc->SR & ADC_SR_EOC))      // Warten, bis Konvertierung
                                             // beendet ist
        {
            ;
        }
        result = adc->DR;                    // Konvertierte Daten abholen
        if (result & 0x100)                  // LED ein- bzw. ausschalten
                                             // Abhaengig vom Resultat
        {
            port->BSRR = GPIO_BSRR_BS5;
        }
        else
        {
            port->BSRR = GPIO_BSRR_BR5;
        }
    }
#endif

}
```

Listing 14.1: Beispiel zur Anwendung des ADC

Funktionsweise des Beispiels

Da die MCAL eine universelle Umsetzung der Bare-Metal-Version ist (das heißt, sie ist unabhängig davon, ob Sie ADC1, ADC2 oder ADC3 verwenden), verzichte ich an dieser Stelle auf eine detaillierte Beschreibung!

Wichtig ist aber die Funktionsweise der Sequenz. Wie weiter oben erwähnt, können bis zu 16 Eingänge eines ADC sequenziell abgefragt werden. Mit der MCAL-Funktion `adcSetChannelSequence(ADC_TypeDef *adc, ADC_CHANNEL_t *chnList, size_t seqLen)` werden die ADC-Eingangskanäle mit beliebigen analogen Spannungsquellen (dies können Sensoren sein, aber auch – wie in diesem Beispiel – ein einfaches Potenziometer) verbunden. Die Liste ist ein Array vom Typ `ADC_CHANNEL_t`, die vorab festgelegt werden muss. Die Sensoren können beliebig verteilt und auch mehrfach verwendet werden: Dies ist besonders dann von Nutzen, wenn ein oder mehrere Sensoren eine höhere Priorität besitzen als andere Sensoren: Ihre Werte werden in der Sequenz dann eben mehrfach ausgewertet.

Innerhalb der Endlosschleife wird nun das Statusregister abgefragt (ich weiß, hier habe ich die Polling-Methode verwendet – obwohl ich Ihnen sogar geraten habe, dass Sie sie vermeiden sollen –, und frage damit das Statusregister `ADC_SR` des ADC ab).

Hinweis

Hier erkennen Sie sehr klar, dass die Endlosschleife nur fortgesetzt wird, wenn das EOC-Bit des ADC-Statusregisters gesetzt ist. Ich überlasse es Ihnen, hier eine interruptgesteuerte Version zu entwickeln.

Solange das EOC-Bit (*End of Conversion*) »0« ist, ist die Konvertierung noch nicht abgeschlossen. Sobald dieses Bit aber auf »1« wechselt, kann der konvertierte Wert aus dem Datenregister `ADC_DR` »abgeholt« werden. Mit der anschließenden Und-Verknüpfung des Resultats wird geprüft, ob die Onboard-LED ein- oder ausgeschaltet wird: Die Funktionsweise können Sie leicht durch Verstellen des Potenziometers nachvollziehen.

Wichtig

Es ist wichtig, den ADC zu aktivieren, bevor eine Konvertierung gestartet wird! Zur Aktivierung verwenden Sie die MCAL-Funktion `adcEnableADC(ADC_TypeDef *adc)`, die Konvertierung starten Sie dann mit `adcStartConversion(ADC_TypeDef *adc)`.

Hinweis

Das EOC-Bit des Statusregisters wird automatisch durch das Lesen des Datenregisters des ADC zurückgesetzt. Sie müssen es somit nicht selbst auf »0« zurücksetzen!

Teil III

Serielle Schnittstellen

In diesem Teil:

Serielle Kommunikation

Die Verfahren zum Austausch von Daten zwischen zwei oder mehreren Geräten (Sender und Empfänger) haben sich in den letzten ca. 25 Jahren stark gewandelt. Bis ca. Mitte der 1990er-Jahre wurden Daten zwischen zwei Geräten – z.B. zwischen Computern und Druckern – über kurze Entfernungen bis etwa ein oder zwei Meter durch »Kabelbündel« mit mehreren Leitungen parallel übertragen. Abgesehen davon, dass neben dem erhöhten Einsatz von Rohstoffen wie z.B. Kupfer auch besonders aufwendige und daher teure Steckverbindungen benötigt wurden, konnte dieser Ansatz nur eine Übergangslösung darstellen: Die Nachteile der parallelen Datenübertragung waren zu schwerwiegend:

- Die physikalischen Abmessungen der Steckverbindungen behinderten den Wandel zu immer kleineren Geräten.
- Bei größeren Entfernungen als den genannten ein bis zwei Metern erhöhte sich die Gefahr, dass sich die Daten gegenseitig beeinflussten und nicht mehr zuverlässig waren.
- Mechanisch waren die Steckverbindungen besonders im industriellen Einsatz nicht zuverlässig genug.

Der wesentliche Vorteil der parallelen Datenübertragung bestand praktisch ausschließlich in der höheren Übertragungsgeschwindigkeit, da hier immer mehrere Datenbits (üblicherweise acht Bit) gleichzeitig übertragen werden konnten: Bei seriellen Kommunikationseinrichtungen wurde immer nur ein Bit nach dem anderen übertragen, was die Geschwindigkeit der Datenübertragung mit den seinerzeit bekannten technischen Mitteln auf wenige Tausend Bit pro Sekunde (bps) beschränkte.

Dies änderte sich etwa Mitte der 1990er-Jahre mit der Einführung der USB-Schnittstelle.

Hinweis

Ich erinnere mich an einen Artikel der renommierten Fachzeitschrift c't, in dem USB ironisch noch als »Useless Serial Bus« statt »Universal Serial Bus« bezeichnet wurde. Dass das Wörtchen »Universal« tatsächlich wörtlich zu nehmen ist, war damals noch nicht absehbar. Bekanntermaßen werden USB-Schnittstellen heute nicht nur für den Datenaustausch, sondern auch zur Versorgung von Geräten aller Art mit elektrischer Energie verwendet!

Heute ist es möglich, mithilfe der seriellen Übertragung Datenmengen von Milliarden Bits pro Sekunde zu transportieren. Denken Sie hier z.B. an Gigabit-Ethernet! Und die Entwicklung schreitet immer noch voran ...

> **Hinweis**
>
> Die Vielzahl der verschiedenen verfügbaren seriellen Schnittstellen macht es unmöglich, alle Ausführungen in diesem Buch zu behandeln: Es wäre problemlos möglich, alleine diesem Thema ein ganzes Buch zu widmen. Ich beschränke mich in diesem und den folgenden Kapiteln daher auf eine eingeschränkte Auswahl.

15.1 Grundlegende Begriffe

Die in diesem Abschnitt besprochenen Grundlagen gelten grundsätzlich für alle seriellen Schnittstellen. Unterschiede können in Details bestehen, z.B. in der Höhe der Spannungspegel oder im Protokoll, das den Aufbau der Datenrahmen (Frames) festlegt.

15.1.1 Kommunikationsrichtungen

Moderne serielle Übertragungseinrichtungen ermöglichen den gleichzeitigen Datenaustausch zwischen Datenendgeräten in beiden Richtungen. Dies war aber nicht immer so, weshalb ich zunächst die entsprechenden Fachbegriffe einführen möchte.

Simplex-Kommunikation

Mit der *Simplex-Kommunikation* können Daten nur in einer Richtung, und zwar von einem Sender zu einem Empfänger, gesendet werden. Grafisch lässt sich das folgendermaßen darstellen:

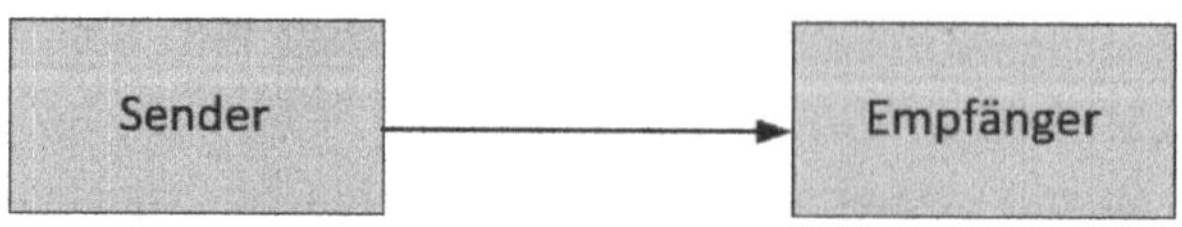

Abb. 15.1: Simplex-Kommunikation

Halb-Duplex-Kommunikation

Bei der *Halb-Duplex-Kommunikation* können Daten in zwei Richtungen übertragen werden. Beide Seiten einer Kommunikationseinrichtung müssen daher jeweils über einen Sender und einen Empfänger verfügen. Die Kommunikation ist zu einem beliebigen Zeitpunkt immer nur in einer Richtung möglich:

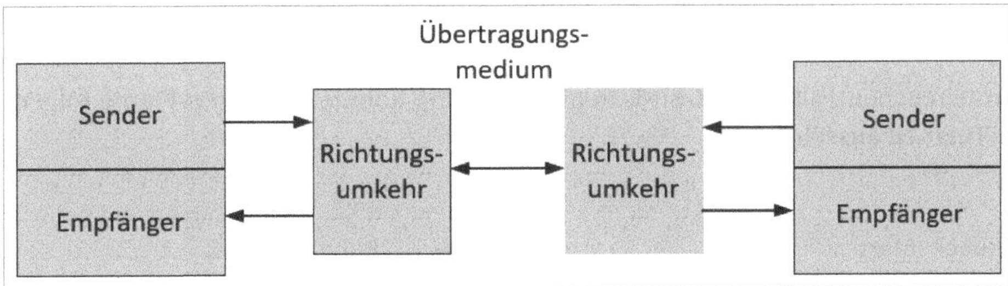

Abb. 15.2: Halb-Duplex-Kommunikation

Sowohl für das Senden wie auch für das Empfangen von Daten wird ein gemeinsames Medium genutzt. Um das gleichzeitige Senden von Daten zu verhindern, werden für die Richtungsumkehr sogenannte *Duplexer* eingesetzt. Sie sorgen dafür, dass immer nur ein Sender aktiv ist. Auf der gegenüberliegenden Seite ist dann der Empfänger aktiv.

Voll-Duplex-Kommunikation

Bei der *Voll-Duplex-Kommunikation* ist der gleichzeitige Datenaustausch in beide Richtungen möglich. Aus diesem Grund ist seitens der Hardware auch ein größerer Aufwand erforderlich, was sich unter anderem darin zeigt, dass alle beteiligten Kommunikationsgeräte für jede Datenrichtung ein eigenes Kabel (in Abbildung 15.2 als Übertragungsmedium bezeichnet) benötigen.

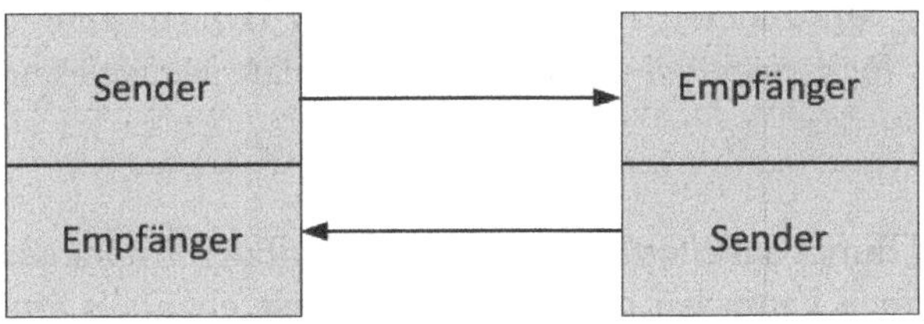

Abb. 15.3: Voll-Duplex-Kommunikation

15.1.2 Aufbau der Daten

In der Praxis werden Daten heutzutage in fast beliebiger Größe gesendet. Um die Zuverlässigkeit der gesendeten Daten gegen Verfälschung zu sichern, werden aber nicht nur sie selbst, sondern auch zusätzliche Informationen übertragen. Daher unterscheidet man zwischen *Nutzdaten* – sie enthalten die gewünschte Information – und *Sicherungsdaten*, die die Zuverlässigkeit der Übertragung erhöhen. Die Gesamtheit aus Sicherungs- und Nutzdaten wird daher häufig als *Datenrahmen* – oder geläufiger: als *Frame* – bezeichnet. Ohne diese Sicherungsdaten würde fast jede Datenübertragung scheitern. Darüber hinaus sorgen sie dafür, dass der Empfänger erfährt, wo die Nutzdaten beginnen!

Im einfachen Fall einer 8-Bit-Datenübertragung könnte ein Daten-Frame folgendermaßen aussehen:

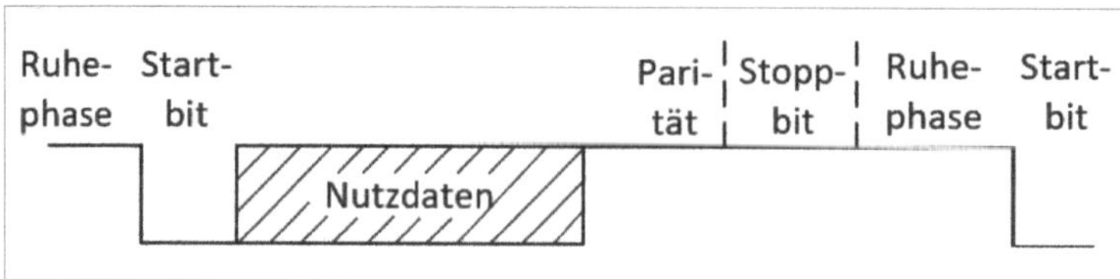

Abb. 15.4: Prinzipieller Aufbau eines 8-Bit-Datenrahmens

Abbildung 15.4 zeigt nur den prinzipiellen Aufbau eines 8-Bit-Datenrahmens und berücksichtigt keine Zeitvorgaben! Der schraffierte Bereich enthält die Nutzdaten. Es ist aber unmittelbar zu erkennen, dass vor jedem Frame eine gewisse Ruhephase eingehalten werden muss. Sie sorgt dafür, dass der Empfänger überhaupt dazu in der Lage ist, verschiedene Datenrahmen voneinander zu unterscheiden.

Hinweis

Die Ruhephase wurde hier zeitlich besonders hervorgehoben: In der Praxis entspricht sie häufig der Zeit, die für das Senden *eines* Bytes benötigt wird! Die exakte Zeit ist aber von der verwendeten Hardware abhängig (z.B. in einem UART, die Erklärung hierzu folgt später) und kann im Datenblatt nachgelesen werden.

Der Beginn neuer Daten wird durch das *Startbit* eingeleitet. Damit der Empfänger das Startbit als solches erkennen kann, hat dieses normalerweise ebenfalls eine abweichende Länge verglichen mit der Länge eines Nutzdatenbits: Ich habe in verschiedenen Datenblättern gesehen, dass die Dauer eines Startbits 150 % der Länge eines Nutzdatenbits haben kann. Als Nächstes folgen dann die Nutzdaten. Das *Paritätsbit* kann dazu genutzt werden, Fehler bei der Datenübertragung zu erkennen, behoben werden können solche Fehler hierdurch aber nicht. Es dient dazu, die Anzahl der Nullen bzw. die Anzahl der Einsen in den Nutzdaten so zu ergänzen, dass die Anzahl der Nullen/Einsen entweder geradzahlig (*even parity*) oder ungeradzahlig (*odd parity*) wird.

Hinweis

Heutzutage wird das Paritätsbit nur noch selten genutzt, weshalb bei der Konfiguration einer seriellen Übertragung meistens *no parity* angegeben wird.

Das *Stoppbit* zeigt dem Empfänger schließlich an, dass der Sender die Übertragung des aktuellen Datenworts beendet hat. Auch das Stoppbit hat meistens eine andere Länge als die Nutzdatenbits (200 %), um es von den Nutzdatenbits unterscheiden zu können.

Hinweis

Der prinzipielle Aufbau von Datenrahmen ist praktisch immer gleich. Häufig – so z.B. bei Ethernet-Frames, die eine Länge von maximal 1.518 Byte haben können – kommen weitere Informationen hinzu. Hierzu zählen beispielsweise Angaben zu Datenquelle und Datenziel (MAC-Adressen), Angaben zum konkreten Ethernet-Typ, Informationen darüber, ob die Daten vollständig sind oder in einem weiteren Frame fortgesetzt werden, usw.

15.1.3 Datenpegel

In Abbildung 15.4 können Sie erkennen, dass die Pegel von Ruhezustand und Aktivzustand (Ground) erheblich von den im Mikrocontrollerbereich üblichen 3,3 V abweichen. Hierfür gibt es verschiedene Gründe:

- Bei der seriellen Übertragung von Daten über große Distanzen von teilweise mehreren Hundert Metern können Verluste nicht vermieden werden. Werden am Anfang einer Strecke beispielsweise 15 V eingespeist, kann am entgegengesetzten Ende aufgrund der Verluste in den Kabeln nur noch eine geringere Spannung gemessen werden.
- Um logische Pegel besser voneinander unterscheiden zu können, wurde zwischen ihnen eine große Lücke von 6 V als undefinierter Bereich reserviert. Ein Signal hat High-Pegel, wenn es sich zwischen +15 und +3 V bewegt. Low-Pegel gilt dann im Bereich zwischen –3 und –15 V.

Aufgrund der relativ hohen Spannungen werden daher in der Praxis sogenannte *Pegelwandler* eingesetzt. Einer der bekanntesten Hersteller dieser elektronischen Komponenten ist beispielsweise die Firma *Maxim Integrated*.

Wichtig

Beim Einsatz von Pegelwandlern ist zwingend ihr Ausgangspegel zu beachten! Verwenden Sie beispielsweise einen Pegelwandler, der Ausgangsspannungen von 5 V erzeugt, können Sie die Eingänge des Mikrocontrollers überlasten und somit zerstören!

15.1.4 Übertragungsgeschwindigkeit

Eingangs wurde bereits die Einheit bps (*bits per second*) erwähnt: Sie beschreibt die Geschwindigkeit, mit der die Daten übertragen werden können. Hier ist zu beachten, dass die Geschwindigkeit die Sicherungsdaten berücksichtigt. Wollen Sie beispielsweise 2.000 Nutzdaten mit jeweils acht Bit übertragen, kommen durch die Verwendung von Start- und Stoppbits (es gibt auch Übertragungen, die zwei Stoppbits verwenden) sowie gegebenenfalls von Paritätsbits mindestens zwei Bit (ein Start- und ein Stoppbit) hinzu. Übertragen werden somit mindestens 2.000 Daten × (8 Bit + 2 Bit) gleich 20.000 Bit, obwohl die Nutzdaten selbst nur 16.000 Bit belegen. Moderne Übertragungsprotokolle verwenden auch Prüfsummen, die dann zur Datensicherung dienen.

15.1.5 Übertragungsprotokolle

Je nach gewünschter Sicherheit bei der Datenübertragung können zusätzliche Anforderungen entstehen. Grundsätzlich gilt, dass ein Sender, der Daten übertragen möchte, die Übertragung nicht nach Belieben starten kann: Er muss zumindest den Empfänger »anklingeln« und dort nachfragen, ob dieser überhaupt bereit ist, Daten zu empfangen. Dies kann auf verschiedene Arten realisiert werden und wird generell als *Protokoll* bzw. als *Handshaking* bezeichnet. Dieses Handshaking kann sowohl per Software als auch durch Hardware realisiert werden.

Softwareprotokolle

Ein sehr einfaches Softwareprotokoll ist das sogenannte *XON-/XOFF-Protokoll*. So wird der Sender nur dann Daten an den Empfänger senden, wenn dieser durch ein XON bestätigt, dass er bereit zum Empfang von Daten ist. Die Bereitschaft des Empfängers ist unter anderem auch davon abhängig, ob er genügend freien Empfangsspeicher hat. Dies wird beispielsweise durch sogenannte High- bzw. Low-Water-Zustände angezeigt: Die Firmware des Empfängers überprüft den verfügbaren Speicher und wird nur dann ein XON senden, wenn die High-Water-Markierung unterschritten ist. Es gibt noch weitere Softwareprotokolle, wie z.B. *DTR/DSR* (*Data Terminal Ready/Data Set Ready*): Hier wird beispielsweise der Sender mit einem DSR dem Empfänger mitteilen, dass Daten für ihn zur Verfügung stehen. Antwortet der Empfänger mit einem DTR, kann der Sendevorgang gestartet werden.

Softwareprotokolle können beliebig komplex gestaltet werden. Dabei ist es auch möglich, verschiedene Softwareprotokolle miteinander zu verknüpfen oder ein Protokoll in ein anderes Protokoll »einzubetten«: Dies bezeichnet man üblicherweise als *Tunneln*. Es ist allerdings zu berücksichtigen, dass die Anzahl der Sicherungsdaten weiter steigt und somit die Datenübertragung insgesamt länger dauert.

Hardwareprotokolle (Handshaking)

Werden zusätzliche Steuerleitungen verwendet, können diese ebenfalls zuverlässig für die Bereitschaft zum Senden bzw. Empfangen von Daten verwendet werden. Ein bekanntes Hardwareprotokoll besteht beispielsweise in der Abfrage der RTS-/CTS-Leitungen. *RTS* ist die Abkürzung von *Request to send*, *CTS* steht für *Clear to send*.

15.1.6 Asynchrone vs. synchrone Datenübertragung

Sollen Daten zwischen zwei oder mehr Geräten ausgetauscht werden, gibt es zwei weitere Dinge, die zu berücksichtigen sind:

- Setzt eine erfolgreiche Datenübertragung voraus, dass Sender und Empfänger bereit sind, spricht man von einer *synchronen* Datenübertragung. In diesem Fall muss aber eine zusätzliche Leitung vorhanden sein, über die ein Taktsignal (Clock, CLK) gesendet wird. Die Geschwindigkeit der Datenübertragung wird miteinander abgeglichen (synchronisiert).
- Die andere Methode zur Datenübertragung wird als *asynchron* bezeichnet. Sie kann beispielsweise dann eingesetzt werden, wenn der Empfänger noch gar nicht bereit ist, Daten zu empfangen: In diesem Fall versucht der Sender wiederholt, seine Daten zu senden. Eine zusätzliche Taktleitung ist hier nicht erforderlich.

Um die Ideen hinter den beiden Begriffen der »synchronen« und der »asynchronen« Kommunikation besser zu verdeutlichen, möchte ich Ihnen einige Beispiele aus dem täglichen Leben vorstellen.

Beispiele für die synchrone Kommunikation

- Telefonate, bei denen beide/alle Teilnehmer unmittelbar miteinander sprechen.
- Gerade in COVID-19-Zeiten hat das »Chatten« (wörtlich: schnattern) eine hohe Bedeutung gefunden.

Beispiele für die asynchrone Kommunikation

- Auch hier kann man Telefonate anführen. Allerdings ist der gewünschte Teilnehmer nicht erreichbar, und man spricht somit auf einen Anrufbeantworter.
- E-Mails sind ebenfalls ein typisches Beispiel für asynchrone Kommunikation, da nicht vorhergesagt werden kann, wann der Empfänger die Nachricht liest und beantwortet.
- Auch herkömmliche Briefe sind ein Beispiel für die asynchrone Kommunikation.

15.2 Ausführungsformen einfacher RS-232-Schnittstellen

Eine Information möchte ich gleich zu Beginn liefern: Die Bezeichnung *RS232* für eine einfache Möglichkeit zur seriellen Kommunikation zwischen zwei Geräten ist eigentlich nicht mehr korrekt! Stattdessen heißt diese Schnittstelle *EIA232* (*EIA = Energy Information Administration*).

Hinweis

Da sich die Bezeichnung RS232 aber durchgesetzt hat, werde ich sie auch in diesem Buch verwenden.

Bis vor etwa 10 bis 15 Jahren war nahezu jedes PC-Mainboard mit den erforderlichen D-Sub-Buchsen ausgestattet, die für verschiedene Anwendungen mit unterschiedlichen Zahlen an Anschlusspins ausgestattet waren:

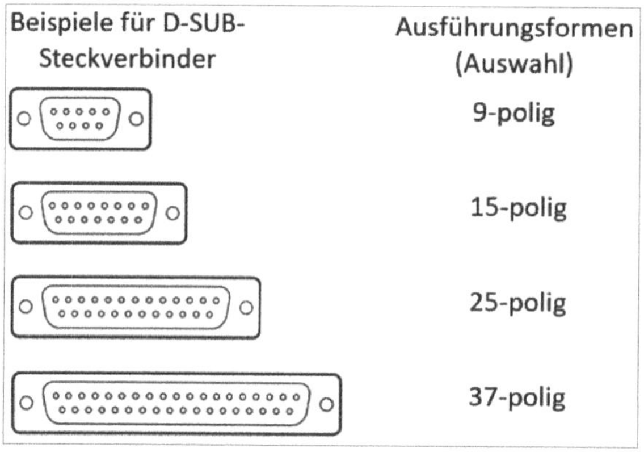

Abb. 15.5: Ausführungsformen verwendeter D-Sub-Steckverbindungen

Dabei sind mir persönlich die 9-poligen und die 25-poligen Ausführungen am häufigsten begegnet. Seit ca. zehn Jahren haben aber immer mehr Mainboard-Hersteller auf diese teuren Steckverbindungen verzichtet. Sie wurden durch zusätzliche USB-Buchsen ersetzt, die im weiteren Verlauf als sogenannte *virtuelle COM-Ports* verwendet wurden. »Virtuell« bedeutet in diesem Zusammenhang, dass die internen Anschlüsse der USB-Verbindungen durch Softwaretreiber umgedeutet wurden und sich dann wie normale serielle Schnittstellen verhalten.

Kapitel 16

UARTs und USARTs

Die Mitglieder der STM32F4xx-Familie sind sehr reichhaltig mit seriellen Schnittstellen ausgestattet. Neben Ethernet-Controllern – diese sind aber nur in den High-End-Ausführungen enthalten und somit auch nicht im hier überwiegend verwendeten STM32F446RE vorhanden – besitzen alle z.B. auch I^2C-, SPI-, SAI-, CAN-Bus- und natürlich USB-Schnittstellen.

Hinweis

In diesem Buch werden Sie neben den UARTs/USARTs Kapitel zu I^2C und SPI finden. Für die Beschreibung der anderen Schnittstellen reicht der Umfang dieses Buches leider nicht aus. Andererseits verfügt auch nicht jeder Leser über die Möglichkeit, sie in der Praxis anzuwenden.

Die serielle Kommunikation zwischen zwei oder mehr Geräten kann durch die Programmierung von GPIOs selbst realisiert werden. Diese Vorgehensweise ist aber nicht sonderlich effizient:

- Es werden unter Umständen relativ viele GPIO-Leitungen belegt, die dann für andere Anwendungen fehlen. Dies als Nachteil zu betrachten, ist allerdings nicht ganz korrekt, denn bereits integrierte Komponenten für den seriellen Datenaustausch belegen ja über die alternativen Funktionen der Leitungen ebenfalls GPIOs.
- Schwerer wiegt der Nachteil, dass die Programmierung von Hand auch recht komplex ausfallen kann. Hier treten dann Fehlerquellen auf, die mühselig behoben werden müssen.
- Die größte Schwierigkeit besteht darin, das geforderte Zeitverhalten der verschiedenen Signale manuell umzusetzen.

Viel besser ist da die Verwendung schon vorhandener Komponenten, wie z.B. der UARTs und USARTs. Sie funktionieren einwandfrei, da sie bereits von vielen Programmierern eingehend getestet wurden. Darüber hinaus decken sie alle in der Praxis auftretenden Anwendungen ab. Ihre Zuständigkeiten:

- Generierung von Start- und Stoppbits unter Berücksichtigung des korrekten Zeitverhaltens.
- Prüfung der Parität, falls aktiviert.

- Erkennung von Kommunikationsproblemen, die aufgrund von Überläufen, Signalrauschen, unzulässigen Rahmen-/Frame-Größen verursacht werden.

In diesem Kapitel befassen wir uns zunächst mit den sogenannten *UARTs* bzw. *USARTs* im Interrupt-Betrieb. Wir werden uns in Teil IV des Buches aber auch noch mit *DMA* (*Direct Memory Access*) befassen und dort unter anderem auf die serielle Kommunikation zurückkommen.

16.1 Was sind UARTs und USARTs?

Zunächst soll an dieser Stelle beschrieben werden, was sich hinter den Abkürzungen *UART* und *USART* verbirgt.

- UART ist die Abkürzung von *Universal Asynchronous Receiver/Transmitter*. Sie können ausschließlich für die asynchrone Datenübertragung verwendet werden.
- USART ist die Abkürzung von *Universal Synchronous and Asynchronous Receiver/Transmitter*. Sie können sowohl für die synchrone wie auch die asynchrone Datenübertragung eingesetzt werden, der Unterschied ergibt sich aus ihrer Konfiguration.

Der STM32F446 verfügt über insgesamt sechs dieser Schnittstellen, die entsprechend der von den Timern bekannten Vorgehensweise als `USART1` bis `USART6` bezeichnet werden.

Hinweis

Prinzipiell sind also sechs USARTs vorhanden. Zwei dieser Komponenten sind allerdings aufgrund fehlender Bits in den Konfigurationsregistern »nur« als UART nutzbar: Hierbei handelt es sich um `UART4` und `UART5`.

Wurden in inzwischen veralteten und nicht mehr verfügbaren Rechenzentren auch Datenwortlängen (also die Anzahl der Nutzdatenbits) von fünf bzw. sieben Bit in der Praxis eingesetzt, so werden diese heutzutage nicht mehr verwendet: Die UARTs/USARTs der STM32F4xx-Familie unterstützen daher ausschließlich Datenwortlängen von acht bzw. neun Bit.

Die in den STM-Mikrocontrollern enthaltenen UARTs/USARTs unterstützen neben den einfachen Formen der seriellen Kommunikation gemäß RS232-Standard weitere Implementierungen: Hierzu zählen beispielsweise der *LIN-Bus* (LIN = *Local Interconnect Bus*), der etwa im Automotive-Bereich anzutreffen ist. Sie können aber auch für *IrDA*-Anwendungen (IrDA = *Infrared Data Association*) und teilweise auch für Smartcards, wie sie in Mobiltelefonen eingesetzt werden, genutzt werden.

Im Sendebetrieb werden die zu übertragenden Daten in das *USART Data Register* (USART_DR) geschrieben (beim Senden) und von dort bitweise in ein Schieberegister übertragen. Beim Empfang von Daten ist die Reihenfolge umgekehrt: Hier wird zunächst das Schieberegister mit Daten gefüllt. Sobald es gefüllt ist, kann das Datenwort aus dem USART_DR gelesen werden.

Hinweis

Im Detail werden die entsprechenden Bits bei der Beschreibung der USART-Register erläutert.

Hinweis

Aus den bereits mehrfach erwähnten Platzgründen wird auf die Beschreibung von LIN, IrDA und Smartcard ebenfalls verzichtet.

Wie Sie es aus den früheren Kapiteln gewöhnt sind, werden in den folgenden Abschnitten die Register der USARTs beschrieben.

16.1.1 Die UART/USART-Register

Die Zahl der UART/USART-Register ist mit jeweils sieben Registern gut überschaubar. Ich werde mich dennoch nur auf die wichtigsten Register beschränken.

USART Status Register (USART_SR)

Von den 32 Bit des *USART Status Register* (*USART_SR*) werden nur die Bits 0 bis 9 verwendet: Alle anderen Bits dürfen nicht verändert werden!

31	30	29	28	27	26	25	24	23	22	21	20	19	18	17	16

15	14	13	12	11	10	9	8	7	6	5	4	3	2	1	0
						CTS	LBD	TXE	TC	RXNE	IDLE	ORE	NF	FE	PE
						rc_w0	rc_w0	r	rc_w0	rc_w0	r	r	r	r	r

Abb. 16.1: Das USART-Status-Register (USART_SR)

Bit	Kurzname	Beschreibung
9	CTS	*Clear to send.* Wird für ein Hardwareprotokoll genutzt. Es wird in Verbindung mit dem CTSE-Bit im USART Control Register 3 (USART_CR3) verwendet und toggelt, wenn sich der Zustand der nCTS-Statusleitung geändert hat. Dieses Bit wurde für UART4 und UART5 nicht implementiert.

Tabelle 16.1: Bits des USART Status Register (USART_SR)

Bit	Kurzname	Beschreibung
8	LBD	*LIN Break Detection Flag*. Wird in diesem Buch nicht verwendet. Es zeigt mit einer »1« an, wenn ein LIN-Break-Signal erkannt wurde.
7	TXE	*Transmit Data Register Empty*. Bevor im Betrieb als Sender ein neues Datenwort in das USART_DR geschrieben werden darf, muss dieses Bit dahin gehend geprüft werden, ob Daten aus dem letzten Sendeversuch vollständig in das Schieberegister übertragen wurden. Hierzu muss das Bit den Wert »1« haben. Hat es hingegen den Wert »0«, dürfen keine neuen Daten gesendet werden, da diese sonst die »alten« Daten unbrauchbar machen.
6	TC	*Transmission Complete*: Eine »1« zeigt an, dass der Datenrahmen (also die Kombination aus Startbit, Nutzdaten, Paritätsbit und Stoppbits) vollständig übertragen wurde. Eine »0« zeigt an, dass der Sendevorgang noch nicht abgeschlossen ist.
5	RXNE	*Receive Data Register Not Empty*: Eine »1« zeigt an, dass Daten vollständig empfangen wurden und diese aus dem USART_DR ausgelesen werden können.
4	IDLE	Eine »1« zeigt an, dass sich das USART seit einer gewissen Zeit (meist der Übertragungszeit, die für das Senden eines Bytes benötigt wird) im Ruhezustand befindet (Daten wurden weder gesendet noch empfangen).
3	ORE	*Overrun Error*: Dieses Bit wird gesetzt, wenn der Inhalt des Schieberegisters überschrieben wird, bevor die vorher enthaltenen Daten gelesen wurden.
2	NF	*Noise Detected Flag*: Zeigt an, wenn Rauschen auf der Signalleitung die Daten möglicherweise verfälscht hat.
1	FE	*Framing Error*: Kann gesetzt werden, wenn der Datenfluss durch ein Break-Signal unterbrochen wurde oder Daten durch übermäßiges Rauschen verfälscht wurden.
0	PE	*Parity Error*: Eine »1« zeigt an, dass ein Paritätsfehler erkannt wurde.

Tabelle 16.1: Bits des USART Status Register (USART_SR) (Forts.)

Das USART Data Register (USART_DR)

Das *USART Data Register* (*USART_DR*) nimmt die zu sendenden bzw. die empfangenen Daten auf. Je nach Länge der Nutzdaten werden hierfür entweder acht oder neun Bit benötigt.

> **Hinweis**
>
> Wenn Sie Daten mit einer Länge von neun Bit empfangen oder senden, sollten Sie sie mit der Maske 0x01FF maskieren (logische UND-Verknüpfung).

Die USART Control Register 1 bis 3 (USART_CR1 bis USART_CR3)

Die drei USART Control Register (USART_CR1 bis USART_CR3) belegen jeweils weniger als 15 Bit.

Hinweis

Wenn Sie *alles* aus den UARTs/USARTs »herausholen« möchten, wird Ihnen das Studium des Referenzhandbuchs nicht erspart bleiben. Ich beschränke mich hier auf die Funktionen, die mir selbst in mehr als 30 Berufsjahren am häufigsten begegnet sind.

USART Control Register 1 (USART_CR1)

Das *USART Control Register 1* (*USART_CR1*) dient vor allem der Aktivierung verschiedener Funktionen:

- Die Aktivierung des UART/USART mit dem `UE`-Bit (Bit 13) aktiviert die Komponente insgesamt. Darüber hinaus ist es möglich – und je nach Anforderung notwendig –, die Sende- und die Empfangsfunktion separat zuzuschalten (*TE = Transmitter Enable, RE = Receiver Enable*).
- Das mit »M« bezeichnete Bit dient der Einstellung der Datenwortlänge. Mit dem Default-Wert »0« wird festgelegt, dass sie acht Bit beträgt. Wählen Sie hier den Wert »1«, beträgt die Datenwortlänge neun Bit.
- Mit `USART_CR1` werden ebenfalls einige der Interrupt-Funktionalitäten aktiviert. Interrupts für Paritätsfehler, voller Empfangspuffer bzw. leerer Sendepuffer usw. können hier aktiviert werden.
- Sehr wichtig ist Bit 15 (`OVER8`): Es wirkt beim Datenempfang ähnlich wie die `CKD`-Bits bei den Timern zum Oversampling der Daten. Sein Wert wirkt sich auch unmittelbar bei der Berechnung der Übertragungsgeschwindigkeit aus, die mit dem *USART Baud Rate Register* (*USART_BRR*) eingestellt wird. Es wird weiter unten etwas detaillierter betrachtet.

Hinweis

Im USART-Modul der MCAL-Bibliothek werden das `TE`- und das `RE`-Bit immer gesetzt.

USART Control Register 2 (USART_CR2)

Das *USART Control Register 2* (*USART_CR2*) wird hauptsächlich für Einstellungen der synchronen Datenübertragung und Hardwareprotokolle (Handshaking) verwendet. Für viele Anwendungen reicht es aber aus, dass mit den beiden Bits 12 und 13 die Anzahl der Stoppbits eingestellt wird.

USART Control Register 3 (USART_CR3)

Das *USART Control Register 3* (*USART_CR3*) dient teilweise zum Aktivieren von Interrupts, die in Zusammenhang mit Hardware-Handshaking in Verbindung gesetzt werden (CTS), zur Einstellung von DMA-Zugriffen beim Sende- bzw.

Empfangsbetrieb und für die hier nicht behandelte IrDA-Kommunikation. Es wird außerdem verwendet, um generelle USART-Fehler (Fehler beim Datenrahmen = *Framing error*, Überläufe = *Overrun error*, Signalrauschen = *Noise error*) durch einen Interrupt anzuzeigen.

USART Baud Rate Register (USART_BRR)

Um das *USART Baud Rate Register* (*USART_BRR*) verstehen zu können, muss man etwas weiter ausholen.

31	30	29	28	27	26	25	24	23	22	21	20	19	18	17	16
15	**14**	**13**	**12**	**11**	**10**	**9**	**8**	**7**	**6**	**5**	**4**	**3**	**2**	**1**	**0**
DIV_Mantissa[11:0]												DIV_Fraction[3:0]			
rw	rw	rw	rw	rw	rw	rw	rw	rw	rw	rw	rw	rw	rw	rw	rw

Abb. 16.2: Das USART Baud Rate Register (USART_BRR)

> **Hinweis**
>
> Eine Information möchte ich Ihnen gleich vorab liefern: Die MCAL enthält eine statische Funktion, die Ihnen die Berechnung der Baudrate abnimmt.

Die Baudrate, die mit diesem Register eingestellt wird, hängt von verschiedenen Bedingungen ab:

- Wichtig ist immer die Frequenz, mit der der UART/USART getaktet wird.
- Der nächste wichtige Wert ist der Wert des Oversampling-Bits `OVER8`, das in `USART_CR1` bereits erwähnt wurde.

Typische Übertragungsraten einfacher serieller Schnittstellen sind beispielsweise 9.600, 19.200 oder 115.200 Bit pro Sekunde (bps). Diese können relativ einfach eingestellt werden, wenn die Taktfrequenz des UART/USART ein ganzzahliges Vielfaches der gewünschten Baudrate ist. Dies ist aber nur selten der Fall! Wenn Sie hier beispielsweise die STM32F4xx-Familie betrachten, können einzelne Mitglieder mit Frequenzen bis zu 180 MHz getaktet werden. In diesem Buch wird der STM32F446 aber mit dem deutlich niedrigeren Systemtakt in Höhe von 16 MHz getaktet. Prinzipiell können Sie innerhalb der physikalischen Grenzen auch eine beliebige andere Taktfrequenz einstellen: Ein ganzzahliges Verhältnis zwischen Systemtakt und Baudrate ist also nur schwer erreichbar.

Um sich von derartigen Einschränkungen – denn sie gelten grundsätzlich auch für Mikrocontroller anderer Hersteller – befreien zu können, werden heutzutage sogenannte *fraktionale Baudratengeneratoren* verwendet. »Fraktional« bedeutet hierbei, dass der ganzzahlige Teil und der Nachkommateil der Division von Systemtakt und Baudrate getrennt voneinander ermittelt werden.

Die einfachste Form der Berechnung ergibt sich aus der folgenden Formel:

$$USARTDIV = \frac{\text{Systemtakt}}{Baudrate}$$

Eine wichtige Eigenschaft moderner UARTs/USARTs wird durch diese Formel allerdings nicht berücksichtigt: das Verfahren des sogenannten *Oversamplings* (*Überabtastung*). Hierdurch wird ein Signal mehrfach abgetastet: Bei den UARTs/USARTs der STM32F4xx-Familie lässt sich ein Faktor einstellen, der dafür sorgt, dass das Eingangssignal 8- oder 16-fach abgetastet wird, bevor es als gültiger Wert verwendet wird. Aufgrund dieses Faktors reduziert sich die Übertragungsrate entsprechend:

$$USARTDIV = \frac{\text{Systemtakt}}{Faktor\ (8\ oder\ 16) * Baudrate}$$

Hinweis

Dies ist vergleichbar mit dem CKD-Wert, den Sie bereits bei den Timern kennengelernt haben.

Der ganzzahlige Teil, der im USART_BRR als Mantisse bezeichnet wird, lässt sich aus einer einfachen Integer-Division von Systemtakt und Baudrate berechnen. Gemäß der zweiten Formel lautet bei einem Systemtakt in Höhe von 16 MHz und einer gewünschten Baudrate von 9.600 bps bei einer Oversampling-Rate von 16 (dies ist der Standardwert nach einem Reset) das Ergebnis so:

$$USARTDIV = \frac{16000000 * (\frac{1}{s})}{Faktor\ (8\ oder\ 16) * 9600 \frac{bit}{s}} = 104{,}1666$$

104 ist hier der ganzzahlige Teil, er entspricht also der Mantisse. Da die Mantisse im Baudratenregister die Bits 4 bis 11 belegt, muss das Ergebnis um vier Stellen nach links geschoben werden. Nun könnte man auf die Idee kommen, den Nachkommateil zu unterschlagen. Die Gegenprobe ergibt für diesen Ansatz eine nicht akzeptable Abweichung von etwas mehr als 25 kHz (genau: 25.600 Hz): Der Nachkommateil darf also nicht »wegoptimiert« werden!

Da im gezeigten Beispiel eine Oversampling-Rate von 16 gewählt wurde, ist nun der Nachkommateil – also 0,1666 – mit 16 zu multiplizieren. Dies ergibt dann den Wert 2,665. Hier haben Sie die Qual der Wahl: Soll als Nachkommateil nun der Wert 2 oder der nach oben aufgerundete Wert 3 im Fraction-Teil eingetragen werden?

Hinweis

Ohne einen Beweis liefern zu können, behaupte ich, dass dies beliebig ist! Meine Annahme gründet darauf, dass elektronische Komponenten, also auch die in Mikrocontrollern integrierten, immer Toleranzen haben: Es ist also anzunehmen, dass sich generelles Auf- oder Abrunden nicht spürbar auswirkt.

Das OVER8-Bit

Das bereits erwähnte OVER8-Bit stellt die Oversampling-Rate ein. Nach einem Reset hat es den Wert »0«, was einer Oversampling-Rate von 16 entspricht. Wird es hingegen auf »1« gesetzt, reduziert sich die Oversampling-Rate auf 8. Die korrekte Formel zur Einstellung von USART_DIV, die nun auch das OVER8-Bit berücksichtigt, lautet demnach

$$USARTDIV = \frac{\text{Systemtakt}}{8 * (2 - \text{OVER8}) * Baudrate}$$

Wird die gezeigte Formel bei einem Systemtakt von 16 MHz und einer gewünschten Baudrate von 9.600 bps angewendet, ergibt sich, wenn das OVER8-Bit »0« ist, der Wert 104,16666. Der ganzzahlige Teil, der hier als Mantisse bezeichnet wird, beträgt 104 und ist somit leicht zu bestimmen. Der Nachkommateil kann durch die Modulo-Operation ermittelt werden. Sie liefert ein Ergebnis, wie wir es bereits in unseren ersten Jahren in der Schule kennengelernt haben: Wir arbeiten mit einem Rest! Wenn wir mit den gezeigten Werten den Rest berechnen, erhalten wir

$$Rest = Systemtakt - USARTDIV * 8 * (2 - OVER8) * 9600 = 25600$$

Dividieren wir den Rest wieder durch die gewünschte Baudrate, lautet das Resultat 2,6666. Da der UART/USART eine gewisse Toleranz hat, können wir hier den Nachkommateil ignorieren: Die Abweichung beträgt im schlimmsten Fall genau 1.

Jetzt muss noch der Ganzzahlanteil 104, also die Mantisse, um vier Stellen nach links geschoben und der Rest mit diesem Wert Oder-verknüpft werden. In hexadezimaler Schreibweise ist das Ergebnis hier dann 0x682: Dies ist der Wert, der in das USART_BRR geschrieben werden muss.

16.1.2 Empfangen und Senden von Daten

UARTs/USARTs werden für den Austausch von Daten zwischen zwei oder mehr Geräten verwendet: Ein Gerät sendet Daten, das andere Gerät empfängt sie dann. Dass das auch in umgekehrter Richtung funktionieren soll, liegt auf der Hand: Der ursprüngliche Sender benötigt für die korrekte Funktion einer Anwendung Rückmeldungen vom (ursprünglichen) Empfänger und kann dann entscheiden, wie es im Programm weitergehen soll.

Damit der Austausch von Daten funktionieren kann, müssen Sender und Empfänger so konfiguriert werden, dass das Datenformat auf beiden Seiten korrekt »verstanden« wird. Dies bezieht sich auf folgende Einstellungen:

- die Übertragungsgeschwindigkeit, die sogenannte Baudrate
- die Länge der Datenwörter (acht oder neun Bit)
- die Parität (keine/gerade/ungerade Parität)
- die Anzahl der Stoppbits

Für die Einstellung der hierfür erforderlichen Übertragungsparameter verwenden Sie die Register, die oben beschrieben wurden. Darüber hinaus möchten wir vermeiden, dass der Mikrocontroller unnötige Zeit damit vergeudet, den Zustand der Schnittstelle zu ermitteln, um die Verfügbarkeit von Daten festzustellen: Da beim Polling, also der regelmäßigen Abfrage der entsprechenden Statusregister, Zeit vergeudet wird, die für andere Aufgaben besser genutzt werden kann, verzichten wir hierauf vollständig und wenden uns gleich dem Interrupt-Betrieb zu: Wenn der Empfänger (in unserem Fall der STM32F4xx) mithilfe des Statusregisterbits RXNE feststellt, dass das Empfangsregister nicht leer (RXNE = *receiver not empty*) ist, wird ein Interrupt ausgelöst, der im Interrupt-Handler aufgelöst wird.

Abbildung 16.3 zeigt die erforderlichen Schritte und ihre Reihenfolge, die bei der Konfiguration von UARTs und USARTs einzuhalten sind.

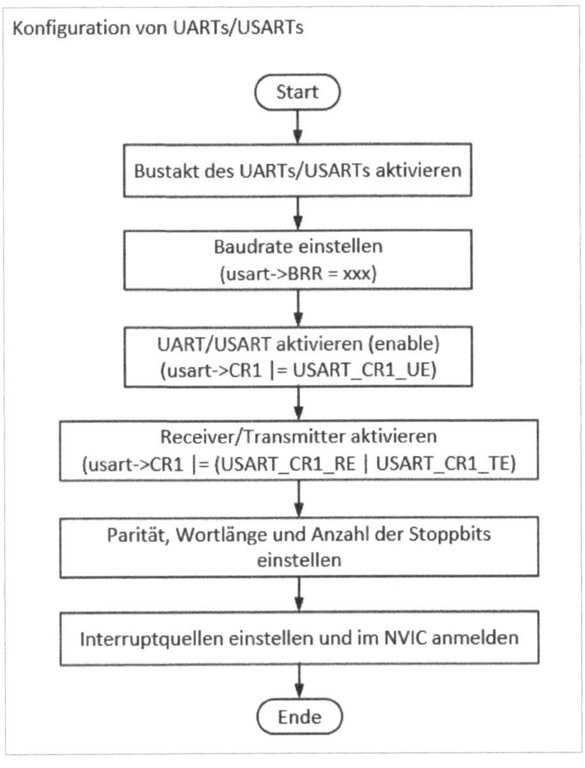

Abb. 16.3: Konfiguration von UARTs/USARTs

Wenn Sie den Block »Einstellung von Parität, Wortlänge und Anzahl der Stoppbits« auflösen, umfasst das Flussdiagramm mit Ausnahme der Aktivierung des Interrupts im NVIC acht Schritte. Das folgende Listing stellt beide Methoden zur Konfiguration und Anwendung von USART2 dar – eine sehr einfach gehaltene mit den zwingend erforderlichen Mindesteinstellungen sowie die vollständige MCAL-Version, die sämtliche Konfigurationsschritte umfasst.

```
/**
 * @brief Der STM32F4 empfaengt Daten von einem Terminal und sendet sie
 *        über die USART2-Komponente im Interruptbetrieb zurueck.
 *
 * @par
 * Einstellungen von USART2:
 * -------------------------
 * Baudrate  : 115200 bps
 * Wortlaenge: 8 Bit
 * Paritaet  : Keine
 * Stoppbits : 1
 *
 * Daten werden von einem Terminal-Emulator (unter Windows z.B. HTerm) an das
 * Nucleo-Board gesendet. Diese Daten werden anschliessend vom Nucleo-Board
 * wieder an HTerm zurueckgesendet.
 *
 * Dieses Beispiel ist eine Adaption eines Beispiels der Universitaet
 * Ljubljana und wurde geringfuegig modifiziert.
 */

#include <stm32f4xx.h>
#include <stdint.h>
#include <stdbool.h>

/**
 * Kommentar in Zeile 28 entfernen, wenn Sie die MCAL testen möchten.
 */
//#define MCAL

/**
 * Immer aktiv, da die USART2-ISR MCAL-GPIO-Funktionen verwendet.
 */
#include <mcalGPIO.h>
#include <mcalUsart.h>

```

```
//void uartTest(void);
void USART2_IRQHandler(void);

uint8_t  *outString = (uint8_t *) "The quick brown fox jumps over the lazy
          dog. ";

int main(void)
{
    GPIO_TypeDef  *port = GPIOA;
    USART_TypeDef *usart = USART2;

#ifdef MCAL     // Beginn der MCAL-Version

    // Konfiguration + Initialisierung von GPIOA
    gpioSelectPort(port);                     // GPIOA : Bustakt aktivieren
    gpioSelectPinMode(port, PIN2, ALTFUNC);   // PA2   : Modus = AF
    gpioSelectAltFunc(port, PIN2, AF7);       // PA2   : AF7 = USART2 Rx
    gpioSelectPinMode(port, PIN3, ALTFUNC);   // PA3   : Modus = AF
    gpioSelectAltFunc(port, PIN3, AF7);       // PA3   : AF7 = USART2 Tx
    gpioSelectPinMode(port, PIN5, OUTPUT);    // PA5   : GPIO-Output fuer
                                              // LED

    // Hier werden sämtliche Parameter (Baudrate, Wortlaenge, Paritaet und
    // Anzahl der Stoppbits eingestellt.
    usartSelectUsart(usart);
    usartStartUsart(usart);
    usartSetCommParams(usart, 115200, NO_PARITY, LEN_8BIT, ONE_BIT);
    usartEnableIrq(usart, USART_IRQ_RXNEIE);

#else       // Ende der MCAL-Version + Beginn der Bare-Metal-Version

    // Konfiguration von GPIOA Pin2 und Pin3
    RCC->AHB1ENR |= RCC_AHB1ENR_GPIOAEN;     // GPIOA: Bustakt aktivieren
    port->MODER  &= ~GPIO_MODER_MODER2_Msk;  // PA2   : Reset auf Default-Wert
    port->MODER  |= GPIO_MODER_MODER2_1;     // PA2   : Alt. Funk.
    port->AFR[0] &= ~GPIO_AFRL_AFRL2;        // PA2   : AF zuruecksetzen
    port->AFR[0] |= GPIO_AFRL_AFRL2_2 |      // PA2   : AF7 waehlen
                    GPIO_AFRL_AFRL2_1 |
                    GPIO_AFRL_AFRL2_0;

    port->MODER  &= ~GPIO_MODER_MODER3_Msk; // PA3   : Reset auf Default-Wert
```

```
    port->MODER  |= GPIO_MODER_MODER3_1;     // PA3  : Alt. Funk.
    port->AFR[0] &= ~GPIO_AFRL_AFRL3;        // PA3  : AF zuruecksetzen
    port->AFR[0] |= GPIO_AFRL_AFRL3_2 |      // PA3  : AF7 waehlen
                    GPIO_AFRL_AFRL3_1 |
                    GPIO_AFRL_AFRL3_0;

    // GPIOA Pin 5 als Ausgang konfigurieren (Onboard-LED)
    port->MODER  &= ~GPIO_MODER_MODER5_Msk; // PA5  : Reset auf Default-Wert
    port->MODER  |= GPIO_MODER_MODER5_0;     // PA5  : Output

    // Konfiguration von USART2
    // Hier wird nur die Baudrate eingestellt. Wortlaenge, Paritaet und
    // Anzahl der Stoppbits entsprechen den Default-Einstellungen nach einem
    // Reset.
    RCC->APB1ENR |= RCC_APB1ENR_USART2EN; // USART2: Bustakt aktivieren
    usart->BRR  = 0x8B;                   // USART2: Baudrate = 115200 bps
    usart->CR1 |= USART_CR1_UE;           // USART2: Starte USART2
    usart->CR1 |= (USART_CR1_RE | USART_CR1_TE); // USART2: Aktiviere
                                          // Receiver + Transmitter
    usart->CR1 |= USART_CR1_RXNEIE;       // USART2: Aktiviere Rx-Interrupt

#endif      // Ende der Bare-Metal-Version

    NVIC_EnableIRQ(USART2_IRQn);

    /* Loop forever */
    while(1)
    {

    }
}

/**
 * Die USART2-ISR verwendet mit Ausnahme der GPIO-Funktionen keine MCAL-
 * Funktionen.
 */
void USART2_IRQHandler(void)
{
    uint16_t received = 0;

    if (USART2->SR & USART_SR_RXNE)
```

```
    {
        received = USART2->DR & 0x01FF;
        if (received == 'a')
        {
            gpioSetPin(GPIOA, PIN5);
        }
        if (received == 'b')
        {
            gpioResetPin(GPIOA, PIN5);
        }
        if (((received >= 'A') && (received <= 'Z')) || (received == ' '))
        {
            USART2->DR = received;
        }
        if (received == 'c')
        {
            USART2->CR1 |= USART_CR1_TXEIE;
            USART2->DR   = *outString++;         // Liest alle Zeichen des
                                                 // vordefinierten Strings
        }
    }

    if (USART2->SR & USART_SR_TXE)
    {
        if (*outString != '\0')
        {
            USART2->DR = *outString++;
        }
        else
        {
            USART2->CR1 &= ~USART_CR1_TXEIE;
        }
    }
}
```

Listing 16.1: Konfiguration und Anwendung von USART2

Erläuterung der Funktionsweise

Die Konfiguration von USART2 wurde bereits ausführlich beschrieben, sodass wir uns an dieser Stelle auf die Funktionsweise des Interrupt-Handlers konzentrieren werden.

Der erste wichtige Punkt, der zu beachten ist, besteht darin, dass `USART2_IRQHandler()` ein sogenannter globaler Interrupt-Handler ist. Das bedeutet hier, dass er einen gemeinsamen Rahmen für die Behandlung aller von `USART2` ausgelösten Interrupts darstellt: Sämtliche Interrupts, die Sie überwachen wollen, werden durch jeweils ein Bit im Statusregister angezeigt. Hat ein Bit den Wert »1«, bedeutet dies, dass der entsprechende Interrupt ausgelöst wurde. Durch die Und-Verknüpfung des Statusregisters mit dem entsprechenden Bit lässt sich herausfinden, welches Ereignis für das Auslösen des Interrupt-Handlers verantwortlich ist. In den Zeilen 117 und 140 des Listings sehen Sie, wie das umzusetzen ist:

- Ergibt die Und-Verknüpfung des Statusregisters mit dem Wert `USART_SR_RXNE` (in CMSIS definiert) »1«, bedeutet dies, dass das Empfangsregister nicht leer ist, dass also ein Zeichen empfangen wurde.
- Ergibt in Zeile 105 die Und-Verknüpfung des Statusregisters mit dem Wert `USART_SR_TXE` den Wert »1«, bedeutet dies, dass der Sendepuffer des STM32F4xx leer ist und somit ein Zeichen zum Senden hierhin übertragen werden kann.

Entsprechend können Sie beispielsweise durch die Und-Verknüpfung des Statusregisters mit `USART_SR_IDLE` feststellen, ob der USART gerade ruht oder aktiv ist.

Hat nun das `USART_SR_RXNE`-Bit den Wert »1«, muss das empfangene Zeichen so schnell wie möglich aus dem Datenregister mit `zeichen = usart->DR & 0x01FF;` ausgelesen werden: Dies ist notwendig, damit weitere Daten nicht verloren gehen.

Hinweis

Normalerweise würde man an dieser Stelle das empfangene Zeichen in einen sogenannten *Ringbuffer* (auch *Circular Buffer* genannt) schreiben. Da dies aber eine generelle Funktion ist und nicht nur für den STM32F4xx gilt, verzichte ich auf die Implementierung eines solchen Buffers.

Durch das Auslesen des empfangenen Zeichens aus dem Datenregister des UART/USART wird gleichzeitig auch das Interrupt-Flag (`RXNE`) zurückgesetzt.

Hinweis

Eine Anmerkung möchte ich noch zur Und-Verknüpfung des Datenregisters mit dem Wert `0x01FF` liefern: Sie ist wichtig, weil die Wortlänge des empfangenen Zeichens neun Bit betragen könnte! Auf diese Weise lässt sich sicherstellen, dass die oberen sieben Bit des Datenregisters zurückgesetzt werden.

Der zweite wichtige Punkt besteht in der Deaktivierung des Transmit-Interrupts: Beachten Sie hierzu unbedingt den folgenden Kasten!

Wichtig

In Zeile 148 sehen Sie, dass der Transmit-Interrupt deaktiviert wird. Er darf nur aktiviert werden, wenn Zeichen zum Senden verfügbar sind. Zeichen, die gesendet werden sollen, werden aber durch den Receive-Interrupt angezeigt.

Im Teil des Interrupt-Handlers, der den Empfang von Zeichen anzeigt, erkennen Sie Folgendes:

- Der Empfang des Zeichens »a« schaltet die Onboard-LED des Nucleo-Boards ein.
- Der Empfang des Zeichens »b« schaltet die Onboard-LED des Nucleo-Boards aus.
- Der Empfang des Zeichens »c« sendet den vordefinierten String »The quick brown fox ...« an das Terminalprogramm.
- Jeder vom Terminalprogramm gesendete Großbuchstabe (»A« bis »Z«) sowie das Leerzeichen werden unmittelbar wieder zum Terminal zurückgesendet.

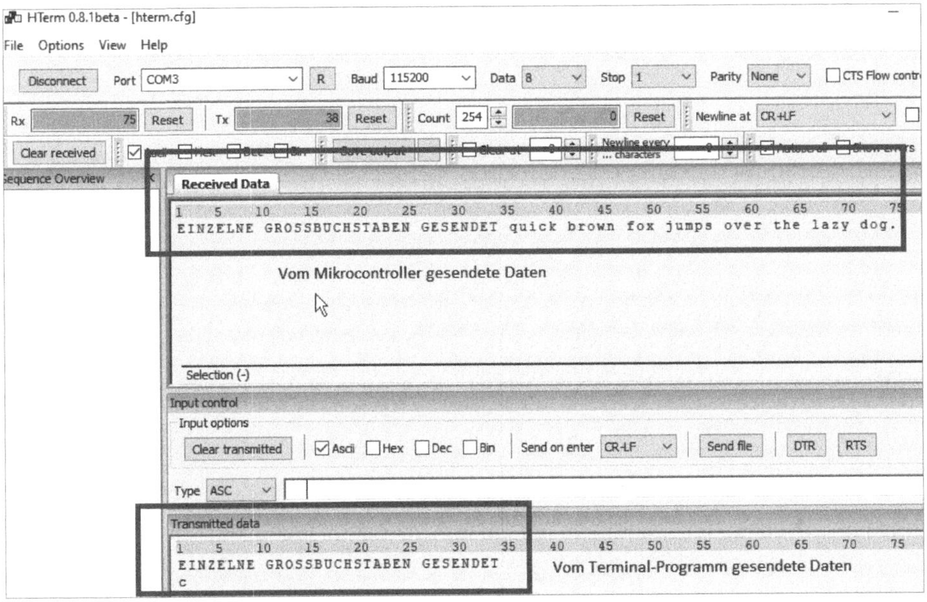

Abb. 16.4: Funktionsprobe des Beispiels

Hinweis

In Abbildung 16.4 können Sie erkennen, dass der Text des vordefinierten Strings nicht vollständig ist: »T quick brown fox...«. Hier wurden die Buchstaben »h«

und »e« nicht übertragen. Ich kann mir dieses Verhalten derzeit nur so erklären, dass die Übertragung mit einer recht hohen Übertragungsgeschwindigkeit von 115.200 bps erfolgt. Auf meiner Webseite werde ich eine bessere Lösung nachreichen.

Hinweis

Die hier verwendete Methode des Sendens und Empfangens von Daten mittels einer reinen Interrupt-Lösung ist nicht die einzige Möglichkeit: Mithilfe des Einsatzes der *DMA-Controller* , die in den STM32F4xx-Mikrocontrollern integriert sind, lässt sich diese Aufgabe weiter optimieren. In Teil IV dieses Buches werde ich auf die DMA-Controller näher eingehen.

Kapitel 17

Inter-Integrated Circuit I²C

In der Einleitung zu Teil III dieses Buches habe ich bereits erwähnt, dass *I²C* (*Inter-Integrated Circuit*) eine der vielen in den STM-Mikrocontrollern verfügbaren seriellen Schnittstellen darstellt. I²C ist auch unter den Bezeichnungen *I2C* bzw. *IIC* bekannt, und die Firma Atmel hat mit dem sogenannten *TWI* (*Two-Wire Interface*) eine technisch kompatible Version entwickelt. Eine weitere Bezeichnung für I²C in technischer Literatur ist *I squared C*. Die ursprüngliche Version dieser seriellen Schnittstelle wurde von der niederländischen Firma *Philips Semiconductor* (die Halbleitertochter von Philips heißt *NXP Semiconductor*) in den frühen 1980er-Jahren entwickelt.

Eine weitere Variante wurde 1995 von Intel unter der Bezeichnung *System Management Bus* (*SMB*) eingeführt, die auch von den STM32F4xx unterstützt wird.

Wie bereits durch die von Atmel verwendete Bezeichnung Two-Wire Interface angedeutet, erfolgt die Kommunikation über zwei Leitungen:

- Für den Datenaustausch wird die *SDA*-Leitung (*Serial Data*) verwendet.
- Für die Synchronisation zwischen den Kommunikationspartnern ist darüber hinaus noch die *SCL*-Leitung (*Serial Clock*) vorhanden.

Praktisch sämtliche denkbaren Peripheriekomponenten sind heutzutage auch als I²C-Version verfügbar:

- Echtzeituhren (RTC, Real-time Clock)
- Port-Expander für die Nutzung als GPIO
- Temperaturfühler
- LC-Displays
- Keypads
- EEPROMs zur dauerhaften Speicherung der Gerätekonfiguration usw.

17.1 Die ursprüngliche Idee hinter I²C

Philips war (und ist) nicht nur ein Hersteller bekannter Haushaltsgeräte und Halbleiter, sondern auch von komplexen Geräten der Unterhaltungselektronik: Eines der vielen Highlights des Erfindungsreichtums von Philips bestand in der Entwicklung von CD-Aufnahme- und Wiedergabegeräten. Zum genannten Zeitpunkt war die Technik noch nicht so weit fortgeschritten, dass die gesamte Elektronik in einen einzigen Chip integriert werden konnte: Als ich selbst Student der Elektrotechnik war, bestanden diese Geräte aus einer Vielzahl spezialisierter Komponenten (z.B. D/A- und A/D-Wandler oder Operationsverstärker), die auf relativ kleinen Platinen in unmittelbarer Nähe zueinander angeordnet waren (wir haben solche Geräte seinerzeit als »IC-Grab« bezeichnet): Geräte mit 30 oder mehr integrierten Schaltungen waren keine Seltenheit! Wären Audio- und Schaltsignale über parallel geführte Leitungen geflossen, hätte dies aufgrund gegenseitiger Beeinflussung der Signale zu großen Problemen geführt. Daher entschloss sich Philips zur Entwicklung einer – für damalige Verhältnisse – schnellen seriellen Kommunikationsschnittstelle: Wie die ausgeschriebene Form der Bezeichnung I²C erahnen lässt, handelte es sich um den Datenaustausch zwischen eng benachbarten integrierten Bauelementen.

Ursprünglich war die Übertragungsrate auf 100 kHz beschränkt. Etwa zehn Jahre später wurde diese Geschwindigkeit mit der Einführung von *Fast Speed I²C* auf 400 kHz vervierfacht. Für die in der Aufzählung genannten Anwendungen reichen diese Taktraten immer noch aus. Dennoch wurde I²C weiterentwickelt, und mit *Fast Speed I²C Plus* lassen sich Taktraten von 1 MHz erreichen. Heute gibt es darüber hinaus auch noch *Ultra Fast I²C*, das Taktraten von 5 MHz zulässt.

Da I²C immer mit mehreren anderen Komponenten interagieren musste, wurde die Schnittstelle von Beginn an als *Multi-Master-/Multi-Slave-System* konzipiert. Die verschiedenen Teilnehmer werden über eindeutige Adressen angesprochen. Ursprünglich waren hierfür sieben Bit vorgesehen: Von den 128 möglichen Adressen konnten aber nur 112 Adressen genutzt werden, da die restlichen verfügbaren Adressen für interne Zwecke reserviert wurden. Inzwischen gibt es auch I²C-Komponenten mit einem 10-Bit-Adressraum, sodass nahezu 1.024 Komponenten gezielt miteinander kommunizieren können.

Ein weiterer Aspekt, der bisher noch nicht angesprochen wurde, ist die Distanz, über die Daten übertragen werden können. Da der wesentliche Grund für die Entwicklung des I²C-Busses der Datenaustausch elektronischen Komponenten war, die nahe beieinanderliegen, beschränkt sich die Übertragung auf kurze Strecken! Halten Sie also den Abstand zwischen Master und Slave so kurz wie möglich. Pauschal lässt sich der Abstand nicht genau spezifizieren, da sich hier mehrere Größen, wie z.B. die Werte der Pull-up-Widerstände, der Leitungskapazitäten und natürlich der gewählten Taktfrequenz auswirken. Eine Empfehlung von mir: Achten Sie darauf, dass der maximale Abstand bei der Fast-Mode-Plus-Taktrate zwei Meter nicht überschreitet!

17.2 Prinzipieller Aufbau einer I²C-Schaltung

Abbildung 17.1 zeigt den prinzipiellen Aufbau einer I²C-Schaltung:

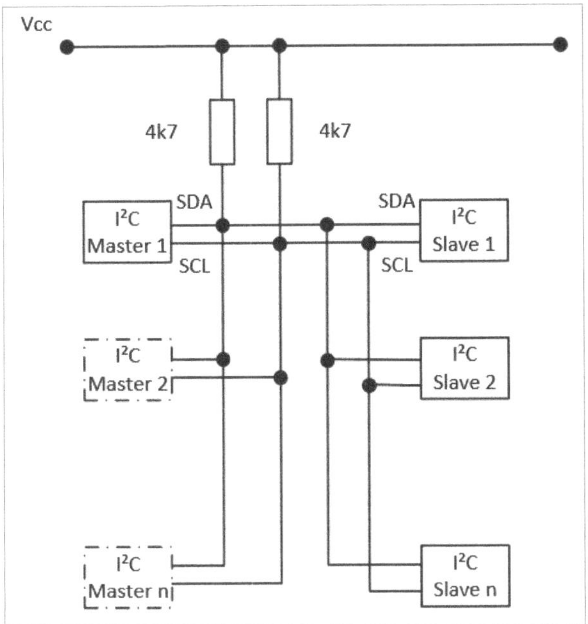

Abb. 17.1: Prinzip einer I²C-Schaltung

Wenn Sie den prinzipiellen Aufbau einer I²C-Schaltung nach Abbildung 17.1 studieren, werden Sie drei Dinge feststellen:

- *I²C-Master 2* und *I²C-Master n* sind mit gestrichelten Linien gezeichnet. Der Grund: Zu einem Zeitpunkt kann immer nur ein Master aktiv sein!
- Sie können erkennen, dass sowohl die *SDA*- wie auch die *SCL*-Leitung über einen 4k7-Widerstand mit der Versorgungsspannung verbunden sind.
- Sie können ebenfalls sehen, dass *SDA*- und *SCL*-Leitung quasi parallel an alle Teilnehmer des Netzwerks angeschlossen sind.
- Alle I²C-Master und I²C-Slaves teilen sich eine gemeinsam genutzte Takt- und Datenleitung. Daher sind – unabhängig von der Zahl der Komponenten – insgesamt auch nur zwei Pull-up-Widerstände erforderlich.

Der erste Punkt leuchtet (vermutlich) sofort ein. Doch wie verhält es sich mit den Punkten 2 und 3?

Hinweis

Das Taktsignal SCL wird immer vom Master erzeugt. Dies passiert auch nur dann, wenn eine I²C-Kommunikation benötigt wird. Mit anderen Worten: Ohne I²C-Kommunikation wird kein Taktsignal erzeugt. Das Taktsignal wird immer vom aktiven Master (bei einem Multimaster-Betrieb) erzeugt, sobald er ein Startsignal generiert.

Der erste der beiden (möglicherweise) unklaren Punkte lässt sich folgendermaßen erklären: Da die Anschlüsse sogenannte Open-Drain-Anschlüsse sind, kann das anstehende Signal ohne diese Widerstände nur auf Low-Level »gezogen« werden. High-Level wäre ohne diese beiden Widerstände nicht möglich! Durch den Einsatz der Widerstände befinden sich beide Leitungen aber im Ruhezustand auf High-Level und werden bei Bedarf durch die Peripheriekomponenten auf Low-Level heruntergezogen.

Hinweis

Diese Technik, die bei Verwendung herkömmlicher Bipolartransistoren als *Open-Collector* bezeichnet wird, ermöglicht es, im Rahmen der Spezifikationen beliebig viele Slaves quasi parallel vorzusehen.

Die zweite Frage können Sie prinzipiell selbst beantworten: Zwar werden die Signale gleichzeitig an alle Teilnehmer gesendet, aufgrund der bereits erwähnten Adressierung der Teilnehmer entscheiden diese aber selbstständig, ob sie die Daten selbst konsumieren sollen oder ob sie für einen der anderen Teilnehmer gedacht sind und daher ignoriert werden. Hieraus ergibt sich bereits ein weiterer Aspekt: I²C muss ein Protokoll verwenden, das zumindest die Adresse des Empfängers enthält!

Nun kommt es vor, dass mehrere identische Teilnehmer an den I²C-Bus angeschlossen sind, deren Adresse vom Hersteller während der Produktion voreingestellt ist. Dies bedeutet dann auch, dass jeder Teilnehmer im Rahmen seiner Verwendung so konfigurierbar sein muss, dass seine Adresse wieder eindeutig ist. Das ist auch tatsächlich so: Die Chips verfügen in der Regel über mehrere Anschlüsse (in Abbildung 17.1 nicht eingezeichnet), mit denen sich die Adresse des Teilnehmers innerhalb seines Adressraums gezielt einstellen lässt.

Hinweis

Der GPIO-Port-Expander PCF8574 von NXP Semiconductor (der Chip wird aber auch von anderen Herstellern, wie z.B. Texas Instruments hergestellt) stellt zu diesem Zweck beispielsweise die mit A0 bis A2 bezeichneten Anschlüsse zur Verfügung, die als Offset 0 bis 7 zur Basisadresse des Chips addiert werden.

Wichtig

Studieren Sie das Datenblatt der von Ihnen verwendeten Chips sehr aufmerksam! Ich habe selbst einige Stunden nach einem Fehler in meiner Software gesucht, um später festzustellen, dass die Basisadresse aufgrund einer Abweichung in der Bezeichnung verkehrt war: In meinem Fall handelte es sich um den

PCF8574 (Basisadresse 0x4x). Ich hatte aber die Variante PCF8574A verwendet (Basisadresse 0x7x). Das x in der Adresse ergibt sich aus dem eingestellten Offset. Nach der Korrektur der Basisadresse funktionierte die Software auf Anhieb.

Abhängig vom Aufwand, den Sie oder der Entwickler der Hardware betreiben wollen, sind sogenannte Dip-Schalter vorzusehen oder die unmittelbare Adressierung über das Leiterplattenlayout.

Hinweis

Die Besonderheit mit der Basisadresse habe ich deshalb so ausführlich behandelt, weil wir im weiteren Verlauf dieses Kapitel eine praktische Anwendung mit dem PCF8574A erstellen werden!

Ich möchte an dieser Stelle noch betonen, dass es sich beim I²C-Protokoll um eine synchrone Datenübertragung handelt (vergleichbar mit der synchronen Datenübertragung bei Verwendung eines USART). Grundsätzlich ist dies bereits daran erkennbar, dass ein Taktsignal benötigt wird. Die Synchronisation zwischen aktivem Master und Slave erfolgt in der Low-Phase des Taktsignals, nur dann kann sich der Zustand der SDA-Leitung ändern! Hier gilt aber eine Ausnahme, die in Abschnitt 17.3.2 nachgereicht wird.

Hinweis

Eine Besonderheit des I²C-Protokolls besteht im sogenannten *Clock Stretching*. Es kann vorkommen, dass ein I²C-Gerät Daten nicht in der vom Master vorgegebenen Taktfrequenz verarbeiten kann. In einem solchen Fall sind viele I²C-Geräte in der Lage, das Taktsignal zu verlangsamen, und der Master kann dies feststellen und entsprechend darauf reagieren.

17.3 Betriebsarten/Protokoll von I²C

I²C kann in vier Betriebsarten betrieben werden. Hinzu kommt das Übertragungsprotokoll, das für einen korrekten Datentransfer zwingend erforderlich ist.

17.3.1 Vier Betriebsarten

Die vier bereits erwähnten Betriebsarten einer I²C-Kommunikation lassen sich folgendermaßen unterscheiden:

- Master Transmitter: In dieser Betriebsart sendet der aktive Master Daten an den Slave, dessen Adresse im Protokoll enthalten ist.

- Master Receiver: Hier empfängt der Master Daten, die ihn über den Erfolg bzw. Misserfolg der Datenübertragung informieren.
- Slave Receiver: In dieser Betriebsart empfängt der Slave die Daten, die der Master an ihn sendet.
- Slave Transmitter: Der Receiver informiert den Master mittels eines ACK (*Acknowledge*) zunächst darüber, dass die Adresse korrekt ist. Nur dann sendet der Master die Daten, die der Receiver bei erfolgreichem Empfang erneut mit einem ACK bestätigt. Sendet der Receiver hingegen ein NAK (*No Acknowledge*), ist dies ein Zeichen für den Master, dass der Datentransfer fehlgeschlagen ist oder die Adresse nicht korrekt war.

Im Verlauf der Kommunikation wechseln also Master und Slave die Seiten. Es ist allerdings zu berücksichtigen, dass ein Wechsel während der Datenübertragung ausgeschlossen ist.

Wichtig

Grundsätzlich arbeitet das I²C-Interface des STM im Slave-Modus. Durch das Senden des Startsignals wechselt das Interface in den Master-Modus. Nach dem Senden der Stoppbedingung bzw. wenn die Verbindung unterbrochen wird, erfolgt wieder der automatische Wechsel in den Slave-Modus: Dies ermöglicht den Multi-Master-Betrieb. Beide Signale, also das Start- und das Stoppsignal, werden durch die Software gesteuert.

Hinweis

Obwohl es sich bei I²C um ein Multimaster-Protokoll handelt, kann zu einem Zeitpunkt immer nur ein Master aktiv sein. Will ein anderer als der aktuelle Master Daten versenden, wartet er zunächst den Abschluss der aktuellen Übertragung ab.

Auch die Frequenz, mit der das I²C-Interface getaktet wird – hiermit ist die Taktfrequenz der I²C-Peripheriekomponente gemeint und nicht die Übertragungsrate der Daten –, muss bestimmte Anforderungen erfüllen:

- Im Standard-Modus (Datenübertragung bis 100 kHz) muss die Komponente mit mindestens 2 MHz getaktet werden.
- Im Fast-Modus (Datenübertragung bis 400 kHz) muss die Komponente mit mindestens 4 MHz getaktet werden.

Im Referenzhandbuch werden Standard- und Fast-Modus an vielen Stellen als »Sm« bzw. »Fm« bezeichnet!

17.3.2 Das I²C-Protokoll

Jede Kommunikation zwischen einem Master und einem Slave erfordert zunächst das Senden eines Startbits: Dies stellt auch die große Ausnahme zu dem in Abschnitt 17.2 erwähnten Punkt dar, dass sich der Zustand der SDA-Leitung nur ändern kann, wenn das Taktsignal Low-Level hat: Das *Startsignal* ist nämlich durch einen High-Low-Übergang der SDA-Leitung gekennzeichnet, während das Taktsignal High-Level hat. Findet auf der SDA-Leitung ein Low-High-Wechsel bei gleichzeitigem High-Level des Taktsignals statt, entspricht dies einem *Stoppsignal*, das die Übertragung beendet.

Unmittelbar auf das Startsignal folgend sendet der Master die Adresse des Slaves. Hierbei handelt es sich um eine 7-Bit-Adresse. Gleichzeitig generiert der Master auch das Taktsignal SCL.

Hinweis

Für die Generierung des Start-, des Takt- und des Stoppsignals ist immer der Master zuständig.

Abbildung 17.2 zeigt die Bedingungen dazu, wie das Start- bzw. Stoppsignal definiert ist:

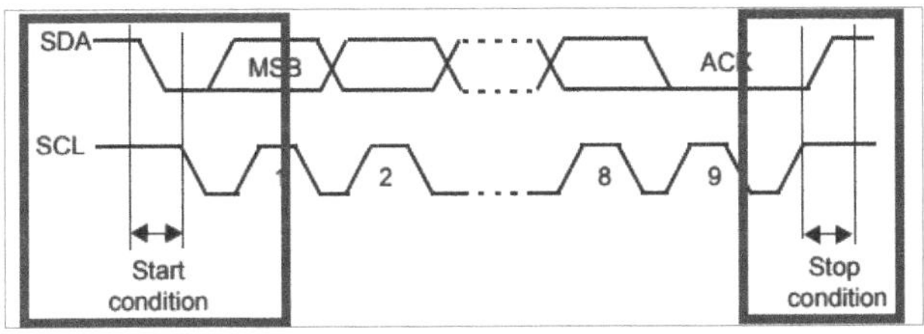

Abb. 17.2: Generierung von Start- und Stoppsignal

Hinweis

Ist die Datenübertragung fehlgeschlagen, kann der Master einen sogenannten *Repeated Start* auslösen. Er entspricht dem normalen Startsignal.

Dass die Adresse aus sieben Bit (bzw. bei neueren Chips auch aus 10 Bit) bestehen kann, mag zunächst erstaunlich sein, denn es werden schließlich acht Bit gesendet! Bisher habe ich noch nicht erwähnt – obwohl dies spätestens durch die in Abschnitt 17.3.1 beschriebenen Betriebsarten einleuchten sollte –, dass die I²C-Kommunikation bidirektional erfolgt. Das achte Bit wird dazu verwendet, die Richtung der Daten festzulegen:

- Hat Bit 0 den Wert »0«, bedeutet dies, dass der Master Daten in Richtung des Slave versenden will.
- Hat Bit 0 hingegen den Wert »1«, will der Master Daten vom Slave lesen.

Für die Adresse der I²C-Komponente werden die Bits 7 bis 1 verwendet.

Hinweis

Ausgehend von der Basisadresse eines I²C-Knotens – so werden die Teilnehmer einer I²C-Kommunikation auch genannt –, geschieht das Senden von Daten vom Master zum Slave nur auf geradzahligen Adressen, während das Lesen von einer ungeradzahligen Adresse erfolgt. Dies ist daran erkennbar, dass Bit 0 beim Senden von Daten den Wert »0« und beim Empfangen von Daten den Wert »1« hat.

Am besten lässt sich die Kommunikation zwischen Master und Slave anhand eines Zeitdiagramms verstehen. Aus dem Datenblatt des PCF8574A habe ich daher die entsprechenden Diagramme für einen Schreib- und für einen Lesezugriff entnommen.

Der Schreibzugriff

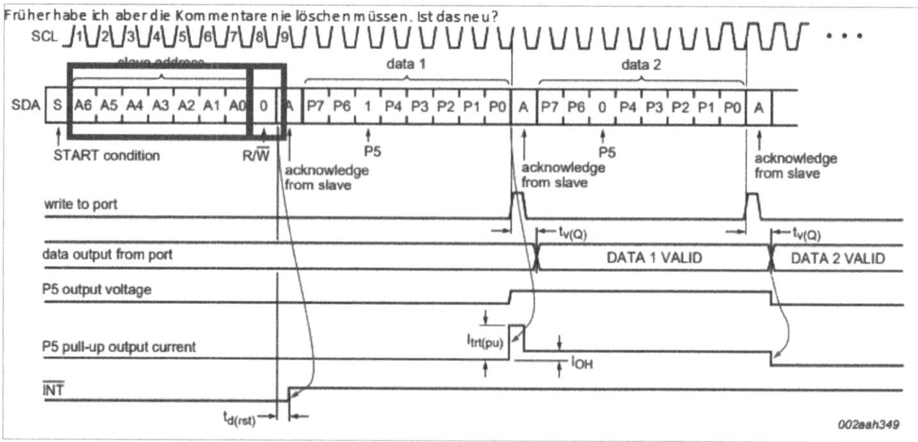

Abb. 17.3: Beispiel für einen I²C-Schreibzugriff

In Abbildung 17.3 erkennen Sie, dass nach dem Senden der Startbedingung zunächst die sieben Adressbits A6 bis A0 gesendet werden. Anschließend wird ein 0-Bit gesendet, wodurch angezeigt wird, dass es sich um einen Schreibzugriff handelt. Wurde die Adresse von einem der Slaves als seine Adresse erkannt, sendet er ein ACK an den Master.

Der Lesezugriff

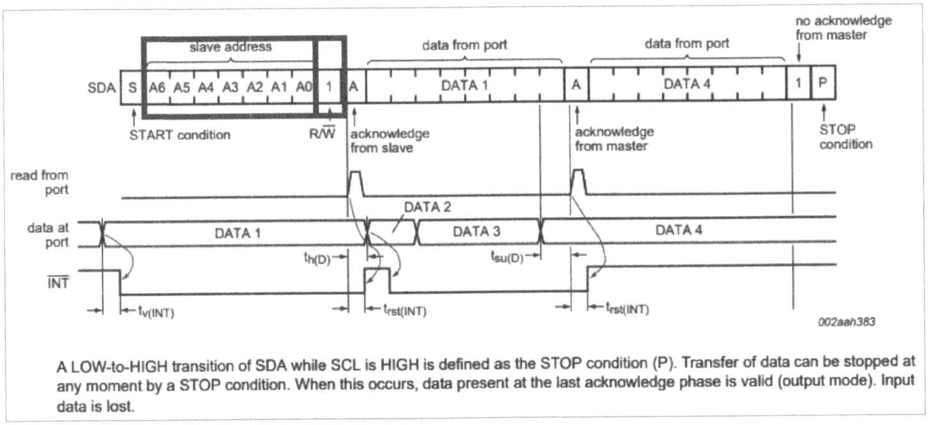

Abb. 17.4: Beispiel für einen I²C-Lesezugriff

Der Aufbau und die Reihenfolge der Bits sind identisch mit dem Schreibzugriff: Der einzige Unterschied besteht zunächst darin, dass im Anschluss an die Adresse des Slave, von dem gelesen werden soll, eine »1« gesendet wird.

In beiden Fällen ist erkennbar, dass theoretisch beliebig viele Datenbytes folgen können. Das Senden von mehreren Datenbytes an den gleichen Slave bezeichnet man auch als *Multi-Byte Burst Write*. Der Unterschied besteht darin, von welchem Knoten das für die Bestätigung eines erfolgreichen Datentransfers entsprechende ACK-Signal kommt.

17.4 I²C in der STM32F4xx-Familie

Der STM32F446 verfügt je nach Zahl der verfügbaren Anschlusspins über bis zu vier I²C-Schnittstellen: Der hier verwendete STM32F446RE besitzt drei »normale« I²C-Schnittstellen (`I2C1`, `I2C2` und `I2C3`) sowie eine Fast-Mode-Plus-I²C-Schnittstelle, die in der Dokumentation als `FMPI2C1` bezeichnet wird.

Wie Sie es bereits aus den anderen Kapiteln kennen, folgt nun eine Beschreibung der Register und der wichtigsten Einstellungen, die mit ihnen durchgeführt werden.

Hinweis

Das I²C-Interface unterstützt neben der üblichen 7-Bit-Adressierung – Sie erinnern sich sicher, dass das achte Bit die Art des Zugriffs auf die Daten steuert, also ob Daten an einen Slave gesendet werden oder ob von ihm gelesen werden soll – auch die 10-Bit-Adressierung. Dies ist aber noch nicht alles: Auch der von Intel entwickelte SMB (*System Management Bus*) wird unterstützt. Auf SMB wird im weiteren Verlauf dieses Kapitels nicht eingegangen. Auch die 10-Bit-Adressierung ist kein Thema in diesem Kapitel, da mir selbst entsprechende Komponenten nicht zur Verfügung stehen.

Bustakt aktivieren im RCC

Wie auch bei allen anderen Peripheriekomponenten gilt, dass Sie zunächst den Bustakt aktivieren müssen! Die I²C-Controller sind an den APB1 angeschlossen, sodass Sie hierfür das Kommando

```
RCC->APB1ENR |= RCC_APB1ENR_I2Cn_EN
```

verwenden, wobei `n` die Werte 1, 2 oder 3 annehmen kann.

31	30	29	28	27	26	25	24	23	22	21	20	19	18	17	16
		DAC EN	PWR EN	CEC EN	CAN2 EN	CAN1 EN	FMPI2C1 EN	I2C3 EN	I2C2 EN	I2C1 EN	UART5 EN	UART4 EN	USART3 EN	USART2 EN	SPDIFRX EN
		rw	rw	rw	rw	rw	rw	rw	rw	rw	rw	rw	rw	rw	rw

15	14	13	12	11	10	9	8	7	6	5	4	3	2	1	0
SPI3 EN	SPI2 EN			WWDG EN			TIM14 EN	TIM13 EN	TIM12 EN	TIM7 EN	TIM6 EN	TIM5 EN	TIM4 EN	TIM3 EN	TIM2 EN
rw	rw			rw			rw	rw	rw	rw	rw	rw	rw	rw	rw

Abb. 17.5: Aktivierung des Bustakts im Reset-and-Clock-Controller RCC

I²C Control Register 1 und 2 (I2C_CR1 und I2C_CR2)

Für die Basiskonfiguration der I²C-Schnittstellen der STM32F4xx-Familie werden mit *I²C Control Register 1* (*I2C_CR1*) und *I²C Control Register 2* (*I2C_CR2*) zwei Steuerregister verwendet.

15	14	13	12	11	10	9	8	7	6	5	4	3	2	1	0
SW RST		ALERT	PEC	POS	ACK	STOP	START	NO STRETCH	ENGC	ENPEC	ENARP	SMB TYPE		SM BUS	PE
rw		rw	rw	rw	rw	rw	rw	rw	rw	rw	rw	rw		rw	rw

Abb. 17.6: I²C Control Register 1

Die für den Einsatz als I²C-Interface wichtigen Bits von `I2C_CR1` wurden hervorgehoben.

Bit(s)	Bezeichnung	Bedeutung
15	SW RST	Hiermit wird die I²C-Komponente zurückgesetzt. Nach einem Reset befindet sie sich im Slave-Modus.
9	STOP	Das Setzen des STOP-Bits generiert ein Stoppsignal. Die aktuelle Übertragung wird nach dem Senden des letzten Bytes beendet. Zusätzlich wird das I²C-Interface wieder in den Slave-Modus versetzt.

Tabelle 17.1: Die wichtigsten Bits von I2C_CR1 (aus Sicht des I²C-Betriebs)

Bit(s)	Bezeichnung	Bedeutung
8	START	Das Setzen dieses Bits generiert ein Startsignal. Die I²C-Komponente wird hierdurch automatisch zum Master. Es löst ebenfalls einen sogenannten Restart aus, wenn dies erforderlich ist.
0	PE	Mit dem Peripheral-Enable-Bit wird die Komponente aktiviert.

Tabelle 17.1: Die wichtigsten Bits von I2C_CR1 (aus Sicht des I²C-Betriebs) (Forts.)

Manchmal kann es erforderlich sein, das standardmäßig aktivierte Clock Stretching zu deaktivieren: In diesem Fall setzen Sie zusätzlich Bit 7 (NO STRETCH) auf den Wert »1«. Ebenso kann es erwünscht sein, dass der Master auf den Empfang eines Bytes ebenfalls mit einem ACK reagiert (dies ist aber nicht zwingend erforderlich): Diese Betriebsart können Sie durch Setzen von Bit 10 (ACK) aktivieren.

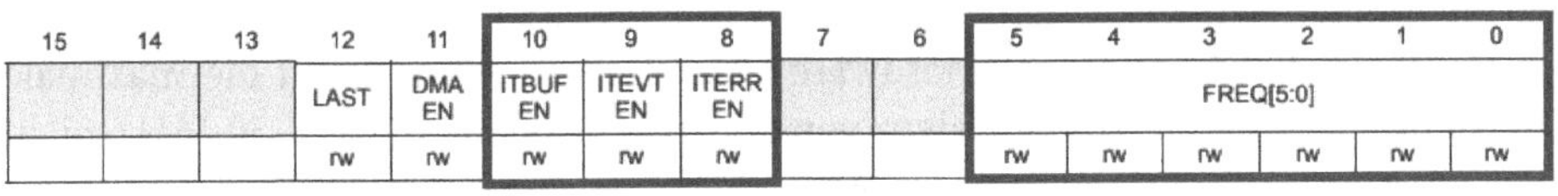

Abb. 17.7: Die wichtigsten Bits von I2C_CR2

Hier sind die Bits 0 bis 5 von besonderer Bedeutung, damit wird die Taktfrequenz der I²C-Komponente eingestellt. Wie Sie Tabelle 17.1 entnehmen können, entspricht die Taktfrequenz exakt dem mit diesen sechs Bit vorgegebenen dualen Wert.

Hinweis

Hiermit ist die Frequenz gemeint, mit der die Komponente getaktet wird. Sie ist nicht zu verwechseln mit den früher erwähnten Übertragungsgeschwindigkeiten 100 kHz (Sm) bzw. 400 kHz (Fm)!

Die Taktfrequenz muss für den Standard-Modus (Sm) mindestens 2 MHz und für den Fast Mode (Fm) mindestens 4 MHz betragen. Mit sechs Bit lassen sich somit insgesamt 64 Taktfrequenzen einstellen, von denen aber nicht alle verwendet werden dürfen. Tabelle 17.2 zeigt das Schema dazu, wie diese Bits einzustellen sind:

Werte der Bits 5:0	Taktfrequenz der I²C-Komponente in MHz	Kommentar
000000	0	nicht zulässig
000001	1	nicht zulässig
000010	2	
000011	3	
000100	4	

Tabelle 17.2: Einstellung der Taktfrequenz mit den Bits 5:0

Werte der Bits 5:0	Taktfrequenz der I^2C-Komponente in MHz	Kommentar
000101	5	
...	...	...
010000	16	
...	...	...
110000	50	nicht zulässig
>110000	> 50	nicht zulässig

Tabelle 17.2: Einstellung der Taktfrequenz mit den Bits 5:0 (Forts.)

Da die minimale Taktfrequenz 2 MHz betragen muss, zeigt Ihnen Tabelle 17.2, dass die beiden ersten Einträge nicht zulässig sind: In diesen Fällen wird I^2C nicht funktionieren. Darüber hinaus sind Werte, die höher sind als die Frequenz des Peripheriebusses (hier: APB1), ebenfalls nicht zulässig. Um die Komponente nicht zu zerstören, hat STM in der Hardware Vorsorge getroffen, damit die maximale Taktfrequenz, unabhängig von dem von Ihnen eingestellten Wert, 50 MHz nicht überschreitet. Allerdings ist dieser Wert bereits zu hoch. Da APB1 mit maximal 45 MHz getaktet wird, sollten Sie diesen Wert auf keinen Fall überschreiten!

Das I2C_CR2 verfügt über einige weitere Bits, von denen die Bits 8, 9 und 10 zur Aktivierung von Interrupts verwendet werden:

Bit(s)	Bezeichnung	Bedeutung	
10	ITBUF	*Buffer Interrupt Enable*: Hat dieses Bit den Wert »1«, wird ein Interrupt ausgelöst, wenn entweder der Empfangsbuffer nicht leer ist oder wenn der Transferbuffer leer ist.	
9	ITEVTEN	*Interrupt Event Enable*: Ist dieses Bit auf »1« gesetzt, besteht die Möglichkeit, auf verschiedene Ereignisse in der ISR zu reagieren.	
		SB	Wird ausgelöst, wenn das Startbit gesendet wurde.
		ADDR ADDR10	Zeigt an, dass eine Slave-Adresse gesendet wurde.
		STOPF	Der Slave erkannte eine Stoppbedingung nach einem ACK.
		BTF	*Byte Transfer Finished*: Eine Datenübertragung wurde abgeschlossen.
		TxE	Der Interrupt zeigt an, dass der Transmit-Buffer leer ist und dass ein neues Byte gesendet werden kann.
		RxNE	Der Interrupt zeigt an, dass der Empfangsbuffer Daten enthält, die »abgeholt« werden können.

Tabelle 17.3: Bedeutung der Interrupt-Enable-Bits in I2C_CR2

Bit(s)	Bezeichnung	Bedeutung	
8	ITEERREN	*Error Interrupt Enable*: Löst Interrupts aus, wenn ein Fehler erkannt wurde.	
		BERR	Wird ausgelöst, wenn das Start- oder das Stoppsignal an der falschen Stelle im Datenstrom erkannt wurde.
		ARLO	*Arbitration lost*: Zeigt an, dass die Busverbindung unterbrochen wurde.
		AF	*Acknowledge Failure*: Ein erwartetes Acknowledge-Signal wurde nicht erkannt.
		OVR	Zeigt einen Datenverlust an, der entweder durch einen Buffer-Überlauf oder einen Buffer-Unterlauf verursacht wurde.
		PECERR	*Packet Error Checking*: Ein unbekannter Fehler ist aufgetreten.

Tabelle 17.3: Bedeutung der Interrupt-Enable-Bits in I2C_CR2 (Forts.)

I²C Data Register (I2C_DR)

Das *I²C Data Register* (*I2C_DR*) ist ein 16-Bit-Register, von dem aber nur die Bits 7:0 verwendet werden. Wie es der Name bereits andeutet, nimmt es Daten auf, die im Master-Modus vom Master gesendet bzw. im Slave-Modus vom Mikrocontroller gelesen werden.

Die I²C Status Register (I2C_SR1 und I2C_SR2)

Die beiden *I²C Status Register* (*I2C_SR1* und *I2C_SR2*) zeigen den aktuellen Zustand des I²C-Busses an. Abbildung 17.8 und Abbildung 17.9 demonstrieren die Anordnung der verfügbaren Statusmeldungen:

15	14	13	12	11	10	9	8	7	6	5	4	3	2	1	0
SMB ALERT	TIMEOUT		PEC ERR	OVR	AF	ARLO	BERR	TxE	RxNE		STOPF	ADD10	BTF	ADDR	SB
rc_w0	rc_w0		rc_w0	rc_w0	rc_w0	rc_w0	rc_w0	r	r		r	r	r	r	r

Abb. 17.8: Das I²C Status Register 1 (I2C_SR1)

15	14	13	12	11	10	9	8	7	6	5	4	3	2	1	0
PEC[7:0]								DUALF	SMB HOST	SMB DEFAULT	GEN CALL		TRA	BUSY	MSL
r	r	r	r	r	r	r	r	r	r	r	r		r	r	r

Abb. 17.9: Das I²C Status Register 2 (I2C_SR2)

Hinweis

Ich denke, dass hier auf eine Beschreibung der einzelnen Bits verzichtet werden kann, da ihre Entsprechung bereits bei der Beschreibung der Register I2C_CR1 und I2C_CR2 geliefert wurde. Dort wird nur die gewünschte Aktion aktiviert, während hier das Ergebnis der Aktion abgefragt werden kann.

Das I²C Clock Control Register (I2C_CCR)

Die Beschreibung des *I²C Clock Control Register* (*I2C_CCR*) im Referenzhandbuch ist gelinde ausgedrückt etwas mager ausgefallen. Daher will ich Ihnen an dieser Stelle etwas »Futter« anbieten, um die Funktionsweise und die Anwendung dieses Registers besser verstehen zu können.

15	14	13	12	11	10	9	8	7	6	5	4	3	2	1	0
F/S	DUTY			CCR[11:0]											
rw	rw			rw	rw	rw	rw	rw	rw	rw	rw	rw	rw	rw	rw

Abb. 17.10: Das I²C Clock Control Register (I2C_CCR)

Mit Bit 15 (F/S) stellen Sie ein, ob das I²C-Interface im Standard-Modus (Sm = 100 kHz) oder im Fast-Modus (Fm = 400 kHz) betrieben werden soll. Im Reset-Zustand – Bit 15 hat dann den Wert 0 – befindet sich das Interface im Standard-Modus.

Bit 14 wird dann interessant, wenn Sie den Fast-Modus aktivieren: Hiermit stellen Sie den sogenannten Duty-Cycle, also das Verhältnis zwischen High- und Low-Level, des Taktsignals SCL ein. Hier gibt es zwei Möglichkeiten:

- $T_{high} : T_{low} = 2$ (T_{high} dauert doppelt so lange wie T_{low})
- $T_{high} : T_{low} = 16/9$ (T_{high} ist 16/9-mal so lang wie T_{low}).

Die Bits 13 und 12 sind für zukünftige Entwicklungen reserviert und dürfen nicht verändert werden.

Die restlichen 12 Bit (Bits 11:0) dienen nun der Einstellung der gewünschten Taktfrequenz.

I²C im Standard-Modus (Sm, SCL = 100 kHz)

Hier müssen Sie wissen, mit welcher Taktfrequenz vom *Advanced Peripheral Bus 1* (*APB1*) das I²C-Interface getaktet wird (T_{PCL} = Peripherie Clock). Es gilt grundsätzlich ein Duty-Cycle von 1:1, das heißt, dass T_{high} genauso lang dauert wie T_{low}. Die entsprechenden Zeiten lassen sich dann folgendermaßen berechnen:

$$T_{high} = T_{low} = CCR \times T_{PCLK}$$

Im weiter unten folgenden Beispiel gehen wir von einer Taktfrequenz von 16 MHz aus. Die Dauer von T_{high} und T_{low} beträgt somit jeweils 62,5 ns und die Periodendauer daher 125 ns. Um nun einen SCL-Takt von 100 kHz zu erreichen, muss dieser Wert mit 80 multipliziert werden, denn $80 \times 125 \times 10^{-9}$s = 1 ÷ 100000 s. Der Kehrwert des Divisionsergebnisses ergibt somit 100000 pro Sekunde, was 100 kHz entspricht.

I²C im Fast-Modus (Fm, SCL = 400 kHz)

Hier ist der Wert des DUTY-Bits zu berücksichtigen.

DUTY = 0

Die Dauer von T_{high} wird genauso berechnet wie im Sm-Modus. Der Unterschied besteht in der Berechnung des T_{low}-Werts: Er ist doppelt so lang wie T_{high}!

DUTY = 1

Hier gilt das Verhältnis 9/16. Entsprechend gilt dann:

$T_{high} = 9 \times CCR \times T_{PCLK}$ / $T_{low} = 16 \times CCR \times T_{PCLK}$.

I²C TRISE Register (I2C_TRISE)

Das *I²C TRISE Register* (*I2C_TRISE*) dient der Einstellung der maximalen Zeit, die die ansteigende Flanke des Taktsignals SCL dauern darf. Von diesem 16-Bit-Register werden nur die unteren sechs Bit genutzt, alle anderen dürfen nicht verändert werden. Mit diesem Register wird die maximale Anstiegszeit eingestellt, die das Taktsignal SCL haben darf. Durch die korrekte Einstellung wird sichergestellt, dass das Taktsignal SCL stabil bleibt. Die Anstiegszeit wird in Nanosekunden (ns) angegeben. Als gut hat sich eine Anstiegszeit von 17 ns bewährt.

Beispiel

Wird I²C im Standard-Modus betrieben (SCL = 100 kHz), darf die Periodendauer des Takts 1000 ns (entsprechend 1 MHz) betragen. Wurde wie bei der Berechnung von T_{high}/T_{low} für den Standard-Modus die tatsächliche Periodendauer zu 125 ns (entsprechend 100 kHz) berechnet, so berechnet sich TRISE durch die Division von 1000 ns ÷ 125 ns = 8. In unserem Beispiel weiter unten verdoppeln wir den Wert und addieren 1 hinzu, sodass dort TRISE auf den Wert 17 eingestellt wird. Der TRISE-Wert 17 ist eine Art »Daumenwert«, der sich in der Praxis bewährt hat.

I²C Own Address Register 1 und 2 (I2C_OAR1/I2C_OAR2)

Die beiden *I²C Own Address Register* (*I2C_OAR1* und *I2C_OAR2*) sind dann von Bedeutung, wenn das im STM verwendete I²C-Interface als Slave verwendet wird: Hiermit können Sie einem I²C-Master eine I²C-Adresse zuweisen, sodass auch der unmittelbare Datenaustausch zwischen zwei oder mehr Mikrocontrollern unterstützt wird.

15	14	13	12	11	10	9	8	7	6	5	4	3	2	1	0
ADD MODE						ADD[9:8]		ADD[7:1]							ADD0
rw						rw	rw	rw	rw	rw	rw	rw	rw	rw	rw

Abb. 17.11: Das I²C Own Address Register 1 (I2C_OAR1)

15	14	13	12	11	10	9	8	7	6	5	4	3	2	1	0
								ADD2[7:1]							EN DUAL
								rw	rw	rw	rw	rw	rw	rw	rw

Abb. 17.12: Das I²C Own Address Register 2 (I2C_OAR2)

Mit Bit 15 (der Standardwert nach einem Reset ist 0) von `I2C_OAR1` erfolgt die Umschaltung zwischen der 7-Bit- und der 10-Bit-Adressierung. Die Funktion des `I2C_OAR2` erschließt sich nicht eindeutig: Es wird nur genutzt, wenn Bit 0 (`ENDUAL`) auf »1« gesetzt ist. Die Slave-Adresse ist in diesem Fall aber immer eine 7-Bit-Adresse.

I²C FLTR Register (I2C_FLTR)

Das *I²C FLTR Register* (*I2C_FLTR*) dient dem Filtern unerwünschter Signalspitzen und ist mit der Filterfunktion der Timer vergleichbar. Wenn der Filter genutzt werden soll, muss Bit 4 (ANOFF) auf »1« gesetzt werden. Der mit den Bits 3:0 eingestellte Wert multipliziert mit der Periodendauer des Peripherietaktsignals ergibt die Länge von Impulsen sowohl auf der SCL- wie auch auf der SDA-Leitung. Der maximale Wert beträgt somit $15 \times T_{PCLK}$ (*PCLK = Peripheral Clock*).

17.5 Ein Beispiel mit dem PCF8574

Abbildung 17.13 zeigt das Schaltbild, das acht Leuchtdioden verwendet, die an einen PCF8574 angeschlossen sind.

Hinweis

Sie finden den Schaltplan – zusammen mit den bisherigen Softwareprojekten – auf meiner Webseite `https://www.ralf-jesse.de`. Für Leser, die die Schaltung nachbauen möchten, werde ich auch die entsprechenden Gerber-Dateien hinterlegen. Beachten Sie, dass das Platinenlayout so ausgelegt ist, dass die LEDs und die Widerstände als SMD-Bauteile verwendet werden. Damit Sie aber auch Messungen am Chip durchführen können, habe ich die DIP-Bauform des IC gewählt.

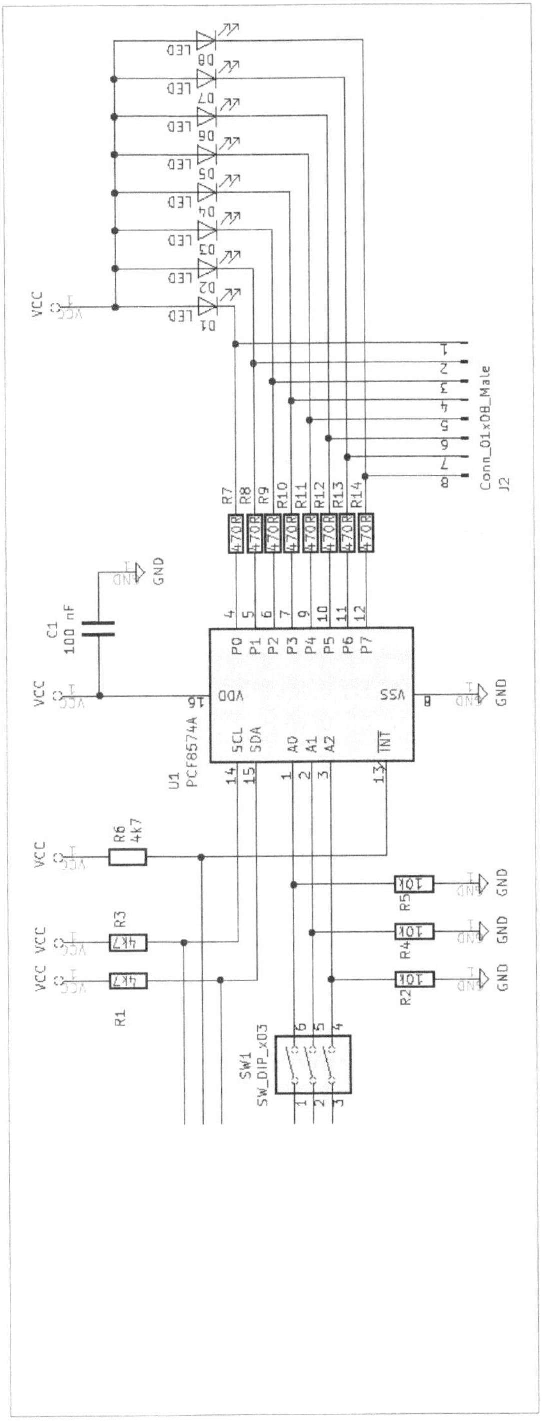

Abb. 17.13: LED-Ansteuerung über I²C mit dem PCF8574

Hinweis

Ich empfehle Ihnen in einem ersten Schritt allerdings nicht die Verwendung dieses Layouts, da es in dieser Form ausschließlich für I²C-Schreibvorgänge ausgelegt ist, das Lesen vom PCF8574 ist hiermit nicht möglich, weil die verwendeten LEDs direkt auf die Eingänge zurückwirken und daher dauerhaft der gleiche Wert angezeigt wird. Wenn Sie die Schaltung stattdessen auf einem Breadboard nachbauen, können Sie die Verbindungen zwischen den LEDs und den PCF8574-I/O-Anschlüssen leicht auftrennen: Dann ist es auch möglich, den Baustein als Quelle für externe Signale zu verwenden.

17.5.1 Der PCF8574

Hierbei handelt es sich um einen sogenannten Port-Expander: Mit nur zwei Leitungen (SDA und SCL) stellt er in beliebigen Kombinationen bis zu acht digitale Ein- oder Ausgänge bereit: »Beliebige Kombination« bedeutet hier, dass Sie wahlweise Kombinationen, etwa acht Outputs oder acht Inputs, aber auch drei Outputs und fünf Inputs konfigurieren können.

Hinweis

Als PCF8575 gibt es dieses IC auch in einer 16-Bit-Variante. Bei beiden Varianten, also PCF8574 wie auch PCF8575, ist zu beachten, dass die Outputs/Inputs invertieren. Das bedeutet, wenn Sie einen Output auf High-Level setzen möchten, müssen Sie entsprechend »0« senden und umgekehrt.

Interessant ist an diesem IC, dass er häufig auch in anderen Anwendungen – z.B. zur Ansteuerung von Text-LCDs – eingesetzt wird. Die Kenntnisse, die Sie hier erwerben, sind somit auch auf andere Anwendungen und Einsatzgebiete übertragbar.

Der PCF8574 kann mit einer Versorgungsspannung im Bereich zwischen 2,5 und 6 V betrieben werden. Aufgrund der Anschlüsse A0, A1 und A2 können ohne weitere Hardware bis zu acht dieser Platinen am gleichen I²C-Bus verwendet werden.

Wichtig

Beachten Sie bitte, dass die Pull-up-Widerstände R1 und R2 nur einmal benötigt werden: Sie sorgen dafür, dass die Open-Drain-Ausgänge des STM32 auf High-Level »gezogen« werden können. In verschiedenen Versuchen hatte ich drei der in Abbildung 17.13 gezeigten Schaltungen an I2C1 gleichzeitig angeschlossen. Entsprechend gab es auch jeweils drei Pull-up-Widerstände für die SDA- und die SCL-Leitung. Dies funktionierte problemlos!

17.5.2 Das Programmlisting

Das folgende Beispiel unterstützt derzeit nur das Schreiben auf den PCF8574AN. Das Lesen führt beim Einsatz der gezeigten Schaltung in der aktuellen Form zu keinem vernünftigen Ergebnis, da über die LEDs immer eine Spannung an den Eingängen liegt, sodass hier stets der gleiche Wert angezeigt wird. Im Listing habe ich dennoch eine Lesefunktion implementiert, damit Sie erkennen können, wie das hier umzusetzen ist.

```
1  /**
2   * @brief I2C-Anwendung mit dem Port-Expander PCF8574AN unter Einsatz von
3   * I2C1.
4   *
5   * @par
6   * Verwendete Anschlusspins:
7   *     PB8 : I2C1 SCL
8   *     PB9 : I2C1 SDA
9  */
10
11 #include <stdint.h>
12 #include <stdbool.h>
13 #include <stddef.h>
14
15 /**
16  * Kommentar in Zeile 18 entfernen, wenn Sie die MCAL testen möchten.
17  */
18 //#define MCAL
19
20 #include <stm32f4xx.h>
21 #include <mcalSysTick.h>
22 #include <mcalGPIO.h>
23 #include <mcalI2C.h>
24
25 int8_t i2cPutByte(I2C_TypeDef *i2c, uint8_t saddr, uint8_t data);
26 int8_t i2cGetByte(I2C_TypeDef *i2c, uint8_t saddr, uint8_t *data);
27
28 /**
29  * I2C-Adresse des PCF8574AN. Beachten Sie hier, dass andere Ausführungen
30  * des PCF8574 andere Basisadressen haben!
31  */
32 #define PCF8574A_ADDR        (0x70)
```

```

bool timerTrigger = false;

int main(void)
{
    GPIO_TypeDef *port = GPIOB;
    I2C_TypeDef  *i2c  = I2C1;

    uint32_t ledTimer = 0UL;
    uint8_t  ledPattern = 0xFF;
    uint8_t  ledPos = 0;

#ifdef MCAL
    uint8_t  pclock = 16;                    // Taktfreq. der I2C-Komponente

    systickInit(SYSTICK_1MS);
    systickSetTicktime(&ledTimer, 500);

    // GPIOB-Bustakt aktivieren wegen der Verwendung von PB8/PB9.
    gpioSelectPort(port);
    gpioSelectPinMode(port, PIN8, ALTFUNC);
    gpioSelectAltFunc(port, PIN8, AF4);          // PB8 : I2C1 SCL
    gpioSetOutputType(port, PIN8, OPENDRAIN);

    gpioSelectPinMode(port, PIN9, ALTFUNC);
    gpioSelectAltFunc(GPIOB, PIN9, AF4);         // PB9 : I2C1 SDA
    gpioSetOutputType(port, PIN9, OPENDRAIN);

    /**
     * Die beiden folgenden Zeilen muessen nur verwendet werden, wenn Sie
     *    a) die Schaltung auf einem Breadboard aufbauen und
     *    b) auf externe Pull-up-Widerstände verzichten
     */
//    gpioSelectPushPullType(GPIOB, PIN8, PULLUP);
//    gpioSelectPushPullType(GPIOB, PIN9, PULLUP);

    // Initialisierung des I2C-Controllers
    i2cSelectI2C(i2c);                        // I2C1: Bustakt aktivieren
    i2cDisableDevice(i2c);
    i2cSetPeripheralClockFreq(i2c, pclock); // I2C1: Periph. Clk in MHz
```

```
    i2cSetDutyCycle(i2c, I2C_DUTY_CYCLE_2); // I2C1: Duty-cycle einstellen
    i2cSetRiseTime(i2c, 17);                // I2C1: 17 ist ein guter Wert
    i2c->CCR |= 0x50;                       // I2C1: Keine MCAL-Funktion
    i2cEnableDevice(i2c);                   // I2C1: Aktivieren

    /* Hauptprogramm: Endlosschleife */
    while(1)
    {
        if (true == timerTrigger)
        {
            DECREMENT_TIMER(ledTimer);
            timerTrigger = false;
        }

        if (isSystickExpired(ledTimer))
        {
            ledPattern &= ~(1 << ledPos++);
            i2cSendByte(i2c, PCF8574A_ADDR, ledPattern);

            if (ledPos > 0x07)
            {
                ledPos = 0;
                ledPattern = 0xFF;
            }
            systickSetTicktime(&ledTimer, 500);
        }
    }

#else

    SystemCoreClockUpdate();
    SysTick_Config(SystemCoreClock / 1000);

    // GPIOB-Bustakt aktivieren wegen der Verwendung von PB8/PB9.
    RCC->AHB1ENR |= RCC_AHB1ENR_GPIOBEN;      // GPIOB: Bustakt aktivieren
    port->MODER  &= ~GPIO_MODER_MODER8_Msk; // PB8: Reset
    port->MODER  |= GPIO_MODER_MODER8_1;    // PB8: Alt. Funktion
    port->AFR[1] &= ~GPIO_AFRH_AFSEL8_Msk;  // PB8: Reset alt. Funktion
    port->AFR[1] |= GPIO_AFRH_AFSEL8_2;     // PB8: AF4

```

```
    port->MODER  &= ~GPIO_MODER_MODER9_Msk; // PB9: Reset
    port->MODER  |= GPIO_MODER_MODER9_1;    // PB9: Alt. Funktion
    port->AFR[1] &= ~GPIO_AFRH_AFSEL9_Msk;  // PB9: Reset alt. Funktion
    port->AFR[1] |= GPIO_AFRH_AFSEL9_2;     // PB9: AF4

    /**
     * Die folgenden Zeilen sind nicht erforderlich, wenn die Pull-up-
     * Widerstände auf der Platine vorhanden sind.
     */
    port->OTYPER |= GPIO_OTYPER_OT8;        // PB8: Open Drain
    port->PUPDR  |= GPIO_PUPDR_PUPD8_Msk;   // PB8: Reset PUPD-Register
    port->PUPDR  |= GPIO_PUPDR_PUPD8_0;     // PB8: Pull-up aktivieren

    port->OTYPER |= GPIO_OTYPER_OT9;        // PB9: Open Drain
    port->PUPDR  |= GPIO_PUPDR_PUPD9_Msk;   // PB9: Reset PUPD-Register
    port->PUPDR  |= GPIO_PUPDR_PUPD9_0;     // PB9: Pull-up aktivieren

    // Initialisierung des I2C-Controllers
    RCC->APB1ENR |= RCC_APB1ENR_I2C1EN;     // I2C1: Bustakt aktivieren
    I2C1->CR1   &= ~I2C_CR1_PE;             // I2C1: Deaktivieren
    I2C1->CR1    = 0x0000;                  // I2C1: Defaultwert
    I2C1->CR2    = 0x0010;                  // I2C1: Peripherietakt 16 MHz
    I2C1->CCR    = 0x0050;                  // I2C1: Standardmode = 100 kHz
    I2C1->TRISE  = 0x0011;                  // I2C1: Max. Anstiegszeit
    I2C1->CR1   |= I2C_CR1_PE;              // I2C1: I2C1 aktivieren

    /* Hauptprogramm: Endlosschleife */
    while(1)
    {
        if (true == timerTrigger)
        {
            DECREMENT_TIMER(ledTimer);
            timerTrigger = false;
        }

        if (isSystickExpired(ledTimer))
        {
            ledPattern &= ~(1 << ledPos++);
            i2cSendByte(i2c, PCF8574A_ADDR, ledPattern);
            i2cPutByte(i2c, PCF8574A_ADDR, ledPattern);
```

```

            if (ledPos > 0x07)
            {
                ledPos = 0;
                ledPattern = 0xFF;
            }
            ledTimer = 500;
        }
    }

#endif
}

#ifndef MCAL
/**
 * @brief Sendet ein Datenbyte an die I2C-Komponente.
 */
int8_t i2cPutByte(I2C_TypeDef *i2c, uint8_t saddr, uint8_t data)
{
    static   uint32_t dummy = 0UL;

    /* Prueft, ob die gewaehlte Komponente 'busy' ist. */
    while(i2c->SR2 & I2C_SR2_BUSY)
    {
        ;
    }

    // Generieren und senden des Start-Signals. Warten, bis
    // das Busy-Bit auf "1" wechselt.
    i2c->CR1 |= I2C_CR1_START;
    while(!(i2c->SR1 & I2C_SR1_SB))
    {
        ;
    }

    // Senden der Slave-Adresse. VORSICHT: Die Slave-Adresse
    // kann bereits um eine Stelle nach links geschoben sein.
    // Dann reicht es aus, i2c->DR = saddr; zu senden.
    //    i2c->DR = saddr << 1;
    i2c->DR = saddr;
```

```

    // Prueft, ob die Adresse erkannt wurde (ob sie gueltig ist).
    while(!(i2c->SR1 & I2C_SR1_ADDR))
    {
        ++dummy;
    }

    // Lesen von SR1 und SR2: Die Werte werden nicht weiter
    // benoetigt.
    i2c->SR1;
    i2c->SR2;

    // Warten, bis das Transmit-Register leer ist.
    while(!(i2c->SR1 & I2C_SR1_TXE))
    {
        ;
    }

    // Datenbyte senden
    i2c->DR = data;

    // Warten, bis der Bit-Transfer abgeschlossen ist
    while(!(i2c->SR1 & I2C_SR1_BTF))
    {
        ;
    }

    // Stopp-Signal generieren und senden
    i2c->CR1 |= I2C_CR1_STOP;

    return 0;
}

/**
 * @brief Liest ein Datenbyte von der I2C-Komponente.
 */
int8_t i2cGetByte(I2C_TypeDef *i2c, uint8_t saddr, uint8_t *data)
{
    /* Prueft, ob die gewaehlte Komponente 'busy' ist. */
    while(i2c->SR2 & I2C_SR2_BUSY)
```

```
    {
        ;
    }

    /* Generiere Start-Sequenz */
    i2c->CR1 |= I2C_CR1_START;
    while(!(i2c->SR1 & I2C_SR1_SB))
    {
        ;
    }

    /* Sende Slave-Adresse und warte, bis das Adressflag gesetzt ist */
    i2c->DR = saddr | 1;
    while (!(i2c->SR1 & I2C_SR1_ADDR))
    {
        ;
    }

    /* Deaktiviere ACK */
    i2c->CR1 &= ~I2C_CR1_ACK_Msk;
    i2c->SR2;       // Nur Auslesen von SR2, Wert wird nicht verwendet

    i2c->CR1 |= I2C_CR1_STOP;

    /* Warte, bis das RXNE-Bit gesetzt ist */
    while (!(i2c->SR1 & I2C_SR1_RXNE))
    {
        ;
    }

    /* Speichere Datenbyte in data */
    *data = i2c->DR;

    return 0;
}
#endif
```

Listing 17.1: I²C-Anwendung mit dem PCF8574AN

Funktionsweise des Programms

Dieses Beispiel wurde für den PCF8574AN geschrieben, dessen Standardadresse 0x70 ist: Andere Ausführungen dieses Chips haben andere Startadressen! Damit die LEDs der Schaltung nicht flimmern, kommt hier wieder der SysTick-Timer zur Geltung, der so konfiguriert wird, dass er einmal pro Sekunde »tickt«. Im Anschluss werden die GPIO-Pins PB8 und PB9 initialisiert. Sie werden als SCL (PB8) und als SDA (PB9) verwendet und müssen daher in die Betriebsart »Alternative Funktion« versetzt werden.

Wichtig

Beide Leitungen (und gegebenenfalls eine weitere Leitung, wenn Sie den Interrupt-Ausgang des PCF8574 verwenden) müssen **unbedingt im Open-Drain-Modus** betrieben werden, da es sonst nicht möglich ist, ein eindeutiges High-Signal zu erzeugen.

Nach der Konfiguration der Pins PB8 und PB9 wird die I^2C-Komponente initialisiert. Auch für sie muss zunächst der Bustakt aktiviert werden. Die Konfiguration ist immer abhängig von der Taktfrequenz, mit der die I^2C-Komponente betrieben wird.

Die Endlosschleife sorgt nur dafür, dass die LEDs nacheinander angesteuert werden, mit der generellen I^2C-Funktion hat sie nichts zu tun.

Die zusätzlichen Funktionen `i2cPutByte(...)` und `i2cGetByte(...)` sind in Listing 17.1 nur erforderlich, wenn die MCAL-Version **nicht** genutzt wird. Die entsprechenden MCAL-Funktionen heißen nun `i2cSendByte(...)` und `i2cReadByte(...)`. Die MCAL enthält weitere Funktionen, die im Buch nicht beschrieben werden.

Das folgende Flussdiagramm zeigt die erforderlichen Schritte, die für das Senden einzelner Bytes über I^2C zu befolgen sind.

Anhand des Flussdiagramms können Sie die verschiedenen Schritte, die im Programm enthalten sind, leicht nachvollziehen.

Hinweis

Um die Schreibarbeit bei der Entwicklung der `mcalI2C.c`-Datei zu minimieren, habe ich die vielen `while()`-Schleifen, die Sie in Listing 17.1 noch sehen, in der MCAL-Bibliothek durch Makros ersetzt. Die hier verwendeten Makros sind sehr einfach zu verstehen. Der große Vorteil von Makros besteht darin, dass der Präprozessor ihren Inhalt wie normalen Quelltext dort einsetzt, wo sie verwendet werden. Dies erspart das Retten und Restaurieren von Registern und Rücksprungadressen.

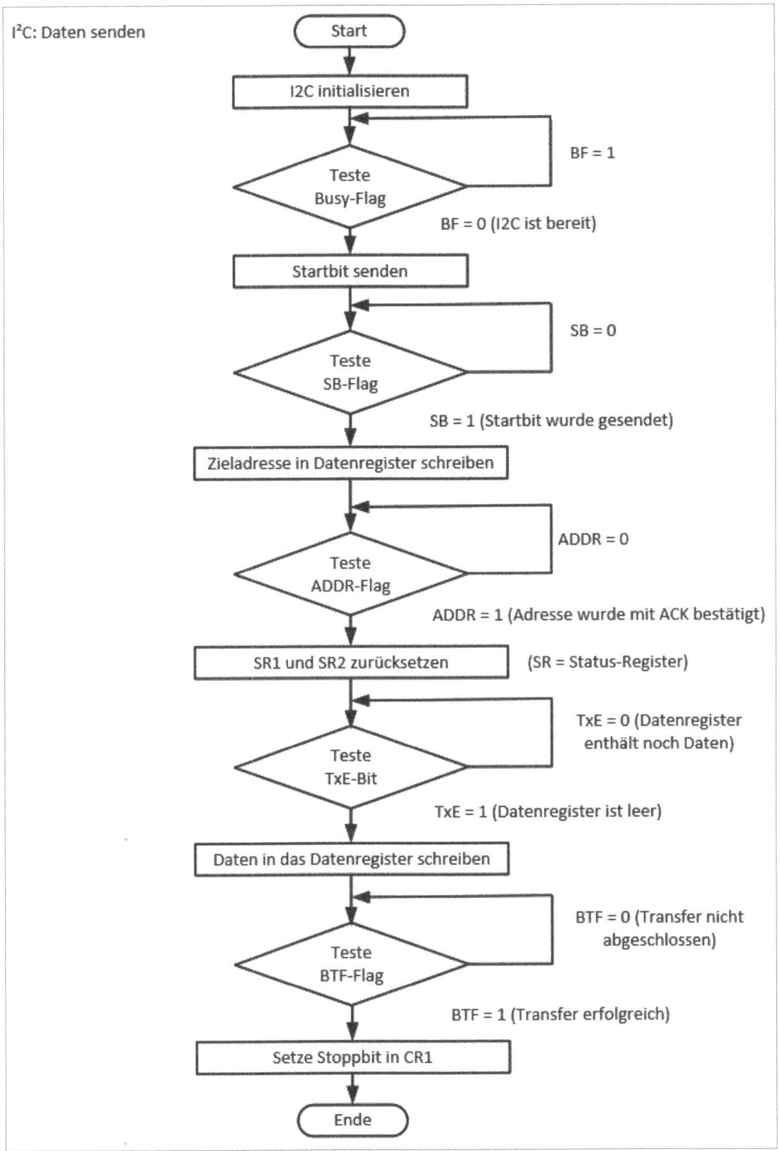

Abb. 17.14: Flussdiagramm zum Senden von Daten über I²C

Hinweis

Es gibt auch I²C-Komponenten, wie z.B. Echtzeituhren (RTC), die intern über mehrere Register verfügen. Das oben gezeigte Programm unterstützt diese Funktionalität nicht! Die MCAL stellt zu diesem Zweck weitere Funktionen bereit. Mit `i2cBurstRead()` bzw. `i2cBurstWrite()` lassen sich mehrere Datenbytes hintereinander zwischen Quelle und Ziel übertragen. Es gibt auch Komponenten, wie z.B. die Echtzeituhr DS3231 von der Firma Maxim Integrated, die über interne Register verfügen. Jedes dieser Register hat eine individuelle Adresse, die bei der Datenübertragung angegeben werden muss. Die MCAL unterstützt auch solche Komponenten mithilfe der Funktionen `i2cReadByteFromSlaveReg()` bzw. `i2cSendByteToSlaveReg()`.

Ein Beispiel zum Einsatz des DS3231 finden Sie auf meiner Webseite. Die Anzeige der Uhrzeit erfolgt über einen weiteren Baustein von Maxim Integrated, den MAX7219. Dieser Baustein wird aber über SPI angesteuert, sodass es hier nicht sinnvoll ist, das vollständige Listing vorzustellen.

17.6 Daten lesen von I²C-Komponenten

Wie bereits erwähnt: Die Listings werden nicht vollständig in diesem Buch gedruckt. Da ich bisher aber nur am Rande auf das Lesen von Daten über I²C eingegangen bin, will ich hier zumindest die Funktionen zum Lesezugriff zeigen, die in `mcalI2C.c`/`mcalI2C.h` enthalten sind.

Makros in mcalI2C.c

Hier finden Sie die bereits erwähnten Makros, die in der MCAL integriert sind:

```
#define I2C_WAIT_BUSY(i2c)                  ( { while (i2c->SR2 & \
                                                I2C_SR2_BUSY) ; } )
#define I2C_START_COMPLETED(i2c)            ( { while (!(i2c->SR1 & \
                                                I2C_SR1_SB)) ; } )
#define I2C_STOPP_COMPLETED(i2c)            ( { while (!(i2c->SR1 & \
                                                I2C_SR1_STOPF)) ; } )
#define I2C_ADDRESS_COMPLETED(i2c)          ( { while (!(i2c->SR1 & \
                                                I2C_SR1_ADDR)) ; } )
#define I2C_DUMMY_READ_SR1(i2c)             ( { i2c->SR1; } )
#define I2C_DUMMY_READ_SR2(i2c)             ( { i2c->SR2; } )
#define I2C_CHECK_TXBUF_EMPTY(i2c)          ( { while(!(i2c->SR1 & \
                                                I2C_SR1_TXE)) ; } )
#define I2C_CHECK_RXBUF_NOT_EMPTY(i2c)      ( { while(!(i2c->SR1 & \
                                                I2C_SR1_RXNE)) ; } )
#define I2C_BYTE_TRANSFER_FINISHED(i2c)     ( { while(!(i2c->SR1 & \
                                                I2C_SR1_BTF)) ; })
#define I2C_RESET_ACK(i2c)                  ( { i2c->CR1 &= \
                                                ~I2C_CR1_ACK_Msk; } )
#define I2C_SET_ACK(i2c)                    ( { i2c->CR1 |= I2C_CR1_ACK; } )
#define I2C_SET_POS(i2c)                    ( { i2c->CR1 |= I2C_CR1_POS; } )
```

```
#define I2C_RESET_POS(i2c)                      ( { i2c->CR1 &= \
                                                   ~I2C_CR1_POS_Msk; } )
```

Listing 17.2: Liste der I2C-Makros in der MCAL-Bibliothek

int8_t i2cReadByte(I2C_TypeDef *i2c, uint8_t saddr, uint8_t *data)

```
int8_t i2cReadByte(I2C_TypeDef *i2c, uint8_t saddr, uint8_t *data)
{
    I2C_WAIT_BUSY(i2c);              // Check: I2C bus busy?
    i2c->CR1 |= I2C_CR1_START;       // Send I2C START signal
    I2C_START_COMPLETED(i2c);        // Check: START signal sent?
    i2c->DR = saddr;                 // Send with bit 0 = '0'
    I2C_START_COMPLETED(i2c);        // Wait for ADDR ACK
    I2C_DUMMY_READ_SR1(i2c);         // Reset SR1
    I2C_DUMMY_READ_SR2(i2c);         // Reset SR2
    I2C_CHECK_TXBUF_EMPTY(i2c);      // Check: Transmit buffer empty?
    i2c->CR1 |= I2C_CR1_START;       // Generate I2C RESTART
    I2C_START_COMPLETED(i2c);        // Check: START signal sent
    i2c->DR = saddr | 1;             // Read: Slave addr bit 0 = '1'
    I2C_ADDRESS_COMPLETED(i2c);      // Wait for ADDR ACK
    I2C_DISABLE_ACK(i2c);            // Disable Acknowledge
    I2C_DUMMY_READ_SR1(i2c);         // Reset SR1
    I2C_DUMMY_READ_SR2(i2c);         // Reset SR2
    i2c->CR1 |= I2C_CR1_STOP;        // Send I2C STOP signal
    I2C_CHECK_RXBUF_NOT_EMPTY(i2c); // Check: Receive buffer empty?
    *data = i2c->DR;                 // Write data to variable
    return I2C_OK;
}
```

Listing 17.3: Auszug aus mcalI2C.c (Funktion zum Lesen von Daten)

Wenn Sie diese Funktion mit dem Flussdiagramm, das in Abbildung 17.14 für das Schreiben von Daten abgebildet ist, vergleichen, werden Sie die Ähnlichkeit ihrer Funktionsweise unmittelbar ableiten können.

int8_t i2cReadByteFromSlaveReg(I2C_TypeDef *i2c, uint8_t slaveAddr, uint8_t reg, uint8_t *data)

```
int8_t i2cReadByteFromSlaveReg(I2C_TypeDef *i2c, uint8_t saddr, uint8_t
regAddr, uint8_t *data)
{
    I2C_WAIT_BUSY(i2c);              // Check: Is I2C bus busy?
```

```
    i2c->CR1 |= I2C_CR1_START;  // Send I2C START signal
    I2C_START_COMPLETED(i2c);   // Check: START signal sent?
    i2c->DR = saddr;            // Send Slave address, bit 0 = '0'
    I2C_ADDRESS_COMPLETED(i2c); // Check: Address ACK received?
    I2C_DUMMY_READ_SR1(i2c);    // Reset SR1
    I2C_DUMMY_READ_SR2(i2c);    // Reset SR2
    i2c->DR = regAddr;          // Send slave-internal register
                                // address
    I2C_CHECK_TXBUF_EMPTY(i2c); // Check: Is Transmit buffer empty?
    i2c->CR1 |= I2C_CR1_START;  // Generate I2C RESTART
    I2C_START_COMPLETED(i2c);   // Check: START signal sent?
    i2c->DR = saddr | 1;        // Send slave addr, bit 0 = '1'
    I2C_ADDRESS_COMPLETED(i2c); // Check: Address ACK received?
    I2C_DISABLE_ACK(i2c);       // Disable Acknowledge
    I2C_DUMMY_READ_SR1(i2c);    // Reset SR1
    I2C_DUMMY_READ_SR2(i2c);    // Reset SR2
    i2c->CR1 |= I2C_CR1_STOP;   // Send I2C STOP signal
    I2C_CHECK_RXBUF_NOT_EMPTY(i2c); // Check: Receive buffer empty?
    *data++ = i2c->DR;          // Write data to variable
    return I2C_OK;
}
```

Listing 17.4: Auszug aus mcallI2C.c (Funktion zum Lesen von Daten aus einem Register)

int8_t i2cBurstRead(I2C_TypeDef *i2c, uint8_t slaveAddr, uint8_t regAddr, uint8_t *data, uint8_t len)

Das Besondere an dieser Funktion (und auch ihres Gegenstücks, der Funktion `i2cBurstWrite(...)`), wird durch die Variablen `uint8_t *data` und `uint8_t len` bestimmt. `data` ist der Pointer auf ein Array von `uint8_t`-Werten und zeigt somit auf das Array-Element mit dem Index 0. Die Anzahl der `uint8_t`-Werte, die in dem Array gespeichert werden sollen, wird durch die Variable `len` bestimmt. Weiter unten folgt noch eine kurze Beschreibung zu dem bereits vorbereiteten, in diesem Buch aber nicht abgedruckten Listing, das zum Stellen und Auslesen der Uhrzeit der Echtzeituhr DS3231 dient. Nun folgt die Implementierung der Funktion `i2cBurstRead(...)`.

```
/**
 * @brief Burst read from I2C slave.
 *
 * @param[in]  *i2c     : Pointer to the component
 * @param[in]   saddr   : Address of the I2C slave
 * @param[in]   regAddr : Address of the first slave register
```

```
 * @param[in]  *data    : Address where the data shall be stored
 *
 * @param[out]  value : 0 = Transfer OK / < 0 = Transfer failure
*
 * @note
 * Failure handling is not yet implemented
 */
int8_t i2cBurstRead(I2C_TypeDef *i2c, uint8_t saddr, uint8_t
                    regAddr, uint8_t *data, uint8_t num)
{
    I2C_WAIT_BUSY(i2c);
    I2C_RESET_POS(i2c);             // Only for 16-bit transfer
    i2c->CR1 |= I2C_CR1_START;      // Send I2C START signal
    I2C_START_COMPLETED(i2c);       // START sent?
    i2c->DR = saddr;                // Send with bit 0 = '0'
    I2C_ADDRESS_COMPLETED(i2c);     // Wait for ADDR ACK
    I2C_DUMMY_READ_SR1(i2c);        // Reset SR1
    I2C_DUMMY_READ_SR2(i2c);        // Reset SR2

    I2C_CHECK_TXBUF_EMPTY(i2c);     // Check: Is TX buffer empty?
    i2c->DR = regAddr;              // Send address of the functional
                                    // register
    I2C_CHECK_TXBUF_EMPTY(i2c);     // Check: Is TX buffer empty?
    i2c->CR1 |= I2C_CR1_START;      // Generate I2C RESTART
    I2C_START_COMPLETED(i2c);       // START sent?
    i2c->DR = saddr | 1;            // Resend slave addr: Bit 0 = '1'
    I2C_ADDRESS_COMPLETED(i2c);     // Wait for ADDR ACK
    I2C_DUMMY_READ_SR1(i2c);        // Reset SR1
    I2C_DUMMY_READ_SR2(i2c);        // Reset SR2
    I2C_SET_ACK(i2c);               // Enable Acknowledge

    while(num > 0)                  // Start reading multiple values
    {
        if (num == 1U)              // Only one byte left?
        {
            I2C_RESET_ACK(i2c);            // Disable acknowledge
            i2c->CR1 |= I2C_CR1_STOP;      // Generate STOP signal
            I2C_CHECK_RXBUF_NOT_EMPTY(i2c);
            *data++ = i2c->DR;   // Read data from data register
            break;
```

```
        }
        else                        // More than one byte left
        {
            I2C_CHECK_RXBUF_NOT_EMPTY(i2c);
            (*data++) = i2c->DR; // Read data from data register
            num--;
        }
    }

    return I2C_OK;
}
```

Listing 17.5: Implementierung der Funktion i2cBurstRead()

17.7 Anmerkungen zu den Beispielprojekten

Ich möchte hervorheben, dass die Beispiele `Kap17-I2C-LCD` und `Kap17-I2C-RTC` noch nicht abgeschlossen sind! Darum geht es in diesem Buch aber auch gar nicht: Der Fokus liegt auf der Softwareentwicklung mit der STM32F4xx-Familie und nicht auf der Entwicklung vollständiger Applikationen!

Dennoch möchte ich Sie an dieser Stelle auf Einschränkungen der Projekte aufmerksam machen, die mir selbst aufgefallen sind.

Kap17-I2C-LCD

Der verwendete LCD-Controller auf der Basis des HD44780 ist etwas »pingelig«, was die Einhaltung von Zeiten betrifft. Für einen komfortablen Einsatz des Projekts fehlen aber noch weitere Dinge:

- Eine Funktion, in der man die Ausrichtung des Texts (linksbündig, zentriert, rechtsbündig) angeben kann. Eine derartige Funktion passt aber nicht zum Konzept der MCAL-Bibliothek: Hier handelt es sich vielmehr um eine Art »Komfortfunktion«, die sinnvollerweise in eine weitere separate Bibliothek ausgelagert wird.
- Ein nettes Gimmick wäre beispielsweise auch eine Funktion, die einen Text – vergleichbar mit einem Nachrichtenticker – von rechts nach links oder umgekehrt laufen lässt.
- Derzeit können Sie nur echte ASCII-Zeichen anzeigen lassen. Eine Funktion, die beispielsweise Werte, die im BCD-Format geliefert werden, in die entsprechenden ASCII-Zeichen transformiert, ist ebenfalls eine sinnvolle Erweiterung.

Kap17-I2C-RTC

In diesem Beispiel wird die Echtzeituhr DS3231 von der Firma Maxim Integrated verwendet. Sie verfügt über 19 interne Register, die in Abbildung 17.15 gezeigt werden, die Tabelle habe ich dem Datenblatt zu dieser RTC entnommen. Der DS3231 besitzt einen integrierten Quarz, der die Echtzeituhr taktet. Ein ebenfalls integrierter Temperatursensor sorgt dafür, dass die Taktfrequenz intern nachgeregelt wird, was für eine hohe Ganggenauigkeit der Uhr sorgt. Wahlweise können Sie drei Ausgänge verwenden: Einer kann eine LED ansteuern, die im Sekundentakt blinkt, die beiden anderen können als Alarmsignale verwendet werden, die beim Mikrocontroller Interrupts anfordern.

ADDRESS	BIT 7 MSB	BIT 6	BIT 5	BIT 4	BIT 3	BIT 2	BIT 1	BIT 0 LSB	FUNCTION	RANGE
00H	0	10 Seconds			Seconds				Seconds	00–59
01H	0	10 Minutes			Minutes				Minutes	00–59
02H	0	12/$\overline{24}$	$\overline{\text{AM}}$/PM 10 Hour	10 Hour	Hour				Hours	1–12 + $\overline{\text{AM}}$/PM 00–23
03H	0	0	0	0	0	Day			Day	1–7
04H	0	0	10 Date		Date				Date	00–31
05H	Century	0	0	10 Month	Month				Month/ Century	01–12 + Century
06H	10 Year				Year				Year	00–99
07H	A1M1	10 Seconds			Seconds				Alarm 1 Seconds	00–59
08H	A1M2	10 Minutes			Minutes				Alarm 1 Minutes	00–59
09H	A1M3	12/$\overline{24}$	$\overline{\text{AM}}$/PM 10 Hour	10 Hour	Hour				Alarm 1 Hours	1–12 + $\overline{\text{AM}}$/PM 00–23
0AH	A1M4	DY/$\overline{\text{DT}}$	10 Date		Day				Alarm 1 Day	1–7
					Date				Alarm 1 Date	1–31
0BH	A2M2	10 Minutes			Minutes				Alarm 2 Minutes	00–59
0CH	A2M3	12/$\overline{24}$	$\overline{\text{AM}}$/PM 10 Hour	10 Hour	Hour				Alarm 2 Hours	1–12 + $\overline{\text{AM}}$/PM 00–23
0DH	A2M4	DY/$\overline{\text{DT}}$	10 Date		Day				Alarm 2 Day	1–7
					Date				Alarm 2 Date	1–31
0EH	$\overline{\text{EOSC}}$	BBSQW	CONV	RS2	RS1	INTCN	A2IE	A1IE	Control	—
0FH	OSF	0	0	0	EN32kHz	BSY	A2F	A1F	Control/Status	—
10H	SIGN	DATA	DATA	DATA	DATA	DATA	DATA	DATA	Aging Offset	—
11H	SIGN	DATA	DATA	DATA	DATA	DATA	DATA	DATA	MSB of Temp	—
12H	DATA	DATA	0	0	0	0	0	0	LSB of Temp	—

Abb. 17.15: Register der Echtzeituhr DS3231 (Quelle: Datenblatt von Maxim Integrated)

Zum Projekt gehört unter anderem die Datei `ds3231RTC.h`: Hier habe ich eine sogenannte C-Enumeration vorbereitet, die jeder Registeradresse einen aussagekräftigen Namen zuweist.

Wichtig

Beachten Sie, dass Daten, die in die Register übertragen bzw. aus diesen gelesen werden, im BCD-Format codiert sind! Das Projekt enthält bereits Funktionen, die »normale« Dezimalzahlen in das entsprechende Format konvertieren und umgekehrt.

Das Projekt erlaubt zunächst das Einstellen und das Auslesen der Uhrzeit. Es ist aber offensichtlich, dass noch einige Funktionen fehlen:

- Eine Funktion zur Einstellung des Datums fehlt derzeit vollständig.
- Wird die Funktion `ds3231SetTime(...)` während der Initialisierung aufgerufen, wird der Wunsch nach einer »echten« Uhrenfunktion unterlaufen: Hier muss auf jeden Fall noch etwas geändert werden, sodass die Uhrzeit (und später auch das Datum) nicht bei jedem Reset wieder auf 0 zurückgesetzt wird. Man könnte beispielsweise eine zusätzliche Tastatur vorsehen. Eine bestimmte Tastenkombination erlaubt dann das Stellen der Uhr. Eine derartige Funktion darf aber nicht mehr im Initialisierungsteil des Projekts stehen, sondern muss in die Endlosschleife ausgelagert werden. Hier bietet sich die Entwicklung eines Kommando-Interpreters an.
- Es fehlen noch Funktionen, die für die Einstellung von Weck- oder Erinnerungszeiten (Alarmfunktion) genutzt werden können.
- Soll die Uhr international eingesetzt werden? Dann fehlt ebenfalls noch eine Funktion für die Umschaltung zwischen 12- und 24-Stunden-Modus. Im 12-Stunden-Modus muss es dann die Möglichkeit geben, zwischen AM und PM umzuschalten bzw. dies anzuzeigen!

Werden die genannten Hinweise und Ideen berücksichtigt, lässt sich durch geeignete Kombinationen der Ideen ein »richtig schönes« Projekt herstellen. Der Einsatz weiterer Sensoren ermöglicht z.B. eine Wetterstation, die neben der Temperatur auch die Luftfeuchtigkeit, die Windgeschwindigkeit usw. misst. Diese Gedanken lassen sich noch erweitern, sodass sich im Bereich der Heimautomatisierung viele nützliche Anwendungen erschließen: das Ein-/Ausfahren eines Sonnendachs bei entsprechenden Windstärken, eine automatische Verdunklung der Fenster mit motorgetriebenen Jalousien bei Abwesenheit, das Regeln der Heizungsanlage, die automatische Bewässerung von Pflanzen oder die automatische Fütterung von Zierfischen.

Kap17-I2C-Address-Finder

Ich habe einige Datenblätter zu verschiedenen I²C-Peripheriekomponenten studiert und hatte einige Male Schwierigkeiten, die I²C-Adresse eindeutig zu bestimmen. Ich habe daher ein weiteres Projekt mit dem Namen `Kap17-I2C-Address-Finder` entwickelt, das die Bestimmung der Adressen erleichtern soll. Nacheinander sendet das Programm I²C-Adressen zwischen 0 und 127 an die angeschlossene Schaltung und wertet die Antworten aus. Die Ergebnisse werden über die USART2-Schnittstelle an ein Terminalprogramm, wie z.B. HTerm, gesendet und dort angezeigt. Auf eine detaillierte Beschreibung des Programms verzichte ich, da Ihnen die eingesetzten Techniken bereits bekannt sind.

Hinweis

Das Tool `Kap17-I2C-Address-Finder` ist allerdings nicht perfekt! Besonders, wenn ich ein LC-Display angeschlossen hatte, fiel mir auf, dass das Programm nicht bis zum Ende durchläuft. Internet-Recherchen ergaben, dass die Ursache möglicherweise in einer fehlerhaften Behandlung des Busy-Bits begründet ist, die sich durch alle STM32Fx-Mikrocontroller zieht! Im Internet lassen sich sogenannte »Workarounds« finden, die bei mir aber nicht funktionierten. Falls Sie hier eine funktionierende Lösung finden, bitte ich Sie, sie mit mir zu teilen und auf diese Weise auch anderen Lesern zuteilwerden zu lassen.

Ich wünsche Ihnen nun viel Spaß bei der Nutzung des I^2C-Busses und biete Ihnen an dieser Stelle an, Sie bei Fragen zur Programmierung per E-Mail (`embedded@ralf-jesse.de`) zeitnah zu unterstützen.

Kapitel 18

Serial Peripheral Interface SPI

Eine ebenfalls sehr häufig verwendete serielle Schnittstelle ist das *Serial Peripheral Interface* (*SPI*). Anders als beim I^2C-Bus erfolgt hier die Ansteuerung der reichhaltig verfügbaren Peripherie (Echtzeituhren, externes RAM oder Flash-ROM, D/A- und A/D-Wandler usw.) aber nicht über Adressen: Hier wird das Zielgerät über eine Enable-Leitung ausgewählt. SPI wurde von der Firma Motorola entwickelt und von Beginn an für hohe Datenübertragungsraten im MHz-Bereich ausgelegt. SPI ist, ebenso wie I^2C, ein synchrones Bussystem und benötigt daher ein Taktsignal, das vom Master generiert wird.

SPI ist ein *Voll-Duplex-Bus*. Das bedeutet, dass Daten gleichzeitig gesendet und auch empfangen werden können. Um das zu erreichen, sind für die Daten zwei Leitungen erforderlich:

- Über die *SDO*-Leitung, die häufig auch als *MOSI* (*Master Out, Slave In*) bezeichnet wird, sendet der Master Daten an das Zielgerät.
- Über die *SDI*-Leitung, die entsprechend als *MISO* (*Master In, Slave Out*) bekannt ist, empfängt der Master Daten, die von einem Slave als Antwort gesendet werden.

Wenn *Halb-Duplex* ausreicht – und Voll-Duplex demnach nicht erforderlich ist –, kann für das Senden und Empfangen von Daten auch die MOSI-Leitung des Masters genutzt werden: Hierfür lassen sich die SPI-Interfaces der STM32F4xx-Mikrocontroller so konfigurieren, dass die MOSI- und die MISO-Leitungen intern unmittelbar miteinander verbunden werden.

Hinweis

Der STM32F446 verfügt über insgesamt vier SPI-Schnittstellen. SPI1 und SPI4 sind an den APB2-Bus angeschlossen und können somit mit einer Frequenz von bis zu 90 MHz getaktet werden. Die Interfaces SPI2 und SPI3 sind an APB1 angeschlossen und können daher »nur« mit 45 MHz getaktet werden.

Die dritte Leitung ist dann die *SCK*-Leitung, über die das Taktsignal gesendet wird. Die übliche Bezeichnung, oben auch Enable-Leitung genannt, lautet offiziell *SS*, was für *Slave Select* steht.

Hinweis

Motorola ist inzwischen Teil von NXP, der Halbleitertochter der Firma Philips.

Abbildung 18.1 und Abbildung 18.2 zeigen die möglichen Konfigurationen:

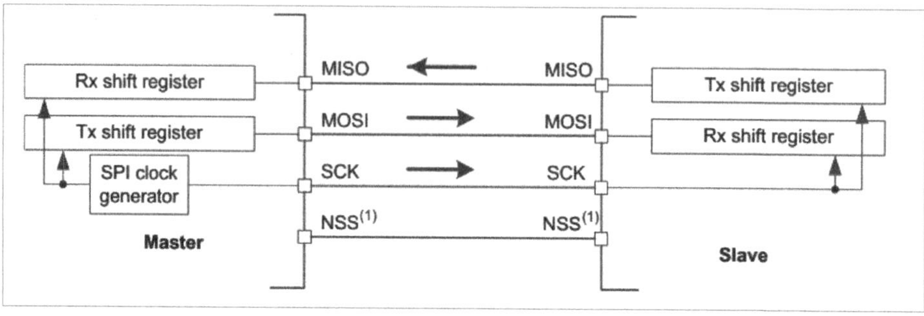

Abb. 18.1: SPI im Voll-Duplex-Betrieb

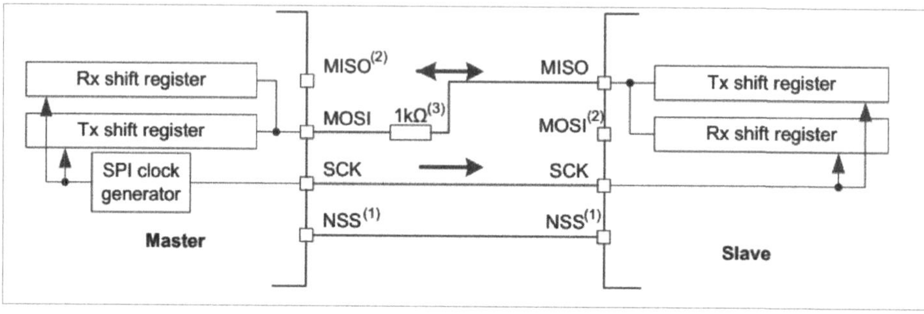

Abb. 18.2: SPI im Halb-Duplex-Betrieb

Wenn der Datentransfer ausschließlich in eine Richtung erfolgen muss, besteht zudem die Möglichkeit, die SPI-Interfaces der STM-Mikrocontroller für den *Simplex*-Modus zu konfigurieren. In diesem Fall wird ebenfalls nur eine Datenleitung benötigt. Für die Auswahl des Datenempfängers (Slave) wird für jeden Slave eine GPIO-Leitung benötigt (um hier Portleitungen einzusparen, können Sie wieder einen PCF8574/PCF8575 verwenden, den Sie im I²C-Kapitel kennengelernt haben). Die GPIO-Leitungen sind in Abbildung 18.1 und Abbildung 18.2 mit *NSS* bezeichnet, wobei das *N* bedeutet, dass der Pegel auf 0 V »heruntergezogen« werden muss, um den entsprechenden Slave zu aktivieren.

Abbildung 18.3 zeigt eine typische Anwendung.

Wichtig

Bei der in Abbildung 18.3 gezeigten typischen Anwendung wird der mit NSS bezeichnete Anschluss des Masters *nicht* verwendet. Er muss in diesem Fall deaktiviert werden, um Konflikte bei der Slave-Ansteuerung zu vermeiden. Dies erreicht man durch das Setzen der Bits `SSM` und `SSI` im Steuerregister 1 (`SPI_CR1`) auf den Wert »1«.

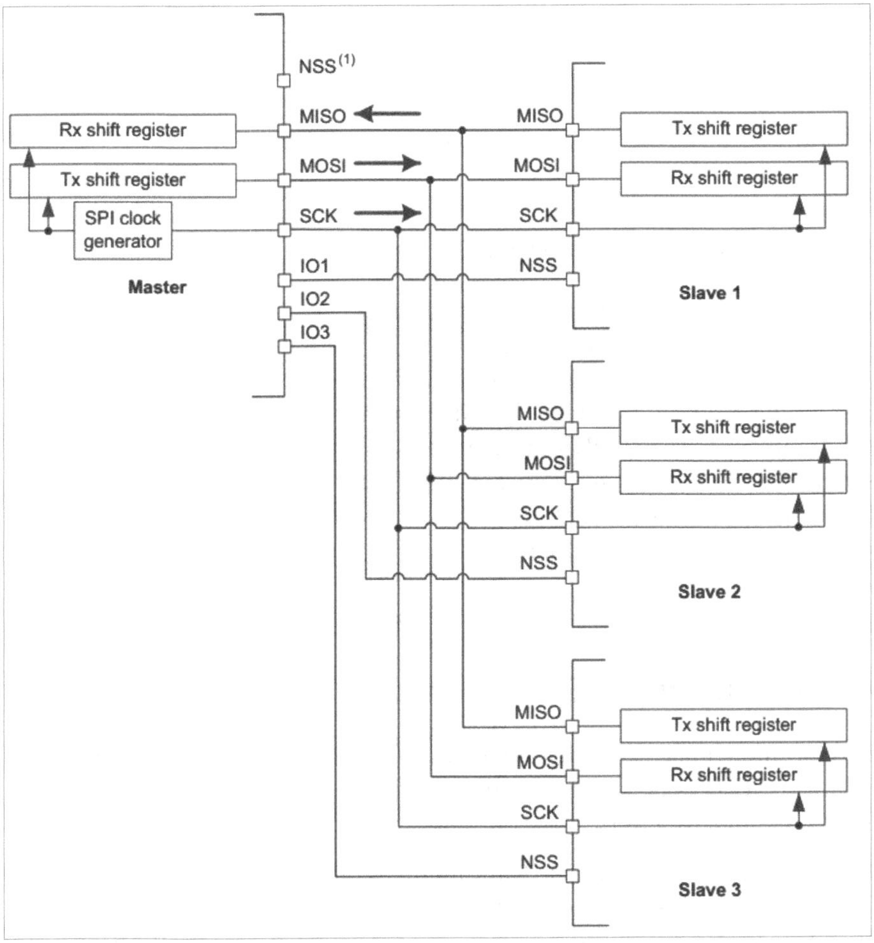

Abb. 18.3: Typische Anwendung von SPI

Wichtig

Weiterhin ist es wichtig, dass die alternative Funktion der entsprechenden GPIO-Pins aktiviert werden muss. Die Pins werden im Push-Pull-Modus betrieben.

Hinweis

Wahlweise können drei der vier vorhandenen SPI-Interfaces, nämlich SPI1, SPI2 und SPI3, auch als *I²S* (*Inter-Integrated Circuit Sound*) eingesetzt werden. Auf diese Betriebsart werde ich in diesem Buch allerdings nicht weiter eingehen!

Der im oberen Kasten erwähnte NSS-Pin bietet, abhängig von der Betriebsart, verschiedene Funktionen:

- Er kann dazu genutzt werden, einen bestimmten Slave als Ziel auszuwählen.
- Er kann ebenfalls eingesetzt werden, um Daten-Frames miteinander zu synchronisieren.
- Die dritte Anwendungsmöglichkeit besteht darin, einen Konflikt in einem Multi-Master-System zu entdecken.

Hinweis

Die Beschreibung des NSS-Pins im Referenzhandbuch ist zu umfangreich, um sie hier wiederzugeben: In meiner beruflichen Praxis habe ich verschiedene Slaves immer über mehrere GPIO-Pins aktiviert. Wenn Sie zu diesem Thema mehr wissen müssen, verweise ich Sie an dieser Stelle auf das Referenzhandbuch: Aus Platzgründen (und aus Mangel an entsprechenden Komponenten in meinem Labor) könnte ich das Thema hier nur theoretisch und ohne Funktionsgarantie angehen.

18.1 Datentransfer in SPI-Interfaces

Wie bereits einige Male erwähnt, handelt es sich bei SPI um eine synchrone serielle Schnittstelle. Dies bedeutet, dass der Master die Taktimpulse für die Übertragung der Datenbits generiert.

Der Ruhezustand der Taktimpulse kann mit dem CPOL-Bit des SPI Control Register 1 (SPIx_CR1) wahlweise als *Active Low* oder *Active High* eingestellt werden. Entsprechend kann ein Taktimpuls mit einer ansteigenden Flanke (Ruhezustand: *Active Low*) oder mit einer abfallenden Flanke (Ruhezustand: *Active High*) beginnen. Mit dem CPHA-Bit von SPIx_CR1 können Sie zudem einstellen, ob ein Taktimpuls die Datenübertragung während des Wechsels vom Ruhe- in den Aktivzustand oder umgekehrt auslöst: Insgesamt stehen Ihnen hier also vier Einstellmöglichkeiten zur Verfügung.

Abbildung 18.4 und Abbildung 18.5, die ich dem Referenzhandbuch entnommen habe, fassen die Einstellmöglichkeiten zusammen.

18.1.1 CPHA = 1

Wenn die Phasenverschiebung aktiv ist (CPHA = »1«), beginnt die Datenübertragung mit dem zweiten Taktimpuls. Der Ruhezustand des Taktimpulses – wenn also kein Taktsignal generiert wird – wird durch den Wert des CPOL-Bits bestimmt. Ist CPOL = »1«, ist die Taktleitung dauerhaft auf High-Pegel. Ist CPOL = »0«, ist der Ruhezustand des Taktsignals auf Low-Pegel. Die Phasenverschiebung bewirkt, dass das Taktsignal vom Ruhezustand in den Aktivzustand wechselt.

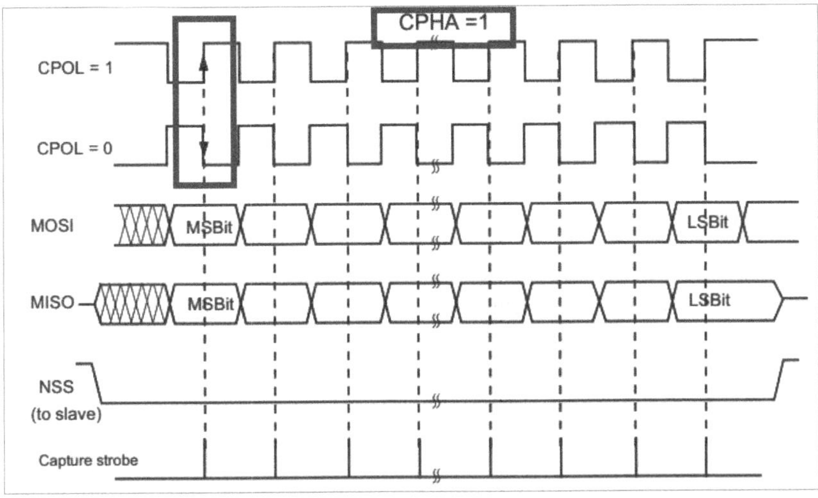

Abb. 18.4: Phasenverschiebung = 1

Beispiel

Grundsätzlich gilt, dass im Ruhezustand die Taktleitung auf einem festen Level ist und keine Taktimpulse erzeugt werden. Wenn, wie im oberen Teil von Abbildung 18.4 gezeigt, CPOL den Wert »1« hat, bedeutet das, dass am Taktsignal dauerhaft High-Level ansteht. Umgekehrt verhält es sich, wenn CPOL = »0« ist. Werden nun Daten gesendet – dann werden auch Taktsignale generiert –, wird der Takt mit einem Wechsel Low → High erzeugt. Ist CPOL = »0«, beginnt ein Taktimpuls mit dem Wechsel High → Low.

18.1.2 CPHA = 0

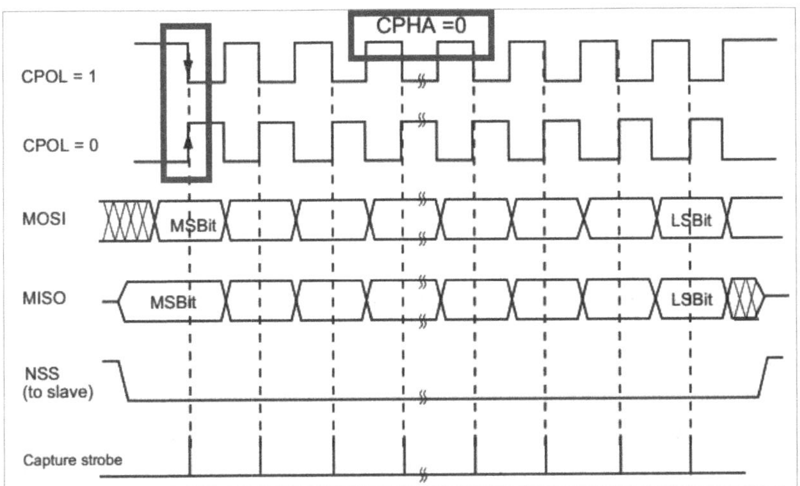

Abb. 18.5: Phasenverschiebung = 0

In Abbildung 18.5 erkennen Sie, dass sich die Verhältnisse hier umkehren. Wenn CPOL = »1« ist, wird das Taktsignal mit einem Wechsel High → Low eingeleitet. Entsprechend beginnt das Taktsignal mit dem Wechsel Low → High, wenn CPOL = »0« ist. Sie können ebenfalls erkennen, dass die Datenübertragung hier (CPHA = »0«) bereits mit dem ersten Taktimpuls beginnt.

18.1.3 Anwendung von SPI

Die Anwendung von SPI unterscheidet sich nicht sehr deutlich von I^2C. Beide Bussysteme sind für die Datenübertragung über kurze Entfernungen vorgesehen, die Übertragungsrate von mehreren MBit pro Sekunde ist bei SPI allerdings höher als bei I^2C. Dafür benötigt SPI allerdings für jeden angeschlossenen Busteilnehmer ein separates *Slave-Select-Signal* (*SS*).

Vergleichbar sind daher auch die Einsatzgebiete. Ob A/D- oder D/A-Wandler, Echtzeituhren usw.: Für SPI sind praktisch die gleichen Peripheriekomponenten erhältlich, die es auch für I^2C gibt. Aufgrund der höheren Datenrate ist SPI aber auch sehr gut für die Speicherung von Daten auf externen Speichermodulen (Flash, RAM, EEPROM) und deren Wiederherstellung geeignet. Da bei modernen Grafikdisplays große Datenmengen übertragen werden (können), ist SPI im Vergleich zu I^2C hier ebenfalls besser geeignet.

Hinweis

Obwohl es Grafik-Displays auch mit SPI-Schnittstellen gibt, ist aufgrund der großen Datenmengen die direkte parallele Datenübertragung häufig vorzuziehen. Der Nachteil, dass hierfür viele GPIO-Leitungen benötigt werden, wird hier durch die erheblich höhere Übertragungsgeschwindigkeit im Vergleich zu seriellen Schnittstellen kompensiert. Letztendlich ist es immer eine projektabhängige Entscheidung, welche der Varianten eingesetzt wird. In meiner beruflichen Praxis habe ich in verschiedenen Projekten häufig SPI-Flashmodule, SPI-EEPROMS und SPI-Potis verwendet. Der Flashspeicher wurde beispielsweise in Verbindung mit einem sogenannten »Secondary Bootloader« dazu genutzt, Software-Updates zunächst in einem sicheren Bereich zu speichern und anschließend in den Zielspeicher der Software zu transferieren. Nach einem Reset startete die Software dann mit der aktuellen Firmware.

18.2 SPI-Register der STM32F4xx-Familie

In den folgenden Abschnitten werden die wichtigsten Register der SPI-Interfaces beschrieben. Da die SPI-Komponenten in der Betriebsart I^2S (Inter-Integrated Sound) wahlweise auch für die Übertragung von Audiodaten verwendet werden können, stehen hier weitere Register zur Verfügung, die in diesem Buch aber nicht beschrieben werden.

SPI Control Register 1 und 2 (SPI_CR1, SPI_CR2)

Mit den Registern *SPI Control Register 1* (*SPI_CR1*) und *SPI Control Register 2* (*SPI_CR2*) wird die Basiskonfiguration des SPI-Betriebs eingestellt.

15	14	13	12	11	10	9	8	7	6	5	4	3	2	1	0
BIDI MODE	BIDI OE	CRC EN	CRC NEXT	DFF	RX ONLY	SSM	SSI	*LSB FIRST*	SPE	BR [2:0]			MSTR	CPOL	CPHA
rw	rw	rw	rw	rw	rw	rw	rw	rw	rw	rw	rw	rw	rw	rw	rw

Abb. 18.6: SPI Control Register 1 (SPI_CR1)

Bit(s)	Bezeichnung	Bedeutung
15	BIDI Mode	Daten können in zwei Richtungen übertragen werden (Master → Slave bzw. Slave → Master). Wahlweise können Sie hier im Voll-Duplex-Modus zwei Leitungen verwenden (MOSI und MISO). Reicht Halb-Duplex, wird nur eine Datenleitung benötigt. In diesem Fall muss die MOSI-Leitung des Masters als gemeinsame Datenleitung verwendet werden! 0: Es werden zwei Leitungen verwendet. 1: Es wird nur eine Leitung verwendet.
14	BIDI OE	Aktiviert/deaktiviert (BIDI Output Enable) den Ausgangstreiber: 0: Daten können nur empfangen werden. 1: Daten können nur gesendet werden.
13	CRCEN	Aktiviert/deaktiviert die integrierte Einheit zur Berechnung einer Checksumme. Im I²S-Modus hat dieses Bit keine Funktion.
12	CRCNEXT	0: Das nächste Byte ist ein Nutzwert (Datenbyte). 1: Das nächste Byte ist eine Checksumme.
11	DFF	Data Frame Format 0: Daten werden als Byte gesendet (8 Bit). 1: Daten werden als Wort gesendet (16 Bit).
10	RXONLY	Aktiviert den Receive-only-Modus. 0: Voll-Duplex-Modus (Senden und Empfangen). 1: Deaktiviert den Ausgang.
9	SSM	Software Slave Management Dieses Bit steht in direktem Zusammenhang mit dem NSS-Anschluss. Wie weiter oben bereits erwähnt, stehen mir Möglichkeiten zum Testen der Funktionalität selbst nicht zur Verfügung.
8	SSI	Internal Slave Selection Dieses Bit wirkt unmittelbar mit dem SSM-Bit zusammen.
7	LSBFIRST	Bezieht sich auf die Formatierung der Daten. 0: Das MSB wird zuerst gesendet. 1: Das LSB wird zuerst gesendet.

Tabelle 18.1: Das SPI_CR1-Register

Bit(s)	Bezeichnung	Bedeutung
6	SPE	SPI Enable 0: SPI-Peripherie ist nicht aktiviert. 1: SPI-Peripherie ist aktiviert.
5:3	BR	Baud Rate Control Die Baudrate steht in direktem Zusammenhang mit der Taktfrequenz (f_{PCLK}), mit der die Komponente getaktet wird. Mit drei Bit können acht Taktfrequenzen eingestellt werden (von 000_2 bis 111_2). In dieser Reihenfolge beträgt sie $f_{PCLK}/2$, $f_{PCLK}/4$, $f_{PCLK}/8$, $f_{PCLK}/16$, $f_{PCLK}/32$, $f_{PCLK}/64$, $f_{PCLK}/128$ und $f_{PCLK}/256$.
2	MSTR	Master-Mode-Selection 0: Die SPI-Komponenten werden als Slave verwendet. 1: Die SPI-Komponenten werden als Master verwendet.
1	CPOL	Legt die Polarität des Taktsignals fest. Der Ruhepegel liegt an, wenn kein Taktsignal erzeugt wird. 0: Ruhepegel ist Low. 1: Ruhepegel ist High.
0	CPHA	Legt die Phasenlage des Takts fest. 0: Daten werden mit dem ersten Takt übertragen. 1: Daten werden mit dem zweiten Takt übertragen.

Tabelle 18.1: Das SPI_CR1-Register (Forts.)

15	14	13	12	11	10	9	8	7	6	5	4	3	2	1	0
								TXEIE	RXNEIE	ERRIE	FRF		SSOE	TXDMAEN	RXDMAEN
								rw	rw	rw	rw		rw	rw	rw

Abb. 18.7: Das SPI_CR2-Register

Bit(s)	Bezeichnung	Bedeutung
15:8	reserviert	Diese Bits werden nicht genutzt und dürfen nicht modifiziert werden.
7	TXEIE	Interrupt, wenn der Transmit-Buffer leer ist (bereit für die Aufnahme neuer Daten). 0: Interrupt ist deaktiviert. 1: Interrupt ist aktiviert.
6	RXNEIE	Interrupt, wenn Daten empfangen wurden. 0: Interrupt ist deaktiviert. 1: Interrupt ist aktiviert.

Tabelle 18.2: Das SPI_CR2-Register

Bit(s)	Bezeichnung	Bedeutung
5	ERRIE	Interrupt wird ausgelöst, wenn ein Überlauf-Fehler (OVR, Overrun), ein Checksummen-Fehler (CRCERR) oder ein Frame Error (FRE, Datenformatfehler) aufgetreten ist. Er wird ebenfalls ausgelöst, wenn die falsche Betriebsart (MODEF) gewählt wurde. 0: Interrupt ist deaktiviert. 1: Interrupt ist aktiviert. Die Aufzählung gilt nur für den SPI-Modus. Im I²S-Modus werden andere Interrupts ausgelöst.
4	FRF	Datenformat (Frame Format) 0: Aktiviert den Standardmodus (Motorola). 1: Aktiviert den TI-Modus (TI = Texas Instruments).
3	reserviert	Nicht genutzt. Wird von der Hardware immer auf »0« gesetzt.
2	SSOE	Slave Select Output Enable 0: Output ist im Master-Modus deaktiviert. Ermöglicht Multi-Master-Modus. 1: Output ist im Master-Modus aktiviert. Multi-Master-Modus ist nicht möglich.
1	TXDMAEN	Senden im DMA-Modus. 0: DMA ist deaktiviert. 1: DMA ist aktiviert.
0	RXDMAEN	Datenempfang im DMA-Modus 0: DMA ist deaktiviert. 1: DMA ist aktiviert.

Tabelle 18.2: Das SPI_CR2-Register (Forts.)

Hinweis

Der DMA-Modus (*Direct Memory Access*) wird im nächsten Buchteil beschrieben.

Das SPI Status Register (SPI_SR)

Das *SPI Status Register* (*SPI_SR*) informiert über den Zustand der SPI-Schnittstelle. Es gibt in erster Linie Auskunft über das Auftreten von Interrupt-Anforderungen und um welchen Interrupt es sich handelt. Die Beschreibung der verschiedenen Bits lasse ich hier aus, da sie unmittelbar mit SPI_CR2 zusammenhängen.

15	14	13	12	11	10	9	8	7	6	5	4	3	2	1	0
							FRE	BSY	OVR	MODF	CRC ERR	UDR	CHSIDE	TXE	RXNE
							r	r	r	r	rc_w0	r	r	r	r

Abb. 18.8: Das SPI Status Register (SPI_SR)

Nach einem Reset hat dieses Register den Wert 2. Der Grund hierfür ist, dass das Transmit-Register leer und somit sofort zur Aufnahme von Daten bereit ist.

Die Checksummen-Register (CRC)

CRC ist die Abkürzung von *Cyclic Redundancy Check*. Mit den Registern *SPI CRC Polynomial Register* (*SPI_CRCPR*), *SPI RX CRC Register* (*SPI_RXCRCR*) und *SPI TX CRC Register* (*SPI_TXCRCR*) stehen insgesamt drei Register zur Verfügung, mit denen der Erfolg einer Datenübertragung geprüft werden kann.

Während die Register `SPI_RXCRCR` und `SPI_TXCRCR` nur lesbar sind, dient das `SPI_CRCPR` zur Aufnahme des von Ihnen definierten Polynoms, mit dem die Prüfziffer berechnet wird.

Kurzer Ausflug in die CRC-Berechnung

Das `SPI_CRCPR` ist ein 16-Bit-Register und kann ein sogenanntes *Generator-Polynom* aufnehmen. Man könnte hier sämtliche 16 Bit verwenden, sodass eine Folge der Form

$$a \times x^{15} + a \times x^{14} + a \times x^{13} + \ldots + a \times x^{2} + a \times x^{1} + a \times x^{0}$$

entsteht. a kann hierbei den Wert »0« oder »1« annehmen und zeigt an, ob dieser Teil des Polynoms zur Berechnung verwendet werden soll oder eben nicht. Die höchste Potenz, bei der a den Wert »1« hat, bestimmt den *Grad* des Polynoms. Wenn der Wert dieses Registers den dualen Wert »0000 0000 1000 1101« hätte, sieht man, dass das höchste gesetzte Bit an der Position »7« steht, was dem Wert $1 \times x^7$ entspricht: Das Polynom ist in diesem Fall ein Polynom siebten Grades.

Führende Nullen werden aber nicht aufgeschrieben: Die nutzbare Form des Generator-Polynoms wäre in diesem Fall also $x^7 + x^3 + x^2 + 1$ (ein beliebiger Wert »hoch 0« ist immer »1«). Als Binärmuster entspricht das dann dem Generator-Polynom »1000 1101«. Der Polynom-Grad (hier also »7«) entspricht der Anzahl Nullen, die an den Nutzwert angehängt werden.

Die zu übertragende Information wird dann durch das Polynom dividiert (Stichwort: Polynom-Division). Diese Division wird einen Rest ergeben! Wenn dieser Rest an die Nutzdaten angehängt wird, erhalten wir den Wert, der tatsächlich übertragen wird.

Hinweis

Wenn Sie nähere Informationen zur Berechnung einer Polynom-Division benötigen, finden Sie gute Beispiele auf den Internetseiten `https://www.mikrocontroller.net/articles/CRCcontroller.net` und `https://de.wikipedia.org/wiki/Zyklische_Redundanzprüfung`.

Auf der Webseite der Hochschule Trier gibt es einen Onlinerechner, mit dem Sie CRC-Prüfziffern leicht berechnen können: Das Tool, das Sie unter dem Link `https://public.hochschule-trier.de/~knorr/crc.php` finden, zeigt hierbei auch die erforderlichen Rechenschritte an.

Wenn Sie in Ihren Projekten die Absicherung der Kommunikation mit CRC verwenden wollen, müssen Sie folgende Dinge beachten:

- Der Algorithmus muss auf der Senderseite identisch mit dem der Empfängerseite sein.
- Es muss bekannt sein, ob überhaupt ein CRC verwendet wird: Wird dieser nämlich nur auf einer der beiden Seiten eingesetzt, also auf Sender- oder auf Empfängerseite, wird immer ein Fehler erkannt.
- Die Verwendung der CRC bietet keine absolute Garantie für eine korrekte Datenübertragung. Die Wahrscheinlichkeit, Fehler zu erkennen, ist allerdings relativ hoch.
- Sie können CRC nicht zur Korrektur der Daten verwenden. Das Verfahren dient im Wesentlichen dazu, Fehler zu erkennen, die durch äußere Einflüsse, z.B. durch Störimpulse, verursacht werden.

SPI CRC Polynomial Register (SPI_CRCPR)

Das *SPI CRC Polynomial Register* (*SPI_CRCPR*) ist ein 16-Bit-Register, das sowohl Lese- als auch Schreibzugriff ermöglicht. Hier wird das Polynom eingetragen, das für die Berechnung der Checksumme verwendet wird.

SPI TX CRC Register (SPI_TXCRCR)

Dem *SPI TX CRC Register* (*SPI_TXCRCR*) kann die Checksumme entnommen werden, die nach der Übertragung von nacheinander übertragenen Bytes berechnet wurde. Auch hierbei handelt es sich um ein 16-Bit-Register. 16 Bit werden aber nur verwendet, wenn das DFF-Bit (*Data Frame Format*) in SPI_CR1 auf »1« gesetzt ist und somit 16-Bit-Daten gesendet werden. Ist die Datenwortlänge hingegen auf acht Bit gesetzt (DFF = »0«), werden nur die unteren acht Bit verwendet.

SPI RX CRC Register (SPI_RXCRCR)

Für das *SPI RX CRC Register* (*SPI_RXCRCR*) gilt das Gleiche, das bereits für das SPI_TXCRCR erwähnt wurde: Es werden nur die Bits verwendet, die der Datenwortlänge entsprechen.

Das SPI Data Register (SPI_DR)

Beim *SPI Data Register* (*SPI_DR*) handelt es sich um ein 16-Bit-Register. Üblicherweise werden hier nur die unteren acht Bit (7:0) verwendet: Dies gilt zumindest für die am häufigsten eingesetzte Variante der Motorola-Implementierung. In diesem Fall werden die oberen acht Bit von der Hardware auf den Wert »0« gesetzt. Die SPI-Peripherie der STM32F4xx-Familie unterstützt nämlich ebenfalls die

Implementierung von Texas Instruments (TI): In diesem Fall können auch Wörter mit einer Länge von 16 Bit übertragen werden.

Hinweis

Im I²S-Betrieb werden die CRC-Register nicht genutzt!

18.3 Ein einfaches Beispiel mit dem MAX7219

Bei dem MAX7219 von der Firma *Maxim Integrated* handelt es sich um einen sehr beliebten Treiberbaustein für bis zu 64 LEDs, der häufig in den folgenden Applikationen eingesetzt wird:

- Als Treiber für 7-Segment-Anzeigen, wobei die Anzeige aus acht Stellen bestehen kann.
- Als Treiber für LED-Matrizen für bis zu 64 Leuchtdioden, die in acht Reihen mit jeweils acht Spalten angeordnet sind.

Der MAX7219 ist mit einer SPI-Schnittstelle ausgestattet, sodass neben der Versorgungsspannung in Höhe von typisch 5 V zu seiner Ansteuerung nur eine DIN-Leitung (Data In, MISO), eine Taktleitung (CLK) sowie eine Chip-Select-Leitung (CS) benötigt werden.

Wichtig

Da am MAX7219 zur Erkennung eines logischen High-Pegels mindestens 3,5 V erforderlich sind, die STM32F4xx aber nur maximal 3,3 V liefern können, kann es hier ohne weitere Maßnahmen zu dem Problem kommen, dass die Anzeige nicht bzw. nicht einwandfrei funktioniert: Sie sollten hier *immer* einen sogenannten Level-Shifter (Pegelwandler) zwischen dem Mikrocontroller und dem MAX7219 vorsehen! Obwohl etwas überdimensioniert, habe ich in der folgenden Schaltung einen YF08E als Pegelwandler verwendet. Die Überdimensionierung besteht darin, dass er acht Signale wandeln kann, wir aber nur drei benötigen. Es gibt jedoch auch kleinere Vertreter dieses Chips, z.B. den YF04E für vier Signalleitungen. Damit dieser Chip bestimmungsgemäß eingesetzt werden kann, müssen Sie sowohl die 3,3-V- wie auch die 5-V-Versorgungspins des Nucleo-Boards verwenden.

Abbildung 18.9 zeigt das vereinfachte Schaltbild, das Sie nachbauen müssen, um das Beispiel nachvollziehen zu können.

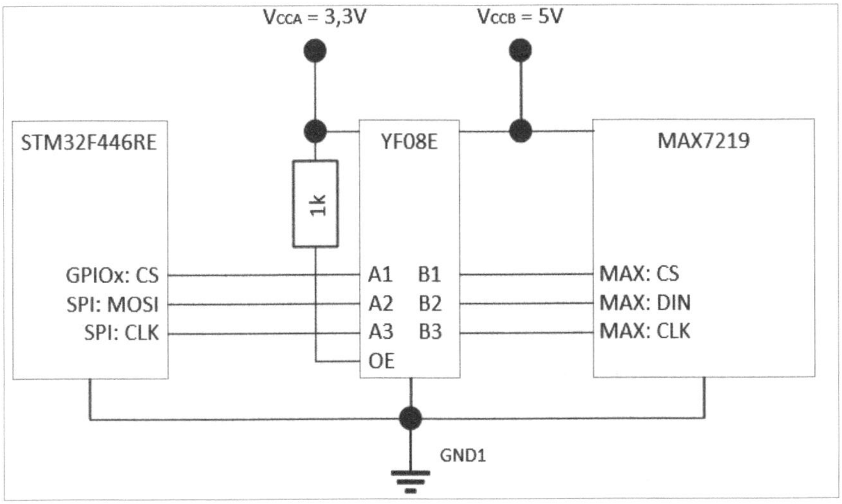

Abb. 18.9: Schaltplan zur Testschaltung

Hinweis

Das vereinfachte Schaltbild reicht völlig aus, um das Beispiel nachzubauen, da es für wenig Geld funktionsbereite Schaltungen um den MAX7219 zu kaufen gibt. Hier können Sie üblicherweise zwischen bis zu vier LED-Matrizen oder einer achtstelligen 7-Segment-Anzeige wählen. Die Preise bewegen sich im Bereich von weniger als 10 Euro. Der Level-Shifter schlägt mit ca. 1 bis 2 Euro zu Buche. Die Schaltung lässt sich einfach auf einem Steckbrett (Breadboard) realisieren, die Entwicklung einer Platine ist nicht erforderlich.

Dieses Programm steuert ein achtstelliges 7-Segment-Display unter Einsatz des MAX7219 an. Es zählt von 0 bis 99.999.999, schaltet bei Erreichen des Maximalwertes wieder auf 0 zurück und beginnt von vorne.

Hinweis

Wenn Sie `#define MCAL` auskommentieren – somit also die Programmierung des STM32F446 unmittelbar über die Register durchführen –, wundern Sie sich bitte nicht, dass im Projekt teilweise dennoch MCAL-Funktionen verwendet werden: Ich habe in diesem Fall nur die Initialisierung der Portleitungen und der SPI-Schnittstelle über die MCU-Register durchgeführt, da das Listing sonst viel zu umfangreich geworden wäre.

Vorsicht

Die Ansteuerung von LEDs – besonders bei Einsatz einer Matrix – kann einen derart hohen Strom aufnehmen, dass das NUCLEO-Board hierdurch beschädigt wird. Aus diesem Grund habe ich für die Ansteuerung des Displays (inklusive des MAX7219) ein externes Labornetzteil verwendet!

```
1  /**
2   * Kap18-SPI-7-Segment-Display
3   * ===========================
4   * Ansteuerung einer 7-Segment-Anzeige mit dem MAX7219 ueber SPI.
5   */
6
7  #include <stm32f4xx.h>
8  #include <stdint.h>
9  #include <stdbool.h>
10
11 /**
12  * Kommentar in Zeile 14 entfernen, wenn Sie die MCAL testen möchten.
13  */
14 //#define MCAL
15 /**
16  * Kommentar einfuegen fuer SPI-16-Bit-Datenformat
17  */
18 //#define SPI_DATAFORMAT_8BIT
19
20 #include <mcalSysTick.h>
21 #include <mcalGPIO.h>
22 #include <mcalSPI.h>
23 #include <max7219.h>
24
25 void max7219Init(SPI_TypeDef *spi);
26
27 bool timerTrigger = false;
28
29
30 int main(void)
31 {
32     GPIO_TypeDef *port = GPIOA;
33     SPI_TypeDef  *spi  = SPI1;
34     uint32_t      spiTimer = 0UL;
```

```
    uint32_t      data = 1234UL;
    uint8_t       d0, d1, d2, d3, d4, d5, d6, d7;

#ifdef MCAL     // Start der MCAL-Version

    // Initialisiert den Systick-Timer
    systickInit(SYSTICK_1MS);
    systickSetMillis(&spiTimer, 1);

    // SPI: Wir verwenden GPIOA
    gpioInitPort(port);
    gpioSelectPinMode(port, PIN4, OUTPUT);     // PA4 = ~CS im Pull-up-Modus
    gpioSelectPushPullMode(port, PIN4, PULLUP);
    gpioSelectPinMode(port, PIN5, ALTFUNC); // PA5 = SPI1 Clock
    gpioSelectAltFunc(port, PIN5, AF5);
    gpioSelectPinMode(port, PIN7, ALTFUNC); // PA7 = SPI1 MOSI
    gpioSelectAltFunc(port, PIN7, AF5);

    // Init SPI1
    spiSelectSPI(spi);
#ifdef SPI_DATAFORMAT_8BIT
    spiSelectSPI(spi, CLK_DIV_16, DATA_FORMAT_8, SSM_ON, SSI_LVL_HIGH,
                 MASTER, SPI_PHASE_EDGE_1, SPI_IDLE_LOW);
#else
    spiSelectSPI(spi, CLK_DIV_16, DATA_FORMAT_16, SSM_ON, SSI_LVL_HIGH,
                 MASTER, SPI_PHASE_EDGE_1, SPI_IDLE_LOW);
#endif

#else       // Ende der MCAL-Version, Beginn: Direkte Registerprogrammierung

    // Konfiguration des SysTick-Timers
    SystemCoreClockUpdate();
    SysTick_Config(SystemCoreClock / 1000);

    // Konfiguration von GPIOA
    RCC->AHB1ENR |= RCC_AHB1ENR_GPIOAEN;   // GPIOA: Bustakt aktivieren
    port->MODER  &= ~GPIO_MODER_MODE4_Msk; // PA4  : Reset
    port->MODER  |= GPIO_MODER_MODE4_0;    // PA4  : Output

    port->MODER  &= ~GPIO_MODER_MODE5_Msk; // PA5  : Reset d. Betriebsart
```

```
    port->MODER  |= GPIO_MODER_MODE5_1;      // PA5  : AF-Modus SPI CLK
    port->AFR[0] |= (GPIO_AFRL_AFRL5_2 |     // PA5  : AF5 waehlen
                     GPIO_AFRL_AFRL5_0);

    port->MODER  &= ~GPIO_MODER_MODE7_Msk;  // PA7  : Reset d. Betriebsart
    port->MODER  |= GPIO_MODER_MODE7_1;      // PA7  : AF-Modus SPI MOSI
    port->AFR[0] |= (GPIO_AFRL_AFRL7_2 |     // PA7  : AF5 waehlen
                     GPIO_AFRL_AFRL7_0);

    // Konfiguration von SPI1: CLKDIV = 16, DATA_FORMAT = 8 Bit
    // Die &= ~xxx-Verknuepfungen sind nicht zwingend erforderlich, da alle
    // Bits von CR1 zunaechst zurueckgesetzt werden. Es ist aber sauberer,
    // dies dennoch zu tun, um ein besseres Verstaendnis von SPI zu erlangen.
    RCC->APB2ENR |= RCC_APB2ENR_SPI1EN;      // SPI1 : Bustakt aktivieren
    spi->CR1      =  0;                      // SPI1 : Reset CR1
    spi->CR1     |= SPI_CR1_BR_1 | SPI_CR1_BR_0; // SPI1 : CLKDIV = 16
    spi->CR1     &= ~SPI_CR1_DFF_Msk;        // SPI1 : Datenformat = 8 Bit
    spi->CR1     |= SPI_CR1_SSM;             // SPI1 : SSM aktivieren
    spi->CR1     |= SPI_CR1_SSI;             // SPI1 : SSI Level High
    spi->CR1     |= SPI_CR1_MSTR;            // SPI1 : Master Mode
    spi->CR1     &= ~SPI_CR1_CPHA_Msk;       // SPI1 : CPHA 1. Flanke
    spi->CR1     &= ~SPI_CR1_CPOL_Msk;       // SPI1 : Idle = Low setzen
    spi->CR1     |= SPI_CR1_SPE;             // SPI1 : Enable
    spi->CR2      = 0;

#endif      // Ende: Direkte Registerprogrammierung

    // Init MAX7219
    max7219Init(spi);
    max7219SetDecodeMode(spi, DECODE_ALL);
    max7219ResetDigits(spi, 0);

    while (1)
    {
        if (timerTrigger == true)
        {
            DECREMENT_TIMER(spiTimer);
            timerTrigger = false;
        }

```

```
        if (isSystickExpired(spiTimer))
        {
            systickSetMillis(&spiTimer, 1);

            // Berechnung der einzelnen Stellen der Ziffern
            d0 = data % 10;
            d1 = (data / 10) % 10;
            d2 = (data / 100)  % 10;
            d3 = (data / 1000) % 10;
            d4 = (data / 10000) % 10;
            d5 = (data / 100000) % 10;
            d6 = (data / 1000000) % 10;
            d7 = (data / 10000000) % 10;

            // Prueft das gewaehlte Datenformat
            if (!(spi->CR1 & SPI_CR1_DFF))      // Datenformat = 8 Bit
            {
               spiWriteByte(spi, MAX7219_CS_PORT, MAX7219_CS_PIN, REG_DIG0);
               spiWriteByte(spi, MAX7219_CS_PORT, MAX7219_CS_PIN, d0);

               spiWriteByte(spi, MAX7219_CS_PORT, MAX7219_CS_PIN, REG_DIG1);
               spiWriteByte(spi, MAX7219_CS_PORT, MAX7219_CS_PIN, d1);

               spiWriteByte(spi, MAX7219_CS_PORT, MAX7219_CS_PIN, REG_DIG2);
               spiWriteByte(spi, MAX7219_CS_PORT, MAX7219_CS_PIN, d2);

               spiWriteByte(spi, MAX7219_CS_PORT, MAX7219_CS_PIN, REG_DIG3);
               spiWriteByte(spi, MAX7219_CS_PORT, MAX7219_CS_PIN, d3);

               spiWriteByte(spi, MAX7219_CS_PORT, MAX7219_CS_PIN, REG_DIG4);
               spiWriteByte(spi, MAX7219_CS_PORT, MAX7219_CS_PIN, d4);

               spiWriteByte(spi, MAX7219_CS_PORT, MAX7219_CS_PIN, REG_DIG5);
               spiWriteByte(spi, MAX7219_CS_PORT, MAX7219_CS_PIN, d5);

               spiWriteByte(spi, MAX7219_CS_PORT, MAX7219_CS_PIN, REG_DIG6);
               spiWriteByte(spi, MAX7219_CS_PORT, MAX7219_CS_PIN, d6);

               spiWriteByte(spi, MAX7219_CS_PORT, MAX7219_CS_PIN, REG_DIG7);
               spiWriteByte(spi, MAX7219_CS_PORT, MAX7219_CS_PIN, d7);
            }
```

```
156             else      // Datenformat = 16 Bit
157             {
158                 spiWriteWord(spi, MAX7219_CS_PORT, MAX7219_CS_PIN,
159                             (REG_DIG0_SL8 | d0));
160                 spiWriteWord(spi, MAX7219_CS_PORT, MAX7219_CS_PIN,
161                             (REG_DIG1_SL8 | d1));
162                 spiWriteWord(spi, MAX7219_CS_PORT, MAX7219_CS_PIN,
163                             (REG_DIG2_SL8 | d2));
164                 spiWriteWord(spi, MAX7219_CS_PORT, MAX7219_CS_PIN,
165                             (REG_DIG3_SL8 | d3));
166                 spiWriteWord(spi, MAX7219_CS_PORT, MAX7219_CS_PIN,
167                             (REG_DIG4_SL8 | d4));
168                 spiWriteWord(spi, MAX7219_CS_PORT, MAX7219_CS_PIN,
169                             (REG_DIG5_SL8 | d5));
170                 spiWriteWord(spi, MAX7219_CS_PORT, MAX7219_CS_PIN,
171                             (REG_DIG6_SL8 | d6));
172                 spiWriteWord(spi, MAX7219_CS_PORT, MAX7219_CS_PIN,
173                             (REG_DIG7_SL8 | d7));
174             }
175 
176             if (++data > 99999999)
177             {
178                 data = 0;           // Von vorne beginnen
179             }
180         }
181     }
182 
183     return 0;
184 }
```

Listing 18.1: Beispielprojekt Kap18-SPI-7-Segment-Display, main.c

Wenn Sie dieses Listing abtippen und kompilieren, wird Sie der Compiler mit Fehlermeldungen und Warnungen »bombardieren«. Das ist aber nicht weiter verwunderlich! In Zeile 56 bzw. 59 (MCAL-Version) können Sie beispielsweise erkennen, dass hier die Funktion `spiSelectSPI()` aufgerufen wird, die den Bustakt des verwendeten SPI-Interface einschaltet. Es folgen weitere Funktionen, die mit `max7219` beginnen. Diese Funktionen haben Sie aber noch gar nicht codiert, was daher auch die logische Erklärung für die Fehlermeldungen ist: Die mit `max7219` beginnenden Funktionen finden Sie stattdessen in den Dateien `max7219.h` und `max7219.c`. Das Listing der Datei `max7219.c` finden Sie im Anschluss:

```
/**
 * max7219.c
 *
 *  Created on: 17.10.2020
 *      Author: Ralf Jesse
 *       Email: embedded@ralf-jesse.de
 */

#include <max7219.h>
#include <mcalSysTick.h>
#include <mcalGPIO.h>
#include <mcalSPI.h>
#include <global.h>

void max7219Init(SPI_TypeDef *spi)
{
    spiWriteByte(spi, MAX7219_CS_PORT, MAX7219_CS_PIN, REG_DECODE);
    spiWriteByte(spi, MAX7219_CS_PORT, MAX7219_CS_PIN, 0);

    spiWriteByte(spi, MAX7219_CS_PORT, MAX7219_CS_PIN, REG_INTENSITY);
    spiWriteByte(spi, MAX7219_CS_PORT, MAX7219_CS_PIN, 3);

    spiWriteByte(spi, MAX7219_CS_PORT, MAX7219_CS_PIN, REG_SCAN_LIMIT);
    spiWriteByte(spi, MAX7219_CS_PORT, MAX7219_CS_PIN, 7);

    spiWriteByte(spi, MAX7219_CS_PORT, MAX7219_CS_PIN, REG_SHUTDOWN);
    spiWriteByte(spi, MAX7219_CS_PORT, MAX7219_CS_PIN, NORMAL_OP);

    spiWriteByte(spi, MAX7219_CS_PORT, MAX7219_CS_PIN, REG_DISPTEST);
    spiWriteByte(spi, MAX7219_CS_PORT, MAX7219_CS_PIN, TEST_OFF);
}

void max7219TurnOn(SPI_TypeDef *spi)
{
    spiWriteByte(spi, MAX7219_CS_PORT, MAX7219_CS_PIN, REG_SHUTDOWN);
    spiWriteByte(spi, MAX7219_CS_PORT, MAX7219_CS_PIN, 1);
}

void max7219Shutdown(SPI_TypeDef *spi)
{
    spiWriteByte(spi, MAX7219_CS_PORT, MAX7219_CS_PIN, REG_SHUTDOWN);
    spiWriteByte(spi, MAX7219_CS_PORT, MAX7219_CS_PIN, 0);
```

```
}

void max7219SetDecodeMode(SPI_TypeDef *spi, MAX7219_DECODE_t mode)
{
    uint8_t decodeMode = mode;

    spiWriteByte(spi, MAX7219_CS_PORT, MAX7219_CS_PIN, REG_DECODE);
    spiWriteByte(spi, MAX7219_CS_PORT, MAX7219_CS_PIN, decodeMode);
}

void max7219ResetDigits(SPI_TypeDef *spi, uint8_t value)
{
    uint8_t reg = REG_DIG0;

    for (reg = REG_DIG0; reg < REG_DECODE; reg++)
    {
        spiWriteByte(spi, MAX7219_CS_PORT, MAX7219_CS_PIN, reg);
        spiWriteByte(spi, MAX7219_CS_PORT, MAX7219_CS_PIN, value);
    }
}

void max7219Clear(SPI_TypeDef *spi)
{
    uint16_t reg;

    for (reg = REG_DIG0_SL8; reg < REG_DECODE_SL8; reg++)
    {
        spiWriteWord(spi, MAX7219_CS_PORT, MAX7219_CS_PIN, (reg | 0x0F) & 0x0F);
    }
}

void max7219TestDigits(SPI_TypeDef *spi, uint8_t value)
{
    uint8_t reg = 0;

    for (reg = REG_DIG0; reg < REG_DECODE; reg++)
    {
        spiWriteByte(spi, MAX7219_CS_PORT, MAX7219_CS_PIN, reg);
        spiWriteByte(spi, MAX7219_CS_PORT, MAX7219_CS_PIN, value);
    }
}
```

Listing 18.2: Das Listing von max7219.c

Hinweis

Die Aufteilung des Gesamtprojekts entspricht einem guten Programmierstil: Alles, was nicht unmittelbar mit der Kernfunktion zu tun hat, sollte in einer eigenständigen Kombination aus Quelltext und Headerdatei behandelt werden. Diese Vorgehensweise erleichtert nicht nur das Verständnis der Funktionsweise, sondern bietet auch den Vorteil, dass getestete Dateien in zukünftigen Projekten unverändert übernommen werden können.

Der Gesamtumfang aller Dateien, die zu diesem Projekt gehören, beträgt mehr als 500 Zeilen: Im Buch würden die vollständigen Listings geschätzt zehn Seiten in Anspruch nehmen, und das Lesen wäre zudem auch äußerst mühselig. Ich werde daher nur die Funktion `spiSelectSPI()` abdrucken – und dies auch nur teilweise.

```
/**
 * @brief Initialisierung of SPIn
 *
 * @param[in]   *spi    : Pointer to SPIn
 * @param[in]    div    : Baudrate setting (prescaler for PCLK)
 * @param[in]    len    : Data format 8/16 bit
 * @param[in]    ssm    : Software Slave Management on/off
 * @param[in]    lvl    : If ssm == On --> Use this as NSS level
 * @param[in]    opMode : Select: Master-/Slave mode
 */
void spiSelectSPI(SPI_TypeDef *spi, SPI_CLOCK_DIV_t div, SPI_DATALEN_t len,
                  SPI_SSM_t ssm, SPI_SSI_LVL_t lvl, SPI_OPMODE_t opMode,
                  SPI_PHASE_t phase, SPI_POLARITY_t polarity)
{
    uint16_t cr1 = 0U;

    // Einstellung der Baudrate durch Auswahl des entsprechenden Prescalers.
    switch (div)
    {
        case CLK_DIV_2:
            cr1 &= ~(SPI_CR1_BR_2 | SPI_CR1_BR_1 | SPI_CR1_BR_0);
            break;

        case CLK_DIV_4:
            cr1 |= SPI_CR1_BR_0;
            break;

```

```
            // Weitere Auswertung des Prescalers.
        }

        // Setting up the data length
        if (SPI_DATA_8BIT == len)
        {
            cr1 &= ~SPI_CR1_DFF_Msk;
        }
        else
        {
            cr1 |= SPI_CR1_DFF;
        }

        // Hier folgen weitere Einstellungen, z.B. Auswahl von SSM, SSI,
        // Betriebsart, Phasenlage und Einstellung der Taktflanke sowie der
        // Polaritaet.

        // Uebertragung der Einstellungen in die Control-Register
        spi->CR1 = cr1;
        spi->CR2 = 0;                        // Vereinfachte Version.
        // Finally, enable SPIn
        spiEnableSPI(spi);
    }
```

Listing 18.3: Auszug aus der Funktion spiSelectSPI() im Modul mcalSPI.c

18.3.1 Kurzbeschreibung des MAX7219

Der MAX7219 ist ein Treiber für bis zu 64 LEDs. Er ist in der Lage, bis zu acht Stellen eines 7-Segment-Anzeigemoduls anzusteuern. Die LEDs werden spalten- und reihenweise angesteuert. Intern verfügt der Chip über 14 Register, die zunächst initialisiert werden müssen. In der Datei `max7219.h` finden Sie für die Initialisierung C-Enumerationen mit eindeutigen Bezeichnungen für alle konstanten Werte: So beginnen beispielsweise alle Register mit `REG_`. Wenn Sie bei Verwendung einer achtstelligen 7-Segment-Anzeige Daten an eine bestimmte Anzeige senden wollen, verwenden Sie hierfür `REG_DIGn`. Diese Register-»Adressen« beziehen sich auf die Kommunikation im 8-Bit-Format. Wollen Sie Daten im 16-Bit-Format übertragen, nutzen Sie statt `REG_DIGn` die Adresse `REG_DIGn_SL8`, wobei SL8 bedeutet, dass der Wert um acht Bit nach links geschoben ist.

Der MAX7219 kann Daten in vier verschiedenen Zahlenformaten verarbeiten:

- Keine Codierung der Daten.
- Nur DIG0 wird codiert (im BCD-Format).

- Die Ziffern DIG0 bis DIG3 werden im BCD-Format codiert, die Ziffern DIG4 bis DIG7 überhaupt nicht.
- Sämtliche Ziffern DIG0 bis DIG7 werden im BCD-Format codiert.

Hier können Sie die Definitionen aus der C-Enumeration `MAX7219_DECODE_t` verwenden: `NO_DECODE`, `DECODE_DIG0`, `DECODE_DIG0_TO_DIG3` und `DECODE_ALL`.

18.4 Eine kleine Übung

Falls Ihnen die Echtzeituhr DS3231 (I²C) sowie ein achtstelliges 7-Segment-Display zur Verfügung stehen, können Sie nun versuchen, die beiden Beispiele `Kap17-I2C-RTC` und `KAP18-SPI-7-Segment-Display` miteinander zu kombinieren: Die von der DS3231 gelieferte Uhrzeit können Sie dann auf dem Display anzeigen. Der Aufwand ist nicht sonderlich groß, da Sie den Sourcecode und die Headerdateien der beiden genannten Projekte per Copy-and-paste einfach in einem neuen Projekt zusammenführen können.

Im Download-Bereich zu diesem Buch werden Sie eine Musterlösung unter dem Namen `Kap18-DS3231-I2C-To-Display-MAX7219-SPI` finden. Die Funktion `spiSelectSPI()` bietet die Möglichkeit, das Datenformat (8/16 Bit) mit dem Parameter `SPI_DATALEN_t` zu wählen – Sie können also beide Varianten ausprobieren.

Hinweis

Da es sich bei diesem Beispiel um ein »Bonbon« für Sie handelt, habe ich mich hier auf die MCAL-Version beschränkt. Sie können sich aber jederzeit die Registerimplementierung anschauen.

Dieses Beispielprojekt fasst mehrere der Techniken, die Sie im Verlauf dieses Buches gelernt haben, zusammen:

- Konfiguration von GPIOs inklusive alternativer Funktionen und externer Interrupts
- Verwendung von drei Timervariablen, die gemeinsam vom SysTick-Timer gesteuert werden
- Natürlich sehen Sie hier eine praxisnahe Anwendung der seriellen Schnittstellen SPI und I²C.

Teil IV

Weitere Komponenten

In diesem Teil:

Kapitel 19

Direct Memory Access (DMA)

Zu den wichtigsten und häufigsten Anwendungen jeder Software zählt der Transfer von Daten. Hierbei spielt es keine Rolle, ob die Daten zwischen mehreren Mikroprozessoren/Mikrocontrollern, zwischen einer CPU und einer internen oder externen Peripheriekomponente oder direkt zwischen den Peripheriekomponenten ausgetauscht werden. In herkömmlichen Programmen nehmen die Daten hierbei immer den »Umweg« über den Mikroprozessor/Mikrocontroller (Master). Dies bedeutet einen erheblichen zeitlichen Aufwand, da die CPU/MCU die Daten zunächst laden, anschließend prüfen und gegebenenfalls modifizieren und schließlich zum Ziel senden muss. Dieser »Datendreisprung« ist normaler Bestandteil üblicher Software und wird in der Literatur allgemein als *Read-Modify-Write* bezeichnet.

Nicht selten – dies gilt besonders dann, wenn die Daten nicht modifiziert werden müssen – ist die direkte Verbindung zwischen den beteiligten Kommunikationspartnern unter Auslassung des Masters dann die bessere Lösung. Dies gilt für alle Kommunikationsarten:

- Peripherie ↔ Peripherie
- Speicher ↔ Peripherie
- Speicher ↔ Speicher

Hinweis

Das Triggern (Auslösen) des Datentransfers Speicher ↔ Speicher für jeden Stream durch Software ist ausschließlich DMA2 vorbehalten (die Erklärung, was ein »Stream« ist, folgt weiter unten).

Mit dem sogenannten *Direct Memory Access* (*DMA*) wurde die Lösung für diesen Anspruch entwickelt. Um den Datentransfer in der Praxis abwickeln zu können, mussten mehrere Hürden genommen werden:

- Eine CPU/MCU verfügt normalerweise nur über einen Adressbus, einen Datenbus und einen Steuerbus. Die Frage lautete also: Wie können diese Busse konfliktfrei mit anderen Geräten genutzt werden?
- Wie soll der derzeitige »Besitzer« der Busse – dies ist normalerweise die CPU/MCU – darüber informiert werden, dass die Busse für andere Zwecke benötigt werden?

- Schließlich muss die CPU/MCU darüber informiert werden, wenn die Busse nicht mehr benötigt werden, und wieder für »normale« Aufgaben zur Verfügung stehen.

19.1 Funktionsweise

Die Antwort auf den ersten Punkt ergibt sich unmittelbar aus dem zweiten Punkt: Der Datenbus muss für den Datentransfer *exklusiv* nutzbar sein. Nur dann sind Datenkonflikte vermeidbar. Entsprechend muss der Master also von einer anderen Instanz darüber informiert werden, dass sie die exklusive Nutzung des Datenbusses beantragt. Hierfür wird der »Antragsteller« einen sogenannten *HOLD Request* (*HRQ*) stellen, der zum Master gesendet wird.

Der Master wird hierauf seine derzeitigen Aktionen beenden. Sobald er den Datenbus nicht mehr benötigt, erteilt er dem Antragsteller die Freigabe zur exklusiven Nutzung und »koppelt« sich selbst vom Datenbus ab. Die Freigabe des Busses zeigt der Master dem Antragsteller durch ein *HLDA*-Signal (*HOLD Acknowledge*) an.

Auf diese Weise erreicht man, dass entweder der Master oder der Antragsteller die Kontrolle über den Datenbus (und gegebenenfalls die anderen Busse) besitzt. Die gleichzeitige Nutzung der Busse durch Master und Antragsteller ist somit ausgeschlossen: Dies gewährleistet den geforderten exklusiven Zugriff.

Hinweis

Anstelle der bisher verwendeten Bezeichnungen »andere Instanz« und »Antragsteller« führe ich hier nun die Bezeichnung *DMAC* (*DMA Controller*) ein: Der DMAC ist somit eine weitere Peripheriekomponente, die je nach CPU/MCU in den Chip integriert oder als externe Komponente verfügbar ist.

Der DMAC ist aber nicht die Quelle der Daten: Dies ist eine andere externe Komponente, z.B. eine extern angeschlossene SD-Karte. Sobald der DMAC die exklusive Nutzung der Busse erlangt hat, wird er ein *DACK*-Signal (*DMA Acknowledge*) an die Komponente senden, die ihr signalisiert, dass der Datentransfer nun beginnen kann. Es ist offensichtlich, dass DMA-fähige Komponenten ebenfalls über integrierte Controller verfügen, denn sonst könnten sie den DMAC gar nicht darüber informieren, dass er den exklusiven Zugriff auf die Busse beantragen soll. Dazu übermitteln sie dem DMAC auch die Menge der Bytes (Sollwert), die transferiert werden soll.

Nach dem Start des Datentransfers vergleicht der DMAC den Sollwert mit der Menge der bereits übertragenen Daten (Istwert) und kann auf diese Weise feststellen, wann der Datentransfer vollständig beendet ist. Dann wird das Bussystem nicht mehr exklusiv benötigt, und der Besitz kann dem Master zurückübertragen werden. Hierzu wird der DMAC das HRQ-Signal zurücknehmen: Dies teilt der DMAC der MCU über eine Interrupt-Anforderung mit.

Hinweis

Der DMAC verändert die Daten nicht! Insbesondere wertet er sie nicht aus. Er kann auch keine Instruktionen ausführen!

Durch die Entlastung des Masters vom Datentransfer ist er in der Lage, sich um andere wichtige Dinge (z.B. das Aufräumen seiner internen Register) zu kümmern.

19.2 DMAC(s) in der STM32F4xx-Familie

In Abschnitt 19.1 habe ich erwähnt, dass DMACs in den Mikrocontroller integriert sein oder als externe Komponenten in die Hardware aufgenommen werden können. Bei den STM32F4xx-MCUs verhält es sich nun so, dass sie sogar zwei DMACs an Board haben.

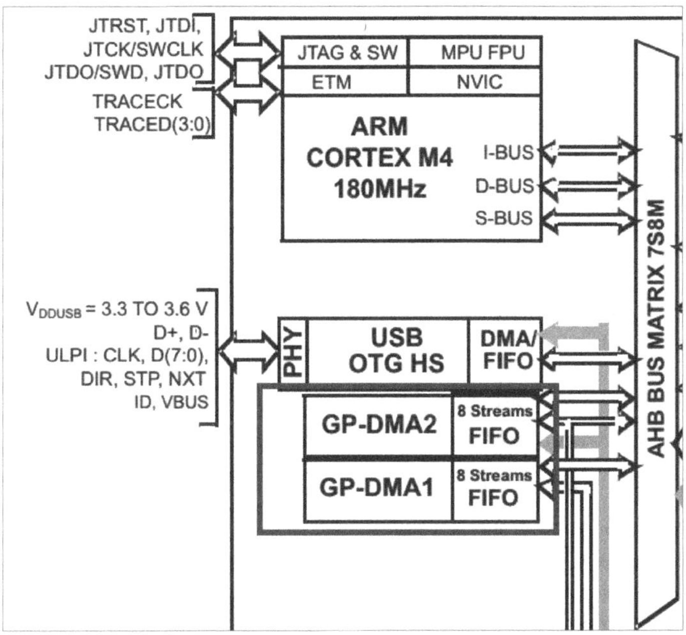

Abb. 19.1: Zwei DMACs in der STM32F4xx-Familie

Schaut man sich das Blockschaltbild des Mikrocontrollers genauer an (siehe z.B. Abbildung 3 auf Seite 16 des Datenblatts des STM32F446), kann man leicht erkennen, dass die STM32F4-Mikrocontroller über zwei Arm-High-Performance-Busse verfügen (AHB1 und AHB2): Während AHB1 über sogenannte Bridges ausschließlich Peripheriekomponenten nutzt, ist DMA2 zusätzlich an den Memory-Bus AHB2 angeschlossen und kann hierüber mit den Speicherkomponenten, mit der USB-Schnittstelle und mit dem ebenfalls integrierten Kamera-Interface kommunizieren. Entsprechend gilt, dass der oben erwähnte Datentransfer Speicher ↔ Speicher über DMA nur mit DMA2 erfolgen kann.

Jeder der beiden DMACs besitzt acht Übertragungswege (sogenannte *Streams*), die wiederum über jeweils acht Datenkanäle (*Channels*) verfügen, die unabhängig voneinander genutzt werden können. Aufgrund ihrer Unabhängigkeit voneinander besitzen beide DMACs jeweils einen sogenannten *Arbiter* (Schiedsrichter), der über die Priorität der einzelnen Kanäle wacht.

Zusätzlich verfügt jeder Stream über einen integrierten *FIFO*-Buffer (*First In, First Out*), der als *Ringbuffer* implementiert ist und dessen Verwaltung vom DMAC übernommen wird. Wann die Übertragung der Daten stattfinden soll, lässt sich über einen *Schwellenwert* (*Threshold*)-Level einstellen: Sie wird gestartet, wenn der Buffer zu 25 %, zu 50 %, zu 75 % oder zu 100 % befüllt ist. Die FIFO-Funktion lässt sich aber abschalten, sodass auch eine direkte Datenübertragung möglich ist.

Die Anzahl der Daten, die per DMA in einem Block übertragen werden kann, beträgt maximal 65.536 Byte! Die Einstellung der Blockgröße erfolgt im *DMA Stream x Number of Data Register* (*DMA_SxNDTR*).

Hinweis

Jeder FIFO ist in der Lage, bis zu vier Datenwörter temporär zu speichern. Detailinformationen finden Sie in Abbildung 29 des Referenzhandbuchs.

Insgesamt stehen fünf Meldungen zur Verfügung, die Auskunft über den Zustand des Datentransfers geben:

- DMA zur Hälfte erledigt (*DMA half transfer*)
- DMA-Transfer abgeschlossen (*DMA transfer complete*)
- DMA-Übertragungsfehler (*DMA transfer error*)
- DMA-FIFO-Fehler (*DMA FIFO error*)
- *Direct Error*, wenn die FIFO-Funktion deaktiviert ist

Für die Einstellung der Priorität der verschiedenen Streams stehen ebenfalls vier Möglichkeiten zur Verfügung: sehr hoch, hoch, mittel und niedrig.

Die Konfiguration der DMACs erfordert die Angabe der folgenden Parameter:

- Startadresse der Quelle
- Startadresse des Ziels
- Datenformat (8/16/32 Bit)
- Anzahl der Daten

Das Blockschaltbild der DMA-Controller ist in Abbildung 19.2 zu sehen:

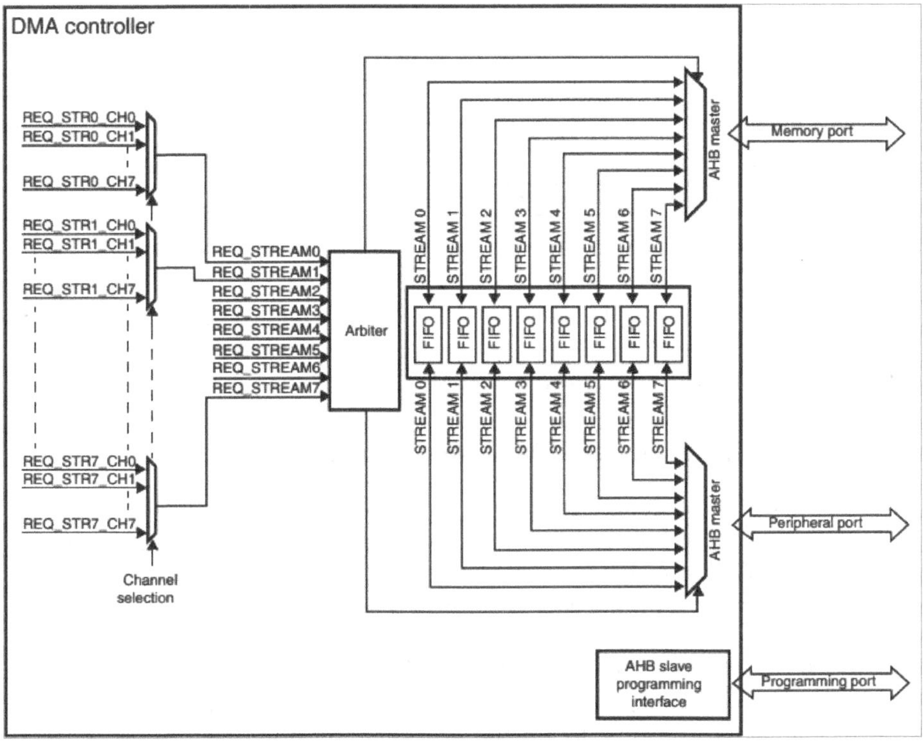

Abb. 19.2: Blockschaltbild der DMACs

Die Streams und Kanäle der beiden DMACs sind festen Peripheriegeräten zugeordnet, die in Abbildung 19.3 und Abbildung 19.4 zu erkennen sind:

Peripheral requests	Stream 0	Stream 1	Stream 2	Stream 3	Stream 4	Stream 5	Stream 6	Stream 7
Channel 0	SPI3_RX	SPDIFRX_DT	SPI3_RX	SPI2_RX	SPI2_TX	SPI3_TX	SPDIFRX_CS	SPI3_TX
Channel 1	I2C1_RX	I2C3_RX	TIM7_UP	-	TIM7_UP	I2C1_RX	I2C1_TX	I2C1_TX
Channel 2	TIM4_CH1	-	FMPI2C1_RX	TIM4_CH2	-	FMPI2C1_RX	TIM4_UP	TIM4_CH3
Channel 3	-	TIM2_UP TIM2_CH3	I2C3_RX	-	I2C3_TX	TIM2_CH1	TIM2_CH2 TIM2_CH4	TIM2_UP TIM2_CH4
Channel 4	UART5_RX	USART3_RX	UART4_RX	USART3_TX	UART4_TX	USART2_RX	USART2_TX	UART5_TX
Channel 5	-	-	TIM3_CH4 TIM3_UP	-	TIM3_CH1 TIM3_TRIG	TIM3_CH2	-	TIM3_CH3
Channel 6	TIM5_CH3 TIM5_UP	TIM5_CH4 TIM5_TRIG	TIM5_CH1	TIM5_CH4 TIM5_TRIG	TIM5_CH2	-	TIM5_UP	-
Channel 7	-	TIM6_UP	I2C2_RX	I2C2_RX	USART3_TX	DAC1	DAC2	I2C2_TX

Abb. 19.3: Zuordnung der Streams/Kanäle von DMA1

Peripheral requests	Stream 0	Stream 1	Stream 2	Stream 3	Stream 4	Stream 5	Stream 6	Stream 7
Channel 0	ADC1	SAI1_A	TIM8_CH1 TIM8_CH2 TIM8_CH3	SAI1_A	ADC1	SAI1_B	TIM1_CH1 TIM1_CH2 TIM1_CH3	SAI2_B
Channel 1	-	DCMI	ADC2	ADC2	SAI1_B	-	-	DCMI
Channel 2	ADC3	ADC3	-	-	-	-	-	-
Channel 3	SPI1_RX	-	SPI1_RX	SPI1_TX	SAI2_A	SPI1_TX	SAI2_B	QUADSPI
Channel 4	SPI4_RX	SPI4_TX	USART1_RX	SDIO		USART1_RX	SDIO	USART1_TX
Channel 5	-	USART6_RX	USART6_RX	SPI4_RX	SPI4_TX	-	USART6_TX	USART6_TX
Channel 6	TIM1_TRIG	TIM1_CH1	TIM1_CH2	TIM1_CH1	TIM1_CH4 TIM1_TRIG TIM1_COM	TIM1_UP	TIM1_CH3	-
Channel 7	-	TIM8_UP	TIM8_CH1	TIM8_CH2	TIM8_CH3	-	-	TIM8_CH4 TIM8_TRIG TIM8_COM

Abb. 19.4: Zuordnung der Streams/Kanäle von DMA2

Register der DMACs in der STM32F4xx-Familie

Da die DMACs unabhängig voneinander betrieben und hierbei auch die Streams und die Kanäle individuell konfiguriert werden können, verfügen sie über sehr viele Register: Sie unterscheiden sich aber lediglich durch eine fortlaufende Nummer, sodass hier nur zehn Register beschrieben werden müssen.

DMA Stream x Configuration Register (DMA_SxCR)

Das *DMA Stream x Configuration Register* (*DMA_SxCR*) konfiguriert jeden der acht Streams der beiden DMACs, ihr Aufbau ist immer gleich.

Wichtig

Ein Stream kann nur konfiguriert werden, wenn er nicht aktiv ist. Vor seiner Konfiguration muss das entsprechende Enable-Bit (Bit 1 des `DMA_SxCR`) auf »0« gesetzt werden!

Die `DMA_SxCR`-Register sind eng belegt. Ich zeige daher in Abbildung 19.5 ein Ablaufdiagramm, das die Konfigurationsschritte der Streams bildlich darstellt.

Wichtig

Wird für den Datentransfer der sogenannte Direct Mode anstelle des FIFO-Modus genutzt, muss das Datenformat, also 8/16/32 Bit, in den Bereichen `PSIZE` und `MSIZE` gleich sein. Genauer: Wird der Direct Mode verwendet, wird die Formatangabe in `MSIZE` von der Hardware ignoriert.

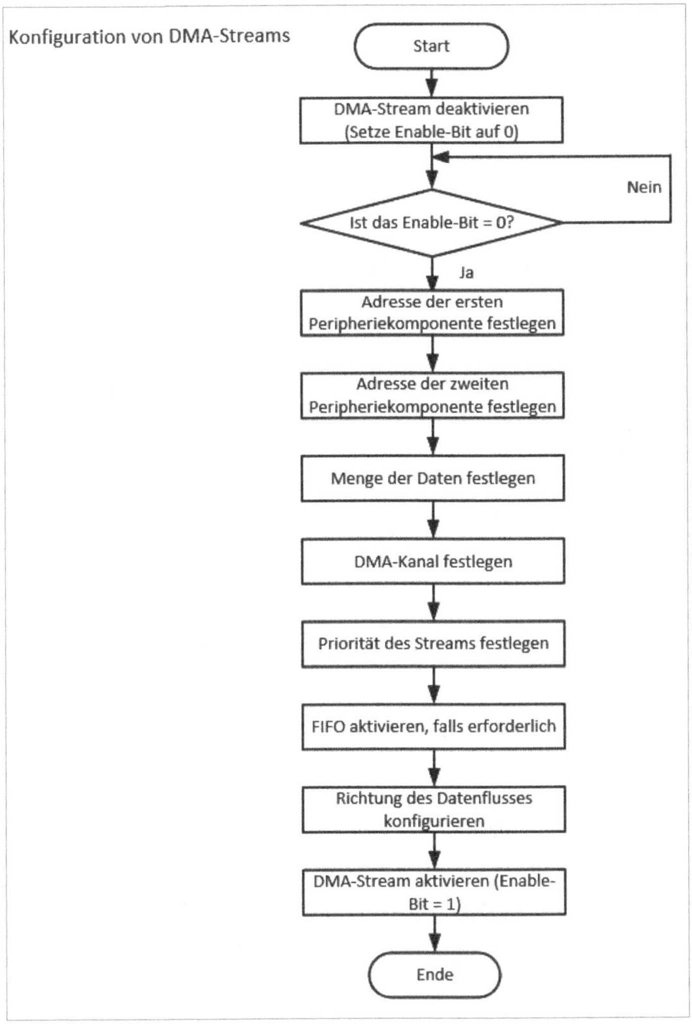

Abb. 19.5: Konfiguration der DMA_SxCR-Register

31	30	29	28	27	26	25	24	23	22	21	20	19	18	17	16
				CHSEL[2:0]			MBURST [1:0]		PBURST[1:0]			CT	DBM	PL[1:0]	
				rw	rw	rw	rw	rw	rw	rw		rw	rw	rw	rw

15	14	13	12	11	10	9	8	7	6	5	4	3	2	1	0
PINCOS	MSIZE[1:0]		PSIZE[1:0]		MINC	PINC	CIRC	DIR[1:0]		PFCTRL	TCIE	HTIE	TEIE	DMEIE	EN
rw	rw	rw	rw	rw	rw	rw	rw	rw	rw	rw	rw	rw	rw	rw	rw

Abb. 19.6: Das DMA Stream x Configuration Register (DMA_SxCR)

Tabelle 19.1 beschreibt die Bits der DMA_SxCR-Register.

Bit(s)	Name	Funktion
31:28	reserviert	Nicht nutzbar.
27:25	CHSEL	Kanal, der konfiguriert werden soll. Die Kanäle sind von 000 bis 111 (duale Darstellung) nummeriert.
24:23	MBURST	DMA-Einstellung des Burst-Modus (siehe auch I^2C). Ermöglicht den Transfer einzelner Daten (000 = Single Transfer) und von Datenblöcken (01 = 4 / 02 = 8 / 03 = 16) Byte.
22:21	PBURST	Wie MBURST, hier aber für die Peripheriekomponente.
20	reserviert	Nicht nutzbar.
19	CT	Nur im Double-Buffer-Modus verfügbar.
18	DBM	Wird Double-Buffer genutzt, bestimmt dieses Bit, ob am Ende einer Übertragung automatisch zwischen den beiden Buffern umgeschaltet wird.
17:16	PL	Priorität. 00 = niedrig, 01 = mittelhoch, 10 = hoch, 11 = sehr hoch.
15	PINCOS	Peripheral Increment Offset Size. Kann genutzt werden, wenn die Peripheriekomponente die Einstellung der Datenblockgröße ermöglicht. Ist der Wert »0«, ist das Inkrement gleich dem Wert in PSIZE (Bits 12:11). Ist der Wert »1«, beträgt das Inkrement immer »4«.
14:13	MSIZE	Bestimmt die Datenblockgröße (8/16/32 Bit), die der Speicher unterstützt.
12:11	PSIZE	Peripheral Data Size: Wichtig im Zusammenhang mit PINCOS (Bit 15). Kann die Werte 8/16/32 Bit haben. Die Bit-Kombination »11« ist reserviert.
10	MINC	Memory Increment Mode. »0«: Der Adress-Pointer ist fest, »1«: Der Adress-Pointer wird nach jedem abgeschlossenen Datentransfer angepasst.
9	PINC	Wie MINC, hier aber für die Peripheriekomponente.
8	CIRC	Circular Mode (Ringbuffer). »0«: CIRC disabled, »1«: CIRC enabled.
7:6	DIR	Richtung des Datentransfers. »00«: Peripherie → Speicher, »01«: Speicher → Peripherie, »10«: Speicher ↔ Speicher.
5	PFCTRL	Peripheral Flow Controller. Ablaufsteuerung erfolgt durch den DMAC (»0«). durch die Peripherie (»1«).
4	TCIE	Interrupt-Aktivierung: Transfer complete
3	HTIE	Interrupt-Aktivierung: Transfer bei 50 % der Daten
2	TEIE	Interrupt-Aktivierung: Übertragungsfehler
1	DMEIE	Interrupt-Aktivierung: Direct Mode Error
0	EN	Stream enable

Tabelle 19.1: Aufbau der DMA Stream x Configuration Register (DMA_SxCR)

Das DMA Stream x Number of Data Register (DMA_SxNDTR)

Das *DMA Stream x Number of Data Register* (*DMA_SxNDTR*) wurde bereits weiter oben kurz vorgestellt. Viel mehr gibt es hier auch nicht zu sagen! Es handelt sich um ein 16-Bit-Register, was eine Datenblockgröße von maximal 64 kByte (65.536 Byte) ermöglicht.

Interrupt-Status-Register

Für die Auswertung und Behandlung der mit DMA_SxCR konfigurierten Interrupts dienen insgesamt vier Register: *DMA Low Interrupt Status Register* (*DMA_LISR*), *DMA High Interrupt Status Register* (*DMA_HISR*), *DMA Low Interrupt Flag Clear Register* (*DMA_LIFCR*) und *DMA High Interrupt Flag Clear Register* (*DMA_HIFCR*).

> **Vorsicht**
>
> Während bei den meisten Peripheriegeräten das Lesen der Statusregister gesetzte Interrupt-Flags automatisch zurücksetzt, ist dies bei DMA nicht sinnvoll, da sie auch Zwischenwerte anzeigen (z.B. den Interrupt nach 50 % der gewünschten Blockgröße). Flags, die das Auftreten eines Interrupts anzeigen, müssen daher explizit von der Software (üblicherweise in der entsprechenden Interrupt-Service-Routine, ISR) zurückgesetzt werden.

Das DMA Stream x FIFO Control Register (DMA_SxFCR)

Für die Konfiguration des FIFO wird das *DMA Stream x FIFO Control Register* (*DMA_SxFCR*) verwendet.

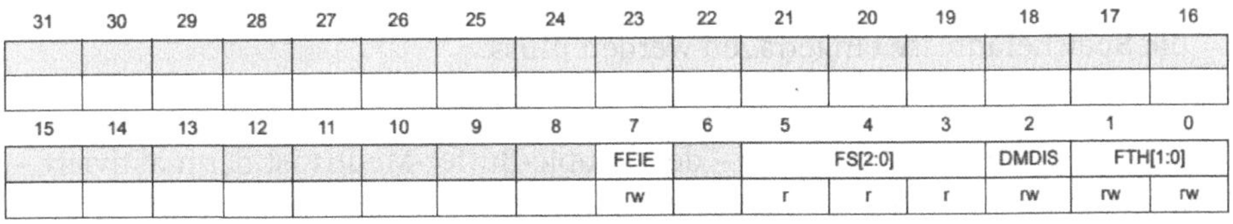

Abb. 19.7: Das DMA Stream x FIFO Control Register

Bit(s)	Name	Funktion	
31: 8	reserviert	nicht nutzbar	
7	FEIE	Interrupt-Aktivierung: FIFO Error	
6	reserviert	nicht nutzbar	
5:3	FS	FIFO-Status: Zeigt den derzeitigen Füllstand des FIFO an:	
		000	FIFO-Füllstand: < 25 %
		001	FIFO-Füllstand: 25 % ... < 50 %
		010	FIFO-Füllstand: 50 % ... < 75 %
		011	FIFO-Füllstand: 75 % ... < 100 %
		100	FIFO-Füllstand: 0 % (leer)
		101	FIFO-Füllstand: 100 % (voll)
		110	ohne Bedeutung
		111	ohne Bedeutung

Tabelle 19.2: Das DMA Stream x FIFO Control Register (DMA_SxFCR)

Bit(s)	Name	Funktion	
2	DMDIS	Direct Mode Disable. »0«: Direct Mode aktiviert, »1«: Direct Mode deaktiviert	
1:0	FTH	FIFO Threshold Level (Schwellenwert), wann ein FIFO-Füllstand-Signal ausgelöst wird)	
		00	25 % FIFO
		01	50 % FIFO
		10	75 % FIFO
		11	100 % FIFO

Tabelle 19.2: Das DMA Stream x FIFO Control Register (DMA_SxFCR) (Forts.)

Weitere Register

Es gibt noch weitere Register, deren Verständnis aber genauso einfach wie einleuchtend ist. Diese haben folgende Funktionen:

- Das *DMA Stream x Peripheral Address Register* (*DMA_SxPAR*) nimmt die Registeradresse des Peripheriegeräts auf, dessen Daten transferiert werden sollen.
- Entsprechend gibt es mit *DMA Stream x Memory 0 Register* (*DMA_SxM0AR*) und *DMA Stream x Memory 1 Register* (*DMA_SxM1AR*) zwei Register, in denen die Speicheradresse eingetragen werden muss.

Ich möchte an dieser Stelle noch einmal auf das `DBM`-Bit im `SxCR`-Register zurückkommen. Hat `DBM` den Wert »1« – der Double-Buffer-Modus ist dann aktiviert –, wird automatisch auch der Ringbuffer-Modus eingeschaltet. Hier kommen dann ebenfalls die Angaben für die Register `DMA_SxM0R` und `DMA_SxM1AR` ins Spiel: Sie adressieren die beiden Speicherbereiche, die für den Double-Buffer-Modus angegeben werden müssen. Sie ergänzen sich in der Art des Datentransfers: Während der eine Speicherbereich mit Daten von der Peripherie befüllt wird, können die Daten des zweiten Bereichs bereits von der Applikation verarbeitet werden. Die Umschaltung zwischen beiden Speicherbereichen wird automatisch von der Hardware veranlasst. Dies hat zur Folge, dass

- die Daten schneller verarbeitet werden können und
- dass bei der Anforderung des exklusiven Buszugriffs durch den DMAC die zu übermittelnden Daten bereits verfügbar sind.

19.3 Beispiel: Memory → USART2 → PC mit DMA

Das folgende Beispiel liegt ausschließlich in der MCAL-Version vor. Auf den alternativen Einsatz der unmittelbaren Register-Programmierung habe ich hier verzichtet, da Sie die Vorgehensweise zur Initialisierung und Konfiguration der verwendeten GPIO-Pins und des USART bereits früher kennengelernt haben. Es kombiniert den Empfang und das Zurücksenden der Daten über USART2 von einem externen Terminal-Emulator, wie z.B. HTerm.

Hinweis

Das Beispiel hat noch einen Schönheitsfehler, auf den ich im Anschluss an das Listing noch eingehen werde.

Das Beispiel kann folgendermaßen getestet werden:

- Verwendet wurde HTerm mit den Einstellungen Baudrate = 115200 bps, Datenwortlänge = 8 Bit, ein Stoppbit, keine Parität.
- Als Beispieltext habe ich die Datei `License.txt` verwendet, die zu HTerm gehört.
- Durch Betätigung der Schaltfläche `Send file` von HTerm wählen Sie die Textdatei aus, die Sie zum NUCLEO-Board senden wollen.
- Im folgenden Dialog stellen Sie mit `Repetitions` ein, wie oft der Text wiederholt wird, mit `Delay` können Sie zudem eine Verzögerung einstellen, die verstreichen muss, bevor das Senden wiederholt wird.
- HTerm zeigt in diesem Dialog auch die Größe der Datei an: `License.txt` ist 1284 Byte groß.
- Betätigen Sie nun die Schaltfläche `Start`, um den Vorgang zu starten.

Das Listing zum Beispiel `Kap19-USART2-Rx-Tx-DMA-MCAL` finden Sie im Anschluss:

```
""""""""""""""""""""

/**
 ************************************************************************
 * @file          : main.c
 * @author        : Ralf Jesse
 * @brief         : Implementierung des Beispielprojekts
 *
 * Daten, die unter Einsatz eines Terminal-Emulators, wie z.B. HTerm,
 * an das NUCLEO-Board gesendet werden, werden von diesem wieder an den
 * Terminal-Emulator zurueckgesendet.
 *
 * Das Beispielprojekt liegt ausschliesslich in der MCAL-Version vor, da
 * die allermeisten Funktionen (Auswahl und Konfiguration der GPIO-Pins
 * und des USARTs) bereits in frueheren Kapiteln beschrieben wurden.
 * Sie koennen bei Bedarf den Quelltext der MCAL untersuchen, wenn Sie
 * erfahren moechten, wie die Programmierung ueber direkten Zugriff auf
```

```
 * die Peripherieregister erfolgt.
 ************************************************************************
 */

#include <stm32f4xx.h>
#include <stdint.h>
#include <stdbool.h>

#include <mcalGPIO.h>
#include <mcalUsart.h>
#include <mcalDMAC.h>

// Prototypen
void doErrorHandling(DMAC_RETURN_CODE_t dmaStatus);

// Globale Variablen
uint8_t  msg[128];
uint16_t numData  = sizeof(msg);
bool     done     = true;

int main(void)
{
    uint16_t count;

    DMA_Stream_TypeDef *stream = DMA1_Stream5;
    DMAC_RETURN_CODE_t  dmaStatus = DMAC_OK;

    // Initialisierung von PA2/PA3 fuer USART2
    gpioSelectPort(GPIOA);
    gpioSelectPinMode(GPIOA, PIN2, ALTFUNC);
    gpioSelectAltFunc(GPIOA, PIN2, AF7);      // PA2: USART2 Tx
    gpioSelectPinMode(GPIOA, PIN3, ALTFUNC);
    gpioSelectAltFunc(GPIOA, PIN3, AF7);      // PA3: USART2 Rx
    gpioSelectPinMode(GPIOA, PIN5, OUTPUT);   // PA5: GPIO-Output fuer LED

    // Initialisierung von USART2. Aktiviert immer Receiver und Transmitter.
    // Aktiviert immer den Bustakt fuer den gewaehlten UART/USART.
    usartSelectUsart(USART2);
    usartEnableUsart(USART2);
    usartSetCommParams(USART2, 115200, NO_PARITY, LEN_8BIT, ONE_BIT);
    usartSetDmaRxMode(USART2, DMA_RECEIVE_ON);
```

```

    // Initialisierung des DMAC
    dmaStatus = dmacSelectDMAC(DMA1);
    if (DMAC_OK != dmaStatus)
    {
        doErrorHandling(dmaStatus);
    }

    // Alle Interrupt-Flags des Streams zuruecksetzen
    dmacClearAllStreamIrqFlags(DMA1, stream);

    // Interrupt aktivieren
    NVIC_EnableIRQ(DMA1_Stream5_IRQn);

    /**
     * Beginn der Endlosschleife
     */
    while(1)
    {
        done = false;

        /**
         * Stream deaktivieren. Dies ist erforderlich, um den Stream und
         * den verwendeten Kanal konfigurieren zu können.
         */
        dmaStatus = dmacDisableStream(stream);
        if (DMAC_OK != dmaStatus)
        {
            doErrorHandling(dmaStatus);
        }

        // Stream und gewuenschten Kanal des Streams konfigurieren
        dmaStatus = dmacSetStreamAndChannel(stream,
                                            CHANNEL_4,
                                            (uint32_t) msg,
                                            (uint32_t) &(USART2->DR),
                                            numData,
                                            BYTE, BYTE,
                                            PER_2_MEM,
                                            TX_COMPLETE);
        if (DMAC_OK != dmaStatus)
```

```
        {
            doErrorHandling(dmaStatus);
        }

        // Nach erfolgter Konfiguration muss der Stream aktiviert werden.
        dmaStatus = dmacEnableStream(stream);
        if (DMAC_OK != dmaStatus)
        {
            doErrorHandling(dmaStatus);
        }

        while (done == false)
        {
            // TODO: Hier Geht's weiter
            // Warte, bis 'done' true ist.
        }

        // Jedes Byte des Textes wird einzeln uebertragen.
        for (count = 0; count < numData; count++)
        {
            // Warten, bis der Transfer zum USART abgeschlossen ist.
            while(!(USART2->SR & USART_SR_TC))
            {
            }
            USART2->DR = msg[count];
        }
    }
}

/**
 * @brief ISR fuer DMA1/Stream6
 */
void DMA1_Stream5_IRQHandler(void)
{
    // Hier wird nur "Transfer complete" ausgewertet.
    if (DMA1->HISR & DMA_HISR_TCIF5)
    {
        // "Transfer complete"-Flag zuruecksetzen
        DMA1->HIFCR |= DMA_HIFCR_CTCIF5;
    }
```

```
139       done = true;
140   }
141
142   /**
143    * @brief Fehlerbehandlung (nicht implementiert)
144    */
145   void doErrorHandling(DMAC_RETURN_CODE_t dmaStatus)
146   {
147       while(1)
148       {
149           ;
150       }
151   }
```

Listing 19.1: Daten mit DMA über USART2 von/an PC empfangen und senden

19.3.1 Erläuterung der Funktionsweise

Das Beispiel beginnt mit der Konfiguration der genutzten GPIO-Pins und des USART. Wie dies erfolgt und was hierbei zu beachten ist, kennen Sie bereits aus früheren Beispielen. Ab Zeile 59 beginnt die Initialisierung des verwendeten DMA-Controllers. Natürlich muss hier auch der Bustakt aktiviert werden, was mit der MCAL-Funktion `dmacSelectDMAC(DMA1)` erfolgt. Anschließend empfehle ich das Zurücksetzen aller Interruptflags des verwendeten Streams sowie die Aktivierung des entsprechenden Interrupts im NVIC.

Nun folgt ein wichtiger Unterschied zu anderen Beispielen: Die Konfiguration des DMA-Controllers erfolgt nicht vor, sondern innerhalb der `while(1)`-Endlosschleife! Der Grund hierfür ist, dass der DMA-Controller auch mit anderen Peripheriekomponenten genutzt werden könnte und er daher auch unterschiedlich und möglicherweise im Wechsel neu konfiguriert werden muss. Ebenfalls wichtig ist die Deaktivierung des Streams mit der Funktion `dmacDisableStream(stream)` in Zeile 83. Das Referenzhandbuch des Mikrocontrollers besagt nämlich, dass der DMA-Stream und der verwendete DMA-Kanal nur dann konfiguriert werden können, wenn der Stream inaktiv ist: Vergessen Sie dies, so wird die Konfiguration nicht funktionieren!

Im Anschluss folgt die Funktion `dmacSetStreamAndChannel(...)`: Mit dieser »Komfortfunktion« lassen sich der Stream und der gewünschte Kanal sehr einfach konfigurieren. Hier sehen Sie, dass der DMA-Controller Daten unmittelbar in das `msg[]`-Array überträgt und dort speichert: Der STM32F4xx ist hier überhaupt nicht beteiligt!

Hinweis

Beachten Sie bei der Konfiguration, dass die DMA-Kanäle nicht beliebig verwendbar sind, sondern konkreten Peripheriegeräten zugeordnet sind!

Nach erfolgter Konfiguration dürfen Sie natürlich nicht vergessen, den Stream wieder zu aktivieren: Dies erledigt die Funktion `dmacEnableStream(stream)` für Sie!

Den Rest kennen Sie bereits aus dem USART-Beispiel in Kapitel 16: Hier wird der von HTerm empfangene und in `msg[]` gespeicherte Text zeichenweise wieder dem Array entnommen und anschließend in das Datenregister des USART übertragen.

Nachfolgend habe ich die verschiedenen Schritte, die bei der Konfiguration des DMA-Controllers in dieser Reihenfolge durchzuführen sind, noch einmal für Sie zusammengefasst:

1. Deaktivieren des Streams.
2. Warten, bis das EN-Bit = 0 ist.
3. Einstellung des Kanals. Da dies der erste Zugriff auf das SxCR ist, erfolgt hier eine Zuweisung mit =. Alle weiteren Einstellungen mit |= sind dann Oder-Verknüpfungen.
4. Aktivierung des Transfer-Complete-Interrupts. Häufig wird hier auch der HC-Interrupt (50 % abgeschlossen) aktiviert.
5. Legen Sie nun das Format der Daten fest. Mögliche Werte sind Byte (8 Bit), Halbwort (16 Bit) oder Wort (32 Bit). Das Datenformat wird üblicherweise von der Peripheriekomponente vorgegeben.
6. Nun folgt die Einstellung der Datenrichtung. Die vorbereiteten Werte lauten MEM_2_PER, PER_2_MEM und MEM_2_MEM.
7. Anschließend wird eingestellt, ob der DMAC die Anzahl der noch zu übertragenden Daten anpassen soll. In diesem Fall führen Sie eine Oder-Verknüpfung mit dem Wert (1 « DMA_SxCR_DIR_POS) durch. Sie können die Verwaltung aber auch selbst in Ihrer Software übernehmen.
8. Sie müssen dem DMAC natürlich auch die Kommunikationspartner bekannt machen. Hierzu tragen Sie die Adressen von Quelle und Ziel in die Register `stream->PAR` (*PAR = Peripheral Address Register*) und `stream->M0AR` (*M0AR = Memory 0 Address Register*) ein.
9. Der vorletzte Schritt besteht darin, den DMAC über die Größe des Datenblocks zu informieren. Hierzu beschreiben Sie als Programmierer das Register `stream->NDTR`. Der maximale Wert beträgt 65535.
10. Nun können Sie den Stream mit `stream->CR |= DMA_SxCR_EN` wieder aktivieren.
11. Vergessen Sie nicht, den zum Stream gehörenden Interrupt im NVIC anzumelden!

Das Ergebnis des Tests sehen Sie in Abbildung 19.8.

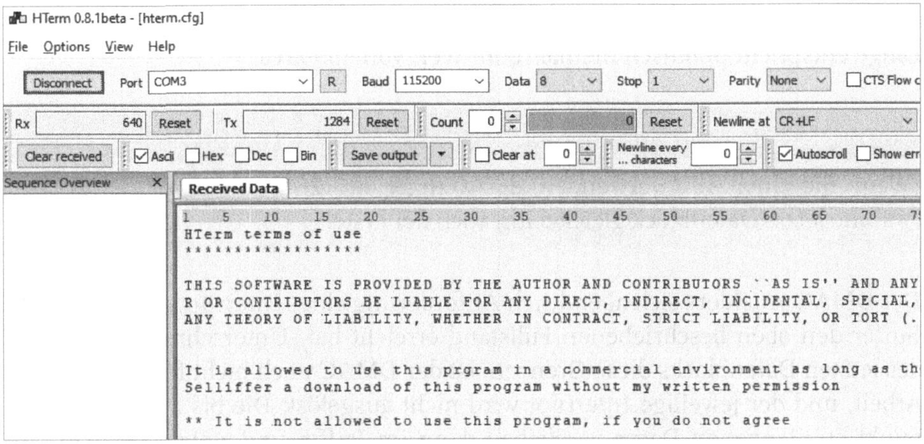

Abb. 19.8: Das Testergebnis zu Projekt Kap19-USART2-Rx-Tx-DMA-MCAL

19.3.2 »Probleme« von DMA

Ich hatte bereits weiter oben erwähnt, dass der Einsatz von DMA – und hiermit auch das Beispielprojekt – einen »Schönheitsfehler« hat: Abhängig von der Länge des empfangenen bzw. zu sendenden Textes wird dieser überhaupt nicht oder nur teilweise in HTerm angezeigt! Was ist der Grund hierfür? Im Beispielprojekt sehen Sie, dass das `msg[]`-Array SRAM-Speicher für 128 Byte reserviert. Der Text ist aber viel länger, nämlich 1284 Byte. Der DMA-Controller transferiert – abhängig von seiner Konfiguration – Daten aber nur, wenn er zu 25 % oder zu 50 % oder zu 75 % oder zu 100 % gefüllt ist: 128 Zeichen sind aber nur etwa 10 % der Daten! Dies hat zur Folge, dass der DMA-Controller auf die restlichen Daten wartet, bis der eingestellte »Füllstand« erreicht ist. Je nach Anzahl der Bytes wird dieser Wert aber niemals erreicht, sodass es den Anschein erweckt, dass sich das Programm »aufgehängt« hat. Senden Sie den Text wiederholt, so werden Sie feststellen, dass der ursprünglich nicht zurückgesendete Text jetzt doch noch angezeigt wird.

Dieser Effekt könnte ein großer Nachteil beim Einsatz von DMA darstellen. Die Verwendung des Konjunktivs ist hier aber zulässig, da sich der Effekt glücklicherweise relativ leicht »austricksen« lässt.

Wie erwähnt: Die Menge der Daten, die von einer Peripheriekomponente kommen – dies gilt besonders bei der Übertragung großer Datenmengen, wie beispielsweise Audio- und Videodateien –, ist dem Mikrocontroller normalerweise nicht bekannt. Schlimmer noch: Bei der Übertragung verschiedener Dateien ändert sich die Anzahl der Bytes ständig. Da der DMA-Zugriff aber eine genau definierte Blockgröße benötigt, wird der von Ihnen eingestellte Wert von `numData` nur in Ausnahmefällen passen. Dies können Sie auch am Testergebnis des gezeigten Projekts erkennen: Der Text wird nicht vollständig angezeigt und sieht aus wie »abgeschnitten«.

Das »Problem« liegt am letzten Datenblock, der übertragen werden soll: Seine Länge entspricht praktisch niemals dem Wert von `numData`.

> **Hinweis**
>
> Wenn Sie einen Text verwenden, der weniger als 128 Byte lang ist, ist der erwähnte letzte Datenblock gleichzeitig auch der erste!

Der DMAC »meldet« sich aber durch Anforderung eines Interrupts nur, wenn der Buffer den oben beschriebenen Füllstand erreicht hat. Unterschreitet die Größe des letzten Datenblocks diese Grenzen, ist der DMAC noch nicht fertig mit seiner Arbeit, und der jeweilige Interrupt wird nicht ausgelöst: Die bis zu diesem Zeitpunkt empfangenen Daten verbleiben dann im Puffer und stehen der CPU im Anschluss nicht für die Weiterverarbeitung zur Verfügung.

Der Lösungsansatz besteht in der Anwendung des Idle-Interrupts der UARTs/USARTs! Wurde er z.B. mit `usartEnableIrq(USART2, USART_IRQ_IDLE)` aktiviert – siehe hierzu die Implementierung in den Dateien `mcalUsart.h`/`mcalUsart.c` –, wird eine Interrupt-Anforderung ausgelöst, wenn der UART/USART »idle« geht.

Nun stellen sich zwei Fragen: Was bedeutet »Idle«, und welche Bedingung löst diesen Zustand aus? In unserem (technischen) Zusammenhang ist die wörtliche Übersetzung von »Idle« mit »Leerlauf« gleichzusetzen: Der UART/USART empfängt also keine Daten mehr! UARTs/USARTs bestimmen per Hardware, welche Zeit *ohne* den Eingang von Daten verstreichen muss, bis sich der Baustein als im Leerlauf befindend wähnt. Wie erwähnt: Wir müssen uns hierum nicht kümmern, da es von der Hardware vorgegeben ist. Die angesprochene Zeitspanne ergibt sich üblicherweise aus der Zeit, die für den Eingang *eines* Bytes benötigt wird. Das bedeutet: Empfängt der UART/USART für die Dauer der Zeit, die normalerweise für ein Byte benötigt wird, keine Daten, so wechselt er in den Idle-Zustand. Um den Idle-Zustand von UART/USART zu erkennen, müssen Sie in der USART-ISR nur zusätzlich prüfen, ob im USART-Statusregister das Bit `USART_SR_IDLE` gesetzt ist. Sobald es »1« ist, deaktivieren Sie einfach den entsprechenden DMA-Stream. Die Deaktivierung des DMA-Streams entspricht einem Reset des Streams. Hardwareintern bewirkt sein Reset automatisch das Senden der noch im Buffer enthaltenen Daten zum angegebenen Ziel. Man bezeichnet diesen Vorgang in der Literatur als »flush«.

Kapitel 20

Watchdog

In diesem abschließenden Kapitel werden wir uns mit einer besonderen Komponente befassen, die in ihrer Wichtigkeit häufig unterschätzt wird: dem *Watchdog*.

Korrekterweise muss man an dieser Stelle sogar zwei Watchdogs nennen:

- *Independent Watchdog* (*IWDG*)
- *Window Watchdog* (*WWDG*)

Hinweis

Dieses Kapitel wird kein »richtiges« Projekt bereitstellen, da mir in meinem Labor viele Anforderungen, die an die Hardware gestellt werden, selbst nicht zur Verfügung stehen. Dies ist aber kein Problem, da die Programmierung eines Watchdogs sehr einfach ist.

20.1 Independent Watchdog (IWDG)

In aller Kürze will ich hier die wichtigste Funktion des *Independent Watchdog* (*IWDG*) vorstellen.

Stellen Sie sich vor, dass wichtige Informationen, die für den reibungslosen Betrieb einer Maschine zwingend erforderlich sind, überhaupt nicht oder nur sehr verspätet bei der MCU eintreffen: Die fehlende Information kann zur Gefahr für die Gesundheit des Bedienpersonals werden oder die komplette Anlage in den Zustand »Schrott« überführen! Wird beispielsweise eine Schwungmasse mit einem Gewicht von drei Tonnen, die mit einer Drehzahl von 3.000 min^{-1} rotiert, ohne funktionierende Drehzahlüberwachung betrieben, kann dies dazu führen, dass die Statik der Maschine überlastet wird: Im Extremfall kann es sogar dazu kommen, dass sich die Schwungmasse unkontrolliert von der Maschine löst und mit einer kaum vorstellbaren Energie sprichwörtlich durch den Betrieb »rast«: Sämtliche Hindernisse werden »plattgemacht«, und ich bin davon überzeugt, dass auch die stärkste Mauer der Halle durchbrochen wird.

Der Watchdog wird die Drehzahl nicht selbst messen, hierfür ist ein Drehzahlmesser zuständig. Dieser *muss* in definierten Zeitabschnitten aber eine Rückmeldung geben. Die Lösung für das geschilderte Problem liegt in der Verwendung sogenannter Timeouts. Ein Watchdog überwacht nun sämtliche Komponenten –

nicht nur Drehzahlmesser – und muss zwingend in genau definierten zeitlichen Abständen auf seinen Startwert zurückgesetzt werden. Mit anderen Worten: Der Watchdog darf niemals ablaufen!

Läuft der Watchdog aufgrund eines Fehlers in der Anlage dennoch ab, ist dies ein sicheres Zeichen für ein Fehlverhalten: Der Watchdog wird dann eine Aktion auslösen, die dafür sorgt, dass die Anlage in einen sicheren Zustand überführt wird.

Hinweis

Alternativ könnte der Watchdog auch einen Interrupt auslösen, in dessen ISR die Anlage ebenfalls in einen sicheren Zustand überführt wird. Der Independent Watchdog kann bei den STM32F4xx-MCUs allerdings *keinen* Interrupt auslösen, dies ist dem Window Watchdog vorbehalten.

Funktionsweise des IWDG

Der IWDG ist ein Abwärtszähler: Er wird somit mit einem Startwert geladen, der dann schrittweise dekrementiert wird. Da auch der Oszillator der MCU einen Fehler haben kann, ist der IWDG mit einem eigenen, unabhängigen Oszillator ausgestattet, aus dem seine Taktfrequenz gewonnen wird. Er besitzt zudem die Möglichkeit, von einem externen RC-Oszillator getaktet zu werden, was die Zuverlässigkeit des Systems erhöht. Darüber hinaus kann der externe Oszillator den IWDG im Stand-by- oder Stopp-Modus verwenden.

Der IWDG besitzt intern vier Register, was die Einfachheit seines Einsatzes untermauert.

IWDG Prescaler Register (IWDG_PR)

Das *IWDG Prescaler Register* (*IWDG_PR*) nutzt nur die Bits 2:0 und teilt hiermit die Oszillatorfrequenz des IWDG herunter. In aufsteigender Reihenfolge von 000b bis 111b wird die Frequenz durch 4, 8, 16, 32, 64, 128 oder 256 dividiert.

Hinweis

Mit den genannten Bit-Kombinationen können acht Werte eingestellt werden, in der Liste der Teiler finden sich aber nur sieben Werte. Dies liegt daran, dass die beiden Werte 110b und 111b die Taktfrequenz gleichermaßen durch 256 dividieren.

IWDG Reload Register (IWDG_RLR)

Das *IWDG Reload Register* (*IWDG_RLR*) dient der Aufnahme des Werts, mit dem der Countdown beginnt. Es werden nur die ersten 12 Bit verwendet, sodass der maximale Wert, der hier eingetragen werden kann, 4097 (dezimal) ist. Das Eintragen des Werts 0xAAAA in das im nächsten Abschnitt vorgestellte *IWDG Key Regis-*

ter sorgt dafür, dass der Watchdog wieder mit dem hier vorgegebenen Wert geladen wird.

IWDG Key Register (IWDG_KR)

Das *IWDG Key Register* (*IWDG_KR*) erhöht den Schutz vor unzulässigen oder unbeabsichtigten Veränderungen an den Einstellungen des Watchdogs. Darüber hinaus wird der Watchdog durch den Eintrag des Werts 0xCCCC in dieses Register gestartet. Das `IWDG_KR` ist ein 32-Bit-Register, von dem aber nur die unteren 16 Bit genutzt werden. Nach einem Reset wird der Inhalt des Registers auf 0x0000 gesetzt. In regelmäßigen Intervallen *muss* der Wert 0xAAAA in dieses Register geschrieben werden. Dies lädt das *Reload Register* (siehe weiter unten) mit dem vordefinierten Wert und startet den Countdown wieder von vorne. Erfolgt dieser Schreibzugriff nicht rechtzeitig (also vor Erreichen des Werts 0), wird der Reset des Gesamtsystems ausgelöst. Tabelle 20.1 fasst die Werte zur Programmierung des IWDG zusammen:

Wert des IWDG_KR	Funktion
0xCCCC	Startet den Watchdog.
0x5555	Erlaubt den Schreibzugriff auf die Register `IWDG_PR` und `IWDG_RLR`.
0xAAAA	Lädt den internen Counter mit dem Wert, der in das `IWDG_RLR` geschrieben wurde.

Tabelle 20.1: Werte des IWDG Key Register (IWDG_KR)

IWDG Status Register (IWDG_SR)

Das ist Verschwendung! Vom 32-Bit-Register *IWDG Status Register* (*IWDG_SR*) werden nur zwei Bits genutzt, die von Ihnen abgefragt werden können.

- Das PVU-Bit (Bit 0) zeigt an, dass der Wert des Prescaler-Registers `IWDG_PR` aktualisiert wird.
- Das RVU-Bit (Bit 1) zeigt an, dass der Reload-Wert aktualisiert wird.

Hiermit ist die Beschreibung des Independent Watchdogs bereits erschöpfend abgeschlossen: Mehr gibt es einfach nicht zu sagen!

20.2 Window Watchdog (WWDG)

Der *Window Watchdog* (*WWDG*) hat, verglichen mit dem *Independent Watchdog* (*IWDG*), eine etwas mächtigere Funktionalität, benötigt hierfür aber sogar nur drei Register, was seine Programmierung noch einmal einfacher gestaltet.

Wie auch der IWDG ist der WWDG ein Abwärtszähler. Sein Name kommt daher, dass die Aktualisierung des internen Counters in einem bestimmten Zeitfenster erfolgen muss: Eine Abweichung hiervon (bzw. das Erreichen des Werts 0) bewirkt einen Reset der MCU. Zur Einstellung des Preload-Werts werden sieben Bit (Bits 6:0) des *WWDG Control Register* (*WWDG_CR*) verwendet.

Hinweis

Das im letzten Absatz angesprochene Zeitfenster bezieht sich auf die Werte zwischen dem Wert, der von Ihnen angegeben wird, und dem Wert 0x3F: Wird der Counter innerhalb dieses Fensters neu gesetzt, wird ein Reset ausgelöst. Das Neusetzen des Timeouts ist erst nach dem Übergang von Zählerstand 0x40 → 0x3F zulässig!

20.2.1 Funktionsweise

Die Programmierung des WWDG lässt sich am besten durch die Erklärung der zur Verfügung stehenden Register beschreiben.

WWDG Control Register (WWDG_CR)

Der Wert des Counters wird durch die ersten sieben Bit eingestellt. Seine Berechnung ist etwas komplexer und wird durch die folgende Formel beschrieben:

$t_{WWDG} = t_{PCLK1} \times 4096 \times 2^{WDGTB[1:0]} \times (T[5:0 + 1)$ ms

Super! Was bedeuten denn diese Angaben? Nun, die Antwort auf diese Frage liefere ich Ihnen natürlich auch:

- t_{WWDG}: Dies ist die Zeit in Millisekunden, nach der der Timer in einen Timeout gerät (also einen Reset auslöst).
- t_{PCLK1}: Dies ist die Periodendauer der Frequenz, mit der der WWDG getaktet wird.
- 4096: Dieser Wert wird als interner Vorteiler (Pre-Prescaler) für den Takt verwendet. Er ist somit nicht konfigurierbar! Die Taktfrequenz kann aber dennoch weiter geteilt werden: Der nachgeordnete Teiler wird durch das *WWDG Configuration Register* (siehe unten) bestimmt.

Diese Erklärung macht die Formel schon etwas verständlicher. Vor allem wird klar, dass die Bits 1:0 eine Sonderfunktion haben. Mit einem Beispiel, das ich dem Referenzhandbuch des STM32F446 entnommen habe, soll das Ganze noch etwas klarer werden.

Beispiel

Wenn die Taktfrequenz der Peripherie 24 MHz beträgt und in die sieben nutzbaren Counter-Bits der Wert 63 (entspricht dem hexadezimalen Wert 0x3F) eingetragen wird, haben die Bits 1:0 also den Wert 3, während der Gesamtwert der Bits 5:0 63 ist. Setzt man diese Werte nun in die Formel ein, erhält man als Ergebnis:

$t_{WWDG} = 1 \div 24000 \times 4096 \times 2^3 \times (63 + 1)$ ms = 21,85 ms. Berücksichtigen Sie im Beispiel, dass hier mit Millisekunden gerechnet wird.

Besonderheiten

Achten Sie darauf, dass Sie Bit 6 des `WWDG_CR`-Registers auf »1« setzen, wenn Sie den Preload-Wert verändern. Ansonsten besteht die Gefahr eines nahezu sofortigen Resets der MCU!

WWDG Configuration Register (WWDG_CFR)

Das *WWDG Configuration Register* (*WWDG_CFR*) definiert unter anderem den bei der Beschreibung des *WWDG Control Register* (*WWDG_CR*) erwähnten nachgeordneten Taktteiler. Darüber hinaus lässt sich hier der eingangs bereits erwähnte Interrupt konfigurieren: Dabei handelt es sich um den sogenannten *Early-Wakeup-Interrupt*. Dieser wird ausgelöst – wenn er denn aktiviert wurde und der WWDG gestartet ist –, wenn der Counter-Wert genau den Wert 0x40 erreicht hat.

31	30	29	28	27	26	25	24	23	22	21	20	19	18	17	16
15	**14**	**13**	**12**	**11**	**10**	**9**	**8**	**7**	**6**	**5**	**4**	**3**	**2**	**1**	**0**
						EWI	WDGTB[1:0]		W[6:0]						
						rs	rw		rw						

Abb. 20.1: Das WWDG_CFR-Register

Die Beschreibung der Bits finden Sie in der folgenden Tabelle.

Bit(s)	Bezeichnung	Funktion	
31:10	Reserviert	Nicht nutzbar.	
9	EWI	»1« aktiviert den Early-Wakeup-Interrupt.	
8:7	WDGTB	Hier wird der zusätzliche Teiler eingestellt:	
		00	PCLK1 ÷ 4096 ÷ 1
		01	PCLK1 ÷ 4096 ÷ 2
		10	PCLK1 ÷ 4096 ÷ 4
		11	PCLK1 ÷ 4096 ÷ 8
6:0	W	Preload-Wert, mit dem der Timer läuft.	

Tabelle 20.2: Bits des WWDG Configuration Register (WWDG_CFR)

WWDG Status Register (WWDG_SR)

In diesem Register wird ausschließlich Bit 0 genutzt, das anzeigt, ob ein Early-Wakeup-Interrupt ausgelöst wurde. Das Bit kann durch das Schreiben des Werts »0« zurückgesetzt werden.

20.3 Debuggen und Watchdogs

Zu beiden Interrupts gibt es noch eine wichtige Information. Wenn Sie ein Programm debuggen, gibt es zwei Möglichkeiten, die in Kapitel 33, »Debug Support«, des Referenzhandbuchs detailliert besprochen werden: Aufgrund der beschränkten Seitenzahl des Buches kann ich hier nicht weiter auf dieses wichtige Thema eingehen.

Zurück zu den Watchdogs und den beiden Möglichkeiten, die oben genannt wurden:

- Der Watchdog läuft weiter: Wenn Sie den Watchdog beim Debuggen nicht deaktivieren, wird es sehr schnell passieren, dass die MCU neu gestartet wird (Reset). Dies kann natürlich den vorher betriebenen Aufwand zur Fehlersuche zunichtemachen.
- Der Watchdog lässt sich auch anhalten: Dann haben Sie nicht zu befürchten, dass die MCU neu gestartet wird.

Hinweis

Auch das Anhalten von Timern, die ja unter anderem zur Erzeugung von PWM-Signalen verwendet werden, ist möglich. Wie bereits gesagt: Mit über 30 Seiten im Referenzhandbuch ist das Thema »Debugging« zu umfangreich, um es in dieses Buch aufzunehmen.

Vorsicht

Wenn Sie beispielsweise Motoren über PWM ansteuern, ist es zwingend erforderlich, dass Timer nicht angehalten werden, wenn die Ausführung eines Programms (und hiermit auch die MCU) durch einen Breakpoint unterbrochen wird: Dies kann zur Zerstörung der Motortreiber und eventuell auch des Motors selbst führen!

Internetadressen und Literaturnachweise

An verschiedenen Stellen im Buch habe ich Ihnen Internetadressen genannt, an denen Sie ergänzende Informationen zum Gelesenen finden. Die genannten Internetadressen habe ich im März 2022 getestet.

In den folgenden Abschnitten finden Sie Informationen über Literatur, die ich bei den Recherchen zu diesem Buch verwendet habe. Teilweise habe ich auf gedruckte Bücher, überwiegend aber auf Informationen aus dem Internet zugegriffen.

A.1 Literaturnachweise

In diesem Abschnitt finden Sie Informationen zu Quellen, die ich beim Schreiben dieses Buches genutzt habe.

- An erster Stelle stehen natürlich die Originaldokumente von STM. Unter `https://www.st.com/resource/en/reference_manual/dm00135183-stm32f446xx-advanced-armbased-32bit-mcus-stmicroelectronics.pdf` finden Sie das Referenzhandbuch zum STM32F446 und unter `https://www.st.com/resource/en/datasheet/stm32f446mc.pdf` das Datenblatt zu diesem Mikrocontroller.
- Aus Wikipedia habe ich ergänzende Informationen zur Erklärung des Ausschaltvorgangs bei induktiven Lasten verwendet: `https://de.wikipedia.org/wiki/Schutzdiode#:~:text=Freilaufdioden%20(engl.,Abschalten%20einer%20induktiven%20Gleichspannungslast%20(z.&text=Nach%20dem%20Abschalten%20der%20Speisespannung,der%20urspr%C3%BCnglichen%20Richtung%20weiter%20flie%C3%9Ft.`
- »STM32 ARM Programming For Embedded Systems«, Autoren: Muhammad Ali Mazidi/Shujen Chen/Eshrag Ghaemi, © 2014–2018 Mazidi, 1. Auflage.
- Ergänzende Informationen von M. A. Mazidi finden Sie hier: `http://www.microdigitaled.com/ARM/STM_ARM_books.html`.
- Selbstinduktion: `https://studyflix.de/elektrotechnik/selbstinduktion-1777`.

- Sehr interessant ist auch die Webseite »Unterrichts- und Lehrmaterial für Mikrocontroller« von Reinhard Rahner. Sie finden die Seite unter `https://rahner-edu.de`.
- Eine Übersicht über Ausführungsformen von seriellen Steckverbindern finden Sie unter `http://www.interfacebus.com/connector-D-sub-manufacturers.html`.
- »Das MSP430 Mikrocontroller Buch«, Autoren: Marian Walter und Stefan Tappertzhofen, 2011, Elektor-Verlag.

A.2 Infos zur STM32F4xx-Familie

- Auf `https://www.st.com/content/st_com/en/search.html#q=STM32F446-t=products-page=1` finden Sie alle wichtigen technischen Informationen (Programmierhandbuch/Programming Manual, Datenblatt/Datasheet, Referenzhandbuch/Reference Manual und Anwendungsbeispiele/Application Notes) zum STM32F446. Sollten Sie einen anderen STM32-Mikrocontroller einsetzen, finden Sie die entsprechenden Links in der Aufzählung am linken Rand der Seite. Hier erhalten Sie auch Informationen zu anderen Mitgliedern der viel umfassenderen STM32-Familie und sogar zu den 8-Bit-Mikrocontrollern von STM.

A.3 Programmierung in C

- Eine Auffrischung zum Thema »Pointer in C« finden Sie unter `https://de.wikibooks.org/wiki/C%2B%2B-Programmierung/_Weitere_Grundelemente/_Zeiger`.
- Ein meiner Ansicht nach besonders gut gelungenes Tutorial von Ted Jensen (Suchbegriff: »pointer in c ted jensen«) in englischer Sprache gibt es unter `https://pdos.csail.mit.edu/6.828/2014/readings/pointers.pdf`.

A.4 Tastaturkürzel von STM32CubeIDE

- `https://dzone.com/articles/effective-eclipse-shortcut-key`.
Innerhalb der Entwicklungsumgebung können Sie die Tastatur-Shortcuts aber auch durch Drücken der Tastenkombination `Strg` + `Umschalt` + `L` anzeigen.

A.5 Internettutorials

- `https://majerle.eu`.
Tilen Majerle ist ein sehr aktiver Embedded Softwareentwickler, der zu vielen Themen sehr hilfreiche Informationen, Bibliotheken und Tutorials anbietet.

- https://stm32f4-discovery.net/2014/08/stm32f4-external-interrupts-tutorial/.
  Hier finden Sie ergänzende Informationen zu den externen Interrupts, die in Kapitel 6 ausführlich besprochen werden.
- https://www.diller-technologies.de/stm32_wide.html.
  Die Firma Diller Technologies GmbH in Erlangen bietet auf ihrer Webseite ebenfalls sehr hilfreiche und gut geschriebene Tutorials. Viele der behandelten Themen werden Schritt für Schritt erklärt. Großer Vorteil: Die Tutorials wurden in deutscher Sprache geschrieben!
- Empfehlenswert ist hier auch die Webseite https://controllerstech.com/. In leicht verständlichem Englisch wird hier Hilfestellung für die unterschiedlichsten Anwendungsgebiete verschiedener Mikrocontroller gegeben. STM-Mikrocontroller sind hier besonders reichhaltig vertreten.
- Hier wird ausnahmsweise auch eine nicht-sichere Webseite aufgeführt, auf der Tilen Majerle (siehe oben) die Übertaktbarkeit von STM-Mikrocontrollern getestet hat:
  http://stm32f4-discovery.net/2014/11/overclock-stm32f4-device-up-to-250mhz/#disqus_thread.

A.6 Support

- An erster Stelle muss hier https://stackoverflow.com stehen! Dort finden Sie Hilfe und Unterstützung zu nahezu allen Fragen rund um die Themen Software und Entwicklung. Besonders positiv herauszustellen ist der Umgangston, der in diesem Forum vorherrscht: Offensichtlich sind hier sehr gute Moderatoren am Werk.
- Ebenfalls gute Tutorials finden Sie auf der Webseite
  https://www.geeksforgeeks.org/.
- Meine eigene E-Mail-Adresse darf hier natürlich nicht fehlen! Sie lautet: embedded@ralf-jesse.de. Weitere Informationen finden Sie auf meiner Webseite https://www.ralf-jesse.de.

Anhang B

Dokumentation der MCAL

Auch nach der Veröffentlichung des Buches Ende Februar 2021 habe ich die MCAL-Bibliothek intensiv gepflegt und erweitert. Inzwischen umfasst sie mehr als 240 Funktionen, was mehr als dem dreifachen der Funktionen der ersten Auflage entspricht. Ich habe dies zum Anlass genommen, die Dokumentation der MCAL-Bibliothek nur noch als Online-Version auszuliefern: Sie finden sie nach dem Download der Bibliothek von `https://gitlab.com/rjesse/mcal-stm.git` im Verzeichnis `doc/html/index.html`. Für die Erstellung der Dokumentation habe ich das Open-Source-Tool Doxygen verwendet.

Hinweis

Die Dokumentation liegt derzeit ausschließlich als englischsprachige Version vor. In sehr geringem Umfang habe ich einige Teile auch ins Deutsche übersetzt. Da ich aber kein HTML-»Hecht« bin, weiß ich nicht, ob ich die Übersetzung fortführe.

B.1 Grundlegender Aufbau der Dokumentation

Die Dokumentation ist in drei Bereiche gegliedert:

- Das obere Drittel zeigt, was hier dokumentiert wird, nämlich die MCAL-Bibliothek.
- Am linken Rand finden Sie eine Art Inhaltsverzeichnis, das die Orientierung der inzwischen reichlich umfangreichen Dokumentation erleichtern soll.
- In der rechten unteren Hälfte finden Sie dann die detaillierten Beschreibungen.

Abbildung B.1 zeigt auszugsweise das angesprochene Inhaltsverzeichnis zur Dokumentation.

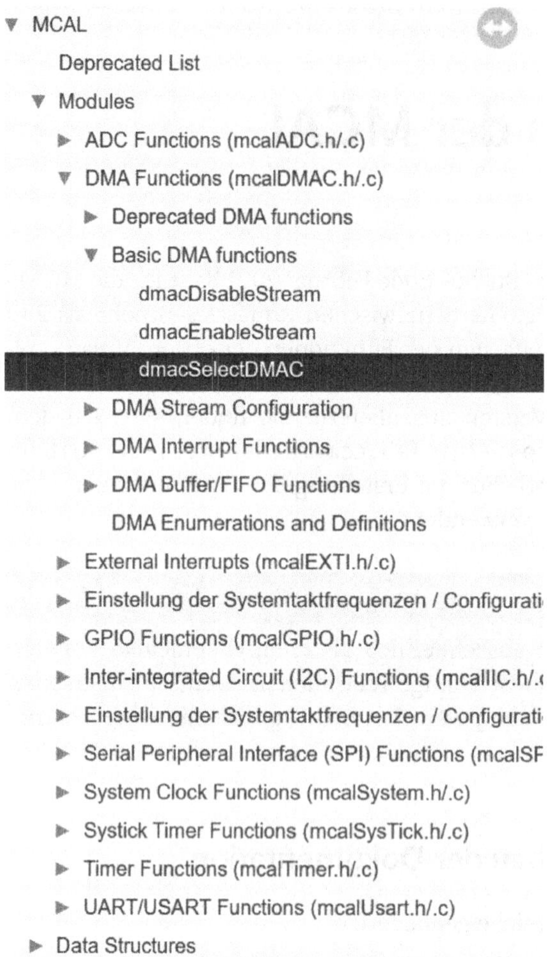

Abb. B.1: Das Inhaltsverzeichnis der MCAL-Dokumentation

Sie erkennen hier die Trennung nach den verschiedenen Peripheriekomponenten: Entsprechend gibt es separate Einträge für ADC, DMA, externe Interrupts usw. Jede Teilüberschrift wurde wieder unterteilt in die Punkte Deprecated functions, Basic functions, Interrupt-related functions usw. Diese Unterteilung ist besonders bei den Timern erforderlich, da der mcalTimer-Teil der MCAL mit derzeit ca. 85 Funktionen besonders umfangreich ist.

B.2 Erläuterung einzelner Funktionen

Am Beispiel der Funktion `gpioSetOutputType()` zeige ich Ihnen, wie sämtliche MCAL-Funktionen dokumentiert sind.

◆ gpioSetOutputType()

```
GPIO_RETURN_CODE_t gpioSetOutputType ( GPIO_TypeDef *  port,
                                       PIN_NUM_t       pin,
                                       OUTPUT_TYPE_t   outType
                                     )
```

Sets the output type of the GPIO pin either as PUSHPULL or Open Drain. Verifies the port, pin and the output type.

Parameters

- ***port** : Pointer to the GPIO port
- **pin** : Number of the GPIO pin
- **outType** : Selects between Push/Pull or Open Drain

Returns

GPIO_RETURN_CODE_t

Affected register and bit(s)

Register	Bit name	Bit(s)	Comment
OTYPER	OT15...OT0	15...0	Sets the output type either to push-pull or to Open drain

Definition at line **682** of file **mcalGPIO.c**.

Abb. B.2: Exemplarische Beschreibung der Funktion gpioSetOutputType()

Der Kopf der Abbildung zeigt den grundsätzlichen Aufbau der Funktion und wie sie genutzt wird. Im mittleren Teil finden Sie zudem eine Kurzbeschreibung der Parameter, die die Funktion benötigt.

Unten, in der Sektion »Affected register and bit(s)« finden Sie dann eine Tabelle mit einer detaillierten Beschreibung des Registers, das durch diese Funktion beeinflusst wird. Darüber hinaus zeigt es die Bits des Registers an, die hier gesetzt oder zurückgesetzt werden müssen.

Diese Art der Beschreibung habe ich konsequent für alle bisher implementierten Funktionen durchgeführt. Auf diese Weise möchte ich Ihnen die Nutzung des Referenzmanuals erleichtern. Wie für Doxygen üblich finden Sie unter dem Link »Definition at line xxx of file yyy.c« die Möglichkeit, den Quelltext – also die direkten Registerzugriffe – in ihrer »reinsten Form« zu studieren.

Hinweis

Die MCAL enthält noch viele Möglichkeiten zur Verbesserung/Optimierung. So habe ich viele statische Funktionen geschrieben, die bei jedem Aufruf einer Funktion die Zulässigkeit der angegebenen Parameter überprüft. Teilweise werden diese Funktionen aber gar nicht benötigt. So habe ich beispielsweise bei den

GPIO-Funktionen häufig getestet, ob der angegebene Port gültig ist: Dies ist aber gar nicht erforderlich, da dies bereits vom Compiler überprüft wird.

Hinweis

Eine weitere Optimierung/Verbesserung, die derzeit noch nicht umgesetzt ist, besteht in der Zusammenführung der Return-Codes einzelner Funktionen. Bei den GPIO-Funktionen sehen Sie, dass hier fast immer ein Ergebnis vom Typ `GPIO_RETURN_CODE_t` an die aufrufende Funktion übergeben wird. Im Sinne einer sauberen Programmierung sollte der Return-Code dann auch überprüft werden (worauf ich in den Beispielen verzichtet habe). Die Return-Codes für UART/USART heißen entsprechend `USART_RETURN_CODE_t`, die für Timer dann `TIMER_RETURN_CODE_t`. Die Verwendung verschiedener Return-Code-Typen halte ich inzwischen aber nicht mehr für sinnvoll, da dann für jede verwendete Peripheriekomponente eine eigene Variable deklariert werden müsste. Die Return-Code-Typen werde ich voraussichtlich zukünftig auf einen von allen Peripheriekomponenten gemeinsam genutzten Typen zusammenführen: Aktuell »schwebt« mir hier die Bezeichnung `PERIPHERAL_RETURN_CODE_t` vor.

Anhang C

Einführung in das Debuggen

Eine der häufigsten Aufgaben, denen Softwareentwickler gegenüberstehen, ist die Fehlersuche unter Einsatz eines Debuggers. Sie werden immer wieder vor dem Problem stehen, dass sich ein Programm anders verhält, als es von Ihnen geplant wurde. In solchen Fällen ist der Einsatz des Debuggers häufig die einzige Chance, Fehler zu entdecken und beheben zu können: Die »Methode des scharfen Hinsehens« wird in den seltensten Fällen funktionieren!

Auf der Basis des Beispiels KAP04-RCC01 will ich Ihnen zeigen, wie Sie den in STM32CubeIDE integrierten Debugger einsetzen. Damit Sie nicht permanent im Buch herumblättern müssen, folgt hier noch einmal das Listing zu diesem Projekt:

```
#if !defined(__SOFT_FP__) && defined(__ARM_FP)
  #warning "FPU is not initialized, but the project is compiling for an FPU. Please initialize the FPU before use."
#endif

#include <stdint.h>
#include <stm32f4xx.h>

int main(void)
{
    uint32_t rccCRState = 0UL;

    rccCRState = RCC->CR;
    for(;;);
}
```

Listing C.1: Das Beispiel KAP04-RCC01

Hinweis

Das Beispiel ist bewusst einfach gehalten und gilt in dieser Form ausschließlich für Eclipse-basierte Entwicklungsumgebungen. Die Vorgehensweise beim Einsatz anderer Entwicklungsumgebungen wird sich im Detail unterscheiden, die grundsätzliche Vorgehensweise ist aber identisch.

Der Debugger wird weitestgehend automatisch konfiguriert, Sie müssen nur ein paar wenige Handgriffe durchführen.

C.1 Debugger einrichten

In der Menüleiste, die die Standardfunktionen als Symbol anzeigt, können Sie ein kleines Käfersymbol erkennen. Klicken Sie nun den nach unten zeigenden Pfeil rechts neben dem Käfer an. Alternativ können Sie den Käfer auch direkt anklicken.

Hinweis

Die Alternative stellt eine (leicht) vereinfachte Methode zur Konfiguration des Debuggers dar. Dann sehen Sie aber nicht alle Optionen, die diese Funktion bietet.

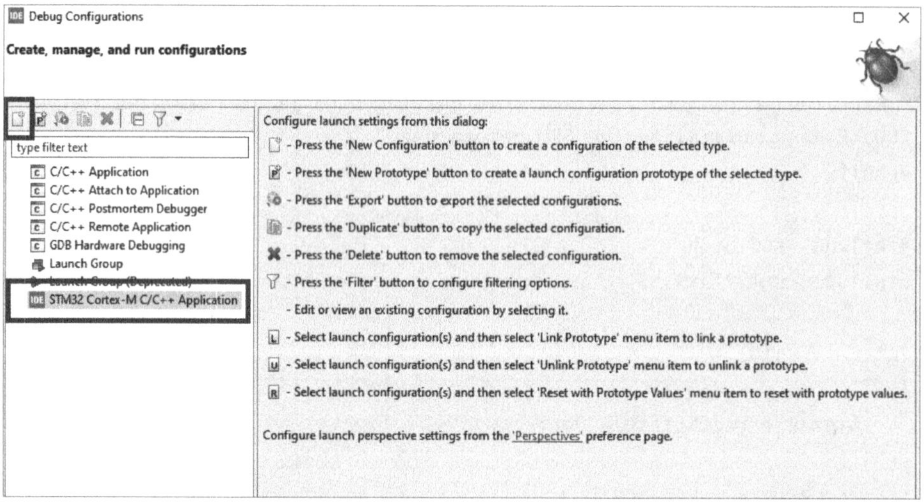

Abb. C.1: Debugger-Konfiguration

Markieren Sie jetzt den Eintrag STM32 CORTEX-M C/C++ APPLICATION. Im Moment wird noch kein Projekt angezeigt, auf das der Debugger »angesetzt« werden soll. Dazu müssen Sie das oben markierte Symbol (leeres Blatt mit einem Pluszeichen) anklicken. Die IDE sucht nach den derzeit offenen Projekten und findet zu diesem Zeitpunkt das Projekt KAP04-RCC01 DEBUG. Im Register MAIN werden die Informationen zum Projekt automatisch angezeigt, nämlich der Pfad innerhalb des aktiven Workspace sowie der Projektname. Im Prinzip sind Sie hiermit bereits fertig; klicken Sie bitte dennoch das Register DEBUGGER an: Die IDE wird dann nämlich weitere Einstellungen anbieten.

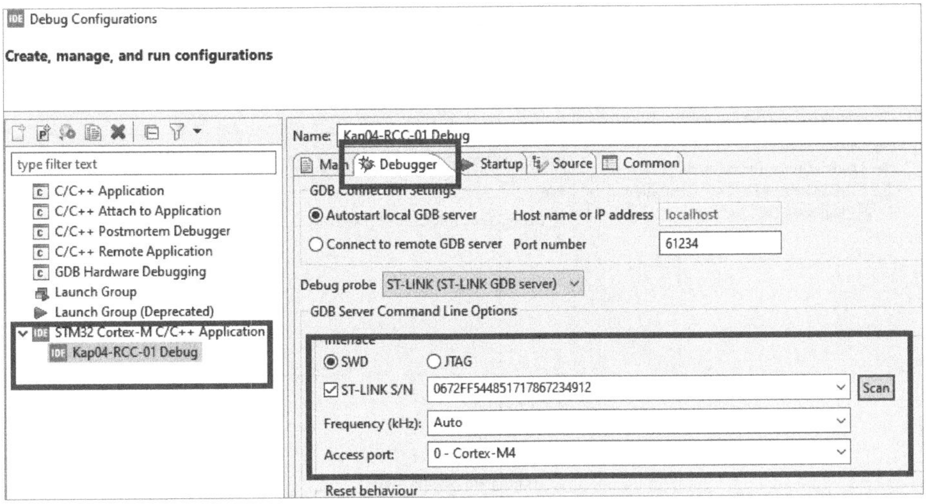

Abb. C.2: Einstellungen im Register Debugger

Alle Einstellungen, die Sie hier sehen, werden automatisch ermittelt. Es gibt nur eine Ausnahme, die Sie aber nicht zwingend benötigen: Die Seriennummer des auf den Nucleo-Boards integrierten ST-LINK wird standardmäßig nicht angezeigt. Wenn Sie diese wissen möchten, aktivieren Sie die Schaltfläche und klicken anschließend auf SCAN: Die Seriennummer wird dann automatisch ermittelt und eingetragen.

Hinweis

Wie bereits erwähnt: Die Ermittlung der Seriennummer ist nicht erforderlich!

Im Register STARTUP finden Sie mit der Funktion SET BREAKPOINT AT: eine interessante Option: Standardmäßig ist hier die Funktion `main` eingetragen. Bei umfangreichen Projekten ist es aber, wenn man eine bestimmte Funktion testen möchte, nervend, gemäß der Standardeinstellung immer bei `main()` beginnen zu müssen und sich dann durch das gesamte Projekt »durchzuhangeln«. Sie können hier auch unmittelbar den Namen der zu testenden Funktion eintragen, das Programm durchläuft dann alle bereits getesteten Funktionen und hält erst an dieser Stelle an.

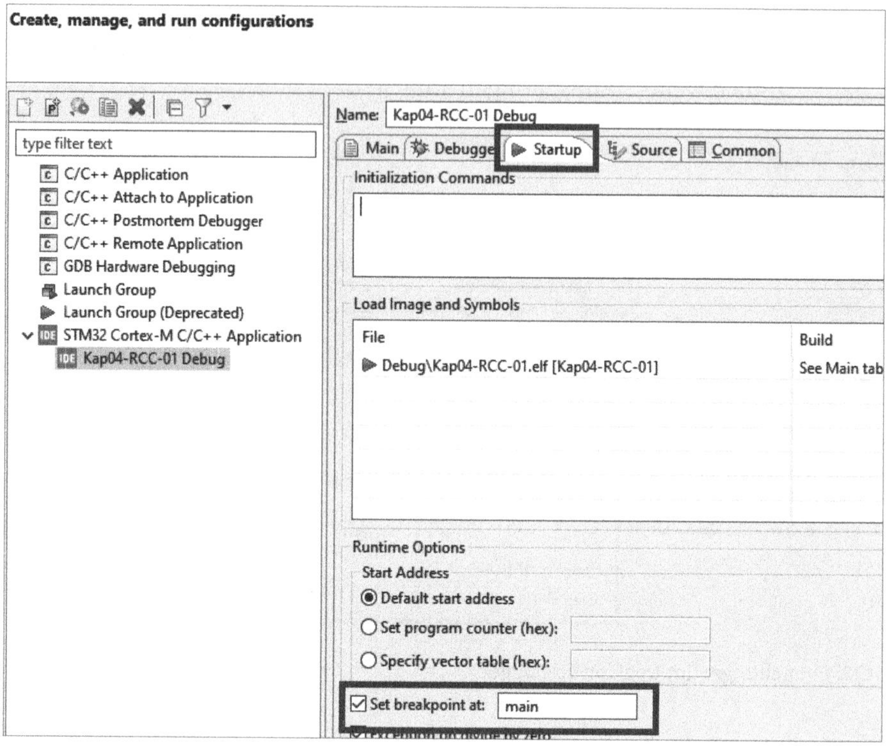

Abb. C.3: Name der Funktion, an der die Ausführung angehalten werden soll

Wenn Sie nun auf die Schaltfläche DEBUG klicken, wird das Projekt gestartet und sofort nach dem Eintritt in die Funktion angehalten: Zu erkennen ist dies an dem in der Standardeinstellung konfigurierten mintgrünen Hintergrund und dem kleinen Pfeil, der auf die nächste auszuführende Zeile zeigt:

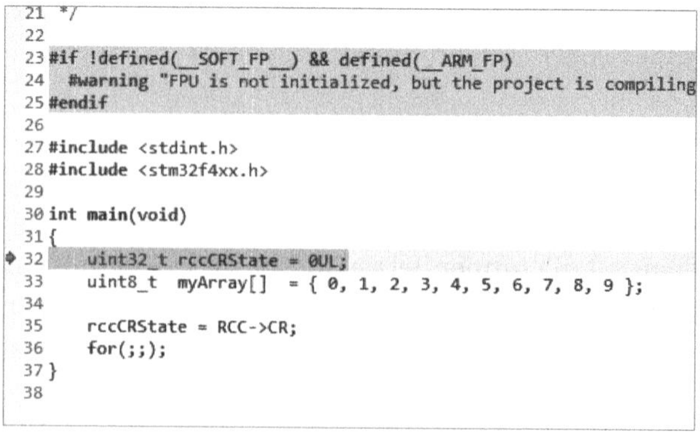

Abb. C.4: Zeile, die als Nächstes ausgeführt wird

Jetzt können Sie das Programm schrittweise ausführen und die Ergebnisse jeder einzelnen Zeile im Programm überwachen. In der Symbolleiste sehen Sie zehn Schaltflächen, die bestimmte Funktionen des Debuggers starten:

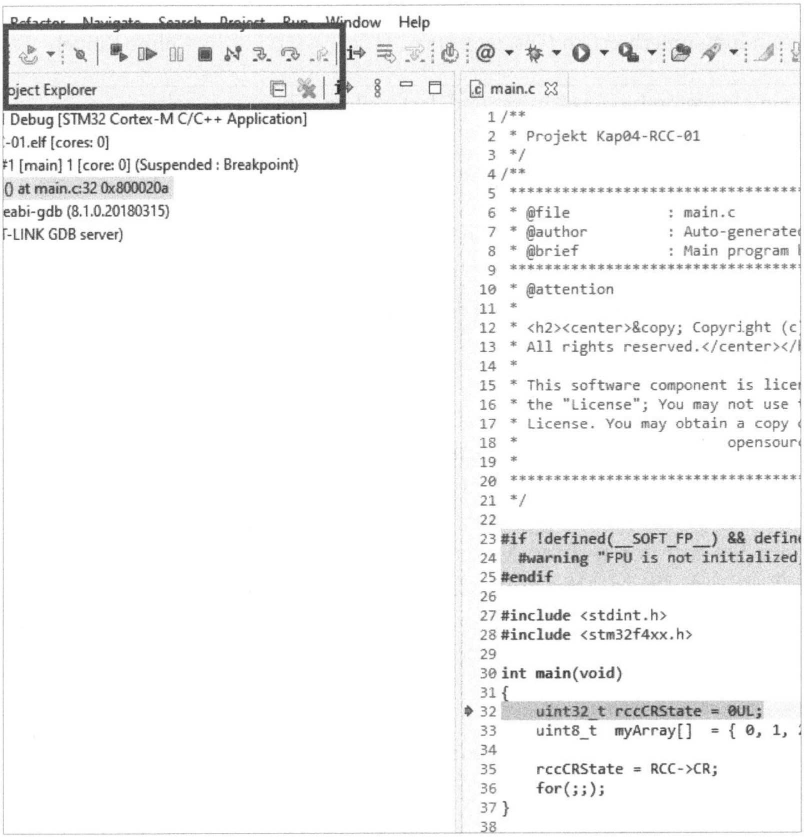

Abb. C.5: Funktionstasten des Debuggers

Die Symbole haben dabei die folgenden Bedeutungen:

Symbol	Funktion	Tastenkürzel
	Führt einen Reset aus, das Programm beginnt von vorne.	ohne Kürzel
	Überspringt alle gesetzten Unterbrechungspunkte (Breakpoints).	Strg+Alt+B
	Beenden und neu starten (Terminate and relaunch).	ohne Kürzel
	Debuggen fortsetzen (Resume).	F8

Tabelle C.1: Debug-Symbole, ihre Funktion und die entsprechenden Tastenkürzel

Symbol	Funktion	Tastenkürzel
	Pause (Suspend).	ohne Kürzel
	Debuggen beenden (Terminate).	[Strg]+[F2]
	Verbindung unterbrechen (Disconnect).	ohne Kürzel
	In eine Funktion hineinspringen und dort weitermachen (Step into).	[F5]
	Über eine Funktion hinwegspringen (Step over).	[F6]
	Wenn man mit [F5] versehentlich in eine Funktion hineinspringt, kann diese hier wieder verlassen werden (Step return).	[F7]

Tabelle C.1: Debug-Symbole, ihre Funktion und die entsprechenden Tastenkürzel (Forts.)

C.2 Variablen »beobachten«

Die fehlerhafte Funktion eines Programms äußert sich nahezu immer darin, dass Variablen einen anderen Wert haben als erwartet. Zum erfolgreichen Debuggen wird daher eine Funktion benötigt, die Werte von Variablen überprüfen kann. Hierzu klicken Sie mit der rechten Maustaste die zu untersuchende Variable an. Daraufhin öffnet sich das in Abbildung C.6 gezeigte Kontextmenü.

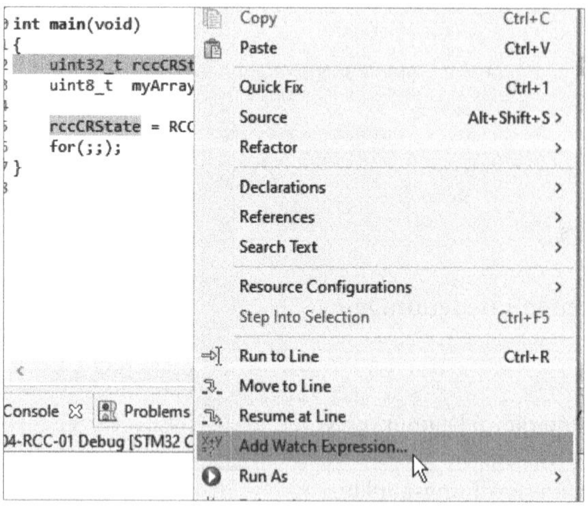

Abb. C.6: Auszug aus der Auswahlliste

Wenn Sie hier den Eintrag ADD WATCH EXPRESSION... anklicken, wird die Variable zu anderen zu überwachenden Variablen hinzugefügt. Überwachte Variablen werden im sogenannten Watch-Fenster angezeigt, das sich automatisch öffnet.

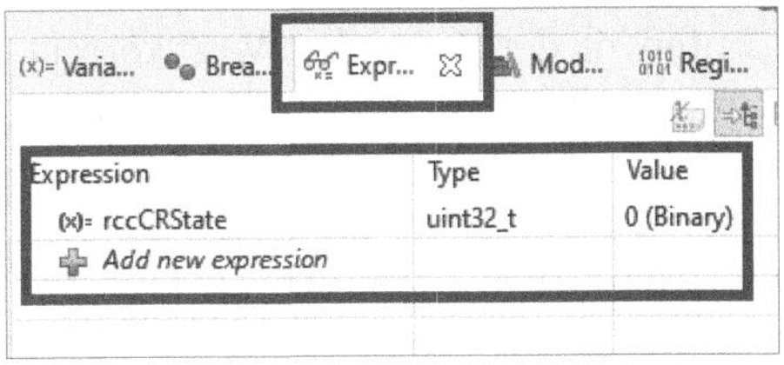

Abb. C.7: Watch-Fenster mit der Variablen rccCRState

Da das Programm noch nicht gestartet und die Variable `rccCRState` mit 0 initialisiert wurde, wird hier aktuell der Wert 0 (BINARY) angezeigt. Wenn Sie aber nun das Symbol STEP INTO anklicken bzw. [F5] drücken, »wandern« der bereits erwähnte Pfeil und der mintgrüne Hintergrund eine Zeile weiter.

Hinweis

Der Pfeil im Editor zeigt immer auf die Zeile, die als Nächstes ausgeführt wird!

Der Wert von `rccCRState` hat sich noch nicht geändert (siehe Watch-Fenster). Er konnte sich aber bisher auch nicht ändern, da die Programmausführung vor der markierten Zeile angehalten wurde. Erst wenn Sie erneut STEP INTO bzw. [F5] betätigen, wird sich der Wert ändern.

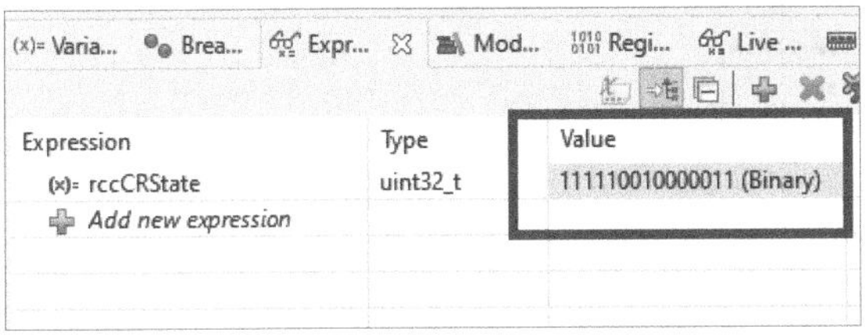

Abb. C.8: Jetzt hat sich der Wert von rccCRState geändert.

Hier werden, obwohl es sich beim Register RCC->CR um ein 32-Bit-Register handelt, nur 16 Bit angezeigt – ein Zeichen dafür, dass die Bits 15 bis 31 alle den Wert 0 haben. Sie erkennen aber, dass die Bits 0 und 1 beide den Wert 1 haben: Das ist gemäß Referenzhandbuch des STM32F446 ein Zeichen dafür, dass HSI als Taktquelle verwendet wird.

Tipp

Die binäre Darstellung ist normalerweise schwer zu interpretieren, da führende Nullen immer unterdrückt werden. Und der Rest wird ohne Trennzeichen dargestellt! Die Auswertung einer Variablen beginnt dann immer mit dem Abzählen der angezeigten Bits. Erst dann kann man prüfen, ob der angezeigte Wert korrekt ist. Die binäre Darstellung kann nützlich sein, wenn der Inhalt von Prozessorregistern ausgewertet werden soll. Sollen aber »normale« Variablen ausgewertet werden, ist sie kaum brauchbar. Wenn Sie die Variable daher im Watch-Fenster anklicken, wird ihr Wert zusätzlich im unteren Bereich als Dezimal-, als Hexadezimal- und als Oktalzahl angezeigt.

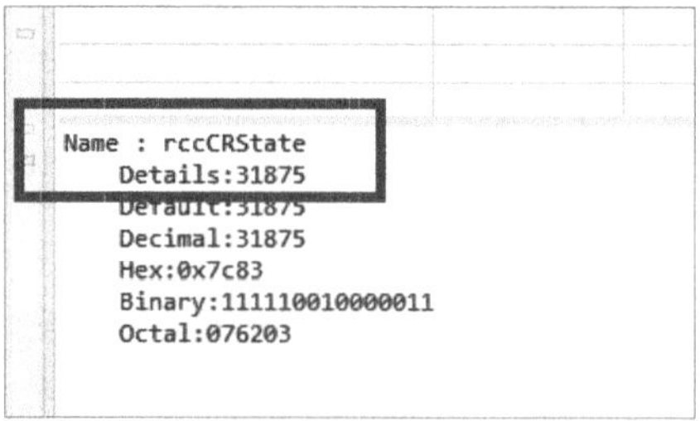

Abb. C.9: Anzeige des Variablenwerts in alternativen Zahlenformaten

C.3 Anzeige von Prozessorregistern

Wenn Sie wissen wollen, wie sich die Register des Mikrocontrollers verändern, können Sie – ebenfalls im Watch-Fenster – die Registerkarte REGISTERS anklicken.

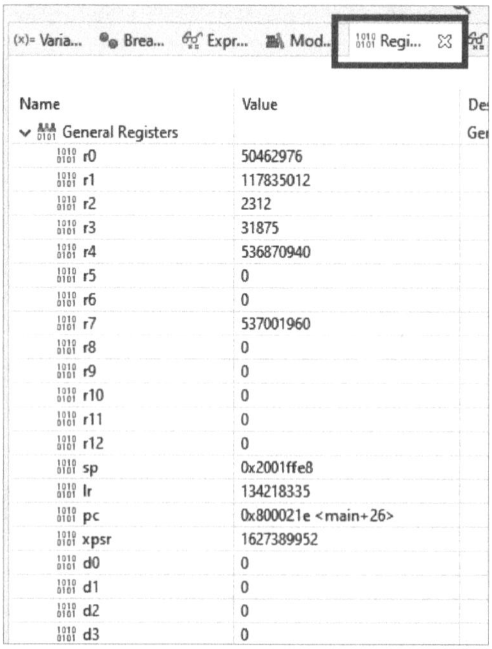

Abb. C.10: Anzeige des Inhalts von Prozessorregistern

C.4 Anzeige von SRAM-Inhalten

Wollen Sie beispielsweise den Inhalt von C-Arrays überprüfen, können Sie dies ebenfalls tun. Am unteren Bildschirmrand sehen Sie ein Fenster, das die Register CONSOLE, PROBLEMS, EXECUTABLES usw. enthält. Eines der Register hat die Bezeichnung MEMORY.

Ich habe (ohne erneute Abbildung des Listings) das oben gezeigte Beispiel um die Zeile `uint8_t myArray[] = { 0, 1, 2, 3, 4, 5, 6, 7, 8, 9 };` erweitert, kompiliert und dann erneut im Debugger gestartet. Wenn Sie nun das Register MEMORY anwählen und dann auf das Pluszeichen klicken, können Sie den Namen der Variablen in das Eingabefeld des Dialogs eingeben.

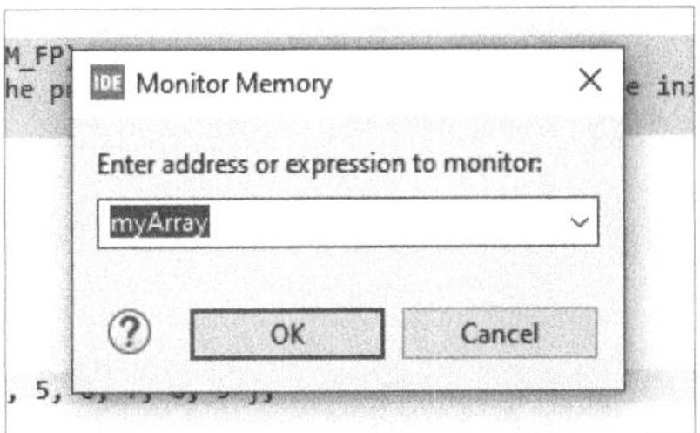

Abb. C.11: Variablen direkt im Speicher prüfen

Das Ergebnis sehen Sie in den markierten Bereichen in Abbildung C.12.

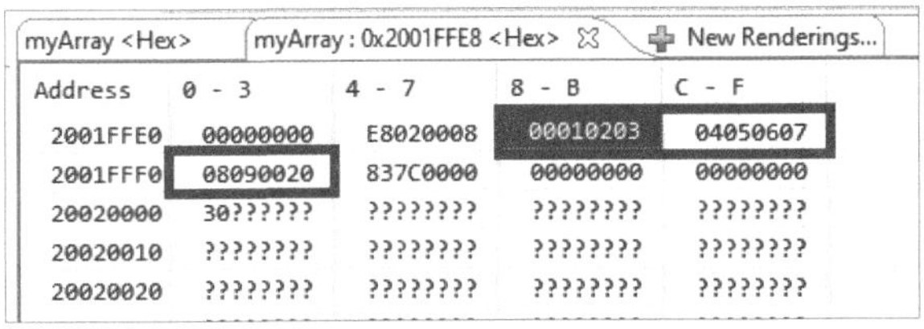

Abb. C.12: Anzeige des Inhalts von myArray[]

C.5 Vorsicht bei Watchdogs!

Erreicht das Programm einen Breakpoint, laufen Timer intern weiter! Dies gilt beispielsweise auch für die Watchdog-Timer. Wenn diese aber ablaufen, lösen sie einen Reset der MCU aus, und Ihre bisherigen Erkenntnisse über Fehlerzustände gehen verloren. Das ist natürlich nicht erwünscht! Beim Erreichen eines Breakpoints können aber auch andere Probleme entstehen. Wenn Sie beispielsweise die Funktion einer (externen) Motorbremse testen möchten, der Motor aber gleichzeitig weiter über einen aktiven PWM-Ausgang angetrieben wird, kann dies zur Zerstörung der Treiberschaltung bis hin zum Motor, der Bremse oder sogar der MCU führen! Möglicherweise nicht ganz so gefährliche Aktionen – wenngleich ebenfalls unerwünscht – können beim Debuggen des CAN- oder der I2C-Kommunikation auftreten: Hier sendet beispielsweise der Master Daten »munter« weiter und verfälscht die Daten, die Sie gerade untersuchen wollen.

Hinweis

Bei professionellen Debuggern, z.B. bei Lauterbach-Debuggern, besteht sicherlich die Möglichkeit, sie so zu konfigurieren, dass Timer dann angehalten werden. Bei der Nutzung des gdb innerhalb der STM32CubeIDE habe ich eine solche Möglichkeit nur für Watchdog-Timer entdeckt (siehe Abbildung C.13).

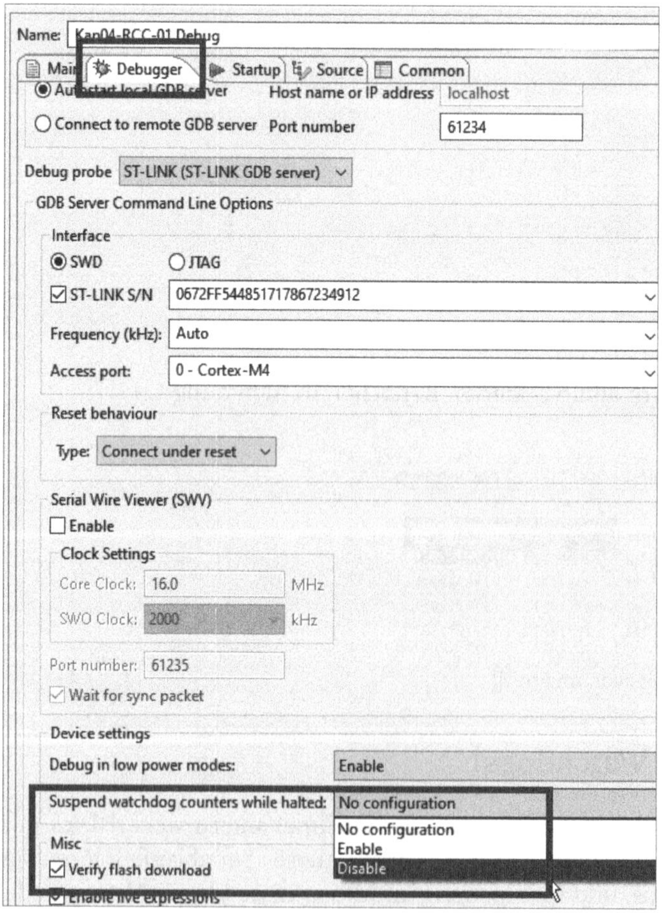

Abb. C.13: Deaktivieren von Watchdog-Timern im Debug-Modus

Nicht jeder verfügt aber über derart professionelle Debugger, die teilweise mehrere Tausend Euro kosten! Um derartige Effekte verhindern zu können, steht aber eine Alternative bereit, mit der Timer beim Erreichen eines Breakpoints angehalten werden können. Die MCUs verfügen über interne »Freeze«-Register, in denen eingestellt werden kann, welche Funktion angehalten werden soll. Der Zugriff erfolgt mit diesen Kommandos:

```
DBGMCU->AP1FZ |= <Timer/Geräte, die gestoppt werden sollen>;
DBGMCU->AP2FZ |= <Timer/Geräte, die gestoppt werden sollen>;
```

Diese Kommandos sollte man am Anfang der `main()`-Funktion verwenden. Durch Verwendung der `#ifdef`-Direktive können Sie beispielsweise abfragen, ob gerade eine DEBUG- oder eine RELEASE-Version der Software kompiliert wird, und die beiden Kommandos entsprechend »einbauen«, also z.B. so

```
#ifdef DEBUG
DBGMCU->AP1FZ |= <Timer/Geräte, die gestoppt werden sollen>;
DBGMCU->AP2FZ |= <Timer/Geräte, die gestoppt werden sollen>;
#endif
```

C.6 Ein weiteres tolles Feature

In Abschnitt C.3 haben Sie gelernt, wie der Inhalt der Prozessorregister angezeigt werden kann. Es geht aber noch mehr! Mikrocontroller integrieren eine Vielzahl peripherer Komponenten, wie z.B. GPIOs, Timer, serielle Schnittstellen und so weiter, die wiederum über eine Vielzahl interner Register verfügen. Da wäre es doch toll, wenn man sich den Inhalt dieser Register ebenfalls anzeigen lassen könnte! Und dies ist sehr einfach möglich. In Abbildung C.14 sehen Sie im hervorgehobenen Bereich den Eintrag SFRs. Dass SFR eine Abkürzung darstellt, ist offensichtlich; dass die ausgeschriebene Form dieser Abkürzung »Special Function Register« ist, ist weniger offensichtlich. Tatsächlich verbergen sich hinter diesem Begriff die internen Register der verschiedenen Peripheriekomponenten.

Neben jeder Peripheriekomponente erkennen Sie einen kleinen Pfeil, der die internen Register zunächst vor Ihnen »versteckt«. Wenn Sie diesen Pfeil aber anklicken, so können Sie die Details erkennen: Abbildung C.15 zeigt diese Details am Beispiel des MODER-Registers von GPIOA.

Wenn Ihre Projekte also ein unerklärliches Verhalten zeigen, dann werden Sie diese Debuggerfunktion sehr schnell zu schätzen wissen.

Mit den Erklärungen dieses Anhangs haben Sie eine umfangreiche Beschreibung des in die STM32CubeIDE integrierten Debuggers erhalten, die Sie nun mit etwas Übung sehr schnell beherrschen lernen. Korrekterweise muss ich sagen, dass der Debugger nicht wirklich in die IDE integriert ist: Sie sendet nur entsprechende Steuerkommandos an den GNU-Debugger gdb, der die Kommandos dann entsprechend ausführt.

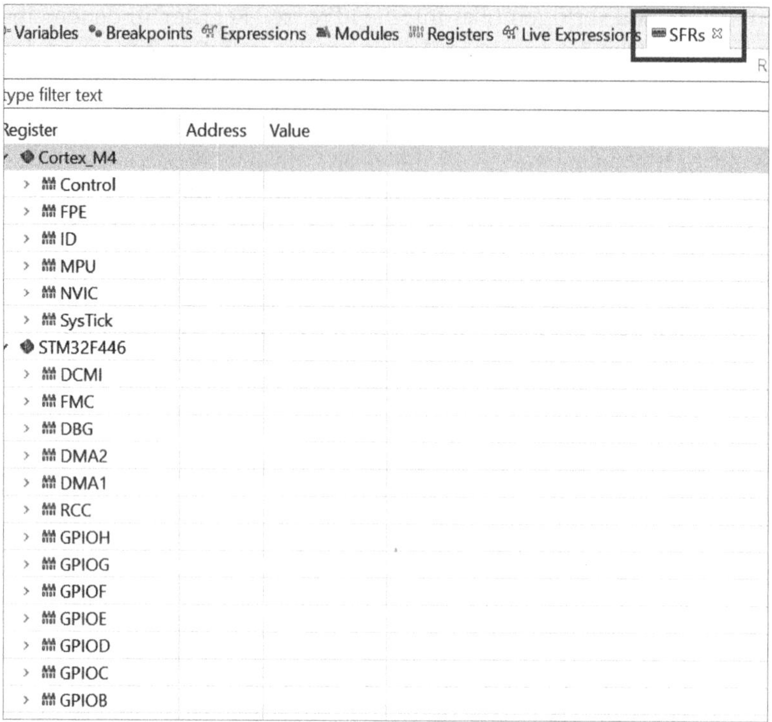

Abb. C.14: Inhalt von SFRs anzeigen

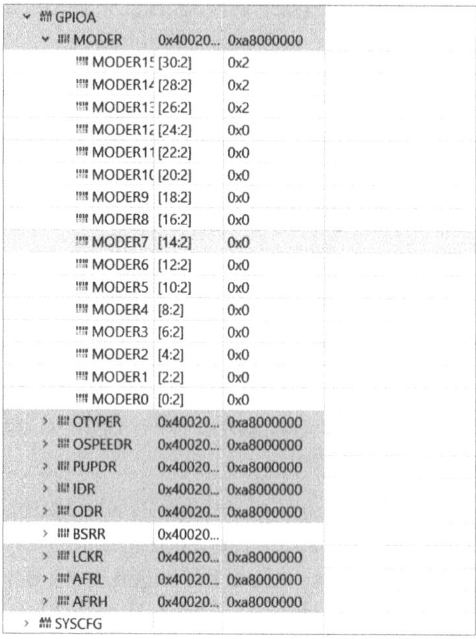

Abb. C.15: Anzeige des SFR MODER von GPIOA

Stichwortverzeichnis

R

S

T

U

V

W